走向大同

人類三部曲之三

大同

董大中——著

大道之行也天下為公選賢與能講
信修睦故人不獨親其親不獨子其子使
老有所終壯有所用幼有所長矜寡孤
獨廢疾者皆有所養男有分女有歸
貨惡其棄於地也不必藏於己力惡其
不出於身也不必為己是謀閉而不興盜
竊亂賊而不作故外戶而不閉是謂大同

張文

序

　　寫這部書的想法，萌芽於上世紀九十年代後期。那時，跨國公司發展很快，旅遊也成為一種產業，國內國外都很興旺，加上歐盟成立，還有什麼「第三波」等，我就想，中國古人所憧憬的大同世界的理想是不是露出了一線曙光？人類社會是不是真的要走到世界大同的境界去？

　　寫作本書的前提是，人類社會一定要、也必然會走向共產主義。筆者從這個角度思考：人類社會是聽任自然發展還是加上人為的力量使它走向人類設定的目標？我讀有關的著作，總感到，絕大部分論者，似乎都沒有目標，連馬克思主義者也不談馬克思和恩格斯所指出的目標。人們是在無目的地看著社會自行發展，在自行發展中出現了什麼問題，他們談什麼問題，就像普通人走到哪裏算哪裏一樣。這不是人類社會應有的態度。資本家是為眼下而活，馬克思主義是為了未來，為了全人類，為了實現人類最美好、最壯麗的共產主義事業。馬克思主義者不同於現實主義者，在於有理想，有目標。我們應該有明確的目標，世界大同是必然會達到的境界。這就是本書的出發點。

　　筆者當時主要想的是文化哲學上的問題，這個問題只能放在次要地位。後來寫《文化圈層論》，想順便一說，這本書的基本觀點，就寫在那本書的最後一章，原來的題目是《人類的未來》。後來覺得分為兩本書更好一些，便把有關的內容抽出來，改了題目。《文化圈層論》的最後說：「臺灣學者許倬雲在《從中國歷史看世界未來》中寫道：『未來世界是什麼樣的，如果全球性的秩序正在來臨，有沒有徵兆？有，非常清楚。前二十年還沒有這麼清楚過，今

天非常清楚：世界性的天下國家正在形成，上帝之城沒有了，有的是人類文化的共同城「網」的網路，這網路正在把全世界都收攬進來。三十年前、二十年前都不太清楚，現在看到了端倪。』（《看世變》第9—10頁）經濟一體化、政治民主化、生活趨同化，這就是人類社會的趨勢和方向。」這本書便是對那個結尾的演繹。

其實，以上所說幾件事，還只是誘因，我最基本的思想，是對人們失去信仰、生活沒有目標、看起來總是渾渾噩噩過日子感到憂慮。在中國，我們曾經有過偉大的理想，那就是實現共產主義。自從「讓一部分人先富起來」的口號傳開後，人們似乎把那個理想遠遠拋到腦後去了，文件上、章程裏當然寫著，但在人們頭腦裏，誰還記得？人們都變得很實際，很功利。所有美麗的詞句都不起作用，只有孔方兄才是人們思考的中心。過去，即使在「提著腦袋幹革命」的日子裏，一個人入黨，先得學習《共產主義ABC》，《ABC》是什麼？就是《共產黨宣言》，就是建立沒有階級、沒有剝削、沒有壓迫、人們有高度自由、高度民主的那樣一個社會，現在誰還讀這些？隨著信仰的喪失，另外一個東西，即被馬克思和恩格斯稱為「鴉片」的宗教大踏步地走了過來。九十年代晨練時，碰到一位在宗教部門工作的識者，談起宗教發展之快，令我吃驚。不久，我到近郊參加朋友為兒子舉辦的婚禮，客人竟大半是從教堂直接來到飯店的，一桌桌的人們都在興趣盎然地談著上帝。近來，宗教的洪水已然淹在我的腳下了。人們精神的空虛到了這樣的地步！我想通過自己的思考，重新喚起人們的理想，是主要原因。在《文化圈層論》寫完本論之後加寫「附論」，是為此；把它從《文化圈層論》裏分出來，成為單獨的一本，同樣為此。

為了寫這本書，我把人類的思想史、空想史梳理了一遍。我發現，跟馬克思主義兩位創始人所指出的共產主義美好理想最接近的，是中國古代聖人孔子的大同思想和近代民主主義革命先行者孫中山的大同主義。我在《文化圈層論》裏，把制度文化的重要性放在頭等地位，認為人類社會能不能選擇正確的

發展方向，能不能盡快進入理想境界，跟建立什麼樣的制度有極大關係。孔子的眼光實在犀利，他提出大同和小康，恰恰是從制度著眼的。他說堯舜時代是大同，那時「選賢與能」，實為民主。後來由夏禹的兒子開始，把天下當作私有財產，家天下而傳，他說那只是小康，不是大同。多麼英明，多麼偉大！孫中山是一位「有學問的革命家」。加引號的這句話，出自魯迅，用在章太炎身上，說章是「有學問的革命家」。依我看，章太炎的「學問」，指「國學」，跟革命關係不大。孫中山不同，孫中山的學問，是革命的學問，是他自己創造出來的，是他指導革命的「理論基礎」。孫中山的三民主義，多年來只在舉行紀念活動時才提起，才被人們議論。其實，請看一下多年的「世事」吧，從中國到外國，從亞洲到非洲，從發達國家到發展中國家，哪一處不在運用？孫中山的大同主義，被一些人劃歸在空想主義裏，我不同意。那不是空想，那是很實際的。把馬克思主義跟孔子的大同世界和孫中山的大同主義嫁結起來，可稱之為「孔馬孫主義」，或「孔馬孫理想」。它代表了全人類的共同願望，也必將成為全人類的精神力量。在這本書裏，我反覆說我們所追求的共產主義就是世界大同，大同世界就是共產主義，即是這樣來的。

老實說，寫這本書，我總有些惴惴然。我覺得自己有點「反串角色」的味道。我不懂經濟學，不懂政治學，不是未來學家，是本不適於寫這樣一本書的。我之所以大膽寫起來，就是要給對未來感到迷惘、像在長長的隧道裏看不到前邊的亮光、心中缺乏信仰和理想的朋友一些亮光，一些鼓舞，讓他們對共產主義生長起信心。我應當說明，這本書裏的想法屬於我自己，我很想找類似的書做「參考」，可是找不到──外國文字我一句也看不懂，只能找翻譯成中文的。在書中，我又有點像「文抄公」的樣子，多次引用他人。其實，所有引用，都不過是為給我的想法作證。我引那些書，並不意味著我同意那些書的其他觀點，或其基本觀點，只是取其有用者而已。

寫《三部曲》，我深深感到了馬克思主義的力量。在我所讀過的中文書

中，無論談什麼題目，也無論作者屬於什麼學派，是什麼「政治面目、家庭出身」，幾乎都會說到馬克思主義，都會引用馬克思、恩格斯。西方馬克思主義者引用，自由資產階級學者照樣引用；談社會主義引用，談跨國主義、帝國主義、資本主義照樣引用。在馬克思主義「死亡」、「終結」以後，仍然一次一次地引用。我的印象是，馬克思和他的主義無處不在。幾乎所有的學者都從馬克思主義尋找思想資源。尤其令我印象深刻的是，那些人引用馬克思，都比較準確，沒有斷章取義或者像蘇聯共產黨中央馬恩列斯著作局為《馬克思恩格斯全集》第二版中《共產黨宣言》所寫《說明》那樣明目張膽的篡改。看到馬克思主義如此被全世界的學者所重視，所不斷引用，我是欣慰的。

前引許倬雲先生在《從中國歷史看世界未來》中說：「未來世界是什麼樣的，如果全球性的秩序正在來臨，有沒有徵兆？有，非常清楚。前二十年還沒有這麼清楚過，今天非常清楚：世界性的天下國家正在形成，上帝之城沒有了，有的是人類文化的共同城「網」的網路，這網路正在把全世界都收攬進來……」網路之城我不懂，也沒有真正進去過，我在意的是世界大同，是大同世界。這本小書寫的就是一點「徵兆」。有詩人說：「一滴水泉可以作江河的始流，一張樹葉之飄動可以兆暴雨之將來……」是不是這樣，讓事實做回答吧。

2011年12月3日，三閒居

目　次

上卷

理想篇

第一章　大同世界
——人類共同的理想

§1.1　孔子的大同世界和陶淵明的《桃花源記》

§1.1.1　孔子的大同世界觀

最早提出世界大同理想的，是中國的聖人孔子。《禮記·禮運第九》載：

> 昔者仲尼與於蠟賓，事畢，出遊於觀之上，喟然而歎。仲尼之歎，
> 蓋歎魯也。言偃在側，曰：「君子何歎？」
>
> 孔子曰：「大道之行也，與三代之英，丘未之逮也，而有志焉。大
> 道之行也，天下為公，選賢與能，講信脩睦。故人不獨親其親，不獨子
> 其子，使老有所終，壯有所用，幼有所長，矜寡孤獨廢疾者皆有所養，
> 男有分，女有歸。貨惡其棄於地也，不必藏於己；力惡其不出於身也，
> 不必為己。是故謀閉而不興，盜竊亂賊而不作，故外戶而不閉。是謂大
> 同。今大道既隱，天下為家，各親其親，各子其子，貨力為己，大人世
> 及以為禮，城郭溝池以為固，禮義以為紀；以正君臣，以篤父子，以睦
> 兄弟，以和夫婦，以設制度，以立田裏，以賢勇知，以功為己。故謀用
> 是作，而兵由此起。禹、湯、文、武、成王、周公，由此其選也。此六

君子者，未有不謹於禮者也。以著其義，以考其信，著有過，刑仁講讓，示民有常。如有不由此者，在執者去，眾以為殃。是謂小康。」

言偃復問曰：「如此乎禮之急也？」

孔子曰：「夫禮，先王以承天之道，以治人之情，故失之者死，得之者生。詩曰：『相鼠有體，人而無禮。人而無禮，胡不遄死。』是故夫禮必本於天，殽於地，列於鬼神，達於喪、祭、射、禦、冠、　、朝、聘。故聖人以禮示之，故天下國家可得而正也。」

……

《十三經》第196—197頁

《禮運》是《禮記》的一篇。該書為儒家經典，相傳西漢人戴氏父子編定，但它係「七十子後學者所記」（《漢書·藝文志》）。「七十子」者，孔子學生也。孔子生於西元前五五一年，卒於西元前四七九年。本篇所記者為言偃。言偃比孔子小四十五歲，孔子說這話，當在晚年，距今將近兩千五百年。

孔子這段話，講了大同世界，也講了「小康」。「大同」和「小康」是以社會制度的不同而區分的，前者是禪讓，後者是「家天下而傳」。詹子慶著《夏史與夏代文明》說：「儒家文獻把禪讓制度轉變為世襲制看成是從『大同』社會過渡到『小康』社會的主要表徵。……（此處為引文，略）這裏不去分析儒家『大同』和『小康』理想並存的具體內容，但是從中確實反映出當時的思想精英們已敏銳地洞察出遠古社會和現實社會在政治制度層面上的本質差別，即前者是『選賢與能、講信修睦』的『禪讓』社會，而後者從禹開始則進入『大人世及以為禮』（父死子嗣、兄終弟及）的世襲社會。用今人的眼光來講，就是由氏族的民主社會過渡到『以禮治國』的文明社會。」（第98—99頁）

最早記述「禪讓」的，是《尚書·虞書·堯典》：「昔在帝堯，聰明文思，光宅天下，將遜於位，讓於虞舜……」《堯典》接著寫了堯帝的功德：

「曰若稽古帝堯，曰放勳，欽、明、文、思，安安，允恭克讓，光被四表，格於上下。克明俊德，以親九族；九族既睦，平章百姓；百姓昭明，協和萬邦；黎民於變時雍。」《舜典》也寫到禪讓：「舜讓於德，弗嗣。」

從《堯典》可見禪讓經過：「帝曰：『咨！四岳。朕在位七十載，汝能庸命，巽朕位。』岳曰：『否德忝帝位。』曰：『明明揚側陋。』師錫帝曰：『有鰥在下，曰虞舜。』帝曰：『俞，予聞；如何？』岳曰：『瞽子，父頑，母嚚，象傲；克諧以孝，烝烝乂不格姦。』帝曰：『我其試哉。』女，於時觀厥刑於二女。釐降二女於媯汭，嬪於虞。帝曰：『欽哉！』」堯帝年紀大了，問他的四位大臣，你們能不能繼位？四位大臣說自己德行不夠，他們共同推薦了舜。堯帝說「我其試哉」，是說要進行考察。又要他的臣子謹慎從事。

舜亦實行禪讓。人所共知，舜把帝位讓給了禹。

孔子對禪讓表示高度讚賞。孔子稱讚堯：「大哉！堯之為君也。巍巍乎，唯天為大，唯堯則之。蕩蕩乎，民無能名焉。」孔子引堯禪讓語：「堯曰：『咨！爾舜！天之曆數在爾躬。允執其中。四海困窮，天祿永終。』」接著寫舜：「舜亦以命禹。曰：『予小子履，敢用玄牡，敢昭告於皇皇後帝；有罪不敢赦。帝臣不蔽，簡在帝心。朕躬有罪，無以萬方；萬方有罪，罪在朕躬。』周有大賚，善人是富……」據朱熹《集注》，「曰『予小子履……』」一段，系「引《商書·湯誥》之辭」。以下述武王事，引《周書·太誓》「雖有周親，不如仁人。百姓有過，在予一人」，肯定賢君「天下之民歸心焉」。允執其中、天下之民歸心，都可看作禪讓制度的好處。

從以上描述可知，堯舜實行禪讓，都是採用「協商民主」的辦法，並沒有一種完備的制度規定。有人說，中國是人情社會，做什麼都靠人情決定；這種「協商民主」，便帶有人情的味道。在人們大公無私的情況下，「協商民主」無疑會發生好的作用。孔子讚賞禪讓，就是讚賞這種民主做法。但是也要看到，協商民主容易被人利用，因為沒有制度保證，由「選賢與能、講信修睦」

進入「家天下而傳」的世襲制，就全在「人主」的一念之間了。

禪讓只進行了兩屆；堯以前仍當為禪讓，只是沒有文獻記載罷了。從禹進入世襲社會。《孟子·萬章上》寫禹本想禪讓於益，但未能成行：

> 萬章問曰：「人有言：『至於禹而德衰，不傳於賢而傳於子。』有諸？」
> 孟子曰：「否，不然也。天與賢，則與賢；天與子，則與子。昔者舜薦禹於天，十有七年，舜崩。三年之喪畢，禹避舜之子於陽城。天下之民從之，若堯崩之後，不從堯之子而從舜也。禹薦益於天，七年，禹崩。三年之喪畢，益避禹之子於箕山之陰。朝覲訟獄者不之益而之啟，曰：『吾君之子也。』謳歌者不謳歌益而謳歌啟，曰：『吾君之子也。』丹朱之不肖，舜之子亦不肖。舜之相堯，禹之相舜也，歷年多，施澤於民久。啟賢，能敬承繼禹之道。益之相禹也，歷年少，施澤於民未久。舜、禹、益相去久遠，其子之賢不肖，皆天也，非人之所能為也。莫之為而為者，天也；莫之致而至者，命也。」

《史記·夏本紀》所記為：「帝禹立，而舉皋陶薦之，且授政焉。而皋陶卒。而後舉益，任之正十年。帝禹東巡狩，至於會稽而崩。以天下授益。三年之喪畢，益讓帝禹之子啟，而辟居箕山之陽。禹子啟賢，天下屬意焉。及禹崩，雖授益，益之佐禹日淺，天下未洽，故諸侯皆去益而朝啟曰：『吾君帝禹之子也。』於是啟遂即天子之位，是為夏後帝啟。」

考古新發現《上博楚竹書·容成氏》曰：「禹有子五人，不以其子為後，見皋陶之賢也，而欲以為後。皋陶乃五讓以天下之賢者，遂稱疾不出而死。禹於是乎讓益，啟於是乎攻益自取。」（轉引自《夏史與夏代文明》第97頁）

還有其他記載，從略。

　　不論啟的繼位是益的相讓還是民眾（朝覲訟獄者、謳歌者）的舉薦，抑還是啟的「自取」，從此以後，堯舜時代的禪讓制度徹底終結了，而代之以「父死子嗣、兄終弟及」的世襲制，天下成了私有財產。中國歷史上的私有制，應該不自天下私有始，而是在財物私有已成風氣後，才會天下私有。就傳說中的舜的生活情形而言，當時以男性為主、以血親關係構成的家庭制度早已確立，私有制也已形成。《中國古代文明起源》說：「……從西元前三千五百年開始，在各地考古學文化中逐漸萌生了諸多新的現象和特點。這些新的現象和特點表明，這一時期各地人群組織在內部的分配制度和地位分化上已經發生重大變化：社會貧富分化嚴重，已有私有制度，社會日益分化成多個等級，權勢顯貴階層產生，並且出現了擁有軍、政、財、神權於一身的最高首領。」但這並不等於進入階級社會，只是階級的萌芽。孔子──或說儒家──「把禪讓制度轉變為世襲看成是從『大同』社會過渡到『小康』社會的主要表徵」，既說明他們有政治眼光，也說明制度文化在人類社會生活中確實具有重要意義。禪讓和世襲的不同，不是具體做法的不同，而是制度的不同。禪讓是民主，而世襲是專制。

　　考古學家蘇秉琦在《中國文明起源新探》中說：「一九九四年初，我應『海峽兩岸考古學與歷史學學術交流研討會』邀請所寫的《國家的起源與民族文化傳統》一文提綱中，提出中國國家起源問題可以概括為發展階段的三部曲和發展模式的三類型。發展階段的三部曲是古國──方國──帝國。」「古國指高於部落以上的、穩定的、獨立的政治實體。……紅山文化在距今五千年以前，率先跨入古國階段……即早期城邦式的原始國家已經產生……就全國六大區系而言……不遲於四五千年前大體都進入古國時代，即城邦、萬國林立時代。」「古國時代以後是方國時代，古代中國發展到方國階段大約在距今四千年前。與古國是原始的國家相比，方國已是比較成熟、比較發達、高級的國家。夏商周都是方國之君……方國最早出現是在夏以前。」至於帝國，蘇先生

指的是秦漢以後的國家形態。「方國時代是產生大國的時代，也為統一大帝國的出現做了準備。」（第130—145頁）

按照蘇先生的理論，堯、舜、禹「三代」屬於「方國」，「是比較成熟、比較發達、高級的國家」。中國進入奴隸社會，公認在夏之後的商代。從考古發掘看，這一點得到許多實物的佐證。——商代的墓葬，人殉大量出現，而夏代的墓葬卻不是這樣，顯然，夏代是階級社會形成的一個時代。既如此，堯舜禹三代處在原始共產主義社會，是毋庸置疑的。

前引孔子所論大同世界美好生活情景，跟摩爾根和恩格斯所說古代社會是一致的。摩爾根說到印第安部落的功能和屬性，有以下七種：（一）具有一塊領土和一個名稱。（二）具有獨用的方言。（三）對各氏族選出來的首領和酋長有授職之權。（四）對這些首領和酋帥有罷免之權。（五）具有一種宗教信仰和崇拜儀式。（六）有一個由酋長會議組成的最高政府。（七）在某些情況下有一個部落大首領。（《古代社會》上冊第109頁）在摩爾根的語境裏，「胞族是一種偏重於社會性而不偏重於政治性的組織，但氏族、部落和聯盟卻是政治觀念發展過程中合乎邏輯的必然階段。在氏族社會裏，如果沒有部落作為基礎，就不可能存在聯盟；如果沒有氏族，也就不可能有部落，但胞族則可有可無。」（第101—102頁）據此可知，摩爾根所說的部落，跟蘇秉琦所說「方國」相類似。這裏的制度也是基本相似的。

摩爾根說到希臘：「希臘人的氏族具有上文所列舉的十項主要屬性，這一點基本上可以視為確定不移的了。除了世系由男性下傳、承宗女可以在本氏族內通婚、最高軍職可能世襲這三者以外，其餘各項與易洛魁人的氏族差異很小。」（第226頁）

以上是從政治層面說，從社會生活層面說，恩格斯在《家庭、私有制和國家的起源》裏有很好的概括：

　　而這種十分單純質樸的氏族制度是一種多麼美妙的制度呵！沒有軍隊、憲兵和員警，沒有貴族、國王、總督、地方官和法官，沒有監獄，沒有訴訟，而一切都是有條有理的。一切爭端和糾紛，都由當事人的全體即氏族或部落來解決，或者由各個氏族相互解決；血族復仇僅僅當做一種極端的、很少應用的手段；我們今日的死刑，只是這種復仇的文明形式，而帶有文明的一切好處與弊害。雖然當時的公共事務比今日更多，──家庭經濟都是由若干個家庭按照共產制共同經營的，土地乃是全部落的財產，僅有小小的園圃歸家庭經濟暫時使用，──可是，絲毫沒有今日這樣臃腫複雜的管理機關。一切問題，都由當事人自己解決，在大多數情況下，歷來的習俗就把一切調整好了。不會有貧窮困苦的人，因為共產制的家庭經濟和氏族都知道它們對於老年人、病人和戰爭殘廢者所負的義務。大家都是平等、自由的，包括婦女在內。

　　　　　　　　　　　　　　　──《馬恩選集》第4卷第92─93頁

　　恩格斯又說：「在沒有分化為不同的階級以前，人類和人類社會就是如此。要是我們把他們的狀況和現代絕大多數文明人的狀況作一比較，那末就可以看出，在今日的無產者或小農同古代自由的氏族成員之間，差別是極其巨大的。」（同上）

　　恩格斯的描寫，跟孔子筆下的大同世界沒有多大差別。

　　孔子生當春秋末年，他對過去時代人們的生活情形是充分肯定的，懷念的。在《論語》等書中，他以「巍巍乎」形容堯、舜、禹三帝之高大。即使對夏代、商代甚至周初人們的生活情形，他也常有懷念之情和讚賞之意。他總以為他生活的時代「禮崩樂壞」，大不如前，所以要「克己復禮」。把「大同」之世跟「小康」之世比較，他更喜愛「大同」之世。這裏「故人不獨親其親」以下所寫，正是那時人們生活情形的寫照：人們生活富足，安定，老有所養，

幼有所長，路不拾遺，夜不閉戶。更主要的是，在那個社會，沒有剝削和壓迫，人人過著自由幸福的生活。這段話開頭一句「……三代之英，丘未之逮也，而有志焉」，表現了他自愧才能不如前人、卻仍想幫助賢明君主革新政治、整頓社會秩序的遠大志向。兩千多年來，孔子這段話已成為人們對理想社會最生動的描繪，世界大同或大同世界也作為未來理想社會的符號，深深刻印在人們腦海裏。

在中國古代，對未來社會提出理想的，儒家還有陸賈《新語》的「至德社會」、何休的「公羊三世」（《春秋公羊解詁》）。道家提出了「萬年太平」、「大和社會」。《列子》提出了「華胥氏之國」、「終北國」等。《管子》中亦有類似內容。孔子的大同世界實乃先秦諸子對理想世界的集中概括。

需要說明的是，孔子的大同思想，到後來，跟「世界」二字連用，組成「大同世界」或「世界大同」。前者為名詞，指一種狀態，它是靜態的；後者含有動態的意思，指一種過程。孔子當年的視域是「天下」，有「天下為公」可證，「世界」這個詞還沒有產生。即使「天下」，也主要指中國，當時的中國，由許多國家構成。那時候，人們還不知道有歐西國家，有非洲國家，更不知道拉丁美洲等等。凡是有人居住的地方，都包括在天下之內。因此，天下也就是世界。雖然孔子那時候所說「天下」──即「世界」──，範圍跟現在很不相同，但實際上是一回事；當「世界」一詞具有了現在含義的時候，組成大同世界或世界大同，是完全確切的。

§1.1.2　陶淵明的世外桃源

表達對未來社會的理想，也是中國歷代文人的重要題材。從曹操詩「對酒歌，太平時，吏不呼門。王者賢且明，宰相股肱皆忠良。咸禮讓，民無所爭訟。三年耕有九年儲，倉谷滿盈。班白不負載。雨澤如此，百谷用成」（詩題《對酒》）到李汝珍的小說《鏡花緣》都是。最有名的是東晉詩人陶淵明

（352—427）作《桃花源記並詩》。《記》云：「晉太元中，武陵人捕魚為業，緣溪行，忘路之遠近。忽逢桃花林，夾岸數百步，中無雜樹，芳草鮮美，落英繽紛；漁人甚異之。復前行，欲窮其林。林盡水源，便得一山。山有小口，仿佛若有光；便舍船從口入。初極狹，才通人；復行數十步，豁然開朗。土地平曠，屋舍儼然，有良田、美池、桑竹之屬；阡陌交通，雞犬相聞。其中往來種作，男女衣著，悉如外人；黃髮垂髫，並怡然自樂。見漁人，乃大驚；問所從來，具答之。便要還家，為設酒，殺雞作食；村中聞有此人，咸來問訊。自云先世避秦時亂，率妻子邑人來此絕境，不復出焉，遂與外人間隔。問今是何世，乃不知有漢，無論魏晉。此人一一為具言所聞，皆歎惋。餘人各復延至其家，皆出酒食。停數日，辭去。此中人語云：『不足為外人道也。』既出，得其船，便扶向路，處處志之。及郡下，詣太守說如此。太守即遣人隨其往，尋向所志，遂迷不復得路。南陽劉子驥，高尚士也；聞之，欣然規往，未果，尋病終。後遂無問津者。」詩為五言，從略。

　　以上文本，係據王瑤《陶淵明集》，又據新出版袁行霈之《陶淵明集箋注》做少許改動，比如生年即據袁說。王先生解題曰：「《桃花源記》中所記的南陽劉子驥，是晉太元間的聞人，好遊山澤，因此《桃花源記》開始就說『晉太元中』；但這並非淵明實際寫作的年代。據陳寅恪先生《桃花源記旁證》所考，則淵明寫作材料的主要依據，是來自如《贈羊長史》一詩中所說，由征西將佐歸來後所談的西北人民逃避苻秦暴虐的情形；而其理想成分，則與《擬古》詩第二首追慕田疇的事蹟相同。《三國志》記『田疇入徐無山中，營深險、平敞地而居，躬耕以養父母。百姓歸之，數年間至五千餘家』。其事與《桃花源記》極相似，是淵明社會理想的寄託。《擬古》詩作於宋永初二年辛酉（421），《桃花源詩》並《記》當也是同時所作。這年淵明五十七歲。」（《王瑤文集》第1卷第459—460頁）可見，陶淵明所寫，特別是《記》中所寫，有事實根據，也有自己想像。

　　魏晉屬門閥社會，講究出身和等級觀念。陶淵明祖上曾做過太守之類官兒，他自己卻官星不亮，只當了幾年參軍、縣令小官，還是「求之靡途」。從漢末以來，歷一百多年，豪強爭雄，兵燹迭起，社會動盪，是典型的「亂世」。讀書人常以言獲罪，正義之士，或崇尚清談，或遠離官場，隱逸山林。陶淵明出身寒微，「夏日長抱饑，寒夜無被眠」，生活很苦。他生性孤傲，「不為五斗米折腰」，寧願歸隱田園，過「晨興理荒穢，帶月荷鋤歸」的生活。這使他能體會到下層人生活的困苦，跟農民的思想感情有了交集，所以他的作品中比較真切地表現了廣大勞動人民的生活和願望，他也成為「古今隱逸詩人之宗」（鍾嶸《詩品》語）。寫出《桃花源詩並記》，更多的是寄託理想，不是對自己生活情狀的描摹。《詩》中所寫跟孔子大同世界無法相比，那是一種小國寡民的生活，「春蠶收長絲，秋熟靡王稅」更表現了小農經濟思想。《記》中所寫，像氏族社會，幾千口人如一個大家族，男女老幼，和睦相處，其樂融融。這應該接近孔子大同世界的理想。

　　使我感興趣的，不完全在陶淵明《記》中所寫，還在於《桃花源記》的題材來源。王瑤在題解中所說，它是根據《三國志・田疇傳》寫的。查《三國志・田疇傳》，田疇為「右北平無終人也，好讀書，善擊劍」。他所遷往的山中，亦在北方。在「……至五千餘家」後尚有：「疇謂其父老曰：『諸君不以疇不肖，遠來相就，眾成都邑，而莫相統一，恐非久安之道。願擇其賢長者以為之主。』皆曰：『善。』同僉推疇。疇曰：『今來在此，非苟安而已，將圖大事，復怨雪恥，竊恐未得其志而輕薄之，徒自相侵侮，偷快一時，無深計遠慮。疇有愚計，願與諸君共施之，可乎？』皆曰『可。』疇乃為約束相殺傷犯盜諍訟之法，法重者至死，其次抵罪，二十餘條。又制為婚姻嫁娶之禮，興舉學校講授之業，班行其眾，眾皆便之，至道不拾遺。北邊翕然服其威信，烏丸、鮮卑並各遣譯使……」即是說，當田疇吸引來的五千多家（按每戶五口人計，當有兩萬多人口）成為一個小型社會的時候，田疇又及時跟人們商量，民

主選舉他田疇為「總統」，並制定了各項法律法規，把這個社會治理得井井有條，人們安居樂業，「道不拾遺」，以致鄰近的少數民族都來向他祝賀、朝貢。田疇不是有意按照孔子大同世界去做，他只是從實際出發，需要什麼做什麼，需要怎麼做就怎麼做，湊巧，在他這個社會裏，孔子說的「選賢與能，講信脩睦」，人們之間「不獨親其親，不獨子其子，使老有所終，壯有所用，幼有所長，矜寡孤獨廢疾者皆有所養，男有分，女有歸」基本上都實現了。這是真實的存在。如果說陶淵明《桃花源記》所寫多少帶有他「隱逸詩人」人生觀、社會觀的私人印記，那麼，田疇的實驗就把孔子的設想變成了現實。

曾有人把陶淵明的《桃花源記》當作中國空想共產主義的標本。陶淵明寫這篇作品，當然有他對現實不滿的一面，但是它的更積極的意義，是它表達了人們對沒有階級、沒有剝削、人們平等相處、過著安定富足生活的強烈願望。它是孔子大同世界的具體化、形象化。

§1.2　柏拉圖的《理想國》和跟大同世界的比較

西方人中可以跟孔子相比較的，是稍後於孔子，希臘古文明三大巨匠之一的柏拉圖（西元前427─前347）。他最早在《蒂邁歐篇》中寫了他對未來社會的理想，後來在《理想國》中做了細緻的描繪。《理想國》也有譯為《共和國》的，也有譯為《治國篇》、《國家篇》的。《理想國》已成為柏拉圖膾炙人口的名著，一直享有廣大的讀者。

柏拉圖出生於雅典。雅典是個城邦，在柏拉圖生活的時代，它創造了可以跟中國戰國時代百家爭鳴、學術昌盛相比美的另一個輝煌的文明，柏拉圖本人也被稱為歐洲哲學的始祖，有人說：「如果為歐洲整個哲學傳統做一個最穩妥的概括，那就是，它不過是對柏拉圖哲學的一系列注腳。」那個時候的雅典，除了在學術上和藝術上的偉大成就以外，還有令後人羨慕的城邦民主。柏拉

圖和他的老師蘇格拉底都是反對民主的。西元前四〇四年，「柏拉圖的親戚」克里底亞和卡爾米德領導一夥保守派推翻了雅典的民主制，經過九個月的僭主統治，民主又回歸雅典。美國學者N‧帕帕斯在《柏拉圖與〈理想國〉》中寫到，復辟後的「民主政府由一個寡頭團體統治，它的正義概念淪落為報復，幾年後（西元前399）民主政府企圖處死蘇格拉底，並真的這樣做了……」（第6—7頁）

　　蘇格拉底沒有著作留下來。現在人們看到的蘇格拉底，一部分出自色諾芬的著作，一部分出自柏拉圖的對話。柏拉圖的著作全部保存下來了。他的著作以對話形式寫成，有中國學者說，他「是使這種體裁達到完美地步的人，應該享受發明和美化這種文體的榮譽」（《柏拉圖對話錄》附《蘇格拉底、柏拉圖傳》，第631頁）。他的許多對話人便是蘇格拉底，特別是前期著作。柏拉圖的哲學體系具有明顯的倫理色彩，他把「理念」放在重要地位。在柏拉圖看來，實物只是理念世界的影子，理念是第一性的。柏拉圖在建立起他的哲學體系以後，又寫了許多著作，闡述他的建立在道德原則上並忠實於它的政治體系。他想方設法論證貴族永久統治的合法性，而否定勞動人民參與管理國家事務的必要性和可能性。在《政治家篇》裏，柏拉圖設想了在城市裏可能出現的多種政治體制，他說，究竟採取什麼樣的體制和具體設想，取決於統治者的意願，而如果採取法律原則，那麼民主制是最糟糕的制度。《法律篇》是他最後一部作品。他說，如果我們不能找到一個好的哲學家式的君王，就只能在法律原則下，把個人統治跟大眾統治結合起來。在《法律篇》裏，他探討了在這種體制下如何選舉官員等問題。

　　中國歷史學家李石岑（1892—1934）把中國哲學史上的許多名家和學派跟古希臘文化做了互相對應的比較，說儒家跟觀念派，墨家、名家跟主不變派，道家跟主變派，有很大的相似性。在第一組對比中，他把孔子和蘇格拉底、孟子和柏拉圖、荀子和亞里斯多德相對應。如說「孔子是維護封建制度最熱切的

一個人，所以他的思想的出發點，就在於提供一個維護的方法」，而孔子提出
的「正名」，就成為「一切政治、道德的基礎」；說「蘇格拉底的思想本是傾
向貴族政治的，故極力倡導概念的正確和知識的尊嚴」。又如孟子，「孔子提
出一個『名』，孟子便提出一個『我』，一個『心』」，「孔子的觀念論，到
了孟子手裏，便體系化了，深刻化了」，他把孔子的「觀念論的本質完全暴露
無遺了」。「那麼，柏拉圖又是怎樣的呢？蘇格拉底提出一個概念，他便提出
一個『觀念』或『理念』（Idea），是把蘇格拉底的概念改造而成的。柏拉圖
將蘇格拉底的知識論，加以嚴密地組織，予以超越地存在，遂成為一種形上
學。柏拉圖認宇宙萬物都是『觀念』的幻影，一切都在模仿『觀念』，思慕
『觀念』。」「這樣看來，孟子的用心和柏拉圖的用心是一致的」，兩人都成
了統治階級的「御用學者」。荀子和亞里斯多德，有進一步的發展，成為前人
的集大成者。「孔子提出一個『名』來，荀子便特別在『名』字上著力，而有
《正名篇》之作……荀子所謂『名守』，即是『分』。有貴賤之分，有尊卑之
分，推而至於美惡厚薄、佚樂、劬勞之分；而『管分之樞要的』的，便是『人
君』。這是何等鮮明的為統治階級做成寶塔式的階級思想。」「亞里斯多德
正具有同樣的特徵……」（《中國哲學十講》第2─6頁）這樣的比較有些簡單
化，而且不倫不類，不能確切說明各自的思想和完整體系。說「孔子是維護封
建制度最熱切的一個人，所以他的思想的出發點，就在於提供一個維護的方
法」，很不確切。孔子生活的時代，有階級存在是對的，但是否進入封建時
代，就很難說。中國的馬克思主義歷史學家一般把殷商看作奴隸社會，在封建
社會的起始時間上有說是東周的，有說是秦的。以郭沫若為代表。郭在《中國
古代史的分期》（《奴隸制時代‧代序》）中說：「殷代是典型的奴隸社會，
已經沒有問題了……關於奴隸制的下限，我前後卻有過三種不同的說法。最早
我認為：兩種社會制度的交替是在西周與東周之交，即在西元前七七〇年左
右。繼後我把這種看法改變了，我改定在秦漢之際，即西元前二〇六年左右。

一直到一九五二年年初，我寫了《奴隸制時代》那篇文章，才斷然把奴隸制的下限劃在春秋與戰國之交，即西元前四七五年。」（《奴隸制時代》第1─2頁）按這個分期，孔子生活在奴隸制轉向封建制的時候，說他「是維護封建制度最熱切的一個人」，於理不通。問題不在這裏。問題在於，把孔子跟蘇格拉底做這樣的比較，太勉強了。對此，筆者是不贊同的。現在順便引用，可作為一種參考。

帕帕斯說：「……除了一些孤立的洞見和假設，柏拉圖仍然有其重要性，對廣大讀者具有強大的吸引力。首先因為他對現象世界徹底的不信任，其次是，雖然如此不信任，他還要努力表明，他稱為真實的世界如何影響了這個僅僅是現象的世界。對現象的不信任使柏拉圖成為二元論者，他不得不構造出不變而可知的形相來彌補日常事物的混亂。柏拉圖努力彌合相和事物之間的裂隙，這使他表現為一個系統的哲學家。他的對話交織著價值問題和宇宙狀態問題，前者包括道德術語的定義、道德理論概況、政治忠告，後者包括實在的本質、人類知識的方法論。那些最為人熟知的柏拉圖作品表達出了他的看法：對實在的本質的冷靜追詢最終會滲透入一個人的人生。」（第15─16頁）

《理想國》寫於西元前三七五年，那時候柏拉圖已經上了六十歲，到了他的晚年。也有說是早期的，如王太慶《柏拉圖對話錄》的《前言》和附錄，此處據《柏拉圖與〈理想國〉》。故事──也就是對話──發生的時間卻是西元前四二二年，那時候柏拉圖只有五歲。在這本很重要的著作裏，柏拉圖讓蘇格拉底出面，「其目的之一是為蘇格拉底辯護」（《柏拉圖與〈理想國〉》第17頁）。其中所表現的烏托邦思想，在《蒂邁歐篇》已經出現，在本書裏得到充分的表達和詳盡的闡述。普盧塔克的《來喀古斯傳》中關於斯巴達的理想化的描寫也屬於這一類烏托邦著作。帕帕斯說：「也許《理想國》是被最多的人讀過的哲學著作，它是歐洲歷史上現存最早的烏托邦體系。它也包含著最早的心理學理論，對政府起源的第一次檢驗，第一個教育改革的提案以及第一個美學理論。」（第15頁）

　　《理想國》共十卷，自始至終圍繞著對「正義」問題的探討和追詢。Frank Thill在《希臘哲學》中說：「柏氏在《共和國》一書中所主張的政治學說，是以他的倫理學為基礎。道德既是至善，個人離群索居，決不能止於至善。道德必在社會中始能實現，故國家即以實現道德、追求人民幸福為目的。國家的憲法與法律，都是要使人民能同登善域，共用幸福。社會生活，非人生的目的，乃使個人達於完善的途徑。個人之所以當為謀公共的幸福，而犧牲自己的私利，即因個人的真正利益，即在社會的幸福之中。若果人人能有合理的道德的生活，國家與法律，即無存在之必要。道德完全的人，是受制於理性，並非受制於法律。但因少有全德的人，故法律為求達真善的工具，國家有產生的必要。」（第80─81頁）

　　讓我們引用第一卷討論「正義」問題的一段對話，從中可以知道柏拉圖對道德倫理問題是多麼重視！

　　　　他說：……蘇格拉底啊，一個活得公正而聖潔的人是像詩裏描繪的那樣極為安詳的：

　　　　　　甜蜜的希望伴他把心撫慰，

　　　　　　用乳汁滋養他的垂暮之年；

　　　　　　任憑那世間人心潮澎湃，

　　　　　　管教他巍然不動保平安。

　　這話說得很對，真了不起。我覺得富有的好處主要就在這方面，雖不是人人如此，至少明白道理的人是這樣的。有了錢就不用昧著心虧待別人，或者欠下對神靈的供奉，欠人的債不還，因而心驚膽戰了。有錢雖然還有其他的很多好處，我看逐個比較起來，蘇格拉底啊，這並不是最小的；對於明理的人來說，這是最大的好處。

　　我說：你說得好極了，格帕洛。可是拿公正這件事來說，我們能不能無條件地說這就是說老實話，就是欠人東西就要還呢？這樣做不是有時候公正，有時候不公正嗎？我以為是這樣的。人家會說，如果有朋友在頭腦正常的時候把武器託付給一個人，後來發了瘋要他歸還武器，那是不能還的；在這種情況下交還武器，或者說出全部真情，是不對的。

　　他說：你說得對。

　　那麼說，講老實話和拿東西照還並不是對公正的確切描述。

　　波雷馬爾柯插進來說：蘇格拉底啊，要是西謨尼德的話可信的話，這種說話就確切了。

　　格帕洛說：你接著談吧，我讓位給你了，現在到了我去上供的時候了。

　　我說：是波雷馬爾柯接替你嗎？

　　格帕洛微笑著說：那當然。於是他跑去上供了。

──《柏拉圖對話錄》第358─359頁

　　一種道德，在某種情況下是對的，而在另一種情況下就不對了，如何評價，要看客觀環境和用心。公正、公平以及「善」和「非善」等，都是這樣；同一種做法，「有時候公正，有時候不公正」，就是這個意思。這就是「蘇格拉底式的對話」。這也是柏拉圖的倫理觀。

　　柏拉圖是反對私有財產的，包括婦女兒童在內，主張「婦女兒童的公有」。柏拉圖的老師蘇格拉底也是這樣，柏拉圖實際是繼承了蘇格拉底在這個問題上的思想。《理想國》中借用蘇格拉底的嘴說：「我們的護衛者不應該有私人的房屋、土地以及其他私人財產。他們從別的公民那裏，得到每日的工資，作為他們服務的報酬，大家一起消費。」「防止他們（引者按，指護衛者）把國家弄得

四分五裂，把公有的東西各各說成『這是我的』，各人把他所能從公家弄到手的東西拖到自己家裏去，把婦女兒童看作私產……」（據《西方思想寶庫》第750頁）在《國家》裏，柏拉圖記下蘇格拉底的對話：「應該力爭進入共妻制。這種共妻制的效用和可能性，在我們一貫的爭論中有著自己的支持證據。」在《政治學》裏，柏拉圖寫道：「公民們可以把子女歸公共養育，妻子歸公有，財產歸公管。《理想國》中所述蘇格拉底的主張就是認為這些都必須歸公……」他接著說到「建立公妻的社會，自然要發生許多糾紛……」《國家》裏記蘇格拉底的對話，也說到實行共妻制引起很大爭論的可能性。

柏拉圖對未來社會的設想，英國著名哲學家伯特蘭·羅素在《西方的智慧》中做了介紹：

> 柏拉圖把理想國裏的公民分為三個階級：管理者、士兵、平民。管理者是少數精英分子，他們單獨行使政治權力。國家建立之初，由立法者來任命管理者，而且其職位可以親屬世襲。低階層中的優秀孩子可以被提拔進入統治階級，而統治階級中能力低下的後代也可以被貶為士兵或平民。管理者的任務就是去執行立法者的意志。為了確保他們這樣做，柏拉圖制定了一整套的計畫，規定他們必須如何接受教育和如何生活。他們將受到精神與肉體兩方面的培養。精神方面有「音樂」，即繆斯女神主管的任何一種藝術，肉體方面有「體操」，即不必列隊練習的運動。「音樂」或文化方面的訓練是為了培養出有教養的人。英國人所理解的「紳士」概念，就是從柏拉圖那裏產生的。受教育的年輕人必須做到舉止高雅而英勇。為了實現這個目標，書籍必須經過嚴格的審查。詩人的書必須查禁：荷馬和赫西俄德把諸神描寫成喜歡爭吵、放縱欲望的樣子，這不利於人保持對神的敬意。不應該說神所創造的只是世界上的非邪惡事物，而是整個世界。另

外，他們的詩篇中有的章節容易激起人們對死亡的恐懼和對叛逆行為的讚美，或者懷疑惡人會得勢而好人卻會遭殃。所有諸如此類的東西都應該查禁。包括那種狹義的音樂，也應該審查，只有那種能激發勇氣和倡導節制的調式、韻律才允許存在。

管理者必須過清心寡欲的生活，這樣他們就不會求醫，在他們年輕的時候，必須與庸俗的東西隔離開，而到了一定年紀又要學會抵制恐懼和誘惑。只有那些能夠同時應付恐懼和誘惑的人才適合做管理者。監管者的社會、經濟生活必須是嚴格的共產主義。他們的住所很小，只擁有一些維持個人生存的東西。他們分組進餐，吃最簡單的食物。男女完全平等，所有女人都是全體男人共同的妻子。為了保證他們的數量，統治者會在一些節日，用抽籤的方式選定一組合適的男女，讓他們聚在一起繁衍後代。孩子出生後馬上就被抱走，在子女和親生父母之間互不知曉的方式下集體養育成人。未經許可而生育孩子屬於非法，畸形或劣質嬰兒將被拋棄。這樣一來，個人情感就變得越來越微弱，而集體精神會逐漸強大起來。最優秀的孩子被選出來接受哲學教育，這些懂得哲學的人最終將適合做統治者。

……

—— 第75—76頁

柏拉圖把人分為三個等級，是他社會觀的核心。他有關政治問題、社會問題、人生問題的論述都從這個基本觀點出發。

摩爾根注意到柏拉圖理想中人物親屬的範疇。他在《古代社會》中說：「《理想國》中的一切親屬都被劃歸五種範疇，其中，婦女為共有之妻，子女也為父母所共有。蘇格拉底對泰米阿斯說：『但是，怎樣生育子女呢？這個，由於這項建議很新奇，你可能容易記得住；因為我們規定，不管是什麼人，所

有的人都要共同結為婚姻並共有子女，我們還特別注意不讓任何人有可能識別其親生子女，而讓一切人認其他人都是其親屬；凡年輩相同的青年，都被視為其兄弟姊妹，凡年輩較長和更長者，都被視為其父母和祖父母，而在其下者，都被視為其子孫。」柏拉圖無疑是熟悉我們所毫不瞭解的希臘與佩拉斯吉傳統習俗的，這些傳統習俗一直上達野蠻階段，它們揭示了希臘部落的更早的狀況的痕跡。柏拉圖的理想家族可能出自這些描寫，因而這一假想很可能不是哲學的推理。」（下冊第412頁）

馬克思在《資本論》中說：「在柏拉圖的共和國中，分工是建立國家的基本原則，因此，這種共和國不過是埃及的等級制度在雅典的理想化……」（《資本論》俄文版第1卷。此處據羅森塔爾、尤金編《簡明哲學辭典》第331頁）

Frank Thill在《希臘哲學》中強調了柏拉圖《理想國》地域的狹小。他在書中說：「柏氏的《共和國》一書，是一個完美的國家理想，是夢想一個建立在地上的天國。他的《共和國》，常被人稱之為烏托邦，但我們要知道柏氏的理想中的共和國，是指一個領域最小的市府國家。他的理想，有好些是當時斯巴達的實況；現今的國家，已實現了他不少的理想。」（第83頁）

中國著名學者、清末「戊戌變法」領袖人物梁啟超，於「戊午冬（1918）出遊歐洲一年，庚申（1920）春歸國」（伍莊《梁任公先生行狀》，《追憶梁啟超》第4頁），寫許多介紹歐洲學術思想的論著，兩次說到柏拉圖《理想國》。在《亞里斯多德之政治學說》中說：「……先是亞氏之師柏拉圖者，嘗著一書，名曰《共和國》，鼓吹大同理想。以為大同之世，人不得獨妻其妻，獨子其子；不得有私財；貨不藏己，力不為己。則姦淫不興，盜賊不作，而世乃太平。此實與中國《禮運》之微言大義相暗合，而理想家之極軌也。奈其事終非此五濁惡世之得行，其境終非此萬數千年內之人類所得達……」（《分類飲冰室文集》第2冊第169─170頁）在《生計學學說沿革小史》中所說大體相同。所多者為：「英格廉評之曰：『柏氏此等主義，實當時通行之理想，蓋以

為一私人皆當服從於國家權力之下也。如柏氏言，必當建其國於絕海一孤島，與他邦閉關不通而後可，蓋通商互市，實破壞此種制度之利器也。』可謂知言。雖然柏氏亦知此說之難實行，故其後所著論法律書中稍趨切實。然猶倡限民名田，禁民早婚，及政府監督農工商業諸議，蓋雖許有私財，而猶欲限制干涉以求平等也。」（第65頁）

帕帕斯把柏拉圖跟法西斯主義和史達林主義做了比較。他說：

由於現代集權主義的抬頭，其反對者已經指出了集權主義和柏拉圖國家的相似性。他們的論述由於納粹和史達林主義的書而變得更有說服力，後者樂於聲稱柏拉圖為其先驅。對於城邦大家族以及城邦統治者唾手可得的權力的問題，這個話題我們是再熟悉不過了。

當我們聽說衛國者住在一起，沒有私有財產時，首先映入我們的腦海的就是流行的共產主義畫面。理性城邦的其他特徵則使讀者想起法西斯主義，尤其是法西斯主義者對統一的盲目崇拜。在法西斯主義下，國家具有一種超出構成集體的每個個體的一致性。公民必須對國家效忠，因為國家是每個人的家庭；家庭忠誠成為對國家盡忠奉獻的強化。在許多情況下，國家變成了軍事組織。當沒有戰爭也不準備戰爭的時候，國家通過嚴格的社會等級來表現它的軍事本質。正常的生活變成了軍事訓練營。

無論如何，柏拉圖在表面上具有和法西斯主義的令人不快的一面的相似性。最令人反感的是他關於國家的有機理論，它意味著，對他而言國家就是一個個人。個人和城邦類比的可能性恰恰預設了城邦存在的一個現實性，就是不使它僅僅保持為人的集體。再加上柏拉圖的消滅家庭的夢想，那種曾經把人拉向個人目標的感情現在有助於社會的統一，對國家效忠的每個特徵都具備了。

柏拉圖式的國家進一步在其獨裁主義基礎上建立起集權主義的王國
……

──第224─225頁

　　帕帕斯把史達林主義跟法西斯主義放在一起談論，是值得深思的。所謂史達林主義，筆者在《背叛的代價》中做過分析，可以概括為，打著馬克思主義的旗號，以無產階級專政為手段，無視民意，踐踏民主，實行個人獨裁。關於法西斯主義，借用《大英百科全書》的解釋，是在一九一九年至一九四四年間試圖支配中歐、南歐和中東歐地區的一種政治主張和大規模運動。各種法西斯運動的共同點，是強調以民族（種族或國家）作為全部歷史與生活的中心和調節者。法西斯主義反對人文主義運動的核心價值「自由、平等、博愛」，而針鋒相對地提出「信仰、服從、戰鬥」。信仰什麼？服從什麼？指歸是領袖。對領袖如希特勒、墨索里尼，那是絕對服從，絕對信仰。表面上，史達林的社會主義蘇聯跟希特勒的德國處在對立的交戰狀態，其實，雙方實行的政治制度並沒有太大的差別，只不過史達林主義多了一件馬克思主義的漂亮的外衣而已。帕帕斯鑒於「現代集權主義的抬頭」，把柏拉圖的理想國設想跟法西斯主義和史達林主義聯繫起來，指出它的反人民性和專制性，說它是在「獨裁主義基礎上建立起集權主義的王國」，可以使人們更好地認識柏拉圖《理想國》的本質。

　　這裏把柏拉圖的《理想國》跟孔子的大同世界做一比較。

　　孔子提出世界大同的理想，出於對「三代」曾經有過的輝煌的緬懷和追慕。這意味著，它不是憑空而來，它有事實根據。那是人類歷史最賢明的一個時代，它造成了世界少有的「禮儀之邦」。孔子希望回復到那種狀態。柏拉圖寫《理想國》，卻主要是對他所希望的未來社會進行設計、規劃。據Frank Thill說，「他的理想，有好些是當時斯巴達的實況」，那是因為當時的

雅典存在著像斯巴達一樣的奴隸，過著集體的任人擺佈的生活，而柏拉圖是充分肯定這種奴隸制度的。柏拉圖要把這種缺乏個人自由的生活推廣到全民中去。當作人類美好的理想，能否實行，實行後是否會受到人們的歡迎、喜愛，是很難說的。

孔子的大同世界建立在沒有階級、沒有剝削、沒有壓迫的基礎上，人人平等。柏拉圖的《理想國》卻是以維持和加強等級制為出發點。前引中國歷史學家李石岑說「孔子是維護封建制度最熱切的一個人，所以他的思想的出發點，就在於提供一個維護的方法」，很不確切，前已論及。孔子不是為了「維護封建制度」而提出這個理想的，僅僅因為他認為以前那個社會好，符合大同理想，人們應該把那個社會作為楷模。如果把「三代」理解為堯舜禹，那個時候社會尚處在氏族階段，距離階級產生還有將近一千年時間，既無階級，何來「維護」？孔子的「名不正則言不順」的思想，跟「維護封建制度」更沒有關係。孔子的意思不過說君要像個君、臣要像個臣、父要像個父，子要像個子，人人按名分去做，做事要符合身份；這固然有利於鞏固和完善宗法制度，但是對於建立良好的社會風氣，人人行其所當行，而拒其所不當行，相互之間互敬互愛，和睦相處，同樣是有力的理論支持。說「蘇格拉底的思想本是傾向貴族政治的」，卻是對的；他們頑固地反對城邦民主，就充分說明了他們的「階級立場」。儒家跟蘇格拉底、柏拉圖等人的區別在於，儒家是現實主義者，他們的懷舊是對現實的不滿，希臘三大巨匠則是浪漫主義者，他們的「空想」是為了維護像他們那樣的哲學家─管理者階級的地位和影響。

孔子的大同世界適於在國家推行，它雖然有些「鄉土化」，卻並不排斥人口密集的城市。它所描繪的情景具有普遍意義。柏拉圖的《理想國》只適於人口集中的城邦，離開城邦，勢將難以推行。正如梁啟超引他人評論所說，「柏氏此等主義，實當時通行之理想，蓋以為一私人皆當服從於國家權力之下也。如柏氏言，必當建其國於絕海一孤島，與他邦閉關不通而後可，

蓋通商互市，實破壞此種制度之利器也。」連柏拉圖自己也知道「此說之難實行」。

孔子的大同世界是充分人性化的，柏拉圖的《理想國》是非人性、非理性的。像血親住在一起，不僅人類自來如此，即使在動物界，也幾乎是普遍現象，特別是當下代需要哺育、照料的時候，怎麼能夠在孩子一生下來就分開呢？「在子女和親生父母之間互不知曉」，既沒有道理也沒有好處。馬克思、恩格斯在《共產黨宣言》中說：「每個人的自由發展是一切人的自由發展的條件」，即是先有「每個人的自由發展」，才有「一切人的自由發展」。人的自由發展，亦即人的解放，是隨著社會的前進而不斷發展的，由低到高，由簡單到複雜，柏拉圖的這一理想卻以限制個人自由為最大特點。在柏拉圖的《理想國》裏，「所有諸如此類的東西都應該查禁。包括那種狹義的音樂，也應該審查，只有那種能激發勇氣和倡導節制的調式、韻律才允許存在。」柏拉圖不管個人的自由發展，先謀「社會生活」的幸福，謀「公共的幸福」，並且要為此「犧牲自己的私利」，跟馬克思和恩格斯在《共產黨宣言》中所規定的途徑正好相反。其結果，只能是違背人性。

前引梁啟超在《亞里斯多德之政治學說》中說「……先是亞氏之師柏拉圖者，嘗著一書，名曰《共和國》，鼓吹大同理想。以為大同之世，人不得獨妻其妻，獨子其子；不得有私財；貨不藏己，力不為己。則姦淫不興，盜賊不作，而世乃太平。此實與中國《禮運》之微言大義相暗合，而理想家之極軌也」，實際上不盡相同。孔子說的「人不獨親其親，不獨子其子」，是以親子為基礎又不以親子為限，而是把親子之愛推廣到其他人身上。柏拉圖的在人一生下來就把他跟母親分開而使其成為全社會的人的做法，抽取了血親關係這跟紐帶，既違背人性，又很難真正實現。

孔子的大同世界最適於民主管理，柏拉圖的《理想國》卻只能用專制主義去控制。社會就像一架機器，社會越發展，就等於機器越複雜。複雜的機器只

能靠嚴格的規章制度去管理，來不得半點隨意和專斷。未來社會，應該是人們高度自覺的時候，也是各種規章制度非常細緻、非常具體的時候，一切按章程辦事，有條不紊。帕帕斯說「理性城邦的其他特徵則使讀者想起法西斯主義，尤其是法西斯主義者對統一的盲目崇拜」，說「在許多情況下，國家變成了軍事組織。當沒有戰爭也不準備戰爭的時候，國家通過嚴格的社會等級來表現它的軍事本質。正常的生活變成了軍事訓練營」雖然有些激烈，卻是大體符合人們共同感受的。路徑不同，方向相反，這就是共產黨人的追求跟柏拉圖的《理想國》不能相容的原因所在。

　　總之，孔子的大同世界符合人類的共同理想，符合社會發展的需要。柏拉圖的《理想國》只能作為人類歷史的一頁記錄存在下去，沒有人會把它付諸實踐。不幸的是，柏拉圖的《理想國》影響深遠，成為一代又一代關心人類未來的中外學者的主要精神資源，連康有為這樣的人也把它當作未來大同世界的主要模式。而孔子設想的大同世界，儘管可能在華夏子孫中早已深入人心，但就世界範圍說，似未得到應有的關注，影響遠不如柏拉圖的《理想國》。現在應該把這幾乎同一時期、但分先後出現的兩個未來社會的版本顛倒過來，把孔子的大同世界作為「正版」，而把柏拉圖的《理想國》作為「參照物」，讓孔子的大同世界更加光輝燦爛。

第二章　從莫爾的《烏托邦》到孫中山的大同主義

§2.1　莫爾的《烏托邦》

§2.1.1　《烏托邦》是對社會不滿的反抗

　　柏拉圖之後七百年，有人寫了《上帝城》，把他的理想置於上帝所在的天國。但其影響遠遠不如西元十六世紀初莫爾所著《烏托邦》。中世紀以後，人類對理想世界的描繪，是從《烏托邦》開始的。

　　《烏托邦》的全名是《關於最完美的國家制度和烏托邦新島的既有益又有趣的金書》（也有說截止於「新島」二字的），英國作家、政治家湯瑪斯·莫爾著。「烏托邦」三字由希臘文「沒有」（ou）和「地方」（topos）兩字組成，意思是「烏有之鄉」，是作者所想像的理想的國家，居民生活在完美無缺的環境中。這本書敲響了空想共產主義的大鐘，在歐洲思想史上有巨大的影響，作者也因而成為一位不朽的思想巨人。他的名字鑴刻在莫斯科紅場石碑上的革命英雄名單裏。

　　一四七七年，湯瑪斯·莫爾出生在倫敦的一個法官家庭。他曾在牛津大學攻讀拉丁語和形式邏輯，後改學法律，長期擔任律師，被公認為倫敦最好的律師。那正是歐洲文藝復興時期。羅素在《西方的智慧》中稱莫爾為「最傑出的

人文主義者」（第229頁）。他反對中世紀的煩瑣神學，反對禁欲主義和神權主義，同情下等人，關注普通老百姓的命運和生存狀況，成為窮人利益的庇護者，受到人們的敬愛。二十六歲當選議員，因為正直，得罪英王亨利七世，只得離開政界，重操律師行業。亨利八世在位期間，莫爾任大法官。一五二三年當選下議院議長，一五二九年任內閣大臣。由於對國王一些議案和政策持反對態度，一五三二年辭職，一五三四年受誣陷入獄，一五三五年被處死。他是含笑走上刑場的，臨刑前還說笑話。四百年後，一九三五年被天主教會追諡為聖徒。

　　莫爾是位多產作家，寫過許多著作。一五一六年寫成並出版了這部《烏托邦》，他是用拉丁文寫的。

　　《烏托邦》分兩部。第一部對歐洲、特別對英國的經濟狀況和社會環境做了深刻的分析和憤怒的控訴，第二部具體描繪了烏托邦島上居民的生存狀況和各種規則、秩序。莫爾寫這本書，顯然受到柏拉圖《理想國》的巨大影響和啟發。兩本書都對私有財產表示了極度的厭惡。不同的是，「柏拉圖不能預見到一個富裕的公有制社會，反而認為富必然帶來懶。他把公有制局限於社會上的一個等級。而莫爾則要推行一個公有制的社會，一個公有制的國家。莫爾的基本論點是：財產私有為社會上萬惡之源。這個論點的深刻性遠不是柏拉圖所能理解的。」（譯者戴鎦齡為該書中文版所作《序言》）

　　第一部具有強烈的理論色彩和批判精神。在這部裏，作者把自己隱去，假託一個名叫拉斐爾‧希斯拉德的人，自海外歸來，向「英國名城倫敦的公民和行政司法長官、知名人士湯瑪斯‧莫爾轉述」他所看到、他所想到的一切。這人是個水手，他在一個名叫「烏托邦」的島上生活了五年。講述者便是作者的化身。第一部表現了作者對英國現存制度的強烈不滿和否定之意。

　　作者對盜竊這種現象是很關注的，他的許多論述都從對盜竊現象的分析開始。由盜竊推論原因，推論處治辦法。莫爾說，盜竊是由於貧困，而貧困是由剝削和懶散造成的。又說，一些人貪得無厭造成糧食騰貴，糧食騰貴必然會

使有錢人減少雇傭，減少雇傭就會造成盜竊和搶劫。總之，盜竊是由社會不公造成的，問題不在盜竊者。有人主張對盜竊者要處以死刑，講述者——即名為「拉斐爾・希斯拉德」的「我」不同意。他的理由是，有的盜竊者是在作戰中「為他們的國和王效勞，竟弄得四肢不全。他們由於殘廢而無從幹自己的行當，由於年紀不小又不能學新行當」，「這些人如不盡可能從事盜竊，就只有盡可能挨餓。」接下去的一段話曾被馬克思引用在《資本論》第一卷：「因此，佃農從地上被攆走，為的是一種確是為害本國的貪食無饜者，可以用一條欄柵把成千上萬畝地圈上。有些佃農則是在欺詐和暴力手段之下被剝奪了自己的所有，或是受盡冤屈損害而不得不賣掉本人的一切。這些不幸的人在各種逼迫之下非離開家園不可——男人、女人、丈夫、妻子、孤兒、寡婦、攜帶兒童的父母，以及生活資料少而人口眾多的全家，因為種口是需要許多人手的。嗨，他們離開啦，離開他們所熟悉的唯一家鄉，卻找不到安身的去處。他們的全部家當，如等到買主，本來值錢無多，既然他們被迫出走，於是就半文一錢地將其脫手。他們在流浪中花完這半文一錢之後，除去從事盜竊以致受絞刑外（這是罪有應得，你會說），或是除去沿途討飯為生外，還有什麼別的辦法。……」（第19—22頁）

　　莫爾生活的時代，是英國封建主義解體、資本主義快速生長的時期。過去以土地為主要生存手段的農民大批破產，流入城市，成為「無產者」；曾經「按戶看守」的封建警衛隊也因「看守無益」而解散了。海外貿易是英國經濟的一大支柱，它跟西班牙進行激烈的競爭。毛織業是英國出口品的一大宗，「羊毛越多越好」成為新興資本家的口號。「全國各處，凡出產最精緻貴重的羊毛的，無不有貴族豪紳，以及天知道什麼聖人之流的一些主教，覺得祖傳地產上慣例的歲租年金不能滿足他們了。他們過著閒適奢侈的生活，對國家絲毫無補，覺得不夠，還橫下一條心要對它造成嚴重的危害。他們使所有的地耕種不成，把每寸土都圍起來做牧場，房屋和城鎮給毀掉了，只留下教堂當作羊欄。並

　　且，好像他們浪費於鳥獸園囿上的英國土地還不夠多，這般傢伙還把用於居住和耕種的每塊地都弄成一片荒蕪。」莫爾的這個「羊吃人」的悲歎，是人所共知的。圈地運動促進了英國農業從封建主義向資本主義的轉變。

　　莫爾生活的時代，一方面有大量盜竊者被處死，另一方面，「有大批貴族，這些人像雄蜂一樣，一事不做，靠別人的勞動養活自己」。社會存在巨大的階級矛盾和裂縫，人世間的不公平、不平等達到極致。

　　這就是莫爾《烏托邦》產生的背景。

§2.1.2　莫爾對「烏托邦」的具體描述及其意義

　　作者對英國君主專制的制度，做了嚴厲的抨擊。他認為那個制度是不合理的。他把矛頭對準君主專制政體。有些指責是直接的，有些指責是婉轉而巧妙的。如說：「所有的廷臣都贊成革拉蘇的名言：一個必須維持一支軍隊的國王，不管它的錢怎樣多，總是不夠的。而且，即使國王想做錯，也不至於做錯，因為凡是老百姓所有的都是國王所有的，連老百姓本身都是屬於國王的，只是由於國王開恩而不曾取去的那一些才是每個人自己的財產……」這是把國王當作最大的掠奪者。「由於法國國王而那麼許多國家陷於擾攘不安的這一切窮兵黷武，在消耗了他的財庫和殲滅了他的人民之後，終必至於不幸一無所獲……」這是把國王當作戰爭販子。「老百姓選出國王，不是為國王，而是為他們自己，直率地說，要求國王辛勤從政，他們可以安居樂業，不遭受欺侮和冤屈。正由於此，國王應該更多關心的是老百姓的而不是他個人的幸福，猶如牧羊人作為一個牧羊人，其職責是喂飽羊，不是喂飽自己。」這是從側面批評國王不顧老百姓利益，只知喂飽自己。講述者引用了「上帝旨意」。「上帝命令：『你不准殺人！』」可是在這個國裏，國王隨意殺人並不是一件稀罕事。有的是用刀子殺人，有的是用別的手法殺人。下面這段話更表明作者勸說那些殘酷的國王自動下臺：「如果某一國王被老百姓輕視憎恨，為了鎮壓他們，不

得不從事虐待、掠奪、查抄、把他們淪為乞丐，那麼，他的確倒不如辭去王位，免得由於保持王位而採用那些手段，徒有國王之名，毫無尊嚴可言。」

拉斐爾在敘述中透露出一種情緒，國王應該有好的謀士，應該善於納諫，善於對政治制度進行改革。這話的言外之意是，國家弄到這一步，臣子擔負著很大的責任。文中說：「要很有成效地做到這一點，你就必須當一個偉大國王的謀臣，勸他採取（我深信你能使他採取）誠實榮譽的行動方針。從國王那兒，正如同從永不枯竭的泉源那兒，湧出的是所有能造福或為害全國的一條水。」在拉斐爾「明智」地說到「我們這半球的缺點」和「那半球的缺點」時，聽講者之一的彼得說：「啊唷，親愛的拉斐爾，我不明白你何以不去依附一個國王呢。我相信沒有一個國王不歡迎你，因為你的學問，你對各種風土人情的通曉，既給他以喜悅的心情，又可以向他提供榜樣，發出對他有所幫助的忠告。這樣，不但對你自己極其有利，而且對於你的全部親友也很能使他們得到提拔。」這是把國王當作謀臣手中的工具，國王本身是沒有能力的。這也可以看作莫爾寫這本書的動機之一，他正是為給當政者提供參考寫這本書的。莫爾找不到改造社會的出路，他認為，像自己這樣的人，要為社會服務，最好的辦法莫過於向國王勸諫。面對的是專制君主，他小心翼翼，把進諫寄託在小說一般的海客談話中。

為了作為對照，講述者說：「任何國家的制度都比不上我旅行波斯時在一般叫做波利來賴塔人中所看到的那種制度。他們的國家很大，治理得宜，除向波斯國王進貢年稅而外，他們生活自由，按本身立法實行自治。他們的地方離海很遠，幾乎四面環山，物產完全自給自足。因此，他們和別的國家極少互通往來。按照他們多少年來的國策，他們不求擴張自己的領土，而且，既有高山作屏障，又對他們的霸主進獻貢物，因此，保衛本國領土使其不受侵害也不費力。他們既然完全不受軍國主義的侵擾，過的生活儘管平常舒適，雖然默默無聞卻很快樂。我想，甚至他們的國名，除近鄰外，外間都不大知道。」（第

25─27頁）這裏所說「波利來賴塔人」，系用希臘語成分杜撰，意為「一派胡說」。既是「胡說」，我們不把它看作莫爾「烏托邦」思想的外來啟示，但可以看到，莫爾的「烏托邦」思想跟陶淵明的「桃花園設想」有異曲同工之妙。

　　作者主張對盜竊之類現象以教育為主、懲罰為輔：「僅僅盜竊不是應處以死刑的重罪，而除盜竊外走投無路的人，隨你想出什麼懲治的辦法，也還是要從事盜竊。在這點上，你們英國和世界上大多數地方一樣，很類似誤人子弟的教書匠，他們寧可鞭撻學生，而不去教育學生。你們對一個盜竊犯頒佈了可怕的嚴刑，其實更好的辦法是，給以謀生之道，使任何人不至於冒始而盜竊繼而被處死的危險。」

　　莫爾追根溯源，發現財產私有為萬惡之源。他說：

　　　　不過，當然啦，親愛的莫爾，把我內心的感想坦率對你說吧：我覺得，任何地方私有制存在，所有的人憑現金價值衡量所有的事物，那麼，一個國家就難以有正義和繁榮。除非一切最珍貴的東西落到最壞的人手裏，你認為這符合正義；或是極少數人瓜分所有財富，你認為這稱得上繁榮──這少數人即使未必生活充裕，其餘的人已窮苦不堪了。

　　　　所以，當我心頭思考烏托邦人的非常賢明而神聖的制度時，想到他們中間法令極少而治理得宜，善必有賞，可是由於分配平均，人人一切物資充裕；於是和烏托邦人的政策相對照，我又想到別處許多國家不斷制定法律，卻全都不上軌道──在這些國家，一個人不管取得了什麼東西，就把它叫做自己的私產，然而那兒每天訂出的全部法律卻不夠使一個人對於輪到可稱為他自己的商品，給以保護防衛，或從別人的商品分辨出來。這種困難處境，容易從無數層出不窮的訴訟得到證實。我重複一句，當我考慮到以上一切實際情況，我就更加贊同柏拉圖，更不奇怪何以他不肯給拒絕財產均有法規的人們制定法律。

　　這位哲人當然輕易地預見到，達到普遍幸福的唯一道路是一切平均享有。我懷疑當個人所有即是私人財產時，一切平均享有能否達到。如果人人對自己能取得的一切財物力圖絕對佔有，那就不管產品多麼充斥，還是少數人分享，其餘的人貧困。在一般的情況下，窮人倒很應該享有富人的境遇，因為富人貪婪、肆無忌憚、毫無用處，而窮人則正派、直率，終日辛勤勞動，犧牲自己為國家作出貢獻。我深信，如不徹底廢除私有制，產品不可能公平分配，人類不可能獲得幸福。私有制存在一天，人類中絕大的一部分也是最優秀的一部分將始終背上沉重而甩不掉的貧困災難擔子。

　　我承認可以在某種程度上減輕這副擔子，但我堅信，無法取消它……

——第43—44頁

　　這就是莫爾「烏托邦」思想的實質。他從普通老百姓的立場看待人世不公。他憎惡富人，同情平民。這裏表現了作者的人道主義精神和平民情懷。

　　作者幾次寫到柏拉圖：「你愛讀的作家柏拉圖有這樣的意見，只有哲學家做國王或是國王從事研究哲學，國家最後才能康樂。假如哲學家甚至不屑於向國王獻計進言，康樂將是一件多麼遙遠的事！」「……但是無疑，柏拉圖有過正確的預見：如果國王本人不從事研究哲學，國王就決不會贊同真正哲學家的意見，因為國王是自小就受錯誤觀念的薰染了。柏拉圖從自己和代俄尼喜阿交往的經驗中，得到以上的真理。」（第33—34頁）這也可以看作莫爾獻給當政者的一種金言。

　　在第二部，那個從「烏托邦」島上歸來的拉斐爾不見了，「拉斐爾·希斯拉德關於某一個理想盛世的談話，由倫敦公民和行政司法長官湯瑪斯·莫爾轉

述」。「轉述」的內容是豐富的,涉及許多方面,從制度文化,到習俗文化,並且涉及工具文化。先做總體介紹,再分頭概述。

這是一個島國,呈新月狀,中部最寬,不過二百哩,周圍五百哩。沿海港灣重重。島上有五十四座城市,各城市的佈局相仿,相互之間的距離不超過一天的腳程。各個城市的轄境分配相宜,互相一致。「每個農戶男女成員不得少於四十人,外加農奴二人,由嚴肅的老年男女各一人分別擔任管理。每三十戶設長官一人,名飛拉哈(按,希臘語,意為部落酋長)。」

顯然,烏托邦是個小國寡民的農業社會。烏托邦人不分男女都以務農為業。他們無不從小學農,部分是在學校接受理論,部分是到城市附近農莊上作實習旅行。在農村,每戶每年有二十人返回城市,他們都是在農村住滿兩年的。即使在城市,烏托邦人都酷愛自己的花園,園中種有葡萄、各種果樹及花草,栽培得法,人人喜愛。侍弄花園是烏托邦人最大的樂趣,「城的建立者所最愛護的似乎也是花園」。在這一點上,莫爾的烏托邦跟陶淵明筆下的桃花園倒頗為相似。但是烏托邦有桃花園的安謐、寧靜,卻未必有桃花園人與人之間的親情和友愛。在烏托邦,人和人之間很少聯繫,他們沒有共同的娛樂,他們獨親其親,獨子其子。在家庭,一代一代相傳,次序井然。莫爾不主張廢除家庭,家庭是莫爾烏托邦社會的基本單位。

這是一個沒有私有財產的社會,實行嚴格的計畫分配,「商品是在全部居民中均勻分配,任何人不至於變成窮人或乞丐」。這裏,「一切歸全民所有,因此只要公會裝滿糧食,就決無人懷疑任何私人會感到什麼缺乏。原因是,這兒對物資分配十分慷慨。這兒看不到窮人和乞丐。每人一無所有,而又每人富裕。人們毫無憂慮,快樂而安靜地生活,不為吃飯問題操心,不因妻子有所需索的吵鬧而煩惱,不怕男孩貧困,不愁女孩沒有妝奩,而是對於自己以及家中的妻、兒、孫、曾孫、玄孫,以及綿綿不絕的無窮盡後代的生活和幸福都感到放心……那些曾經從事勞動而現在已經喪失勞動力的人,和

仍然從事勞動的人受到同樣的照顧。」城市居民對本城及附近地區消費糧食的數量雖然心中有數，卻生產出超過自己需要的穀物及牲畜。他們將剩餘分給鄰境居民。當他們需用農村無從覓得的物品時，就派人到城市取得全部供應，無需任何實物交換。城市官員發出這些供應是毫無議價麻煩的，價格因素在這個社會毫無作用。到接近收穫時，農業官員發出通知，城市的收割大軍「幾乎在一個晴天飛快地全部收割完畢」。當某地某種物品充裕而另一處短缺時，「他們立即在兩地之間以有餘濟不足。這是無補償的供應，他們不向受接濟的一方有所需索。」這種情況，使人想到中國一九五八年以後三四年的情景，中國那次「跑步進入共產主義」是莫爾烏托邦的一次實戰演習。

烏托邦人的生活是十分刻板的。他們沒有任何自由，一切都由管理者規定得死死。人們都住三層樓房。每人除務農外，都必須學一門手藝。烏托邦人每天安排六小時勞動，午前勞動三小時，午膳後歇息兩小時，再勞動三小時。晚餐後有一小時娛樂。結婚年齡有規定，並且實行家長制，在家裏，年長者具有崇高的地位。在社交方面，為使城市人口不過密也不過稀，規定每家成年人不得少於十名，不得多於十六名，如果全島人口超過規定的數量，就要把一些人趕出去，到附近島嶼建立殖民地。一個人想出外旅遊或看望朋友，必須經過長官批准，如果理由不充分，不會被允許。「任何人擅自越過本城轄區，被捕經查明未持有總督的文件」，將作為逃亡者押回，受嚴重處罰，甚至被貶作奴隸。

這是一個賢人治下的社會。莫爾認為，在任何一個國家，一個地方，人格是使社會保持公正和健康的一個重要因素。「如果人格不完備，那麼什麼東西都不可能完備。」人格來自多方面，有受教育的，有理性的，有哲學訓練的。他跟柏拉圖一樣，把哲學家當作最有人格的人，有哲學家做國王，當官長，社會就是光明的。在烏托邦的五十多個城裏，每個城分四個區，每區一名總督候選人，用秘密投票方式在四個候選人中選一個。「總督為終身職，除非因有陰

謀施行暴政嫌疑而遭廢黜。特朗尼普爾（引者按，從『特朗尼普爾每三天與總督商量公務』看，當為首相一類官員）每年選舉，但如無充分理由，無須更換。其他官員都是一年一選。」實際上，特朗尼普爾也是終身制。「法令或是賢明國王公正地頒佈的，或是免於暴政或欺騙的人民一致通過的」。「他們的法令很少，因為對於受過這樣教育的人民，很少的法令已經夠用了。」這個社會規定了受罰的人數，卻沒有受罰的條件和標準，一切交給執法人員決定。在這個社會，就跟過去的中國一樣，相信人們的道德力量。這裏的「官長不傲慢，不令人望而生畏。老百姓稱官長為父，官長也力盡父職。」正是如同中國一樣的「父母官」。

這是一個凝止不變的社會。以上所說各種規定，都是不變的。講述者從來不說社會如何發展，形勢如何變化，更不說這些制度如何跟著形勢的變化而變化。它們是一成不變的，永遠是那個樣子。

最後，這是一個有階級的社會。這個島從來不排斥階級的存在。而且明白規定每個家庭（請注意，這是擁有四十個人的家庭）可以擁有兩個奴隸。烏托邦人精明的是不用本國居民做奴隸，而是向外侵略，把俘獲而來的敵人充作奴隸。「他們尤其用這些錢付出異乎尋常的高價招募外國雇傭兵（烏托邦人寧可使這種人上陣冒險，不肯使用本國公民），深知只要有大量錢幣，甚至可以收買和出賣敵人，或使其互懷鬼胎或公開動武而彼此殘殺。」這段話暴露了這個社會的集體的自私和不義。當時的英國，靠著海外貿易，大肆掠奪窮苦國家和殖民地國家的財富，買賣黑奴，莫爾這樣寫，如實反映了這種現實。

莫爾的「烏托邦」，並不含有世界大同的意思，它是一種「人造」的社會，不是自然發展而來的社會。

譯者在《序言》中說到了莫爾跟柏拉圖的區別：「有些評論者指出莫爾曾熟讀柏拉圖的《共和國》，他的公有制觀點受了《共和國》的啟發。即使如此，莫爾並不曾為這種啟發所局限，他提出了自己的新見解。《共和國》中至

少兩處提到在衛士這個等級中實行妻子和子女公有，廢除家庭。而在烏托邦，由親屬關係結成的家庭則是社會生產的基本單位。如果家庭不存在，整個社會就要瓦解，所以莫爾根本不主張廢除家庭。在《共和國》中，衛士這個等級要竭力防止在他們的國家出現貧與富兩種現象，因為貧會導致卑鄙，工藝粗糙，以及反叛，而富又會產生奢侈、懶惰以及追求奇巧的事物。莫爾卻認為當財產為少數人所掠奪，大多數人就窮困到無以為生，這是社會的災難。這種性質的貧是必須反對的，但他認為應該從貧所由產生的根源去反對，而不應從貧所引起的後果去反對。同樣，莫爾反對的是少數人的富，而不是無條件地反對富。相反，全體公民過很富裕的生活，正是莫爾所企求的。富與懶惰有無必然的聯繫呢？莫爾認為沒有必然的聯繫。烏托邦這個國家是很富的了，甚至黃金賤如糞土，然而人民卻在辛勤地勞動，儘管由於物資充足，每天只須工作六小時。他們把業餘的時間用於學習，用於正當文娛，並不遊手好閒。在莫爾的理想社會中，既有勞動的任務以創造集體財富，又有學習任務以提高知識及技術水平。這些就是列寧所稱許的『偉大的老空想家們提出來的』思想，是難能可貴的。柏拉圖不能預見到一個富裕的公有制社會，反而認為富必然帶來懶。他把公有制局限於社會上的一個等級。而莫爾則要推行一個公有制的社會，一個公有制的國家。莫爾的基本論點是：財產私有為社會上萬惡之源。這個論點的深刻性遠不是柏拉圖所能理解的。」（第8—9頁）

　　蘇聯學者維・彼・沃爾金在《〈烏托邦〉的意義》中說：「對烏托邦政治制度的描寫具有很大的歷史意義。烏托邦的全體官員都由公民選舉產生。下級官員（攝護格朗特）由家長選舉產生，高級官員（特朗尼菩爾及總督）由攝護格朗特選舉產生。這種民主的管理制度和莫爾時代的政治實況成了一個極其鮮明的對照，因為莫爾的時代正是專制制度發展和鞏固的時代，當時的原則是官員一律由上面委任。烏托邦的教育制度也具有同樣民主的性質，那裏所有的兒童，不分男女，都受到社會教育，既包括書本學習，也包括實際工作——手工

業和農業的學習。高等教育的組織形式是社會訓練班，凡是預定從事科學活動的青年必須在這裏學習，同時，體力勞動者也可以參加。《烏托邦》一書能有這些民主主義的特點，拿十六世紀的思想水平來說，是很少見的。」（《烏托邦》之附錄，第145頁）

馬克思和恩格斯在《共產黨宣言》中說到了這種空想的社會主義和共產主義：「這種對未來社會的幻想的描繪，是在無產階級還很不發展、因而對本身的地位的認識還基於幻想的時候，同無產階級對社會普遍改造的最初的本能的渴望相適應的。」又說：「這些社會主義和共產主義的著作也含有批判的成分。這些著作抨擊現存社會的全部基礎。因此，它們提供了啟發工人覺悟的極為寶貴的材料。它們關於未來社會的積極的主張，例如消滅城市和鄉村的對立，消滅家庭，消滅私人經營，消滅雇傭勞動，提倡社會和諧，把國家變成純粹的生產管理機構，──所有這些主張都只是表明要消滅階級對立，而這種階級對立在當時剛剛開始發展，它們所知道的只是這種對立的早期的、不明顯的、不確定的形式。因此，這些主張本身還帶有純粹空想的性質。」（《選集》第1卷第282──283頁）兩位革命導師這段話主要是針對「傅立葉、聖西門、歐文等人的體系」而言的，但是作為最早展示這種空想共產主義圖景的《烏托邦》，不能排除在外，只是它的某些設想跟「傅立葉、聖西門、歐文等人的體系」不盡相同罷了，如對家庭和階級的態度即是。

儘管這些設想是虛幻的，沒有根子的，它對馬克思和恩格斯共產主義理想的形成還是具有啟示意義的。莫爾「由於物資充足，每天只須工作六小時。他們把業餘的時間用於學習，用於正當文娛，並不遊手好閒。在莫爾的理想社會中，既有勞動的任務以創造集體財富，又有學習任務以提高知識及技術水平」的設想，還有烏托邦人重視教育，重視學術研究，等等，都可以看作馬克思共產主義理想的直接來源。

§2.1.3　閔采爾和康帕內拉及其《太陽國》

莫爾之後，有兩人表達了相近似的思想，一是德國人湯瑪斯‧閔采爾，一是義大利人湯瑪斯‧康帕內拉。

德國人湯瑪斯‧閔采爾，是莫爾同時代人（1490—1525），只活了三十五歲。他很關注德國的農民戰爭。他收集了許多材料，並編輯成書。恩格斯寫《德國農民戰爭》一書，便主要參考閔采爾所編資料。恩格斯說：「他那本書雖然有些缺點，但仍然不失為一部最好的資料彙編。」（《馬克思恩格斯選集》第2卷第287頁）閔采爾在自己的著作中，表達了沒有階級差別、沒有私有財產、沒有高高在上跟社會成員作對的國家政權的早期共產主義理想。

義大利人湯瑪斯‧康帕內拉，生於一五六八年，在莫爾謝世以後。那時，義大利處在西班牙國王的統治之下，康帕內拉跟其他許多愛國志士一樣，渴望著從異族侵略者的鐵蹄之下解放出來。他們進行了秘密活動。由於叛徒告密，康帕內拉被捕下獄，遭受嚴刑拷打，體無完膚，受盡折磨。在獄中度過二十六年。在獄中，他寫了《寫實哲學》，其中一章名為《太陽國》，也有譯為《太陽城》的，是繼《烏托邦》之後空想共產主義歷史上一部重要著作。他出獄後，在法國一家私人科學院工作三年。他於一六三九年逝世，著作甚多。有人稱其為「偉大的思想家」。他常常追問一個普遍的問題：為什麼在各個時代總是勞動者吃不飽穿不暖，而好逸惡勞的懶漢卻過著舒服的生活？

「太陽國」是康帕內拉理想社會的名稱。在這個社會中，不存在私有制和任何形式的奴隸剝削；這裏沒有閒人，人人都要參加社會勞動，每日工作四小時，其餘的時間可以用來娛樂、討論、讀書、散步以及身體和智力的操練。產品歸國家所有，按個人需要統一分配。僧侶和知識份子是國家的統治力量，「太陽國」是全人類的歸宿，人類正通過流血鬥爭一步步走向「太陽國」，全世界必須按照「太陽國」的方式生活。《太陽國》一書強調科學的重要性，但

同時摻雜了一些迷信觀點，如相信占星術。跟莫爾的《烏托邦》比較，《太陽國》沒有對不合理社會的批判，主要是對美好社會的描寫。「在《太陽國》中，處處都有系統、組織及計畫。一切人都滿含生命的快樂，弟兄似的友愛及友誼的看護。全部生活都是非常美麗的，雄偉的宮殿、走廊、後廳、窗戶、屋頂、大理石的樓梯，處處都是非常的美；最後，大教堂更是建築藝術上的真正奇事。」康帕內拉在書中概括：「在真正共產主義的社會裏，大家都是一樣的富和窮；大家都很富，因為都擁有一切，同時大家都很窮，因為都一無所有。」（吳黎平《社會主義史》第35頁）《太陽國》跟《烏托邦》不同的另一點，是沒有任何性質的奴隸。《太陽國》存在一種「公妻制度」。康帕內拉指出，這種制度的實現「不是像野獸一樣，使每人都能佔有對面遇見的婦女；而是要根據於選擇的原則。」這種制度的基礎，是一種哲學的原則，即「嬰兒的產生（像聖亞坤所說的）為的是延續人類而不是延續個人」，「所以兒女應該為國家所保養，而不應歸於私人⋯⋯」

　　康帕內拉《太陽國》之後，英國著名哲學家培根寫有小說《新大西島》，把他的哲學原則跟對理想的描繪結合起來，但其哲學家的名聲掩蓋了這部小說的成就。

§2.2　歐洲產業革命時期的空想主義

§2.2.1　狄德羅、馬布里、摩萊里

　　十八世紀，是歐洲經濟和政治、思想發生重大變動的一個時期。

　　英國是最早發生工業革命的國家。英國在十七世紀的革命中逐漸確立起君主立憲制和議會高於王權的法則，這在當時世界上是比較優越和先進的。資產階級建立起自己的統治地位，又促使資本主義更快地發展。十八世紀六十年

代的產業革命，標誌著資本主義從工場手工業過渡到機器工業階段，以後又進
入大機器工業階段。英國成為世界第一強國，世界各地都有它的殖民地，稱為
「日不落國」，又被公認為「世界工廠」，其產品向全世界傾銷。

　　法國在路易十四統治年代（1643—1715，按，路易十四繼位時只有五歲，
他是1661年親政的），實施殘酷的「君權神授」式的專制。這既是法國君主專
制的鼎盛年代，也是它由盛而衰的轉捩點。法國在一七八九年大革命以後，發
展很快：由封建專制制度的末期到革命，由革命到帝制，由帝制到復辟。

　　從思想意識說，歐洲從文藝復興經過英國尼德蘭資產階級革命、宗教改
革，到法國大革命這一時期，資產階級的政治思想產生了。新生的資產階級既
表現了它先進性的一面，也表現了它自私和貪婪的一面。在文藝復興以來人文
主義思想培育下的各國知識份了，所處環境不完全相同，革命性的強烈程度不
盡一致，但都針對新的現實，從人的理性出發，提出了各種不同的社會改革方
案。空想主義就是其中一個很重要的思潮和流派。

　　首先應該說明，馬克思和恩格斯在某些場合，把空想主義者分為空想共產
主義者和空想社會主義者兩種。他們把主張實行公有制的空想主義者稱為空想
共產主義者，把主張保留私有制的空想主義者稱為空想社會主義者。以下的敘
述是把空想社會主義和空想共產主義放在一起的。

　　據蘇聯十月革命以後不久擔任莫斯科大學校長的維・彼・沃爾金所著《法
國空想共產主義》，十八世紀最早在書中表現共產主義理想的，是法國啟蒙運
動者、百科全書派代表人物狄德羅（1713—1784）。狄德羅寫有小說《布甘維
爾旅行記補篇》。布甘維爾（1729—1811）是一位航海家，曾發現太平洋中許
多島嶼。狄德羅在這部小說中描寫了太平洋泰提島上土著居民的生活情形，表
現了作者對私有制的反感。沃爾金在書中寫道：「狄德羅說：『泰提人住在世
界的起點，而歐洲人則住在世界的終點。』同歐洲人的複雜社會生活相反，他
們的野蠻生活則是淳樸的。自由的感情是野蠻人的最深厚的感情。他們不能理

解我們的習俗和法律，在他們看來，這些東西只不過是各種各樣束縛自己的桎梏而已。泰提人是嚴格遵守自然規律的民族，而他們則比文明的民族更接近於良好的法律。希望人類幸福和自由的人們，因此不應該干預野蠻人的事情──無須發現種種環境來引導他們走上開化和墮落的道路。『所有制』這個名詞的意義，在泰提人那裏是極其有限的。實際上，在他們那裏，一切都屬於公有；他們一般也從事農業。他們所有的人組成了一個受兩項最可靠的原則指導的大家庭。這兩項原則是：共同的幸福和個人的利益。在他們中間，兩性的完全自由結合佔據統治地位；社會撥出自己收入的六分之一來撫養孩子和老人。」（第7頁）

這可以看作十八世紀歐洲空想主義的前奏。狄德羅的空想主義，帶有原始性質，退回到人類的野蠻時代。

跟狄德羅同時代的，是馬布里和摩萊里。恩格斯在《社會主義從空想到科學》中說，歐洲「在十八世紀已經有直接共產主義的理論（摩萊里和馬布里）」（《馬克思恩格斯選集》第3卷第406頁）。

加布里埃爾·博諾·德·馬布里（1709—1788）是柏拉圖的信奉者。他三十多歲，曾到宮廷服務，後來逐漸認識到專制制度的黑暗，反對剝削壓迫現象，萌發了空想共產主義思想。後來他離開外交部，斷絕了跟宮廷的一切關係，拒絕一切榮譽，靠養老金為生，專事寫作。他認為私有財產是罪惡的根源，說私有財產這個東西「形成世界上這麼多的罪惡而使立法者轉成暴徒」，私有財產使社會分成窮人和富人「兩個互相對立的階級」。他把原始社會理想化，稱之為人類的黃金時代。他把自己理想的社會稱為「完美的共和國」，他說這個共和國的第一條法律是禁止私有財產。恩格斯說馬布里的共產主義是「苦修苦練的、禁絕一切生活享受的、斯巴達式的共產主義」。

馬布里的空想主義，建立在有關人的自然權利和自然狀態的理論上。馬布里認為，自然規定了人和人是平等的，人的肌體的需要是平等的，人對土地的

使用是平等的，人的地位也是平等的，誰也不應該高人一等。他在書中說，大自然千百次對我們說，你們都是我的孩子，我一視同仁地愛護你們；我賦予你們同樣的權利和義務，全部土地都是你們每一個人的財產。人們越接近平等，就越接近幸福。他把私有制當作破壞人們之間平等關係的罪魁禍首。他說，平等使人團結，不平等使人分離。富人們產生出能夠想像得來的種種需要，而窮人們則連起碼的需要都無法得到滿足。

在馬布里看來，現存制度不是神聖不可侵犯的，人民始終保留著改變不合理制度的合法權利。

沃爾金在書中寫道：「不能認為馬布里是一個徹底的共產主義者。但是他的自然共產主義理論，他關於共產主義制度的優越性和私有制的罪惡的觀點，無疑的有助於共產主義思想的傳播。在十八世紀共產主義史上，馬布里顯然有權佔據一席地位。」（第14頁）

跟馬布里齊名的摩萊里，是法國人，生卒年月不詳，主要活動在十八世紀四十至七十年代。他著述很多，有關空想主義的，是一七五三年發表的《巴喬里阿達》。該書用敘事詩的形式，描繪了一個以公有制為基礎的理想國家產品豐富、按需分配的情景。該書出版後受到一些人的攻擊，他又寫了《自然法典》，進行申辯。摩萊里認為，人類的原始社會是實行共產主義的理想社會，是人類的黃金時代。他對私有制做了嚴厲的抨擊，認為「私有制是一切罪惡之母」。他第一個對理想中的共產主義的基本特徵做了規定，說那將是一個基本生產資料公有、人人有為社會盡其所能和從社會取其所需的權利的社會。

對摩萊里其人的生平事蹟，人們都不瞭解。有人說他當過教員，但也沒有可靠的材料。其所著《巴喬里阿達》，從總的情調到細節描寫，都酷似狄德羅的《布甘維爾旅行記補篇》。他的《自然法典》，也跟狄德羅的思想相似，即在當時，就有人說它出自狄德羅的手筆。有人甚至把摩萊里當作狄德羅的化名。

§2.2.2　巴貝夫和巴貝夫主義

　　十八世紀最重要的空想主義者是巴貝夫。他有許多同道和信徒，統稱為巴貝夫主義。

　　弗朗斯瓦・諾埃爾・巴貝夫（1760—1797），出生於退伍軍人家庭，十五歲即獨立生活，有過多種職業，參加了一七八九年的法國大革命。親身經歷和所聞所見，使他痛恨剝削制度，同情勞動人民。看到大革命後建立起來的制度不能解決貧困和剝削，他決心發動和領導新的革命。他創辦了激進的革命刊物，先後有《自由報章雜誌》和《人民論壇》，多次被捕。法國大革命後一時湧現出許多團體。一七九六年三月巴貝夫組織了秘密團體「平等會」，有人稱為「平等密謀派」，準備發動起義。事泄，再次被捕，次年從容就義。一七九六年在巴貝夫等人被捕前不久，巴貝夫主義者公佈了一個《巴貝夫學說分析》的文件，闡述了這種思潮的基本原則。

　　平均共產主義，是巴貝夫主義的核心。巴貝夫在《人民論壇》上說：「一切人生來都是平等的，現在人之所以不平等，是因為野蠻無理的法律，最可恥的掠奪，以及最下流的謀殺舉動。」巴貝夫認為，大自然賦予一切人平等享受自然財富的權利，是私有制造成了人間的不平等，歷史是窮人和富人不斷鬥爭的過程，被壓迫者只有通過起義來尋求解放。在《人民論壇》的另一篇文章中說：「窮人和富人之間的這種鬥爭，不僅僅是從它公開宣佈之時開始的；自從那個企圖把一切財富交給某一些人、而從另一些人手裏奪走一切的制度出現之日起，這種鬥爭就已經開始進行了，並且將永遠地進行下去。」《巴貝夫學說分析》第一條就說：「自然界賦予每個人享用一切財富的平等權利。」第二條說：「社會的目的在於保衛經常遭到強者和惡人侵犯的這種平等，並且用全體共同的努力來增加社會的福利。」（轉引自《法國空想共產主義》，第23、31頁）

　　在巴貝夫等人制定的共產主義綱領裏，主張財產公有。他看到了資本主義社會的各種嚴重問題，因此他不是批判一般的私有制，而是把矛頭直接指向資本主義私有制，揭露資產者同無產者之間存在的『極不均等』的現象，斥責資產者不勞而獲。在《永久的納稅人名冊》裏，巴貝夫說，社會好像一個大家庭，它的成員應當享受到同等的福利和同等的權利。根據《巴貝夫政綱》，應該在國內建立人民公社，共同勞動，而且共同擁有國內財富。每人都按照法律向當局領取所需之物。每個公社社員，都獲得整潔衛生的房屋、衣服、日用品、光、暖、食品藥物等；每個人都應該就餐於公共食堂。巴貝夫還提出過一個實行平均主義的土地改革方案。

　　巴貝夫是最早系統地批判資本主義社會的空想共產主義者。巴貝夫在「勞苦群眾的解放問題上和一切以前的烏托邦主義者以及在他以後的烏托邦主義者採取截然不同的意見，他以為勞苦群眾要獲得解放，絕對不在向富人立法者勸告，請求改良，而在於做堅決的鬥爭、革命，他說明法國大革命（資產階級革命）是不徹底的，他號召做勞苦群眾謀得解放的『最後一次的革命』。這樣，他就提出了社會主義革命的問題。他主張暴動是人民的不能剝奪的權利，他主張以暴動及恐怖的方法，來推翻齊密圖的反革命派，建立被壓迫階級的專政，以求得勞苦民眾真正的解放。」（《社會主義史》第72頁）恩格斯在《大陸上社會改革運動的進展》中稱巴貝夫是一個共產主義者。說在法國大革命以後堅持真正自由平等的，是以「巴貝夫為代表」（《馬克思恩格斯全集》第1卷第576頁）的共產主義。

　　這一時期的空想主義，大都以原始共產主義社會為理想社會的範式，以財產公有為主要實現手段。

　　屬於這一時期的空想主義者還有溫斯坦萊等人。

§2.3　聖西門、傅立葉、歐文

§2.3.1　聖西門的空想主義

　　十八世紀後期到十九世紀初，歐洲最主要的空想主義者是法國的聖西門、傅立葉和英國的歐文。人稱他們為三大空想主義者。

　　這幾位空想主義者都在馬克思主義誕生之前。馬克思主義產生，意味著社會主義從空想走向科學，空想主義者的市場便受到極大的限制。不言而喻，科學社會主義、科學共產主義吸收了空想主義者不少合理的意見，他們對科學社會主義、科學共產主義的產生是有功的。現在回顧這一歷程，當然不是探討空想主義者跟科學社會主義、科學共產主義的淵源關係，而是要看一看人類中的先進分子，在社會發展中是怎樣不斷地、不折不撓地追尋最理想、最合乎人性的社會模式，以及他們為此所付出的犧牲。

　　克勞德・亨利・聖西門（1760—1825），是三人中出身高貴的一位，是「一個大力主張社會改革的法國人」（恩格斯語，見《大陸上社會改革運動的進展》，《馬克思恩格斯全集》第1卷第577頁）。他出生在巴黎一個貴族家庭，自幼受到良好教育。著名啟蒙思想家達蘭貝爾是他的老師，他在達蘭貝爾影響下，信奉資產階級民主自由，對宗教持批判態度。十七歲應徵入伍，參加了美國的獨立戰爭，立過戰功。他熱衷於重大工程建設，曾向墨西哥總督提出一項溝通兩大洋的計畫，後來又向西班牙政府提出，由他承擔開鑿一條使馬德里通向海洋的工程。法國大革命沒有解決社會矛盾和人民窮困的問題，他感到失望。他憎惡資本主義制度，渴望建立一個自由、平等的社會。他放棄了伯爵頭銜和貴族稱號，投入革命洪流。十八世紀末期開始，從事改進「人類的文明」的研究，他想使科學邁出一大步，還要使法國學派發揮出首創精神。他搬

到巴黎工業大學的對面居住，為的是跟幾位著名的教授切磋。三年後，他赴英國、德國以及日內瓦等處考察。他寫出《一個日內瓦居民給當代人的信》和《十九世紀科學著作導論》，初步闡述了他的社會主義思想。在以後的十多年中，他寫了一系列著作，從哲學、歷史、政治等角度，揭露和抨擊資本主義制度的弊端和罪惡，進一步闡述他的思想，主要有《人類科學概論》、《論歐洲社會的改造》、《論實業制度》、《新基督教》等。

聖西門相信物質第一性，世界是由物質構成的。相信在任何社會階段，都有新的產生、舊的死亡，任何事物都有生成過程，也都有衰亡過程。他認為歐洲中世紀制度遠遠不是理想的制度，它只勝於它所代替的古代制度。古代制度確立了完全的奴隸制度，中世紀制度把奴隸變成農奴，為他們的解放創造了條件。他把過去的時代分為有機的時代和批判的時代兩個時代的交替。「在有機時代，社會制度得到了發展，這種制度是不完善的，因為它不是普遍性的，而是暫時的，因為它還不是和平的；在批判時代，舊的制度受到批判、非難和破壞，這種時代延續到新制度的原則出現在世界上的時候。」（《聖西門學說釋義》第82頁）聖西門認識到階級鬥爭在社會發展中具有重大作用。它揭露資本主義是一種「新的奴役形式」，整個社會充滿著冷酷的利己主義。他表明，資本主義制度終將被新的更完美的社會制度所取代，他設想未來的社會是「實業制度」，資本主義制度所有的一切醜惡都不再存在，人們按勞動和資本的數額進行分配，國家對人的政治統治將變為對物的管理和對生產過程的引導，「滿足人們的需要」將是全社會「唯一的和固定的目的」。他不同意消滅階級，也不支持搞階級鬥爭，而是希望富人和窮人在共同的鬥爭中聯合起來。

聖西門把社會上的人分成從事勞動的人（有稱為「勞動者階級」或「工業者階級」的）和不勞動的人。他憎惡的是國王、僧侶階級和寄生蟲。他把僧侶階級和「不種地的地主」綁在一起。在《論社會組織》裏，他把社會比作一座金字塔，王權高高在上，但它「卻是一層鍍金的石膏」。又說：「現代的人

民金字塔的基礎，是從事長年勞動的工人。這個基礎上面的最初幾層，是實業工作的領導者，是改進生產過程和擴大生產領域的學者，是賦予一切生產品以美感的藝術家。這個金字塔的上面幾層，我認為完全是由鍍了一層黃金、看上去很美的石膏築成的。他們是宮廷官宦，他們是所有的貴族：既有舊貴族又有新貴族，他們是有錢的寄生蟲，還有那些從內閣首相起直到最下級官吏的統治者。王權是聳立在這座金字塔頂尖的光芒四射的寶石。」（《聖西門選集》第2卷第290—291頁）聖西門稱王權「是一種野蠻的制度」（第1卷第285頁），稱僧侶階級和貴族是「吸血鬼」（第1卷第285頁）。恩格斯在《社會主義從空想到科學的發展》中說：「在聖西門的頭腦中……遊手好閒者不僅是指舊時的特權分子，而且也包括一切不參加生產和貿易而靠租息為生的人。而『勞動者』不僅是指雇傭工人，而且也包括廠主、商人和銀行家……」（《馬克思恩格斯選集》第3卷第409—410頁）

聖西門對牛頓的「萬有引力」抱有特殊的愛好和興趣。在《論萬有引力》裏，聖西門說：「我把我的改造歐洲社會計畫的草案叫作《論萬有引力》，因為萬有引力的觀念應當成為新哲學理論的基礎，而歐洲的新政治體系則應是新哲學的成果。」（《聖西門選集》第1卷第89頁）聖西門相信「萬有引力定律」是支配宇宙一切事物的唯一規律，具有普遍意義，不僅一切科學要建立在萬有引力定律之上，而且社會改造也要以萬有引力定律為基礎，為根據。當時大陸封鎖問題是聖西門寫這篇文章的動因。他在本文裏提出了這個問題，他向拿破崙提出建議，以迫使英國放棄大陸封鎖政策。恩格斯說「該派的全部學說都籠罩了一層不可理解的神秘主義的雲霧」（《大陸上社會改革運動的進展》，《馬克思恩格斯全集》第1卷第577頁），當跟這個理論有關。

聖西門的宗教觀值得注意。他不否認「為維持社會秩序，需要有宗教」（《選集》第3卷第105頁），但他又認為，「任何宗教起初都是造福人類的。只要神職人員不再受反對派的牽制，只要他們不再遵循創建人指出的科學方向

去進行發現，神職人員就要濫用職權，而宗教也就變成壓迫人的工具。宗教變成壓迫人的工具以後，就要受到人們的蔑視，而神職人員已經獲得的威望和財富也要喪失殆盡。」（第3卷第105頁）這一段話，他用了著重號，顯然是他更為看重的。他看重的是基督教的基本精神，即人人平等，大家互相關懷。在《新基督教》裏，他強調：「上帝說過：『人人都應當兄弟相待。』這個崇高原則包括著基督教的神的部分中的一切東西。」（第3卷第163頁）他認為「宗教應當引導社會走向最迅速地改進最窮苦階級的命運的偉大目的。」（第3卷第167頁）在另一處，聖西門對宗教跟王權勾結起來共同壓迫勞動人民，做了淋漓盡致的批判和嘲諷。（第3卷第177—178頁）

聖西門從對人類社會發展進程的研究中看到，「人類傾向於全世界的聯合」。《聖西門學說釋義》說：「換句話說，傾向於對抗的不斷減弱。這種對抗的減弱完全可以用下列的名詞表示：家庭、幫會、城市、民族、人類。由此可以得出結論，最初由於戰爭形成的社會都具有融合為一個和平的全世界聯合的傾向。」聖西門的信徒在其導師人類歷史是「勞動者和遊手好閒者之間的對立」的歷史的基礎上發展為「人一直剝削人。主人剝削奴隸；貴族剝削平民；領主剝削農奴；土地佔有者剝削佃農；遊手好閒者剝削勞動者；這便是在此以前人類進步的歷史。」接著說：「全世界的協作制就是我們的未來。按才能計報酬，按功效定才能就是代替征服權和出身門第特權的新權利；人不再剝削人；他們將彼此通力協作地開發歸他們所統轄的世界。」（第19—20頁）

聖西門設想中未來社會的組織是公社。他把那叫做「實業制度」。他稱頌實業階級而鄙棄「貴族和不種地的地主」。在聖西門的詞典裏，實業階級（有人譯為「工業者階級」）是除「貴族和不種地的地主」以外的絕大多數人，那些人靠自己的勞動、靠自己的智慧為社會謀利益，他們的利益跟社會的利益相一致。在《組織者》中，他舉了許多職業名稱，從各類科學家到銀行家、工

廠主、作家、瓦匠、木工、翻砂匠等，說「這些人真正是法國社會之花，因為他們是最能生產的法國人，是製造最重要產品的法國人，是管理最有益於民族的工作並使民族在科學、美術和手工業方面取得豐碩成果的法國人」（第1卷第236頁），應該受到人們的尊敬。在實業制度下，人人勞動，沒有寄生蟲現象；廢除特權，人人平等；根據才能，按勞取酬；實行計劃經濟，克服生產無政府狀態；發展科技文化，提高公共福利；國家消亡，政府職能轉換。在實現「實業制度」的途徑上，聖西門主義者主張通過輿論宣傳，由國王授權，由學者、藝術家、實業家甚至最高統治者實施社會變革。

聖西門對無產階級寄予厚望。他《論社會組織》的第二個片斷，就是「證明法國的無產者能夠管理好財產」。他說「應在這裏證明人數最多的階級，簡而言之，即人民，現在已由不需要再受特殊監護的人所構成，他們的智力已經發達，他們的預見力已經相當敏銳，足以毫無困難地建立起一個把他們接受為平等成員的社會組織體系。」接著他論述了「既然無產者已在基礎文明上達到所有者的地步，法律就應當承認他們是平等的社會成員。」（《聖西門選集》第2卷第282—287頁）聖西門是積極主張男女平等的一位思想家，他把男女不平等稱為「人對其親人的剝削」（《聖西門學說釋義》第118頁）。

聖西門關於未來社會的理想，不像以前的莫爾，也不像跟他同時代的另兩位空想主義者，把制度設計得具體而微。他想的更多的是帶有根本性的措施。如社會結構的變動，人才的培養，教育制度的改進，宗教的作用，等等。《聖西門學說釋義》是由十七個講稿構成的，教育問題就有三講。其所以如此，是為了「把所有的人提高到作為人即作為社會或宗教的人的最高水準，使其中每一個人都能適當地發揮作用」（第23頁），所以既講了普通教育或道德教育，又講了專業教育或職業教育。信徒們說：「聖西門的學說也和所有一般新的學說一樣，自然也沒有把保護現存的東西或對現存的東西只進行表面的改變當作自己的任務。它的目的在於深刻而徹底地改變感情、思想和利益的體系，雖然

它不是為了推翻現存社會而出世的。變革這個詞常常同把破壞當作目的和結果的盲目的和粗暴的力量的概念聯繫在一起，其實這些特點距離聖西門學說十萬八千里。聖西門學說除了規勸和說服的力量外，沒有也不承認還有什麼別的力量能夠指導人們。它的目的是創造，而不是破壞。它的目的在於能否提出純真的抽象概念，或者使這種抽象概念在物質上得以實現。」（第144—145頁）顯然，聖西門這些設想是具有長遠指導意義的，不會隨著時勢的改變而失去光彩。

信奉聖西門學說的人很多。當聖西門尚在人世時，其中一些人就聚集在聖西門的周圍，並成立了聖西門學會，協助聖西門工作。聖西門逝世以後，他的信徒辦了《生產者》的雜誌，把聖西門學說系統化、條理化。聖西門主義的主要代表人物是奧連德‧羅德里格、巴特勒米‧普羅斯佩‧安凡丹、聖阿芒‧巴扎爾等人。他們後來把十七次講稿做成一部書，叫《聖西門學說釋義》。《聖西門學說釋義》是闡述聖西門思想的，但是在一些問題上，比起聖西門思想來，已經有了發展或變化。比如，在對人類歷史的認識上，「就不是像他們的導師所說的是勞動者和遊手好閒者之間的對立，而是剝削者和被剝削者之間鬥爭的過程」，即前引的「人一直剝削人。主人剝削奴隸；貴族剝削平民；領主剝削農奴；土地佔有者剝削佃農；遊手好閒者剝削勞動者……」馬克思和恩格斯對《聖西門學說釋義》這本書給予高度的評價，說它跟聖西門一樣「閃耀出天才的光芒」（恩格斯《大陸上社會改革運動的進展》，《馬克思恩格斯全集》第1卷第577頁）

人類的未來，是聖西門及其學派經常談論的一個題目。在《人類科學概論‧給生理學家的信》裏，聖西門說：「我們在這裏要談一談未來。我所要說的是一種預言。」（《選集》第1卷第85頁）他把人類社會分為「三個偉大的時代」，一個是過去的時代，一個是現在正在進行的時代，第三個是未來的時代，未來的時代「將在二十至二十五個世紀以後開始，它是實證體系的組織時代。」（第1卷第115頁）《論萬有引力》的第二卷，是專門談「人類的未

來」的，包括行星上能不能住人（第1卷第130頁）。二十世紀末以來，西方學者對聖西門有關未來的言論評價很高，他們把聖西門當作未來學的鼻祖。他們說，「聖西門的名字猶如電子的一個信號，成了後工業社會（資訊社會）的象徵」，是「未來實業制度的天才預言家」；「聖西門的著作早已抓住了我們今天仍然感到極為複雜的新的工業化社會的實質」，工業化是取代舊文明的激進手段；「現代西方工業化社會的理論家都是聖西門的學生，聖西門學說體現了『技術』知識內行的專家才是解決當代社會問題的必要和足夠的保障」；「唯才是舉、技術至上的觀點是聖西門學說的核心」，等等。（以上，據《聖西門學說釋義・譯者序》，第19頁）前邊說到聖西門所倚重的「實業階級」。這裏的「實業階級」，跟近年來興起的「知識階級」（「知識經濟」的主體）有相通之處，是人們把他稱為「未來學鼻祖」的原因之一。

§2.3.2　傅立葉的空想主義

　　沙利・傅立葉（1772—1837）出生於法國一個富商家庭，中學畢業後，開始經商。在一七八九年的大革命中遭到破產，並被強行拉到叛軍中。這一遭遇，使他的思想發生轉變，從此反對暴力革命和階級鬥爭，主張改良。在此後的二十多年裏，他繼續從事各項商業活動，先後當過會計、出納員、推銷員、經紀人等，這使他深入瞭解、同情勞動人民的疾苦。一八〇三年，傅立葉發表了第一篇論文，題為《論世界和諧》。一八〇八年三十六歲時出版了第一部著作《四種運動的原理》。過了二十年，已是晚年，出版了《文明制度的批判》以及《論家務農業寫作》、《新世界》等。《新世界》是他的代表作。

　　恩格斯說，傅立葉「用自己非凡的智慧研究了人類社會制度」（《大陸上社會改革運動的進展》，《全集》第1卷第577頁）。傅立葉學說最有價值的，是他對資本主義的批判。傅立葉把人類歷史分為蒙昧、野蠻、宗法和文明四個階段，文明階段即資本主義社會。他指出：「這個文明制度使野蠻時期任何一

種以簡單的方式幹出來的罪惡,都採取了複雜的、曖昧的、兩面的、虛偽的存在形式」,「在文明階段,**貧困是由過剩本身產生的。**」(以上恩格斯語,見《社會主義從空想到科學的發展》,《選集》第3卷第412頁、第300—301頁)在傅立葉看來,每個歷史階段都有它的上升時期和下降時期。他把資本主義這個「文明」稱作「新的奴隸制」。英國算是「一切國家所羨慕所仿效」的「模範國家」,但是英國普通人的貧困簡直令人無法相信。他舉官方文件為例。一八二六年英國的商業總長說:「在我們的毛織廠裏,工作著數千小孩,他們從早上三點鐘,做到晚上十點鐘。他們每星期獲得多少呢?一先令半,即三十七蘇(法國幣名),即每天差不多五蘇半,他們因著這點工資,每天要在工頭監督之下,做十九點鐘的工,如果他們稍一停工,工頭就立刻起來責罵。」傅立葉氣憤地說:「工業主義,這就是我們科學的怪物;這是狂病。大家生產,沒有方法,沒有比例的報酬,對於生產者或工人,沒有絲毫的保障。」又說:「在這個文明中,惡事前進十步,而善事則只前進一步。」(轉引自吳黎平《社會主義史》)對商業,傅立葉做了深刻的分析,他說資本主義商業有三十六種罪行,他的批判成了聲討商業罪惡的檄文。恩格斯在《「傅立葉論商業的片斷」的前言和結束語》中說:「到目前為止,能夠進行這種批評的只有傅立葉一人。傅立葉毫不容情地揭穿有身份的人士的虛偽,揭穿他們的理論和實踐的矛盾以及他們整個生活方式的空虛;他嘲笑他們的哲學,嘲笑他們……」(《馬克思恩格斯全集》第2卷第659—660頁)

傅立葉認為,文明是不能改良的。傅立葉跟一切空想主義者一樣,把尋求更好更合理的社會形式,作為自己工作的重點。他不要那種在他看來不徹底的辦法,他想直接走向美好的社會。他理想的社會,叫——跟孔子和孫中山的說法一樣——大同社會,有人譯為和諧制度,他自己創造了一個專有名詞,叫「法倫」。傅立葉說,「在大同社會,每個窮人將比現在最強大的皇帝,還要快樂。」(《新世界》)他把人類本身的發展劃分為好多期,已經過去的是原

始狀態、野蠻時期、宗法時期、暴虐時期，現在是文明時期。再以後是第六保
證時代、第七社會主義時期，到第八期，是大同時期，以後還要繼續發展。在
大同時期，公社是最好的組織，那將是人類生存的基礎。按照傅立葉的設想，
每個公社，由一千五百人到一千六百人組成，這些人年齡、境遇、文化素養各
不相同，彼此之間越不同越好。從事同一種工作的稱「組」，幾個組可以成
團。他把公社的基層組織叫做「法朗吉」。他不喜歡工廠，工廠不再集中於城
市，而是分散在鄉村。工業是農業的分支，農業為主。在公社裏，人人都要勞
動，但是採取自願，以個人興趣為分配工作的根據。因為勞動的引人和快樂，
人的生活徹底變更。傅立葉承認不平等，而且認為不平等是絕對的，必要的。
不平等的原則，是公社的基本原則。傅立葉認為，如果社員在物質上平等，公
社就完全破裂。他說，在「法朗吉」裏，人們和諧相處，個個有組織地從事生
產。傅立葉最早提出消滅城鄉差別、工人和農民的差別、腦力勞動和體力勞動
的差別的問題。傅立葉提出教育必須和勞動相結合。傅立葉特別重視婦女地位
問題，把婦女解放當作人類解放的主要尺規。傅立葉重視感情，重視「慾」，
把「慾」作為人們工作、勞動的主要動力，他稱為「感情的吸引」。「感情的
吸引」——或說「情慾引力論」——是傅立葉社會結構的根本原則和規律。他
把他自己這個理論看得很重，就像物理學上的地心吸引律一樣，他自以為是
「牛頓第二」。

　　傅立葉主張保存私有制，提倡階級調和，反對階級鬥爭，反對任何政治運
動。他認為，只有英雄人物的智力和才幹，才能建立新社會。在傅立葉設想的
大同社會裏，法令很少，沒有國家管理機構，也沒有強制性的做法，需要推行
的善事，都靠勸告。他相信人們的道德力量遠遠超過規章制度。

　　傅立葉學說又被稱為傅立葉主義。信奉傅立葉學說的人很多，大都是各種各
樣的知識份子，除法國外，擴及美、英等國。他們辦刊物宣傳傅立葉的學說，先
後有《法倫斯泰爾》和《法朗吉》。傅立葉主義是法國資產階級革命的產物，它

表現了無產階級對資本家階級的不滿和反抗。對資本主義制度的批判和諷刺，構成傅立葉主義的核心內容。從哲學思想說，這個學派堅持十八世紀法國唯物主義的進步傳統，認為世界是由物質構成的，社會運動是宇宙運動的一種最主要的形式，人類社會的發展是由低級到高級的有規律的運動。它在一定程度上看到了經濟因素在社會發展中的作用。它揭露了資本主義道德的虛偽性和欺騙性。這個學派提出了一些積極的理論主張，如否定雇傭勞動制度、有計劃地組織社會生產、消滅三大差別、教育跟生產勞動相結合、婦女解放等。一八三二年聖西門學派瓦解後，不少聖西門主義者加入到傅立葉主義者的行列，使這一學派的影響更形擴大。後來傅立葉本人跟他的信奉者發生矛盾。傅立葉逝世後，其信徒日益拋棄傅立葉空想社會主義，而轉向改良主義和民主主義。

§2.3.3　歐文的空想主義

羅伯特·歐文（1771—1858），生平經歷跟傅立葉相似。他出生於英國一個手工業者家庭，家境貧寒，只受過小學教育。十歲時奔赴倫敦，開始獨立謀生，當過學徒、店員。二十歲時擔任一家紡織廠的經理，開始做經營管理的改革試驗。三十歲時，買了岳父在紐萊納爾克的一家擁有兩千五百工人的紡織廠，這為他進行管理改革提供了廣闊的舞臺。他縮短工時，提高工資，禁止雇傭童工，創辦職工幼稚園，節假日照發工資，等等。這樣做，大大激發了職工的勞動積極性，工廠利潤大增，那個工廠成為一個受人稱讚的好工廠，工人的精神面貌也煥然一新。他寫了《關於新拉納克工廠的報告》和《新社會觀，或論人類性格的形成》等著作，總結經驗，陳述己見。他的觀點是，人的性格是一種結果，人本身也只是一種材料，人如何形成，主要靠後天，靠環境。他堅信人的性格是由外界輸入的。這種思想，無疑強調了教育和社會思想工作的重要性。

歐文以改革家的身份引起人們廣泛的注意。一八一八年赴歐洲大陸法、德等國考察，所到之處，大講改造社會的必要性和具體設想。兩年後寫了《致

拉納克郡的報告》，系統論述了消滅私有制、建立公有制、權利平等、徹底改造資本主義社會的一整套想法，表明他從一個資產階級慈善家轉變為一個共產主義者。這是歐文一生的根本轉捩點。但他也以此引起統治階級的憎恨，迫害緊跟而來。歐文不得不離開故土，跟一些同道遠赴美洲，進行建立共產主義新村的實驗，前後數年。實驗失敗後，又回到英國，被逐出上流社會，這使他跟工人有了更多的接觸機會。他建立了一家「勞動交換銀行」，同時從事工會運動。一八三三年主持英國工會第一次全國代表大會，成立「全國生產大聯盟」，擔任主席。直到晚年，歐文仍一直想把他的設想付諸實行。恩格斯在《社會主義從空想到科學的發展》中說：「當時英國的有利於工人的一切社會運動、一切實際成就，都是和歐文的名字聯在一起的。」（《選集》第3卷第415頁）他是把理論用於實踐的一位空想主義者。

構成歐文學說或說歐文主義的核心的，是他的「現社會三大惡事」說。所謂三大惡事，指私有財產、荒唐的和不合理的宗教制度以及基於這兩者之上的婚姻。歐文視私有財產是人類無窮的罪惡和貧困的根源，是無數戰爭和仇殺的根源，他認為，只有在合理地組織起來的社會中，私有財產才不會存在。歐文十分重視勞動在社會發展中的作用。他認為勞動是創造社會財富的源泉，工人有權享有自己全部勞動的成果，反對資本家剝奪剩餘產品；這一思想初步接觸到資本主義剝削的秘密。歐文認為，生產力的發展為改造社會提供了強大的物質基礎，發展生產力是全社會的中心任務。歐文從其「環境決定人的性格」的理念出發，規定：在新協和公社（或新大同公社，或新村），實行聯合勞動、聯合消費，財產公有、權利分配；重視教育，消滅三大差別。歐文這些思想，構成科學共產主義的直接理論來源之一。歐文對宗教的批判，同樣對馬克思宗教觀的形成有重要意義。

歐文設計的新協和公社，人數從四百——五百到兩千不等，人們像生活在一個大家庭，大家相互團結，相互幫助。公社由三十歲到四十歲的人員組成內

務委員會管理，另由四十歲到六十歲的人組成外務委員會，負責接待賓客等事務。公社的立法權屬於全體社員，由全體社員決定。公社的分配原則，一是平均，二是需要。住房、教育、職業等，也都由公社負責，每人獲得同等的便利和數量。歐文反對削弱政府的權力。他認為，要實現他的這些理想，必須由政府實施。

恩格斯在《社會主義從空想到科學的發展》中稱聖西門、傅立葉和歐文是「三個偉大的空想主義者」，並把他們做了比較。說：「如果說，我們在聖西門那裏看到了天才的遠大眼光，由於他有這種眼光，後來的社會主義者的幾乎一切並非嚴格地是經濟的思想都以萌芽狀態包含在他的思想中，那麼，我們在傅立葉那裏就看到了他對現存社會制度所作的具有真正法國人的風趣、但並不因此顯得不深刻的批判。傅立葉就資產階級所說的話，就他們在革命前的狂熱的預言者和革命後的被收買的奉承者所說的話，抓住了他們。他無情地揭露資產階級世界在物質上和道德上的貧困，他不僅拿這種貧困和以往的啟蒙學者關於只為理性所統治的社會、關於能給一切人以幸福的文明、關於人類無限完善化的能力的誘人的約言作對比，而且也拿這種貧困和當時的資產階級思想家的華麗的辭句作對比；他指出，和最響亮的詞句相適應的到處都是最可憐的現實，他辛辣地嘲諷這種詞句的無可挽救的破產。傅立葉不僅是批評家，他的永遠開朗的性格還使他成為一個諷刺家，而且是自古以來最偉大的諷刺家之一。他以巧妙而詼諧的筆調描述了隨著革命的低落而盛行起來的投機取巧和當時法國商業中普遍的小商販氣息。他更巧妙地批判了兩性關係的資產階級形式和婦女在資產階級社會中的地位。他第一個表明了這樣的思想：在任何社會中，婦女解放的程度是衡量普遍解放的天然尺度。……（《馬克思恩格斯選集》第3卷第411—412頁）

恩格斯又說：「在聖西門那裏，除無產階級的傾向外，資產階級的傾向還有一定的影響。歐文在資本主義生產最發達的國家裏，在這種生產所造成的種

種對立的影響下，直接從法國唯物主義出發，系統地制定了他的消除階級差別的方案。」（同上，第406頁）

恩格斯又說：「所有這三個人有一個共同點：他們都不是作為當時已經歷史地產生的無產階級的利益的代表出現的。他們和啟蒙學者一樣，並不是想首先解放某一個階級，而是想立即解放全人類。他們和啟蒙學者一樣，想建立理性和永恆正義的王國；但是他們的王國和啟蒙學者的王國是有天壤之別的。按照這些啟蒙學者的原則建立起來的資產階級世界也是不合乎理性的和不正義的，所以也應該像封建制度和以往的一切社會制度一樣被拋到垃圾堆裏去。真正的理性和正義至今還沒有統治世界，這只是因為它們沒有被人們正確地認識。所缺少的只是個別的天才人物，現在這種人物已經出現而且已經認識了真理；至於天才人物是在現在出現，真理正是在現在被認識到，這並不是歷史發展的進程所必然產生的、不可避免的事情，而純粹是一種僥倖的偶然現象。這種天才人物在五百年前也同樣可能產生，這樣他就能使人類免去五百年的迷誤、鬥爭和痛苦。」（同上，第406—407頁）

恩格斯這篇文章接著論述了馬克思主義的歷史唯物主義的形成過程及其跟以前的哲學思想、特別是「十八世紀的純形而上學的、完全機械的唯物主義」的區別。恩格斯說：「唯物主義歷史觀被提出來了，用人們的存在說明他們的意識而不是像以往那樣用人們的意識說明他們的存在這樣一條道路已經找到了。因此，社會主義現在已經不再被看做某個天才頭腦的偶然發現，而被看做兩個歷史地產生的階級無產階級和資產階級間鬥爭的產物。它的任務不再是想出一個盡可能完善的社會制度，而是研究必然產生這兩個階級及其相互鬥爭的那種歷史的經濟的過程，並在由此造成的經濟狀況中找出解決衝突的手段……」（同上，第423頁）馬克思主義的歷史唯物主義的形成是一個分水嶺，在那以前，不可能是科學的，而在那以後，便成了科學的理論。其意十分明顯，這三位空想主義者及一切空想主義者之所以是「空想」，就因為他們的理

論是建立在主觀想像上的，沒有得到科學理論的證實。他們只是出於對現實社會的不滿，他們的許多設想，既沒有可靠的事實根據，也不可能通過實踐進行檢驗。而馬克思和他創立的科學共產主義，建立在先進的牢固的歷史唯物主義基礎上，因此是符合科學原理的。

　　在聖西門、傅立葉和歐文三大空想主義以後，歐洲陸續出現過一些較為重要的空想主義者，如埃蒂耶納・卡貝（1788—1856）、德薩米（狄奧多・德狄米，1803—1850）、路易・奧古斯特・布朗基（1805—1881）、威廉・魏特林（1808—1871）、威廉・莫里斯（1834—1896）等。最後一位莫里斯，是十九世紀後半期英國一位傑出的積極浪漫主義作家，也是英國社會主義運動的先驅者之一。他最重要的空想主義著作，是小說《烏有鄉消息》和《夢見約翰・鮑爾》。都是他晚年的作品。它跟四百年前莫爾的《烏托邦》前後相映。這兩部小說的出版，標誌著歐洲的空想主義基本上式微。這時，用列寧的話說，資本主義已經發展到帝國主義階段，同時科學社會主義又已深入人心，世界無產階級的主要任務不是空想未來，而是用實際行動批判舊世界。

§2.4　從歐文的合作社到日本的「新村」

§2.4.1　從歐文的合作社實驗到法國的伊加利亞運動

　　從十九世紀初，一些空想主義者就想把他們的理論變成現實，開展了各種不同形式的實驗活動。比如傅立葉，他在晚年曾求助於王公貴族、富商巨賈，妄想依靠那些人的財力物力，做建立「和諧制度」和「大同社會」的實驗。

　　歐文是進行共產主義實驗的第一人。在紐萊納爾克管理那家有兩千五百多工人的紡織廠時，歐文為工人組織了一家消費合作社，這是歷史上從未有過的。這家合作社不圖利，只方便工人購買物品。全廠工人都成了這家合作社的

社員。一八一七年，歐文在給英國國會的報告書中第一次提出組織勞動公社的計畫。一八二三年，又提出建立共產主義新村的詳細圖景。一八二四年，歐文和他的一批信徒，渡過大西洋，來到年輕的美國，按他建立共產主義新村的計畫，購買了一大片土地，創辦了「新協和公社」，也有譯為「新大同公社」的。他興致勃勃，日夜辛勞。但由於這個公社成員複雜，有許多人貪圖私利或者懶於勞作，結果引起內部的破裂，分成兩個公社。一八二八年，歐文還為保存公社而鬥爭，但結果無效，反而把自己弄得一貧如洗。這年末，歐文到墨西哥，繼續其事業，亦遭失敗。回到英國以後，他創辦了「勞動交換銀行」，用「勞動券」交換商品，以避免商人的中間剝削。這時，在英國，像歐文先前組織的合作社已有五百多個，可見其影響不小。這些合作社互相沒有聯繫，而這是不適應形勢發展的需要的。歐文想組織一個合作社聯盟，他所建立的「勞動交換銀行」便起聯盟作用。歐文曾發表文章，論證金屬貨幣必須廢止，而以「勞動券」代替。一八三三年銀行倒閉。從歐文起，「新村」成了許多空想共產主義者、無政府主義者以及各色各樣社會改造者的「試驗田」的通用名字。恩格斯在《社會主義從空想到科學的發展》中對歐文的實驗活動給予很高的評價。恩格斯說：「歐文的共產主義就是通過這種純粹營業的方式，作所謂商業計算的果實產生出來的。它始終都保持著這種實踐的性質。」（《馬克思恩格斯選集》第3卷第414頁）馬克思稱歐文是「合作工廠與合作商店的創始人」（《資本論》第1卷第615頁）。

從事共產主義實踐最多的，是卡貝。

埃蒂耶納・卡貝，出身法國貧民家庭，父親是一個箍桶匠。在父親的嚴格要求下，他受到了很好的教育，大學畢業後獲法學博士學位，當了律師。二十年代初，參加了秘密革命團體「燒炭黨」。一八三〇年參加了「七月革命」。革命後調任科西嘉島總檢察長。隨後當選為眾議院議員，並創辦了自己的報紙《人民》。他宣傳民主主義思想，攻擊「七月王朝」，兩次受到法庭審判。一八三五

年出亡英國，深入研究莫爾的《烏托邦》和歐文的著作，接受了共產主義學說，把它作為終身的信仰。一八四〇年回到法國，「已經成了一個最有聲望然而也是最膚淺的共產主義的代表人物」（馬克思、恩格斯《神聖家族》中語，見《全集》第2卷第167頁）。他用假名發表了他有名的《伊加利亞旅行記》，系統地闡述他的共產主義思想，詳盡地描繪他設計的伊加利亞共產主義社會的結構模式。隨即復刊了《人民報》，存在到一八四八年，也就是《共產黨宣言》產生的那一年。他尖銳地揭露和批判資本主義制度，主張廢除私有制，建立以生產資料公有為基礎、平等為核心的財產共有共用、共同勞動、共同生活的共產主義社會。卡貝把「博愛」作為理論基礎，強調按照自然的意志辦事。

十九世紀四十年代初，隨著《伊加利亞旅行記》的廣泛傳播，法國興起了規模很人的伊加利亞運動，有近五十萬人信仰卡貝學說，出現了卡貝主義團體。在秘密的小團體之外，又成立了伊加利亞共產主義者的聯合會。他們夢想著建立伊加利亞的殖民地。一八四七年，卡貝在美國德克薩斯州獲得大片土地後，發表宣言，徵求欲往美國建立「共產主義殖民區」的志願者。這個宣言受到了工人群眾的歡迎。他們成立了移民美國的組織委員會，推舉卡貝為全部事業的最高領導者。第一批移民於一八四八年二月初到達美洲，卡貝自己則暫留巴黎。三個星期以後，爆發了二月革命，成立了共和國。法國的無產階級希望能在自己的土地上獲得社會的解放而不想去美洲，已經去了的也想著回來。這是對卡貝計畫的第一次打擊。第二個打擊是在「共產主義殖民區」發生的。一則，那個地方不好，不合衛生，很多移民患病而死；其次，是經濟上的困難和人們思想上的混亂，人們各有各的想法，很難統一起來；當然最主要的困難是社會環境，要在資本主義社會的包圍之中，造成一種小規模的共產主義殖民區，很不容易。另外，還有管理上的問題。諸多困難，紛紛向卡貝傳來。

吳黎平在《社會主義史》中對卡貝的伊加利亞構成做了如下概括（名詞的譯法改為一致）：

　　卡貝在《烏托邦》的影響之下，也幻想出他的共產主義理想國──「伊加利亞」。《伊加利亞旅行記》可說是一部理想小說，在這裏面，卡貝極詳盡地描寫了共產主義國家「伊加利亞」的快樂的生活。卡貝的烏托邦和以前各種烏托邦相較，有下述的特點。卡貝的共產國在政治上是由大多數人民統治的整個民主國家。依據於大多數人民之上的民主政府，極端詳盡地調劑人民的全部生活：他們的工作、住居、衣服、甚至食品，如食物的質量及數量，飲食的次序及食品等等。「伊加利亞」不知有出版的自由，所發行的只有中央及地方的政府的報紙，這點顯明地表現出卡貝對於卑污的資產階級報章的痛恨。在「伊加利亞」內，保存著宗教（這點與傅立葉的法倫不同），它的教主主要的是道德的教師。宗教的本身，也只傳播愛情與博愛。卡貝在其「伊加利亞」保持著舊時資產階級家庭，「伊加利亞」中的婚姻，是不能離異的。

　　這些特點，都指示卡貝的小資產階級情緒及偏狹意見，使他遜於傅立葉；但他方面在一點上他不但超越莫爾及其仿效者，而且還超越了傅立葉，就是在於卡貝明白地指示共產社會中機器作用的無比的偉大。一切粗笨及污穢的工作，在湯瑪斯・莫爾的《烏托邦》裏，是由奴隸來做，在傅立葉的「法倫」裏，主張由小孩來幹，但卡貝在其「伊加利亞」裏，則主張一切都由機器來做。這種機器，達到非常完美的程度，使人的勞動，變成非常輕易。在這個對於將來機器作用的瞭解上，可以看出那時大工業的發展（特別在英國）；卡貝對於這種大工業，已有較好的研究。以前傅立葉雖具狂放的想像力，但對於大工業卻並沒有怎樣深切的瞭解。

──第149─150頁

這就是卡貝所建立的共產主義社會。

卡貝的伊加利亞計畫，並沒有完全失敗。在卡貝逝世以後，有的伊加利亞依然存活下來，其中一個一直存活到五十多年後的一八九五年。十九世紀七十年代，即在卡貝死後二十年，有人在參觀了一個伊加利亞公社後寫道：「最有趣的是在星期日晚上，公社的社員們，誦讀著偉大傳道者的著作，唱著歌曲，年輕人發表演說，人人飽含著趨向社會主義的熱誠。」這個事實說明，卡貝的信徒們是怎樣地堅信共產主義，怎樣忠實於自己的理想。這跟歐文的公社、傅立葉「法倫」的投機分子，是不能同日而語的。

§2.4.2 太平天國革命和洪秀全的《天朝田畝制度》

緊隨在卡貝的伊加利亞運動之後，在世界的東方，在中國，發生了一場聲勢更大的空想主義實驗運動，這就是由洪秀全領導的太平天國運動。

一八四〇年的鴉片戰爭，使昏睡的中國人猛醒。不但具有正義感和使命感的士大夫憂心國家前途、民族存亡，而且連廣大的農民群眾也深感國家危在旦夕，而這是跟清政府的腐敗無能分不開的，他們以此起彼伏的起義運動，表示了反抗。其中最著名的是由洪秀全領導的太平天國農民起義運動。這一運動從一八五一年爆發，歷時十八年，波及十八個省，一度在南京建立起全國性政權，施行一整套新的政策、綱領。

洪秀全（1814—1864）是中國近代向西方尋求真理的一個普通知識份子。他是廣西人，曾在中國最主要的對外通商口岸——廣州謀生。他不懂外文，也沒有出過國。他先認識了美國傳教士羅孝全，又讀了一本小冊子。那本小冊子叫《勸世良言》，宣傳基督教的基本教義和神學原理。洪秀全多次參加科舉考試，都名落孫山。他於仕途無望的情況下仔細讀了這本書。他發現基督教教義中有許多東西可資利用，特別是基督教教義中的平等意識和一神教意識。他想，既然一切人都是上帝的子女，在上帝面前人人平等，那麼，所有的人就應

該是兄弟姐妹，不分貧富，就應該天下一家，共用太平。他從基督教經常講的天堂、天國受到啟發。基督教講的天堂、天國，是在人死之後，他卻要把天國搬在人間，讓活著的人享受。於是有了「太平天國」。他創造了一個中西合璧的「獨一尊神皇上帝」，作為太平天國的宗主神，讓他代替過去的一切權威人物。洪秀全在政治信仰、宗教感情上，受西方文化影響比較明顯，但在社會理想上，他還是中國式的。一八四五年至一八四六年，洪秀全作《原道醒世訓》，論述了《禮記‧禮運》的大同思想，預言「天下一家，共用太平」的理想世界很快可以實現。一八五三年三月，太平天國定都「天京」（今南京），洪秀全起草的《天朝田畝制度》正式頒佈，是他實現「天下一家，共用太平」的大同世界的具體辦法和途徑。

《天朝田畝制度》的最高理想，是「有田同耕，有飯同食，有衣同穿，有錢同使，無處不均勻，無處不飽暖。」它規定：「凡天下田，天下人同耕，此處不足則遷彼處，彼處不足則遷此處。」它還規定：「天下人人不受私，物物歸上主。」《制度》將土地分為九等，早晚兩季每畝年產一千二百斤以上者為上上田，每少一百斤降一等，依次遞減，直至四百斤為下下田。按人口授田，按農戶人口平均分配土地，人多多分，人少少分，男女不論。十六歲以上授田，十五歲以下減半。田有肥瘠不同，搭配各半。《制度》以「通天下皆一式」的原則，對每個農戶要種的桑樹棵數、要餵的母雞數、要餵的豬數、婦女要織的布的數量等，都有規定。規定每二十五戶設一個國庫、一座禮拜堂，規定每戶農家的收入，除自用外，必須全部繳入國庫。在社會組織上，規定二十五戶組成一個名字叫「兩」的基層單位，融農、工、兵、教、政於一體，實際是軍事組織。「兩」的負責人稱「司馬」。合四「兩」為一「卒」，五「卒」為一「旅」，五「旅」為一「師」，五「師」為一「軍」。各級長官稱鄉官，由本地人充任。縣設監軍，郡、省設總制，由上級委任。中央政府官員由將、侍衛、指揮、檢點、丞相、軍師、天王組成。這樣的組織是專制型的，跟歷代

封建君主所實行的政治制度毫無兩樣。

　　洪秀全制定的《天朝田畝制度》，集中體現了小農經濟思想，比起陶淵明的「桃花園」來，既少了自由，又少了民主，是歷史的大倒退。它有「共產主義」的外表，沒有共產主義的實質。據一些資料，歐洲空想主義在中國的傳播是在十九世紀最後十年（詳下）。就是說，洪秀全在提出他的空想的平均主義的綱領時，並未受到歐洲空想主義的影響。這是一種空想的平均主義，只能建立在沙灘上，很難變成現實。尤其是當社會生活有了發展時，它那一套硬性的制度規定必然擋不住奔騰向前的生活的衝擊，只能以垮臺結束。太平天國最後失敗，乃是其必然命運。

§2.4.3　日本的「新村」運動

　　西方的空想主義，於二十世紀初，跟馬克思主義和列寧主義一起，乘著強勁的西風，吹到日本，吹到東方。

　　列寧說：「帝國主義戰爭也喚醒了東方，把東方各族人民捲入了國際政治生活。」（《在全俄東部各民族共產黨組織第二次代表大會上的報告》，《列寧全集》第30卷第137頁）。也就是說，東方國家的共產主義運動和空想主義運動都是隨著第一次世界大戰的炮火聲開展起來的，距今將近一百年。

　　在日本，進行共產主義實驗的，是武者小路實篤（1885—1976。以下簡稱「武者」）。武者，為著名小說家、劇作家、詩人、畫家。生於貴族家庭。年輕時受俄國著名作家托爾斯泰影響，提倡人道主義。他跟作家有島武郎（1878—1923）、志賀直哉（1883—1971）等人創辦《白樺》雜誌，是「白樺派」主要代表人物和領袖。前期寫有小說《沒見過世面的人》、《幸福者》，劇本《他的妹妹》、《人類萬歲》等，塑造了好幾個追求新的生活理想的人物形象。二十世紀初，在歐美國家盛行「世界主義」的思潮，影響很大。在日本，武者便是這股思潮的熱烈信奉者，他常說到「人類的事業」、「人類

的感情」。他認為，建立一個和諧的世界，是人類共同的事，「即使現在不能實現，不久總要實現的：這是我的信仰……現在的人還有許多惡德，與這樣的社會不相適合。但與其說惡，或不如說『不明』更為切當。他們怕這樣的社會，仿佛土撥鼠怕見日光。他們不知道這樣的社會來了，人類才能得到幸福。」（《武者《新村的生活》，轉引自周作人《日本的新村》，鍾叔河《周作人文類編》第1卷第102頁）他以有無人類心作為衡量一個民族是否覺醒的標準。武者一九一八年創辦《新村》雜誌，宣傳空想共產主義和人類之愛。同時，在九州南部宮崎縣名叫「日向」的地方創辦「新村」，開展「新村運動」。所謂「新村運動」，就是像歐文在美國建立「新大同公社」、卡貝在歐美各地建立「伊加利亞」那樣，把空想共產主義付諸實施，變成活生生的現實。武者小路實篤還在大阪、京都、濱松、東京等地建立「新村支部」，聲勢頗為不小。

　　中國五四時期著名作家周作人是武者的朋友。錢理群在《周作人傳》中寫道：「一九一一年，武者小路實篤主持的《白樺》雜誌曾刊登廣告，兜售一九一〇年出版的《白樺》『羅丹專號』，寫信求購者中就有周作人，此事給武者小路實篤很深印象，後來在回憶錄中專門提及。一九一八年，周作人剛開始給《新青年》寫文章，就向中國讀者介紹了武者小路實篤的話劇《一個青年的夢》……」（第226頁），並介紹了武者的世界主義思想。周作人十分關注武者的「新村」實驗。據《日記》，一九一九年一月，他就閱讀到「新村」資料，並跟「新村」負責人通過信。周作人的《日本的新村》寫於這年四月，在《新青年》發表。他認為武者的「新村運動」，是俄國托爾斯泰的「泛勞動主義」運動遠遠不及的。文中說，托爾斯泰「專重『手的工作』，排斥『腦的工作』；又提倡極端的利他，沒殺了對於自己的責任：所以不能說是十分圓滿。新村運動，卻更進一步，主張泛勞動，提倡協力的共同生活，一方面盡了對於人類的義務，一方面也盡各人對於個人自己的義務；讚美協力，又讚美個性；

發展共同的精神，又發展自由的精神。實在是一種切實可行的理想，真正普遍
的人生的福音。」（《周作人文類編》第1卷第101頁）

　　據武者《新村的生活》，他提倡新村運動，目的是讓人們真正享受「人的
生活」。武者說：

　　　　我們想改正別人不正不合理的生活，使大家都能幸福的過人的生
　　活；但第一須先使自己能實行這種生活，使人曉得雖在現今世間，也有
　　這樣幸福的生活，可以隨意加入。

　　　　這便只是互助的生活。不使別人不幸，自己也可以幸福；不但如
　　此，別人如不幸，自己也不能幸福；別人如損失了，自己也不能利益的
　　生活。

　　　　我們想造一個社會，在這中間，同伴的益，便是我的益；同伴的
　　損，便是我的損；同伴的喜，便是我的喜；同伴的悲，也便是我的悲。
　　現今世上，都以為別人的損失，便是自己的利益；外國的損失，便是本
　　國的利益。我們對於這宗思想的錯誤，想將我們的實生活，來證明他。
　　……世上以為若非富歸少數者所有，其餘都是貧民，社會便不能存在；
　　對於這宗思想的錯誤，我們也想就用事實來推翻他。

　　　　……

　　　　我想世上如還有一個為食而勞動的人存在，那便是世界還未完全的
　　證據。「額上滴了汗，去得你的口糧」的時代，此刻已應該過去了。
　　……若在現代，不但如此，簡直可說，為了你的口糧，賣去你的一生！
　　這樣境遇的人，不知有多少。但這正因社會制度還未長成完全的緣故。
　　我並不詛咒勞動；但為了口糧，不得不勉強去做的勞動，應得詛咒。在
　　人類成長上必要的勞動，應得讚美！

　　　　　　　　　　——轉引自周作人《日本的新村》，同上第103—105頁

　　武者又說，在他們的新村裏，「工廠是共有的東西，各人不要愁他的衣食，可以安心勞動；男人做男的事，女人做女的事。身體弱的人，如任什麼工都不能做，便不勞動也可以的。對於病人，醫生與藥物，都無代價。凡有在健全的人的生活上必要的東西，都無代價可以取得。各人有這樣權利，便只因各人在勞動上已經盡了義務。而且各人又都替不幸的鄰人代為勞動了，所以無代價的給與，毫不奇怪。」（同上，第106頁）

　　周作人曾在日本留學五年（1906年秋間—1911年夏秋之交）。離開日本八年之後，一九一九年四月，周作人因事赴日，「在東京只住了十幾天，便回北京」。七月，周作人再遊日本，並於七月七日至十一日，用五天時間，參觀訪問了武者在石河內等地建立的「新村」。回國後，他寫了《訪日本新村記》的文章，敘述所見：

　　　　（這裏）一面臨海，一面是山林，馬車在這中間，沿著縣道前進。我到這未知的土地，卻如同曾經認識一般，發生一種愉悅的感情。因為我們都是「地之子」，所以無論何處，只要是平和美麗的土地，便都有些認識。到了高鍋，天又下雨了，我站在馬車行門口的棚下，正想換車往高城，忽見一個勞動服裝的人近前問道：「你可是北京來的周君麼？」我答道：「是。」他便說：「我是新村的兄弟們差來接你的。」旁邊一個敝衣少年也前來握手說「我是橫井。」這就是橫井國三郎君，那一個是齋藤德三郎君。我自從進了日向已經很興奮，此時更覺感動欣喜，不知怎麼說才好，似乎平日夢想的世界，已經到來，這兩人便是首先來通告的。現在雖然仍在舊世界居住，但即此部分的奇跡，已能夠使我信念更加堅固，相信將來必有全體成功的一日。我們常感著同胞之愛，卻多未感到同類之愛；這同類之愛的理論，在我雖也常常想到，至

於經驗，卻是初次。新村的空氣中，便只充滿這愛，所以令人融醉，幾乎忘返，這真可謂不奇的奇跡了。（同上，第115頁）

據周作人所記，「新村的土地，總共約八千五百坪（中國四十五畝地餘）；住在村裏的人，這時共十九人，別有幾人，因為省親或養病，暫時出去了。畜牧一面，有母馬一匹，山羊三頭，豬兩隻……新村的農作物，雖然略有出產，還不夠自用，只能作副食物的補助。預計再過三五年，土地更加擴充，農事也更有經驗，可以希望自活，成為獨立的生活……會員分兩種，凡願入村協力工作，依本會精神而生活者，為第一種會員；真心贊成本會精神，而因事情未能實行此種生活者，為第二種會員。第一種會員的義務權利，一律平等，共同勞動；平時衣食住及病時醫藥等費，均由公共負擔。第二種會員除為會務盡力之外，應每月捐金五十錢以上，『以懺除自己的生活不正當的惡』。……」（同上，第118—119頁）

§2.4.4　中國的無政府共產主義

周作人回國以後，成了新村運動的一個積極提倡者和宣傳家，先後作有《新村的精神》、《新村運動的解說》、《工學主義與新村的討論》、《新村的理想與實際》、《新村的討論》等多篇文章和講演。他說：「新村的目的，是在於過正當的人的生活。其中有兩條重要的根本上的思想：第一，各人應各盡勞動的義務，無代價的取得健康生活上必要的衣食住。第二，一切的人都是一樣的人；盡了對於人類的義務，卻又完全發展自己個性。」（第127頁）在這一時期，中國各地已有一些人在試驗新的生活方式，如南京的啟新農工廠有限公司、北京的平民新組織、龍華的新村，周作人都談到。

周作人對新村運動的熱心宣傳和提倡，有支持的，也有反對的。魯迅和胡適都是反對新村運動的，周作人曾寫答辯文章。支持者主要是當時的無政府

主義者。中國共產黨的許多創始人開頭差不多都是信仰無政府主義的，所以他們幾乎都是新村運動的支持者。李大釗，從其思想說，他跟新村運動是一致的。一九一九年三月，李大釗撰《新舊思想之激戰》，讚揚了日本「黎明會」「桐花會」等組織「他們天天宣傳，天天遊說」、他們還有「公共結合」等的熱鬧情景（《李大釗選集》第155頁）；這是在周作人介紹新村運動之前，所以沒有提到新村。七月六日寫的《階級競爭與互助》，肯定了「協和的法則，常是生存法則」，「協合與友誼，就是人類社會生活的普遍法則」以及「一切形式的社會主義」「就是協合、友誼、互助、博愛的精神」（第222頁）等，這跟新村運動的理念完全相同。隨後，李大釗、周作人二人共同發起成立「工讀互助團」，在《募款啟事》中說，其宗旨是「實行半工半讀主義，庶幾可以達教育與職業合一的理想」（《新青年》1920年1月1日）。《周作人日記》上有關記載很多，如「下午往校，四時半至守常處，赴工讀互助團會，六時散」（1919、12、10）、「捐工讀互助團銀十元」（1919、12、23）、「下午三時赴工讀互助團會」（1920、1、7）、「訪守常，以新村紹介函交徐彥之君」（1920、4、28）「守常函介李君來，屬為紹介往新村」（1920、7、1）等。從四月二十八日和七月一日《日記》看，既有「以新村紹介函交」某某和「為紹介往新村」的話，似乎周作人亦辦有新村，或參與創辦。

　　毛澤東也是新村運動的熱心人。《周作人日記》載：「毛澤東君來訪。」（1920、4、7）這當跟新村計畫有關。毛澤東說，他在民國七年就有過「邀數朋友在省城對岸岳麓山建設新村的計議」，「今春回湘，再發生這種想像」，「此新村以新家庭新學校及旁的新社會連成一塊為根本理想。」（《毛澤東早期文稿》）

　　不過，在中國，新村運動反而不如互助運動更有聲勢，更受到人們的歡迎。互助，最早是由法國的無政府主義者蒲魯東提出的。蒲魯東主張，社會在平均主義基礎上，實行互助、聯合和直接行動。後來俄國的無政府主義克魯泡

特金發展了蒲魯東的思想，寫了《互助論》一書，深入論述了實行互助的問題，形成了一套無政府共產主義思想。他的著作很多，在中國也產生了很大的影響，有《克魯泡特金全集》行世。

　　互助運動在中國受到歡迎，跟中國普遍的貧困直接有關。面對老百姓的貧困和軟弱無助，有良知的知識份子於心不安，就想著法兒幫助老百姓脫離苦海。開展互助運動，是他們能夠想出的一條現實可行的出路。從五四到二十年代，互助的運動幾乎是無政府主義者的主要實踐形式。中國的無政府主義者，也稱作「無政府共產主義」。著名無政府主義者景梅九即是這樣，他主辦《國風日報》，特闢《學匯》專刊，是國內無政府主義者的一塊極為重要的陣地。他在二十年代初的《學匯》專刊上，發表多篇文章，提倡無政府共產主義。他有一篇文章，題目就是《無政府共產學說圓義》。他提倡互助，他自己常以「瞎跛互助」為喻，即由跛子背著瞎子，而由瞎子指路。可見空想主義在中國的實踐活動，並不以探討未來社會以何種形式最好為主，而是成了解決社會弱勢群體如何爭取做人的資格、如何能夠獨立自主地生活的問題的一種嘗試。這是由日本新村運動轉變而來的，日本新村運動就處在轉變過程中。景梅九等人的「瞎跛互助」論影響很大，直到三十年代和抗戰期間國民黨統治地區用的小學課本上，仍有相關的內容。

　　回到歐文、卡貝等人的空想共產主義的實驗活動。看了那些共產主義實驗的事蹟，你就可以知道，中國在一九五八年搞的人民公社和公共食堂，實在不是毛澤東的創造，只不過是人家歷史的複製而已。歷史上的空想主義實驗都沒有成功，毛澤東的三面紅旗已被埋葬在歷史的塵埃之中。

§2.5　康有為的《大同書》

§2.5.1　《大同書》的寫作經過及思想來源

中國近代最重要、影響最大的空想主義者，是康有為。

康有為（1858─1927），廣東南海人。為中國近代著名學者、思想家、維新派首領。光緒朝進士，官授工部主事。中國傳統文化中對其影響較大者，是《易》的變異觀、「今文經學」的「三世說」、《禮記》的「大同」「小康」思想以及明清的經世致用思想，他還積極吸取了西方的自然科學知識和社會歷史知識，並融會貫通。一八八四年開始構建他「以元為本」的哲學。一八八八年第一次向光緒皇帝上書，言興利除弊之重要和必要。以後又六次上書，請求變法。一八九八年和梁啟超一起發動戊戌變法運動。變法失敗後，流亡國外。戊戌變法雖然失敗了，但是康的許多倡議後來都付諸實施，當然僅限於「次制度」──筆者在《文化圈層論》中，把政治制度以外的各項制度稱為「次制度」。康氏後來主張君主立憲，在民主主義革命中成為保皇派首領。辛亥革命後，主編《不忍》雜誌，宣揚尊孔，反對共和。後半生致力於將儒家學說改造為可以適應現代化的國教，擔任孔教會會長。康有為著作近千萬言。主要有《新學偽經考》、《孔子改制考》、《日本變政考》、《俄彼得變政記》、《波蘭分滅記》、《廣藝舟雙楫》、《長興學記》、《桂學答問》、《南海師承記》、《萬木草堂所藏中國畫目》、《萬木草堂口說》、《董子春秋學》等。《大同書》為康有為最主要著作之一。

康有為大弟子、國學大師、維新派首領梁啟超在《清代學術概論》中說：「有為雖著此書，然秘不以示人，亦從不以此義教學者，謂今方為『據亂』之世，只能言小康，不能言大同，言則陷天下於洪水猛獸。其弟子最初得讀此書

者，惟陳千秋、梁啟超；讀則大樂，銳意欲宣傳其一部分；有為弗善也，而亦不能禁其所為；後此萬木草堂學徒多言大同矣。而有為始終謂當以小康義救今世，對於政治問題，對於社會道德問題，皆以維持舊狀為職志。自發明一種新理想，自認為至善至美，然不願其實現，且竭全力以抗之遏之；人類秉性之奇詭，度無以過是者。有為當中日戰役後，糾合青年學子數千人上書言時事，所謂『兵車上書』者是也；中國之有『群眾的政治運動』實自此始。然有為既欲實行其小康主義的政治，不能無所求於人，終莫之能用，屢遭竄逐；而後輩多不喜其所為，相與詆訶之。有為亦果於自信，而輕視後輩，益為頑舊之態以相角；今老矣，殆不復與世相聞問；遂使國中有一大思想家，而國人不蒙其澤，悲夫！啟超屢請印布其《大同書》，久不許，卒乃印諸《不忍》雜誌中，僅三分之一，雜誌停版，竟不繼印。」（第203頁）

　　據夏曉紅編《追憶康有為》，書中多篇文章都說康有為寫《大同書》是在二十七歲時，至遲二十八歲那年二月。如陸乃翔、陸敦騤《南海先生傳》說：「蓋自二十七歲悟道，即創《大同書》……」（第36頁）「先生既悲憫眾生，乃日夜思所以解縛除患，令天下萬世人人出獄之道，於其二十七歲悟得之。最美孔子大同之道，乃因孔子大同之說，著《大同書》凡十部。」（第65頁）張伯楨《南海康先生傳》說：「光緒十年甲申，先師年二十七……涉獵西書，並研究佛典，上自婆羅門，旁通四教，萬緣澄絕，所悟益深。因顯微鏡之萬數千倍者，視虱如輪，見蟻如象，而悟大小齊同之理；因電機光線一秒數十萬里，而悟久速齊同之理……光緒十一年乙酉，先師年二十八。是年從事算學，以幾何理著《人類公理》，並手定大同之制。時張編修招先師複游京師，二月初將啟行。二十三日頭痛大作，幾死，既而目痛不能識文字。醫者束手，惟裹頭行吟於室，數月不出。先師檢視書稿，從容待死。已而言曰：『吾既聞道，既定大同，可以死矣。』……」（第84—85頁）康有為女兒康同璧在《追憶康有為》中說：「迄光緒十年（甲申，一八八四年），先君結合宋元明學案、佛

典，旁收四教，兼及西學，悟齊同之理，以三統論諸聖，以三世推將來。注
《禮運》，旋著《萬身公法》，後著《大同書》，初秘不示人……」又說：
「先君既手定大同之制，並著《人類公理》（光緒十一年，一八八五年）
……」（第142頁）更重要的是，作者自己在《題詞》中說：「吾年二十七，
當光緒甲申（1884年）……著《大同書》」。印本甲部《入世界觀眾苦‧緒
言》及《去國界合大地》注文亦均提及寫作時間（據中國人民大學出版社本
題注）

　　據同上注，二十世紀五十年代以來，有此書成於作者一九〇一至一九〇二
年游居印度時之說，湯志鈞《康有為與戊戌變法》即持此說。戚其章著《晚清
史治要》根據翦伯贊等編《戊戌變法》（中國近代史資料叢刊）第四冊，說：
「一八八五年，他『手定大同之制，名曰《人類公理》』，從此開始了對大同
理想世界的長期探索和研究。一八九七年撰《禮運注》，構想未來『大同』
世界應是一種『無貴賤之分，無貧富之等，無人種之殊，無男女之異』、『無
所謂君，無所謂國，人人皆教養於公產』、『外戶不閉，不知兵革』的太平盛
世。在《禮運注》的基礎上，又於一九〇二至一九〇三年間完成了《大同書》
的撰寫。」（第126頁）按照這個說法，康有為《大同書》的形成是一個長期過
程。首先在一八八四到一八八五年即二十七歲時，「手定大同之制，名曰《人
類公理》」。從此進入長期的探索和研究，到二十世紀初「完成了《大同書》
的撰寫」。

　　華夏出版社《康有為〈大同書〉》書首《〈大同書〉評介》（陳得媛、
李傳印作）把《大同書》的寫作歸因於西方空想主義的影響：「據有的學者考
證，空想社會主義在中國傳播的第一篇文獻是一八九一年十二月至一八九二年
四月《萬國公報》上連載的《回頭看紀略》，它是根據美國作家貝拉米所著
《回顧》一書節譯的。貝拉米是一個空想社會主義者，於一八八八年寫出科幻
小說《回顧》，內容是講一個年輕人於一八八七年在波士頓睡熟，到二〇〇〇

年才醒來，他發現這個世界已經發生了很大變化。生產資料已經公有，所有兒童由國家教養到二十一歲。然後按照才能和愛好分配工作，男女平等，設有公共食堂等。小說首次向中國人展示了一幅空想社會主義的美妙圖景。譯者把這幅圖景稱作『大同世界』。以這篇小說連載為開端，『大同』就作為空想社會主義的同義詞在我國逐漸流傳開來，如美國來華傳教士林樂知於一八九四年八月在《萬國公報》發表了一篇宣揚世界主義的文章，題目就是《大同發軔》。《回頭看紀略》連載後很快就出了單行本，題名為《百年一覺》。《萬國公報》是康有為常看的報紙，他在給弟子們講課時就提到《百年一覺》，他說：『美國人所著《百年一覺》一書，是大同的影子。《春秋》大小遠近若一，是大同極功。』（《南海康先生口說》」（該書序文第5—6頁）

作者既「涉獵西書，並研究佛典，上自婆羅門，旁通四教，萬緣澄絕，所悟益深。因顯微鏡之萬數千倍者，視虱如輪，見蟻如象，而悟大小齊同之理；因電機光線一秒數十萬里，而悟久速齊同之理……」，說他寫此書曾受西方思想影響，是站得住腳的，只是並非空想主義。按《〈大同書〉評介》的說法，貝拉米的《回顧》是一八八八年寫出的，而介紹到中國，則是一八九一年十二月至一八九二年四月，這時康有為《大同書》寫出或大同主義思想形成已在六年以上了，因此很難說康氏寫此書受到貝拉米《回顧》的影響。不過《〈大同書〉評介》的說法也並不錯。該文並不是說康氏在看到貝拉米的《回顧》才寫此書。康氏看到由貝拉米的《回顧》譯出的《百年一覺》之後，感到高興，甚至產生了有同道之感，卻是有可能的。「他在給弟子們講課時就提到《百年一覺》，他說：『美國人所著《百年一覺》一書，是大同的影子。《春秋》大小遠近若一，是大同極功。』」說「美國人所著《百年一覺》一書，是大同的影子」，顯然以作者自己的《大同書》為主體，是大同投影於彼，而不是相反。

正如前引，《大同書》寫出以後，長期以手稿形式存在，並未公開跟讀者見面。《〈大同書〉評介》說：「最早讀到《大同書》並發表研究成果的是

犬養毅和柏原文太郎。一九八五年江蘇古籍出版社出版的《康有為〈大同書〉手稿》的首頁上就有二人讀後寫下的感想。犬養毅說：『南海先生僑寓東京距今殆四十年也。先生出示《大同書》稿本廿餘篇，是時起稿以後已經廿餘年，深藏篋底。先生晚年僅刊第一篇，無幾棄世。此著先生一生心血之所注，雖敷衍《禮運》一篇，實為先儒未發之學。予尤服鑽研之精，造詣之深矣。』柏原文太郎跋曰：『南海先生在萬木草堂也，唱大同之說，導書生，養人才。及入北京，論變法，陳自強，將以定國是。遽遭政變，來奔我國，亦盛大同學校，創報紙。既而之美之歐。雖然，天下後世必有奉其說而起者。今睹此稿，感懷久之。』」（第17頁）一九一三年二月，康有為的門人創辦《不忍》雜誌，由廣智書局發行。該刊鼓吹「尊孔教為國教，復辟清室，實行君主立憲」。該刊發表各類作品，基本為康有為作。該刊創刊後，首先刊登了該書甲部《入世界觀眾苦》和乙部《去國界合大地》。一九一九年，上海長興書局將甲乙兩部合起來出版，稱為《大同書》。一九三四年，由中華書局全本印行，其弟子錢定安校訂，並作序文。在這期間，作者是否對原稿做過修改或補充，不能臆斷，只能在讀過手稿之後才可以有個大體看法。作者自己所寫《緒言》，筆者以為，是後來寫的。文中說：「且俾士麥之大燒法師丹也，我年已十餘，未有所哀感也。及觀影視，則屍橫草木，火焚室屋，而怵然動矣。」所說「俾士麥之大燒法師丹」，發生在普法戰爭期間，一八七○年夏天，作者那時尚在幼年，自然無所感知。他是後來從電影上看到的。而我們知道，歐洲之有電影，是一八九五年的事。《緒言》既說到西方電影，它的寫作，自在一八九五年之後，也許到世紀交替之際。書中還寫到「汽車碰撞之苦」，這也是在汽車比較普遍的時候才會有的。因此，這部書肯定有一個定稿的過程，甚至後來還曾做過某些修改。

§2.5.2 「三世說」——康有為的創造

要理解《大同書》的真精神，須從作者人生觀說起。甲部之《緒言》——

據我看，應為全書的序言──是其人生觀的集中表現。作者的人生觀，可以用四個字概括：「求樂免苦」。這是一種積極的人生觀，不是僅僅為了生存，而是生活得好──生活得快樂，生活得愜意，生活中沒有痛苦，沒有煩惱。但作者耳中所聞（「或寡婦思夫之夜哭；或孤子窮餓之長啼……」），眼中（包括影視中）所見（「屍橫草木，火焚室屋……」），無不是一片凄涼景象。作者這種仁愛之心，推及魚蟲草木，「彼其色相好，吾樂之；生趣盎，吾怡之；其色相憔悴，生趣慘凄，吾亦有憔悴慘凄動於中焉。」這種人生觀，建立在對人的地位和價值充分認可的基礎之上。這是作者作為人的人生觀，不是他學者或其他高貴身份的人生觀。這種人生觀，貫穿在作者寫作幾部主要著作的全過程中。《孔子改制考序》首段：「孔子卒後二千三百七十六年，康有為讀其遺言，淵淵然思，凄凄然悲，曰：嗟夫！使我不得見人平之澤、被大同之樂者何哉？使我中國二千年、方萬里之地、四萬萬神明之裔不得見太平之治、被大同之樂者何哉？使大地不早見太平之治、逢大同之樂者何哉？」（《孔子改制考》第1頁）求「治」、求「樂」，一直是康有為思考的核心。惟其追求「求樂免苦」，本書第一部分（即甲部）寫了人生種種苦難情狀，然後在乙部追查造成這麼多苦難的原因，「總諸苦之根源，皆因九界而已」。作者對「九界」形成的來由和弊端做了分析以後，揭示了其本質，提出了「去九界」的辦法。「九界」既除，人類的「大同世界」便到了。這就是作者寫這部書的思路。

　　《禮運》大同思想是康有為《大同書》的根本思想來源。作者在第一部所說各種苦難，在大同世界是沒有的。不僅天災少有，連人禍──如汽車碰撞、舟船翻沉之類──也不存在。至於「奴婢之苦」、「廢疾之苦」、「貧窮之苦」、「富人之苦」、「貴者之苦」、「賤者之苦」、「帝王之苦」、「鰥寡之苦」、「孤獨之苦」、「聖神仙佛之苦」、「老壽之苦」、「仇怨之苦」等，自不在話下。同樣，即使像「投胎之苦」、「夭折之苦」也不是怎麼一回事。之所以如此，就因為那個時候既沒有各種不平等，也不存在各種「界」的

區分。無種界，無國界，無族界，則大家一律平等，不分彼此。無家界，就不會有私。相反，「蓋一家相收，則父私其子，祖私其孫而已。既私之，則養其子孫而不養人之子孫，且但養一己之子孫而不養群從之子孫。既私之，則但教其子孫而不教人之子孫，且但教一己之子孫而不教群從之子孫……」（第150頁）而且「去界」之後，有利於人的才智的發展，有利於人和人的和諧相處。他舉歐美為例：歐洲「平等之理日明，故富強之效日著」，「美國之人舉國皆平民，至為平等，太平世之先聲矣，故至為治強富樂」（第64頁）。

這裏說到「太平世」。把人類社會分為「據亂世」、「升平世」、「太平世」，是康有為《大同書》的創造，是對古書中「三世說」加以改造的結果。正如梁啟超所言：「以改制言《春秋》，以三世言《春秋》者，自南海始也。」（《近世之學術》，轉引自《中國近三百年學術史》陳祖武所作《導讀》）

最早提出「三世說」的，是《公羊傳》。《公羊傳‧隱》元年有「所見異辭，所聞異辭，所傳聞異辭」的話。《桓》二年亦有，文字相同。這是在說到「《春秋》筆法」時的解釋用語，意思是：有的歷史事實為親見，有的歷史事實不是親見，是聽親見者說的，有的歷史事實係聽傳說而來，說的人也不是親見。「所見」者近，「所聞」者遠，「所傳聞」者更遠。這裏都以《春秋》作者孔子為觀察點。對此，董仲舒有很好的解釋。《春秋繁露》第一篇《楚莊王》說：「《春秋》分十二世以為三等，有見，有聞，有傳聞。有見三世，有聞四世，有傳聞五世。故哀、定、昭，君子之所見也。襄、成、文、宣，君子之所聞也。僖、閔、庄、桓、隱，君子之所傳聞也。所見六十一年，所聞八十五年，所傳聞九十六年。於所見微其辭，於所聞痛其禍，於所傳聞殺其恩，與情俱也。」董仲舒所說「於所見微其辭……」，指孔子寫到那些歷史事實時的態度。「所見」者跟自身有一定利害關係，同時又怕得罪當權者，所以寫起來「微其辭」，該隱諱的隱諱，不能暢所欲言。「痛其禍」有具體

所指，對國君被殺，感到痛心疾首，感情色彩強烈。「與情俱」可用下邊的話說明：「吾以其近近而遠遠，親親而疏疏也……」

董仲舒所說「世」，指朝代，順序是由近而遠。「有見三世」是孔子從十歲以後親身經歷了（魯國）昭公、定公、哀公三個朝代，共六十一年；孔子享壽七十二歲，童年時的十歲不算。再早的宣、文、成、襄四代，是他父輩、祖父輩經歷過的，他聽說而來。董仲舒所說「三世」，指夏、商、周三個朝代，也有說「董子法以三代定三統……商為白統，並夏虞為三代。」（《春秋繁露義證》第186頁）董仲舒以五行相克的道理解釋朝代更替，創造了「五德終始」說。他把夏商周三代的正朔，塗上神秘色彩，以歲首跟五色相配，把夏稱為「黑統」，商稱為「白統」，周為「赤統」。在董仲舒看來，周為火德，秦為水德，秦代周，是水克火，秦之興是必然的。漢是土德，漢代秦，同樣是必然的。

康有為從他積極變革現實的思想出發，請出孔子，說「托古改制」是中國歷史發展的普遍規律，也是聖人之道。他把「公羊三世說」發展成一種歷史進化觀，說這是孔子制定的三個循序漸進的歷史階段。《孔子改制考序》云：「天既哀大地生人之多艱，黑帝乃降精而救民患，為神明，為聖王，為萬世作師，為萬民作保，為大地教主。生於亂世，乃據亂而立三世之法，而垂精太平，乃因其所生之國，而立三界之義，而注意於大地遠近大小若一之大一統……夫兩漢君臣、儒生，尊從《春秋》撥亂之制而雜以霸術，猶未盡行也。聖制萌芽，新歆遽出，偽《左》盛行，古文篡亂。於是削移孔子之經而為周公，降孔子之聖王而為先師，公羊之學廢，改制之義湮，三世之說微，太平之治，大同之樂，暗而不明，鬱而不發……」（《孔子改制考》第2頁）《禮運注》說得更明確：「大道者何？人理至公，太平世大同之道也。三代之英，升平世小康之道也。孔子生據亂世而志則常在太平，必進化至大同，乃孚素志。至不得已，亦為小康，而皆不逮，此所由顧生民而生哀也。」（轉引自楊向奎《大一統與

儒家思想》第253頁）

　　古人多有「三世」之說。韓非講：「上古競於道德，中世逐於智謀，當今爭於力氣。」商鞅說：「上世親親而愛私，中世尚賢而悅仁，下世貴貴而尊官。」佛教「三世說」，指過去世、現在世、未來世。康有為的「三世」說，顯然受到這些說法的影響和啟發。前引康同璧說：「以三統論諸聖，以三世推將來」。梁啟超說：「有為所謂改制者，則一種政治革命社會改造的意味也。故喜言『通三統』，『三統』者，謂夏商周三代不同，當隨時因革也；喜言『張三世』，『三世』者，為據亂世升平世太平世，愈改而愈進也；有為政治上『變法維新』之主張，實本於此。」（《清代學術概論》第200頁）

　　康有為以「三世」為框架，以「三統」為變法根據，以現在時為起點，向前、向後，各分為三個時代。康有為的思想既是先進的，又是現實的。他既羨慕堯舜禪讓的大同世界，希望重新實現那個世界，又看到自己生活的時代距離那個世界十分遙遠，於是把它作為未來的理想。他由孔子所說「大同」和「小康」的區別，追尋歷史事實，發現「小康」之後世界更不太平，更不平等，於是「反其道而行之」，製造出「據亂世」、「升平世」、「太平世」的「三世」說，指稱今後。已經過去的人類生活，是先有太平世，再有升平世，而後進入據亂世。現在依然處在據亂世，就應該發展到「小康」的升平世，再進一步，實現像堯舜那樣的太平世。這不是歷史的重複，而是向更高一級的發展。可以把作者的思路概括如下：

太平世 → 升平世 → 據亂世 → 升平世 → 太平世

（過 去） 　（現在） 　　（未 來）

　　第一個太平世是曾經有過的大同世界，第二個太平世，才是我們今後要建設的更高級、更美好的大同世界。

　　在《大同書》裏，康氏立腳現在，把「三世說」作為劃分「人類平等進化」的三個階段。這三個階段，區別很多，主要的區別在於，據亂世等級制嚴格，有帝有王，實行君主專制，「有言去君為叛逆」。就是把不聽話的人打成反革命。升平世，實行君主立憲，無帝王、君長，改為民主統領，雖間存貴族、世爵、華族，「不過空名，無政權，與齊民等」。到太平世，實行民主，「人類齊同無級，無帝王、君長，亦無統領，但有民舉議員以為行政，罷還復為民，有言立統領者以為叛逆」。這是真正的徹底的民主。跟馬克思、恩格斯兩位革命導師一樣，康有為十分重視人的自由。康有為說，「近者自由之義，實為太平之基」（第125頁），即沒有自由，就沒有太平盛世。就女子解放說：「治分三世，次第升救援：囚奴者，刑禁者，先行解放，此為撥亂；禁交接宴會、出入遊觀者，解同歐美之風，是謂升平；禁仕官、選舉、議員、公民者，許依男子之例，是謂太平。此孔子之垂教，實千聖之同心，以掃除千萬年女子之害，置之平等，底於大同，然後無量年、無量數之女身者庶得免焉。」（第125頁）

　　康有為「三世說」的光輝，不僅表現在它是一種發展的歷史進化觀，而且把這種發展歸結在政治制度的變遷上。他將據亂世──升平世──太平世的「三世說」跟君主──君民共主──民主或者說跟君主專制──立憲──民主的三段論視為一體，說：「世運既變，治道斯移，則始於粗糲，終於精微。教化大行，家給人足，無怨望忿怒之患，強弱之難，……」（《孔子改制考序》）

　　康有為提出「三世說」，既把人類社會的發展做了深刻的概括，又為觀察人類社會文明進展程度提供了一個路標。對歐美國家，康有為主要著眼於制度，因此評價比較高。他認為美國等民主國家已進入升平世，如說「歐美女人之於出入、交遊、宴會皆不禁，近升平世矣」（第100頁）。又如前引「美國之人舉國皆平民，至為平等，太平世之先聲矣」（第64頁）。作者說：「以太

平世人視今歐美女子之不得議政任官，哂為異事，怒其刻薄；若以歐美女人視
中國女人，覺其深居簡出；若以中國女人視印度、突厥，又覺中國人尚得視行
從容，游觀自在，而印度、突厥之幽囚尤甚矣。」（第101頁）過去的時代不
說了，以現在言，「人類平等進化」的程度是不相同的，有的處在「據亂世」
階段，有的在「升平世」，有的已「近太平世」矣。康有為說有的已「近太平
世」，顯然為時過早，但他以制度優劣為評價標準是完全正確的，也是值得人
們深思的。可以把他對當時各國「人類平等進化」概括如下：

據亂世 → 升平世（小康） → 太平世（大同）

以中國說（現在）　　　　　　　　　（未　來）

以歐美說　　　　（現在）　　　　　（未　來）

　　有人說，「《大同書》的思想主要來源於三個方面，它糅合了儒家的三
世說（據亂世、升平世、太平世），《禮記・禮運》的大同思想，西方空想社
會主義學說和近代天賦人權思想。」（《康有為〈大同書〉》第3頁）筆者以
為，《大同書》的思想主要來自前兩個方面，西方空想社會主義學說和近代天
賦人權思想對康氏此書的寫作有一定影響，但不是主要的。一者，細讀《大同
書》文本，西方空想主義學說和近代天賦人權思想並無明顯表現。康氏從不提
「西方空想社會主義學說和近代天賦人權思想」，即使在讀到《百年一覺》以
後並說了「美國人所著《百年一覺》一書，是大同的影子」，他也沒有提到
「西方空想社會主義學說和近代天賦人權思想」，這至少表明，在他個人看
來，他書中所寫對客觀世界的認識和對未來社會的設想，主要出自他個人。
二者，從《緒言》看，作者對西方科學文化知識和新的學說都有初步瞭解，
他受到的啟發和影響是廣泛的，卻又並不明確、具體，那不過給了他一個大
的參照系。他自己說是「薈東西諸哲之心肝精英而醖飫之」，又說，「凡印

度、希臘、波斯、羅馬及近世英、法、德、美之先哲之精英，吾已嚙之飲之，胙之枕之，魂夢通之」。他寫這本書，係「因顯微鏡之萬數千倍者，視虱如輪，見蟻如象，而悟大小齊同之理；因電機光線一秒數十萬里，而悟久速齊同之理……」因此，即使說有「影響」，也是在別一方面。三者，在中國人所接觸的西方思想和學說中，偏巧「西方空想社會主義學說」傳來的最遲，這有《〈大同書〉評介》作者的考證為據。康有為大同思想的形成在前，根據貝拉米表現空想主義的《回顧》翻譯而成的《回頭看紀略》（即《百年一覺》）在中國《萬國公報》連載在後，兩者的時間差在六年以上，要它發生「影響」，是不可能的。因此不能說「西方空想社會主義學說和近代天賦人權思想」是這本書的「主要來源」之一。

§2.5.3　康有為的男女平權思想

康有為之男女平權思想，為康氏此書中一大亮點。

康有為的空想共產主義建立在人和人完全平等的基礎之上。他認為，人世間最不平等的現象，「一曰賤族，一曰奴隸，一曰婦女。」其中「賤族」和「奴隸」都只是少數人，唯有女子，占到人口的一半，其不公不平，可謂至矣大矣。康有為說：「今大地以內，古今以來，所以待女子者，則可驚可骸，可嗟可泣，不平謂何！吾不能為過去無量數善男子解矣。」（第88頁）

康有為斥女子「不得仕宦」：「……乃身男子也，則雖庸騃愚稚，可為公卿；身女子也，雖則聖神文武，不得仕宦……蔽賢不祥，背天心而逆公理者一。」康有為斥女子「不得科舉」：「……登科只有男子，應考並無女人。夫以孝而論，孰若救父之緹縈？以廉而論，孰若揮金之柳氏母？以秀才而論，孰若鄧後、班昭、謝道韞？以賢良有道而論，孰若儀法鍾、郝？以進士而論，詩賦孰若李易安？以明經而論，經學孰若宋若荀？其視男子之『舉秀才，不讀書；舉孝廉，父別居』者，人才不相去天壤耶？……抑人才而窒文明，其背天

心而逆公理,二也。」康有為用大量篇幅痛斥女子不平等現象。他特別指出:
「男子之視女子,皆無人權天民之心,但問其美否,以為愛玩。是故為之衣裙
五采以絢之,為之金玉珠石以飾之,為之步搖花朵以麗之,為之塗脂抹粉以麗
(按,此『麗』,有做『豔』字者)之。日本則黑齒,印度則穿鼻以為飾,殆
又甚焉。女子不知自重,又複為驪馬之妝,齲齒點額,細腰小足,以媚男子,
雖歐美生平之俗,未能免焉。夫囚以重室,鎖以細腰小足,枷以金珠玉石,雖
極美麗,其與籠能言之花眉、鸚鵡,檻剪裁之玫瑰、牡丹。豈有異乎?……唐
人有以妻換馬者,其賤人道於禽獸,無道至此!」(第107頁)

康有為從天理、公理方面指出這種不平等現象是嚴重違背人性的。他說:
「……若夫經歷萬數千年,鳩合全地萬國無量數不可思議之人,同為人之形
體,同為人之聰明,且人人皆有至親至愛之人,而忍心害理,抑之制之,愚之
閉之,囚之繫之,使不得自立,不得任公事,不得為仕宦,不得為國民,不得
預議會;甚且不得事學問,不得發言論,不得達名字,不得通交接,不得預享
宴,不得出觀遊,不得出室門;甚且斫束其腰,蒙蓋其面,刖纖其足,雕刻其
身,遍屈無辜,遍刑無罪,斯尤無道之至甚者矣!而舉大地古今數千年號稱仁
人義士,熟視坐睹,以為當然,無為之訟直者,無為之援救者,此天下最奇駭
不公不平之事,不可解之理矣。吾今有一大事,為過去無量數女子呼彌天之
冤;吾今有一大願,為同時八萬萬女子拯沉溺之苦;吾今有一大欲,為未來無
量數不可思議女子致之平等大同自立之樂焉。」(第87頁)

康氏這種男女平權思想是否由西方「近代天賦人權思想」而來?康氏說
到「天賦人權」四字,這跟西方思想有關,但康氏這個思想並非來自西方,而
是他自己得來,他只是用了這個說法。《大同書》第二部分《論女》,羅列許
多對女子不公現象,然後說:「夫以男女皆為人類,同屬天生,而壓制女子,
使不得仕宦,不得科舉,不得為議員,不得為公民,不得為學者,乃至不得自
立,不得自由,甚至不得出入交接、宴會遊觀,又甚至為囚為刑為奴為私為

玩。不平至此，耗矣哀哉！損人權，輕天民，悖公理，失公益，於義不順，於事不宜。吾自少至長，遊行里巷，每見婦女之事，念婦女之苦，惻然痛心，怒焉不安。甚不解偶現男子身，則自私至此，雖有至親之令妻、壽母、姑姊姑、女子子，抑之若是。甚怪大地之內，於千萬年賢豪接踵，聖哲比肩，立法如雲，創說如雨，而不加恤察，偏謬相承……」（第109頁）明確說他「自小至長」一直為這種不平等現象而感到難過。可見他這個認識並非來自西方。這也是我對「三方面來源說」持保留態度的一個原因。

還有一事可以說明康有為男女平權思想。張鳴在所著《歷史的碎片——側擊辛亥》中寫道：「『不纏足運動』是維新運動期間唯一火爆的社會改良運動，在運動期間，全國一共湧現近百個各種名目的學會，無論哪一個都不及『不纏足會』那樣紅火且持久。康有為初出茅廬第一件『維新事業』就是組織『不纏足會』……梁啟超主持《時務報》筆政，沒斷了為『不纏足運動』鼓與呼……」（第23頁）「康有為初出茅廬第一件『維新事業』就是組織『不纏足會』」，是他青年時代的事，完全出自自己認識，並非由他人影響而來。

§2.5.4　康有為的空想——空想主義的最高境界

康有為說的「九界」和「去界」的結果是：

一曰國界，分疆土、部落，去國界，可合大地；

二曰級界，分貴賤、清濁，去級界，可平民族；

三曰種界，分黃、白、棕、黑，去種界，可同人類；

四曰形界，分男、女，去形界，可保女子獨立；

五曰家界，私父子、夫婦、兄弟之親，去家界，可為天民；

六曰業界，私農、工、商之產，去業界，可公生業；

七曰亂界，有不平、不通、不同、不公之法，去亂界，可治太平；

八曰類界，有人與鳥、獸、蟲、魚之別，去類界，可愛眾生；

九曰苦界，以苦生苦，傳種無窮無盡，去苦界，可至極樂。

　　康有為從私有制和「界」的存在是人間不平等的根源這一認識出發，提出了他的空想共產主義的實施綱領，主要是建立「十二院」。在「九界」中，康氏對「家」的存在表示了極大的憎惡。他說：「大地之上，雖無國無身，而未有無家者也。不獨其為天合不可解也，人道之身體賴以生育，撫養賴以長成，患難賴以保護，貧乏賴以存救，疾病賴以扶持，死喪賴以葬送，魂魄賴以安妥，故自養生送死，舍夫婦、父子無依也。」（第137─138頁）他數說「家之害」有十四項之多，有「風俗不齊，教化不一，家自為俗，則傳種多惡而人性不能善」，「養生不一，疾病者多，則傳種多弱而人體不健」（第154─155頁）等。在康氏看來，這是「私有制」的最主要表現，也是造成人世間不平等的主要根源，因此，他的「十二院」設想主要是針對「家」的。康氏深深懂得：「蓋母之於子親腹焉，父之於子傳精焉。以其傳我類我，故有天然之愛而甘辛勤以育之，未嘗計及其報焉，雖望其報而皆不必其償而後與也。子又不多，故人各愛之私之而乃育之。故大地之有此十數萬萬人，皆由父母有此愛類之私性，辛勤之極功也，不然，則人道真絕也。故夫父子之道，人類所以傳種之至道也；父子之愛，人類所由繁孳之極理也；父子之私，人體所以長成之妙義也。不愛不私，則人類絕；極愛極私，則人類昌。故普大地而有人物，皆由父子之道。至矣！極矣！」（第139頁）但他還是以人類理性精神，參之以歐美國家在兒子長成後便跟父母很少來往的事實，而做出了建立「十二院」的規劃。「十二院」是：

一曰胎教院，婦女在懷胎之後即入住此院，其生活費用由國家負擔。

二曰公立育嬰院，凡嬰兒出生後，即撥入育嬰院以育之，不必其母撫育。

三曰公立懷幼院，凡嬰兒三歲之後，移入此院以鞠之，不必其父母懷抱。

四曰公立蒙學院，凡兒童六歲之後，入此院以教之。

五曰公立小學，凡兒童十歲至十四歲，入此院以教之。

六曰中學院，人自十五歲至十七歲，入此院以教之。

七曰大學院，人自十八歲至二十歲，入此院以教之。

八曰公立醫疾院，凡人之有疾者入焉。

九曰公立養老院，凡人六十以後不能自養者入焉。

十曰公立恤貧院，凡人之貧而無依者入焉。

十一曰公立養病院，凡人之有廢疾者入焉。

十二曰公立化人院（又名考終院），凡人之死者入焉。

康有為把前三個稱為「公養」，把中間四個稱為「公教」，把後五個稱為「公恤」。另一處說，各地方應設十院，即人本院、育嬰院、慈幼院、小學院、中學院、人學院、醫疾院、養老院、恤貧院、考終院。

「國」之存在，康氏也認為是實現大同最主要的障礙，他的提議涉及許多方面，包括「各國語言文字，當力求新法，務令畫一，以便交通……」「分大地為十州」以及「禁『國』之文字，改之為『州』或為『界』可也」等等。

廢除私有制是康有為大同世界的一條根本原則。康有為說：「今欲致大同，必去人之私產而後可。凡農工商之業，必歸之公。舉天下之田地皆為公有，人無得私有而私買賣之。政府立農部而總天下之農田，各度界小政府皆立農曹而分掌之，數十里皆立農局，數里立農分局，皆置吏以司之。其學校之學農學者，皆學於農局之中，學之考驗有成，則農局吏授之田而與之耕。其耕田之多寡，與時新之機器相推遷。其百穀、草木、牲畜、漁魚皆然。其職業與學堂之學生相等，其不足則兼職，取之兼業之人；其有餘則酌職業而增之，以求致精。人愈多則農業愈增，闢地愈多，講求愈精……」（第268頁）

對管理機構，康有為設想更全面，更細緻。康氏制有《大同合國三世表》，此處從略。

在第七章，康氏提出三「禁」，即「禁懶惰」，「禁獨尊」，「禁競爭」。

最後，康有為寫出他想像中未來人們的生活情形：

> 大同之世，人人皆居於公所，不許建室，其工室外則有大旅店焉。當時旅店之大，有千百萬之室，備作數等，以待客之有貧富者。其下室亦復珠璣金碧，光采陸離，花草蟲魚點綴幽雅。若其上室，則騰天架空，吞雲吸氣，五色晶璃，雲窗霧檻，貝闕珠宮，玉樓瑤殿，詭形殊式，不可形容。而行室、飛室、海舶、飛船，四者為上矣。
>
> 行室者，道路皆造大軌，足行大車。車之廣大可數丈，長可百數十丈，高可數丈，如今之大廈精室，然以電氣駛之，處處可通。蓋遍地皆於長驅鐵路外造此行屋之大軌，以聽行屋之遷遊也……
>
> 飛屋、飛船者，汽球之制既精，則日推日大，可為小室、小船十數丈者，再推廣則為百數十丈。遊行空中，備攜食品，從容眺詠，俯視下界，都會如垤，人民如蟻，山嶺如湧波，江海若凝膏，飄飄乎不羽化而登仙焉。然是但供遊行，不能常住者也。凡茲行屋、飛船，一切大旅店咸備，其餘五步一樓，十步一閣，蜂房水渦，幾千萬落，大小高下，拱交繡錯而聽人之租之。故太平之世，人無建私宅者，雖大富貴逸老，皆居旅店而已。
>
> 間或智士創新領賞，財富巨盛，亦只自創行屋，放浪於山巔水涯，而無有為坐屋者矣。蓋太平之世，人好行游，不樂常住，其與古世百里雞狗相聞而老死不相往來，最有智愚之反也。夫草木至愚者，故繫而不動。羊豕之愚勝於草木，能動而不致遠者也。若夫大鵬黃鵠，一舉千里。古世老死不出鄉者如草木，中世遊行如羊豕，太平世則如大鵬黃鵠矣。

　　凡公所、客店、私屋製造形式，皆以合於衛生為宜，必經醫生
許可。

　　……

——第318—319頁

　　康氏處在「機器之在今百年，不過萌芽耳」（第263頁）的時代，他對人
們最主要的生產活動的發展太缺少想像力。他以為未來社會仍然處在農業社會
時代，小農經濟思想依然在主導著他的思維方式，他的設想都是從小農經濟社
會為出發點的。這也是以前所有空想主義者的共同缺陷——都是從小農經濟的
角度去想像，沒有能夠預料到人們今日在經濟上和科學技術上所獲得的突飛猛
進。不過上引康有為對未來社會的描繪，卻使人眼睛一亮。康氏有關「行室、
飛室、海舶、飛船，四者為上」的設想，是本書中閃有奇異光彩的部分之一。
特別是「太平之世，人好行遊」一段論述，為百年之後今天的現實所證明。把
這些論述跟他小農經濟思想聯繫起來，使人有判若兩人之感。康有為大同世界
的一個根本問題，是沒有說清人們的生活資料由何而來。他只談享受，而沒有
說，僅靠簡單的農業生產，那麼美好的未來如何能夠到來。在廢除階級、廢除
私有制這點上，他跟從柏拉圖以來歐洲空想主義者一貫堅持的主張是相同的，
並有所發展、擴張。在廢除家庭上，他走得太遠。他的「十二院」建設缺少最
基本的人情味。照此辦理，以後婦女都不生孩子，人類將絕跡。這，已超出本
書的論述範圍，只能略而不談了。

　　康有為以後，中國人對未來社會的想像依然不絕。梁啟超於光緒二十八年
寫有《新中國未來記》，陸士鍔於宣統年間寫有《新中國》，《新中國》有些
設想——如在上海舉辦「世博會」——竟在預言整一百年後實現。

§2.6　孫中山的大同主義

§2.6.1　孫中山大同主義的來源

　　如果說康有為及其前人所論未來社會都屬於空想，很難實現，康有為就把他的設想說成遙遙無期，那麼孫中山的大同主義就比較切近現實，從清末以來，它也是給中國人以思想動力的一種學說。有人把孫中山的大同主義歸入空想社會主義，是不確切的。

　　孫中山是對中西文化都很熟悉的一位革命者。先在故鄉上私塾，十三歲（1879年）赴檀香山讀書，一面幫助哥哥孫眉整理店務。一八八三年十七歲回國，次年入香港中央書院，以後在廣州、香港學醫，在澳門從醫。孫中山從小就有救國大志。一八九〇年在《致鄭藻如書》中說：「某留心經濟之學十有餘年矣，遠至歐洲時局之變遷，上至歷朝制度之沿革，大則兩間之天道人事，小則泰西之格致語言，多有旁及。」在這封信裏，他表示了對「古者聖人」的仰慕，想著「使天下無不學之人，無不學之地……」（《孫中山全集》第1卷第1—2頁）一八九六年應劍橋大學漢學家翟理斯（H.Giles）邀請，寫簡短自傳。在致翟理斯信中稱：「心傷韃虜苛殘，生民憔悴，遂甘赴湯火，不讓當仁，糾合英雄，建旗倡義。擬驅除殘賊，再造中華，以復三代之規……」（同上，第46頁）一八九七年八月跟日本宮崎寅藏、平山周談話中說：「共和者，我國治世之精髓，先哲之遺業也。我國民之論古者，莫不傾慕三代之治，不知三代之治實能得共和之神髓而行之者也。」（第172—173頁）

　　現在所知，孫中山最早提出大同主義理想，是在一八八八年，清光緒十四年，那是孫中山準備革命階段。《民國野史大觀》的《革命四大寇考》說：「孫中山與尤烈、陳少白、楊鶴齡為革命初期的『四大寇』。據尤烈在七十一歲壽辰

時親口談說此事的由來，他們四人是光緒十四年（戊子）九月初五日（西曆1888年10月10日），在香港楊耀記聯合宣誓，那項誓詞，就是孫中山推他執筆的。誓詞全文為：『宣誓人×××等精誠宣誓：天地鑒容，驅除滿人，實行大同。四人一心，復國是從。至死不渝，務求成功。此誓。戊子年九月初五日。」（第9頁）《孫中山年譜長編》將此事系於一八九○年，但無具體日期和誓詞內容，應以主要當事人之一尤烈的說法為准。孫中山說：「予與陳、尤、楊三人常住香港，昕夕往還，所談者莫不為革命之言論，所研究者莫不為革命之問題……此為予革命言論之時代也。」（《全集》第6冊第229頁）

　　此後不久，孫中山接觸到馬克思主義，他在自己的大同思想中加入了馬克思主義的成分。據宋慶齡文章，孫中山是中國第一個讀到《共產黨宣言》的人。孫中山制定三民主義，受到了《宣言》的很人影響。戚其章說：「在倫敦期間（引著按，1895年廣州起義失敗後，孫中山經日本、檀香山赴歐洲，1896年9月到英國，一度遭禁，後獲釋，作《倫敦被難記》，1897年7月1日離開英國），他研讀了馬克思的《資本論》。早在一八八七年，《資本論》便被譯成英文出版。譯者之一的安維林於一八九二年出版了一本《學生們的馬克思》，其內容是對《資本論》一書的介紹。這便對他閱讀《資本論》提供了便利的條件。大概在此時，他還閱讀了馬克思、恩格斯合著的《共產黨宣言》。同時，美國人亨利‧喬治所著的《進步與貧困》一書，也引起了他的興趣。有人指出：亨利‧喬治『這個理論給孫逸仙永難磨滅的印象。與社會主義運動的聯繫在其形成時期對他的思想產生了深遠的影響』。所以，這段讀書經歷成為孫中山接觸社會主義思潮的起點，也使他成為最早瞭解並研究馬克思主義及其社會主義的中國人……」（《晚清史治要》第127頁）孫中山自己說：「倫敦脫險後，則暫留歐洲……始知徒致國家富強，民權發達如歐洲列強者，猶未能登斯民於極樂之鄉也。是以歐洲志士，猶有社會革命之運動也。予欲為一勞永逸之計，乃採取民生主義，以與民族、民權問題，同時解決，此三民主義之主張所

由完成也。」（《全集》第6卷第232頁，並見《年譜》第136頁）

§2.6.2　孫中山大同主義的實質

　　孫中山有許多題詞或批示、講話表現他「世界大同，天下為公」的思想。如一九○九年為石井曉雲題詞曰：「四海兄弟，萬邦歸一。」（《全集》第1卷第433頁）一九一二年四月三日，卸臨時大總統職第三天，在黃興等人呈文上批：「該會以人道主義提攜五族共躋文明之域，使先賢大同世界實現於二十世紀，用意實屬可取……」（《全集》第2卷第331頁）

　　構成孫中山「三民主義」的民生主義就是他的大同主義。孫中山在《建國方略》出版之後，接著撰寫《民族主義》、《民權主義》、《民生主義》等八書，寫出前三本後，陳炯明叛變，書稿毀於炮火之中。後將「三民主義」的主旨分十六次演講，集而成《三民主義》一書。《民生主義》共四講。第一講開頭說：「我今天就拿這個名詞來下一個定義，可說民生就是人民的生活——社會的生存、國民的生計、群眾的生命便是。我現在就是用民生二字，來講外國近百十年來所發生的一個最大問題，這個問題就是社會問題。故民生主義就是社會主義，又名共產主義，即是大同主義。」（《三民主義》第153頁）即在孫中山的思想上，大同主義就是民生主義，也就是社會主義、共產主義，這幾個詞是同義詞。

　　在一九一二年十月對上海中國社會黨的演說中，孫中山說：「……自予觀之，則所謂社會主義者僅可區為二派：一即集產社會主義，一即共產社會主義。蓋以國家社會主義本麗〔屬〕於集產社會主義之中，而無政府社會主義又屬於共產社會主義者也。夫所謂集產云者，凡生利各事業，若土地、鐵路、郵政、電氣、礦產、森林皆為國有。共產云者，即人在社會之中，各盡所能，各取所需。如父子昆弟同處一家，各盡其生利之能，各取其衣食所需，不相妨害，不相競爭，至治之極，政府遂處於無為之地位，而歸於消滅之一途。兩相

比較，共產主義本為社會主義之上乘。」（《全集》第2卷第508頁）

　　馮自由在《革命逸史》中說：「三民主義之民生主義，舊譯為社會主義SOCIALISM，總理在乙巳《民報》出版以前初亦常用之。其後總理以此名未能包括己所發明之意義，乃別創『民生主義』一名以代之。在同盟會成立之前，嘗語人曰：餘之主張為『大同主義』，在英語應名之曰COSMOPOLITAN，亦即『世界大同主義』也。」（第3集，第209頁。轉引自《晚清史治要》第128頁）

　　孫中山提出三民主義，是要分別解決種族革命、政治革命、社會（經濟）革命三個問題的。《三民主義》中說：「從機器發明了以後，便有許多人一時失業，沒有工做，沒有飯吃。這種大變動，外國叫做『實業革命』。因為有了這種實業革命，工人便受很人的痛苦。因為要解決這種痛苦，所以近幾十年來便發生社會問題。」（第155頁）又說：「社會主義和民生主義的範圍是什麼關係呢？近來美國有一位馬克思的信徒威廉氏，深究馬克思的主義，見得自己同門互相紛爭，一定是馬克思學說還有不充分的地方，所以他便發表意見，說馬克思以物質為歷史的重心是不對的，社會問題才是歷史的重心，而社會問題中又以生存為重心，那才是合理。民生問題就是生存問題，這位美國學者最近發明適與吾黨主義若合符節。這種發明就是民生為社會進化的重心，社會進化又為歷史的重心，歸結到歷史的重心是民生，不是物質。」（第161頁）

　　孫中山把社會主義分作兩派，即「烏托邦派」和「科學派」，「科學派」就是馬克思主義。孫中山既認為馬克思主義屬於科學派，又不同意馬克思把物質當作社會問題的重心的論述，正如上引一段話所表明的那樣。在孫中山看來，社會問題就是民生問題，這才是歷史的重心，才是社會發展的動力。「……社會中的各種變態都是果，民生問題才是因。照這樣判斷，民生問題究竟是什麼東西呢？民生主義就是共產主義，就是社會主義。所以我們對於共產主義，不但不能說是和民生主義相衝突，並且是一個好朋友，主張民生主義的

人應該要細心去研究的。」（第180頁）孫中山強調：「我們要解決中國的社會問題，和外國是有相同的目標。這個目標，就是要全國人民都可以得安樂，都不致受財產分配不均的痛苦。要不受這種痛苦的意思，就是要共產。所以我們不能說共產主義與民生主義不同。我們三民主義的意思，就是民有、民治、民享。這個民有、民治、民享的意思，就是國家是人民所共有，政治是人民所共管，利益是人民所共用。照這樣的說法，人民對於國家不只是共產，一切事權都是要共的。這才是真正的民生主義，就是孔子所希望之大同世界。」（第186頁）

孫中山為民生主義所制定的辦法有兩個，一是平均地權，二是節制資本。這些具體做法我們就不說了，需要指出的是，孫中山對馬克思主義，除了上邊所說在歷史發展的重心上認識不同以外，對馬克思主義的階級鬥爭學說，孫中山也是反對的。孫中山說：「……中國今是患貧，不是患不均。在不均的社會，當然可用馬克思的辦法，提倡階級戰爭去打平他；但在中國實業尚未發達的時候，馬克思的階級戰爭、無產專制便用不著。所以我們今日師馬克思之意則可，用馬克思之法則不可。」（第185頁）

孫中山又說到民生主義跟資本主義的區別：「民生主義和資本主義根本上不同的地方，就是資本主義是以賺錢為目的，民生主義是以養民為目的。有了這種以養民為目的的好主義，從前不好的資本制度便可以打破。但是我們實行民生主義來解決中國的吃飯問題，對於資本制度只可以逐漸改良，不能馬上推翻。我們的目的，本是要中國的糧食很充足，等到中國糧食充足了之後，更進一步便容易把糧食的價值（實即價格──引著）弄到很便宜……」（第200頁）孫中山對資本家、對資本主義沒有好感。一九一二年四月十日在武昌十三團體聯合歡迎會上發表講話說：「……夫美洲之不自由，更甚於專制國。蓋專制皇帝，且口不離愛民，雖專橫無藝，猶不敢公然以壓抑平民為幟（職）志。若資本家則不然，資本家者，以壓抑平民為本分者也，對於人

民之痛苦，全然不負責任者也。一言蔽之，資本家者無良心者也。」（《全集》第2卷第333頁）

　　民國成立後，有人主張發展資本主義，跟孫中山急於實行民生主義，產生了「路線」上的分歧。一九一二年四月十六日，孫中山在上海同盟會機關發表演說，對上述論調給予批評。他說：「……近日吾人提倡民生主義，居然有起而反對者。其言曰：『社會主義之實際，在歐美文明國中尚不能行，而況於中國乎？且今日外國之資本家，以金錢之勢力壟斷我國財政，苟吾國不極力提倡資本家，圖實業之發展，以資本之勢力抵制外人，則當今經濟競爭之世界中，無中國人立足地矣。』聽其言似亦有理，然彼輩之所以為此說者，蓋未知民生主義為何物，故盲然為無謂之反對耳。夫吾人之所以持民生主義者，非反對資本，反對資本家耳，反對少數人占經濟之勢力，壟斷社會之富源耳……要之，本會之民族主義，為對於外人維持吾國民之獨立；民權主義，為排斥少數人壟斷政治之弊害；民生主義，則排斥少數資本家，使人民共用生產上之自由。故民生主義者，即國家社會主義也。」（同上，第338—339頁）同年十月，孫中山在上海對中國社會黨發表演說指出，許多國家發生社會革命，起因於資本家對人民實施殘酷的壓榨，我們中國「與其至於已成之勢而思社會革命，何如防微杜漸而弭此貧富戰爭之禍於未然乎？」（第509頁）這就有點由半封建社會直接進入社會主義而跳過資本主義的意思。

　　孫中山的民生主義是跟民族主義、民權主義相輔而成的，並且是在實現了民族主義和民權主義的基礎上才可以實行的。他把三民主義稱作救國主義。孫中山在這個系列講座一開頭說：「什麼是主義呢？主義就是一種思想、一種信仰和一種力量。大凡人類對於一件事，研究當中的道理，最先發生思想；思想貫通以後，便起信仰；有了信仰，就生出力量。所以主義是先由思想再到信仰，次由信仰生出力量，然後完全成立。何以說三民主義就是救國主義呢？因為三民主義系促進中國之國際地位平等、政治地位平等、經濟地位平等，使中

國永久適存於世界……」（第2頁）這又說明，孫中山制定三民主義，特別是民族主義、民權主義，主要是從救國圖存的角度著眼的。在孫中山看來，實行民族主義、民權主義容易，而實行民生主義，則需要花費很長時間、很多精力。所以在一九一〇年二月為中華革命黨所擬《盟書》的誓詞是：「同心協力，廢滅韃虜清朝，創立中華民國，實行民生主義。」

民生主義，既是救國圖存之所必需，也是人類社會的最高理想、最終目標，人類未來社會是以解決民生問題為主，那是現在這個社會的繼續和發展，達到了極樂境界。

§2.6.3　孫中山對世界大同的嚮往和追求

世界大同，是孫中山的最高理想。他多次說，中國革命就是要「使中國見重於國際社會，且將使世界漸趨於大同」（《臨時大總統誓詞》，《選集》第2卷第2頁）。孫中山認為，人類社會必然會走向世界大同，這是社會發展的客觀規律。

在孫中山看來，實現世界大同，必須先實行社會主義，在此基礎上進到大同世界。一九一二年《在上海中國社會黨的演說》說到未來社會種種好處，摘錄幾條：

> 實行社會主義之日，即我民幼有所教，老有所養，分業操作，各得其所。我中華民國之國家，一變而為社會主義之國家矣。
>
> 社會主義之國家，一真自由、平等、博愛之境域也。
>
> 凡為社會之人，無論貧賤，皆可入公共學校，不特不取學膳等費，就衣履書籍，公家任其費用。盡其聰明才力，各分專科，即資質不能受高等教育者，亦按其性之所近，授以商、工、農技藝，使有獨立謀生之材。卒業以後，分送各處服務，以盡所能。庶幾教育之惠，不偏為富人

所獨取，其貧困不能造就者，亦可以免其憾矣。

　　……設公共養老院，收養老人，供給豐美，俾之愉快，而終其天年
……

　　人民平等，雖有勞心勞力之不同，然其為勞動則同也。即官吏與
工人，不過以分業之關係，各執一業，並無尊卑貴賤之差也。社會主
義之國家，人民既不存尊卑貴賤之見，則尊卑貴賤之階級，自無形而
歸於消滅。農以生之，工以成之，商以通之，士以治之，各盡其事，
各執其業，幸福不平而自平，權利不等而自等，自此演進，不難致大
同之世。

——《選集》第2卷第523—524頁

　　前引孫中山在一九一二年十月對上海中國社會黨的演說中所說「夫所謂集
產云者，凡生利各事業，若土地、鐵路、郵政、電氣、礦產、森林皆為國有。
共產云者，即人在社會之中，各盡所能，各取所需。如父子昆弟同處一家，各
盡其生利之能，各取其衣食所需，不相妨害，不相競爭，至治之極，政府遂處
於無為之地位，而歸於消滅之一途」一段話，是他對未來共產主義社會即大同
世界的具體描繪，跟此處所引完全一致，結合起來，就是孫中山所描繪的大同
世界的完整圖景。

　　從政治制度說，孫中山對美國的民主憲政體制一直有好感。一九〇三年十
二月十三日在檀香山發表演說，提出「革命成功之日，效法美國選舉總統，廢
除專制，實行共和……有人說我們需要君主立憲政體，這是不可能的。沒有理
由說我們不能建立共和制度。中國已經具備了共和政體的雛形。」（《孫中山
年譜》上冊第298頁）孫中山後來多次說到，他的三民主義學說跟林肯的「民
有」、「民治」、「民享」是一致的。

　　孫中山並不是大同世界速到論者。在孫中山看來，實現世界大同，是一個

長期的過程，不可能一步到位。民生問題要一個個解決，要從最簡單、最迫切的問題入手，逐步發展演進。

孫中山認為，實現世界大同，只能從少數大國開始。一九一二年九月三日在北京五族共和合進會與西北協進會發表講話說：「蒙昧之世，小國林立，以千萬計，今則世界強國、大國僅六、七耳。由此更進，安知此六、七大國不更進而成一世界唯一大國，即所謂大同之世是也。雖然，欲泯除國界而進於大同，其道非易，必須人人尚道德、明公理，庶可致之。今世界先覺之士，鼓吹大同主義者已不乏其人，我五大種族皆愛和平，重人道，若能擴充其自由、平等、博愛之主義於世界人類，則大同盛軌，豈難致乎？」（《選集》第2卷第439頁）同年四月一日《在南京參議院解職辭》中說：「中國人民居地球四分之一，則凡有四人之地，即有一中國人民。況交通既便，世界大同，已有中外一家之勢。」（第317—318頁）

在孫中山的思想上，中國雖然落後，但在實現世界大同上，比起英美等國，有更方便的條件，更少負擔。其原因，就在於英美等國資本家掌握巨額財富，跟工人處在對立狀態，長期鬥爭不斷。一九〇五年十月二十日作《〈民報〉發刊詞》說：「……民生主義，歐美所慮積重難返者，中國獨受病未深，而去之易。是故或於人為既往之陳跡，或於我為方來之大患，要為繕吾群所有事，則不可不並時而弛張之。」又說：「夫歐美社會之禍，伏之數十年，及今而後發見之，又不能使之遽去。吾國治民生主義者，發達最先，睹其禍害於未萌，誠可舉政治革命、社會革命畢其功於一役。環視歐美，彼且瞠乎後也。」（《選集》第1卷第288—289頁）

有人說：「孫中山的『大同主義』說將中國傳統的『大同』思想從空想引向革命的實踐，這是它區別於近代一切空想社會主義的最主要的特點。更為重要的是，他在發展『大同主義』說的同時，還極大地豐富和發展了他的民主革命思想，從而將舊民主主義引向與新民主主義接軌，並對社會主義思潮在中國

的湧現起了不容忽視的促進作用。」（戚其章《晚清史治要》第135頁）對這個論斷，筆者是同意的。

第三章　建立科學的世界大同觀

§3.1　世界大同就是共產主義，共產主義就是世界大同

§3.1.1　馬克思和恩格斯所描繪的共產主義

　　共產主義、世界大同是個人提出來的，它體現了全人類的願望。人類從產生起，就憧憬著美好；從有階級起，就憧憬著消滅階級；從受壓迫起，就憧憬著消滅壓迫人的人；從受制於環境起，就憧憬著改變環境。

　　在前邊介紹歐洲空想主義者的觀點和他們的方案時，本書多次引用恩格斯《社會主義從空想到科學的發展》一文。恩格斯這篇文章論述了社會主義從空想到科學的發展過程和兩者的根本區別。其區別就在於，那些人的論述缺乏科學根據，而馬克思和恩格斯創立的共產主義，卻是站在歷史唯物主義的堅實基礎之上，這樣，它也就脫離了空想，具有成為現實的可能性。惟其它是科學的，是可以實現的，全世界的共產黨人才把它作為自己的最高理想和最終目標；惟其它是科學的，是可以實現的，才使一切空想主義者，無論空想共產主義者還是空想社會主義者，都顯得相形見拙。

　　那麼，馬克思和恩格斯所描繪的共產主義是什麼樣子呢？

　　首先，消滅階級是實現共產主義的重要一步，也是最初的一步。在共產主義社會，是根本不存在階級和階級對立的，即無階級、無剝削、無壓迫，自然

也不存在任何形式的專制和任何形式欺壓人的現象。

消滅階級和階級對立，是《共產黨宣言》最重要的一條「基本思想」或說「基本原理」，在由資本主義轉變到共產主義的第一階段──社會主義的時候，就要完成這一步。前引全世界共產黨人當作自己「最高理想和最終目標」的「在那裏……」一句，用「聯合體」取代「那存在著階級和階級對立的資產階級舊社會」，就表明了這一點。為了引起人們注意，恩格斯在為《宣言》所作《序言》中反覆──至少兩次──申明，人類社會的發展，「現在已經達到這樣一個階段，即被剝削被壓迫的階級（無產階級），如果不同時使整個社會永遠擺脫剝削、壓迫和階級鬥爭，就不再能使自己從剝削它、壓迫它的那個階級（資產階級）下解放出來」。恩格斯強調，「這個基本思想完全是屬於馬克思一個人的」（《選集》第1卷第232頁）。

恩格斯在《關於共產主義者同盟的歷史》中說：「現代被壓迫階級即無產階級如果不同時使整個社會擺脫階級劃分，從而擺脫階級鬥爭，就不能爭得自身的解放。」（《選集》第4卷第193頁）在《反杜林論》中說：「**無產階級將取得國家政權，並且首先把生產資料變爲國家財產**。但是，這樣一來它就消滅了作為無產階級的自身，消滅了一切階級差別和階級對立……」（《選集》第3卷第320頁）在《家庭、私有制和國家的起源》中說：「現在我們正在以迅速的步伐走向這樣的生產發展階段，在這個階段上，這些階級的存在不僅不再必要，而且成了生產的直接障礙。階級不可避免地要消失，正如它們從前不可避免地產生一樣。隨著階級的消失，國家也不可避免地要消失。以生產者自由平等的聯合體為基礎的、按新方式來組織生產的社會，將把全部國家機器放到它應該去的地方，即放到古物陳列館去，同紡車和青銅斧陳列在一起。」（《選集》第4卷第170頁）

按照兩位革命導師的設想，消滅階級就是消滅生產資料的私有制，並不是消滅構成階級的自然人，更不是消滅所有物質產品。這是因為，「現代的資產

階級私有制是建築在階級對立上面、建築在一些人對另一些人的剝削上面的生產和產品佔有的最後而又最完備的表現」。所以，「共產主義的特徵並不是要廢除一般的所有制，而是要廢除資產階級的所有制。」（《選集》第1卷第265頁）。顯然，廢除了「資產階級的所有制」，階級也就消滅了。恩格斯在《社會主義從空想到科學的發展》中說：「無產階級將取得國家政權，並且首先把生產資料變為國家財產。但是，這樣一來它就消滅了作為無產階級的自身，消滅了一切階級差別和階級對立，也消滅了作為國家的國家。」（《選集》第3卷第438頁）又說：「無產階級將取得社會權力，並且利用這個權力把脫離資產階級掌握的社會化生產資料變為公共財產。通過這個行動，無產階級使生產資料擺脫了它們迄今具有的資本屬性，給它們的社會性以充分發展的自由。從此按照預定計劃進行的社會生產就成為可能的了。生產的發展使不同社會階級的繼續存在成為時代的錯誤。隨著社會生產的無政府狀態的消失，國家的政治權威也將消失。人終於成為自己的社會結合的主人，從而也就成為自然界的主人，成為自己本身的主人──自由的人。」（第443頁）

恩格斯在這裏說到了國家的消亡。這跟馬克思和恩格斯對國家的定義有直接關係。國家，按照一般的界說，指政治上組織起來的全體人民，它有一個治理全國的機構和各級機構，其主要職責是維持秩序和安全，管理生產和流通，增進人民的福利，保護國家的領土和主權完整。而在馬克思和恩格斯看來，國家乃是階級鎮壓的工具。在階級社會，統治者為了維護自己的統治地位，就要鎮壓反抗自己統治的敵對階級，於是有了國家機器。國家機器僅僅屬於統治階級，它是統治階級手中最強有力的武器，其作用是鎮壓反對者。階級消滅了，作為階級統治的工具──國家，自然也就會消亡。

馬克思在《黑格爾法哲學批判》、《摘自「德法年鑒」的書信》、《論猶太人問題》等文中，對國家和國家制度的問題做了深入的論述。是從王權和人權開始的。馬克思重視的是人權，反對王權。王權就是國王把個人的意志強加於

人民。馬克思著重說到君主制和民主制兩種制度，這兩種制度的區別在於對人民的態度。他認為，「專制制度的唯一原則就是輕視人類，使人不成其為人……」（《全集》第1卷第411頁）而民主制卻相反，是尊重人、重視人、把人當人看。因此，「必須喚醒這些人的自尊心，即對自由的要求。這種心理已經和希臘人一同離開了世界，而在基督教的統治下則消失在天國的幻境之中。但是，只有這種心理才能使社會重新成為一個人們為了達到崇高目的而團結在一起的同盟，成為一個民主的國家。「（第409頁）在這個思想基礎上，馬克思把國家定義為階級鎮壓的工具，即統治者，或說國王、君主用國家力量鎮壓人民的反抗，鞏固自己的統治地位。顯然，這是以階級存在為前提的。馬克思把這種國家稱為政治國家，而把階級消滅以後、作為鎮壓工具的職能消失以後的國家稱為經濟國家。當政治國家逐漸變為經濟國家以後，普通意義上的國家就消失了。

恩格斯在前引《反杜林論》中說：「**無產階級將取得國家政權，並且首先把生產資料變爲國家財產**」一段話後接著說：「……這樣一來它就消滅了作為無產階級的自身，消滅了一切階級差別和階級對立，也消滅了作為國家的國家。……當國家終於真正成為整個社會的代表時，它就使自己成為多餘的了。當不再有需要加以鎮壓的社會階級的時候，當階級統治和根源於至今的生產無政府狀態的生存鬥爭已被消除，而由此二者產生的衝突和極端行動也隨著被消除了的時候，就不再有什麼需要鎮壓了，也就不再需要國家這種特殊的鎮壓力量了。國家真正作為整個社會的代表所採取的第一個行動，即以社會的名義佔有生產資料，同時也是它作為國家所採取的最後一個獨立行動。那時，國家政權對社會關係的干預將先後在各個領域中成為多餘的事情而自行停止下來，那時，對人的統治將由對物的管理和對生產過程的領導所代替。國家不是『被廢除』的，**它是自行消亡的。**」（《選集》第3卷第320頁）在《社會主義從空想到科學的發展》中，恩格斯重複了這段話（見《選集》第3卷第438頁）

　　無階級、無剝削、無壓迫，是未來共產主義社會最主要的特色。由於全世界是一個「聯合體」，也沒有軍隊，沒有武器，沒有邊防，沒有戰爭。但維持公共秩序的員警和一些特殊部隊卻是不可缺少的。

　　其次，共產主義社會實行最徹底的制度化的民主管理，人的自由發展得到充分的保證和達到很高的程度。

　　在未來，世界是個大公司（「聯合體」），各個國家是它的分公司。人人持有公司的股票，人人都是社會的主人。「天下者，天下人之天下也」，在共產主義社會，將真正得以實現。那個社會是有政府的，但是職能變了，是完全服務型的，管理人員不能高高在上。各級首長由公民選舉產生，也由公民罷免，定期輪換。工作人員不是按首長旨意，而是按規章辦事，有條不紊。沒有首長和有首長一樣，緊急時刻和平時一樣。在許多情況下，工作人員可能由機器擔任。

　　捷克前總統、二〇一一年十二月十八日逝世的詩人瓦茨拉夫·哈威爾說：「以長遠的歷史發展角度來看，人權比國家主權（一天比一天）更重要。按照我的看法，未來的國家將成為地球上眾多的行政單位之一，如現在的州、地區、市，或其他各種的國際組織或區域組織。所有這些行政單位在一起要創造出這個非常複雜的世界上人類共處的結構。但是，在這結構上面，我希望還有一種最高價值——人。尊重人、尊重人在各方面的自由，尊重人的尊貴。這種對人的尊重，應該是整個人類社會要共同承擔的責任。」（《哈威爾——一個簡單的複雜人》第128頁）

　　人的自由發展，在兩位革命導師的心目中具有至高無上的地位。馬克思在《經濟學哲學手稿》中批評原始共產主義社會，說「它從一切方面否定了人的個性」，它「粗暴地置人的才能於不顧」，見該書第三冊補論第39。在共產主義制度下，人在能力或才能上仍會有差別，這一點，《哥達綱領批判》做了重申，也是《德意志意識形態》的中心論點之一。在《德意志意識形態》中，我們讀到：「只有在這個共同體中，才存在著使每一個人從一切方面培養自己才

能的手段；只有在這個共同體中，個人自由才是可能的。」（第一卷論「勞動分工」的一章）《神聖家族》將這種觀點最直接地轉變成了對自由的定義，馬克思和恩格斯在該書中宣佈，人的自由是「表達他的個性的積極力量」（見第6章第4節。此處引自薩托利《民主新論》549—550頁注釋）

恩格斯在《對英國北方社會主義聯盟綱領的修正》中說：「我們的目的是要建立社會主義制度，這種制度將給所有的人提供健康而有益的工作，給所有的人提供充裕的物質生活和閒暇時間，給所有的人提供真正的充分的自由。」（《全集》第21卷第570頁，此處據《馬恩列斯語錄》第190頁）恩格斯在《反杜林論》中說：「一旦社會佔有了生產資料，商品生產就將被廢除，而產品對生產者的統治也將隨之消除。……只是從這時起，人們才完全自覺地自己創造自己的歷史；只是從這時起，由人們使之起作用的社會原因才在主要的方面和日益增長的程度上達到他們所預期的結果。這是人類從必然王國進入自由王國的飛躍。」（《選集》第3卷第323頁）

馬克思對自由的尊崇和忠誠，常常被一些「馬克思主義者」所忽略，或有意「消解」，有意遮蔽，但卻被資產階級學者所看到。美國保守主義學者喬・薩托利在其《民主新論》中說：「馬克思的美好社會──他所說的完全的共產主義，或單純的共產主義──是否表達了一種相反的理想呢？讓我把回答放到分析的最後去說。首先只須指出，馬克思的自由觀肯定不是自由主義的自由觀，儘管他也追求自由，當然是『絕對的』自由。他的理想社會（共產主義）代表著一個純粹的無限自由主義社會的極端版本。」（第511頁）

民主、自由跟專制是不能相容的。在大同世界，任何形式的專制──從物質的專制到精神的、意識形態的專制，都將被掃進歷史的垃圾堆。物質的專制，就是政治上的專制，從法西斯主義、史達林主義到威權主義，都是政治上的專制。宗教是意識形態的專制。

　　在那個社會最神聖的，不是憲法，不是法律，也不是總統、議會，而是投票箱。憲法如何制定，法律如何修改、實施，選誰做總統，都由投票箱決定。投票箱，那是公民意志的體現，是人的自我解放的標誌。前邊說到階級消滅和國家消亡的問題。在馬克思主義的兩位導師的著作裏，階級消滅，國家消亡，政黨也將跟著失去存在的必要。其實，政黨是不應該消亡的。在未來社會，黨派和團體仍將存在，而且必須有。階級消滅以後，從國家制度層面說，必將是最廣泛（完全、徹底）的民主，這才能使人的自由發展得到充分的保證。所以自由和民主是聯繫在一起的，自由是核心，民主是條件和環境。實行最廣泛的民主，「一切人都直接參與一般國家事務的討論和決定」（《全集》第1卷第389頁）很難實行，也沒有必要。同時，個人的意志、利益，總有很多是相同的，不可能十億人有十億個意志，一百億人有一百億個意志。人們由於出身、教養、政治訴求、生活理念以及審美興趣等的不同，在政治、思想等方面的要求和願望可能會多種多樣，如何讓這些不同的想法和意見表達出來呢？只有結合成政黨或團體。這些政黨或團體不僅不具有任何階級屬性，而且不會以某種意識形態為根據，也不會是宗教性的。它是相同或相近政見的結合體和表達者，是民主最主要的一條通道。它是鬆散的，「領袖」是經常變換的。像列寧為布爾什維克黨制定的建黨原則那樣，實行高度的統一，並且有穩定的領袖，就違背了「人的自由發展」的鐵律，而且必將發展成少數人的專權，使政黨成為少數人的工具，或被少數人背後的某種勢力所操縱，所綁架。列寧的建黨原則很值得探討。

　　做到這一條，就是實現了真正的人權。在共產主義社會，人權高於一切。人權不分國界、族界……，或如康有為說的「九界」。這是最根本性的東西，比起消滅階級來，具有更重要的意義。馬克思所強調的人類解放，就是人權的徹底實現。當人權的標準在全世界不受阻礙地通行的時候，大同世界就來到了。

　　再次，在共產主義社會，有很高的生產量，其物質產品能夠滿足全社會成員的需要，可以實現按需分配。

　　馬克思在《哥達綱領批判》中說：「在共產主義社會高級階段上，在迫使人們奴隸般地服從分工的情形已經消失，從而腦力勞動和體力勞動的對立也隨之消失之後；在勞動已經不僅僅是謀生的手段，而且本身成了生活的第一需要之後；在隨著個人的全面發展生產力也增長起來，而集體財富的一切源泉都充分湧流之後，──只有在那個時候，才能完全超出資產階級法權的狹隘眼界，社會才能在自己的旗幟上寫上：各盡所能，按需分配！」（同上，第3卷第12頁）

　　恩格斯在《反杜林論》中說：「當社會掌握全部生產資料，使之可以根據社會的計畫來運用它們的時候，社會就消滅了直到現在居支配地位的、生產資料對於人的奴役。自然，社會如不把每個人解放，它自己也是不能得到解放的。所以舊的生產方式，應該徹底地被改變，特別是舊的分工應該消滅。代之而起的，應該是這樣的生產組織，它使得一方面誰都不能把自己在生產勞動（人類生存的自然條件）中所應參加的部分，推到別人身上，另一方面，生產勞動供給每人以全面發展並運用自己一切體力智力的可能，它不再是奴役人的手段，而是解放人的手段，因此，生產勞動從一種重負，變成為一種快樂。」（《馬恩列斯語錄》第189─190頁）

　　不能把按需分配理解為一個人想要什麼社會就給他什麼。這樣理解是片面而且膚淺的。「所需」建立在兩個原則基礎上。第一，「各取所需」跟「各盡所能」緊密相關，沒有「各盡所能」，談不到「各取所需」，也就是「所需」要以對社會應有貢獻為前提。第二，它不是無條件、無原則、無代價地給予，而是要通過一定的方式交換，比如在市場交換。馬克思主義兩位創始人當年提出實行計劃經濟，這被證明是不成功的，市場經濟不可能被取代。那時人們的「所需」必須從市場上交換。從市場上交換，既是公平合理

的，也有力地防止了腐敗現象的發生。

　　第四，在共產主義社會，人得到全面發展，三大差別消除，社會分工發生了根本性的變化。

　　人的全面發展，是兩位革命導師十分關切的一個問題，也是必然會有的一種現象。薩托利說：「他（引者按，指馬克思）……把共產主義社會理解成一個有差別的個人組成的社會。如果對這個有機整體作辯證的處理，情況就更是如此。如已經指出的，辯證的揚棄一舉完成了兩件事情：一次消滅行動，它驅除了自我主義中的那個自我；一個提升行動，它使自我愉快地結合到他人中間去。因此，馬克思的社會中的個人，不同於其粗糙的或原始的共產主義中的前輩，他仍然是一個個人。馬克思的美好社會並不號召『一致的平等』，相反，它是一個使人類的所有潛能終於『獲得解放』的社會。像科拉克大斯基準確總結的那樣，『社會主義的首要任務，是把每一個人的潛在能力解放出來，使他的個人能力在社會背景下得到最大限度的發展』。」（《民主新論》第515—516頁）

　　在兩位導師看來，社會分工阻礙著人的全面發展。恩格斯在《反杜林論》所說「……舊的生產方式，應該徹底地被改變，特別是舊的分工應該消滅」一段話，前已引用。馬克思和恩格斯在寫於馬克思主義形成時期的哲學巨著《德意志意識形態》中，用許多篇幅談到社會分工問題。兩位導師指出，在共產主義制度下，人們將自覺地利用客觀經濟規律，從而有能力支配生產，支配交換，支配各自的社會關係，這樣，使每個人的才能和天資也就會得到充分的和全面的發展。《德意志意識形態》中說：「……分工不僅使物質活動和精神活動、享受和勞動、生產和消費由各種不同的人來分擔這種情況成為可能，而且成為現實。要使這三個因素彼此不發生矛盾，只有消滅分工。……在共產主義社會裏，任何人都沒有特定的活動範圍，每個人都可以在任何部門內發展，社會調節著整個生產，因而使我有可能隨我自己的心願今天幹這事，明天幹那

事，上午打獵，下午捕魚，傍晚從事畜牧，晚飯後從事批判，但並不因此就使我成為一個獵人、漁夫、牧人或批判者。「（《選集》第1卷第36—38頁）

《德意志意識形態》又說：「由於分工，藝術天才完全集中在個別人身上，因而廣大群眾的藝術天才受到壓抑。即使在一定的社會關係裏每一個人都能成為出色的畫家，但是這決不排斥每一個人也成為獨創的畫家的可能性，因此，『人的』和『唯一者的』勞動的區別在這裏也毫無意義了。在共產主義的社會組織中，完全由分工造成的藝術家屈從於地方局限性和民族局限性的現象無論如何會消失掉，個人局限於某一藝術領域，僅僅當一個畫家、雕刻家等等，因而只用他的活動的一種稱呼就足以表明他的職業發展的局限性和他對分工的依賴這一現象，也會消失掉。在共產主義社會裏，沒有單純的畫家，只有把繪畫作為自己多種活動中的一項活動的人們。」（《全集》第3卷第460頁）

消滅勞動分工，實質是消除三大差別。消除三大差別是人的全面發展的題中應有之義。

最後，在共產主義社會，人們具有崇高的道德自覺和利他主義，大公無私是人們自覺追求的美好品德。勞動是人的第一需要，是高度自覺的行動，不是為自己，而是為社會。這是從科學社會主義奠基人馬克思和恩格斯到其他空想主義者都曾談到的。其所以如此，就因為那時的人們真正掌握了社會發展的規律，也就是掌握了必然，取得了最大的自由。他們不是客觀世界的奴隸，而是客觀世界的主人。他們有很高的文化素質，更有高度的自覺。他們自覺地從事生產勞動，自覺地服從秩序和紀律，自覺地完成對社會、對他人的義務。

在共產主義社會，人們有很高的道德風貌。恩格斯在《反杜林論》中，批判了杜林所宣揚的「永恆真理」論，特別指出，「在第三類科學中，即在按歷史順序和現在的結果來研究人的生活條件、社會關係、法律形式和國家形式以及它們的哲學、宗教、藝術等等這些觀念的上層建築的歷史科學中，永恆真理的情況還更糟」。恩格斯接著論述了「人們自覺地或不自覺地，歸根到底總

是從他們階級地位所依據的實際關係中——從他們進行生產和交換的經濟關係中，吸取自己的道德觀念⋯⋯所以道德始終是階級的道德⋯⋯」（《選集》第3卷第128－134頁）即道德總是打著階級的烙印。這是在階級社會裏。共產主義是沒有階級的社會。在沒有階級的社會，道德自然也無階級可言。何況，恩格斯這裏指出的是研究那幾種學問的歷史科學，並非人們現時的道德行為。在不存在階級或說早已消滅了階級的社會裏，要說人們的道德行為具有階級性，是於理不通的。

　　勞動的自覺，是共產主義社會諸種自覺中最主要的一種。前引馬克思在《哥達綱領批判》中所說「在共產主義社會高級階段上⋯⋯勞動已經不僅僅是謀生的手段，而且本身成了生活的第一需要」一段話，說明勞動都是人們自覺要求的。人來到世界，不是為享受，而是為著創造。享受不是目的，它乃是創造活動的報償。這一點，在共產主義社會，真正可以實現。列寧在《關於星期六義務勞動》中說：「所謂共產主義，是指這樣一種制度，在這種制度下，人們習慣於履行社會義務而不需要特殊的強制機關，不拿報酬地為公共利益工作成了普遍的現象。」（《列寧選集》第4卷第141頁）

　　馬克思和恩格斯所描繪的共產主義社會，我以為，以上五點可以概括。

　　臺灣學者許倬雲多次說到他自己的夢。許先生說：「我的夢裏面還是希望有一個真正是平等、自由、快樂的社會。」（《許倬雲談話錄》第99頁）「我的夢裏，還是希望有一個真正是馬克思、恩格斯描寫的平等、自由、快樂的社會。」（第155頁）自由、平等、快樂的社會，是由馬克思和恩格斯描寫的。

§3.1.2　能跟共產主義「和鳴」的思想出在中國

　　返回頭，把以上所述其他人對未來社會的描述跟馬克思和恩格斯做一比較，可以發現，有兩個人的思想跟馬克思和恩格斯相近，這就是中國兩千五百年前的孔子和現代的孫中山。

　　先說孫中山。讀孫中山《在上海中國社會黨的演說》，特別是讀「人民平等，雖有勞心勞力之不同，然其為勞動則同也……社會主義之國家，人民既不存尊卑貴賤之見，則尊卑貴賤之階級，自無形而歸於消滅。農以生之，工以成之，商以通之，士以治之，各盡其事，各執其業，幸福不平而自平，權利不等而自等」一段，就好像聽馬克思、恩格斯兩位革命導師演講。從大的方面說，共產主義消滅階級是頭等大事，孫中山也認為應當這樣；在共產主義，人們有最大自由，最大民主，孫中山的主張也是這樣；共產主義社會可以滿足人們的各種物質需要和精神需要，孫中山的主張也是這樣。當然，這是孫中山從馬克思主義吸取而來的，是他受了馬克思主義的影響而形成的。他把這叫做大同之世，可見共產主義和大同世界本來就是一回事。

　　再說孔子。孔子的大同思想，從大的方面即社會制度，到小的方面即人們的生活方式，都跟馬克思和恩格斯所說相同或相近似。前已說過，孔子說的「大同」和「小康」，分別指稱堯舜時代和其後的時代，乃是以君主繼承方式著眼的，禪讓是「大同」，父子相傳是「小康」。這一點很重要，用當下話語說，「大同」是民主，「小康」帶有專制的色彩。也就是說，「大同」二字的核心含義，是實行民主。以下所說「人不獨親其親，不獨子其子，使老有所終，壯有所用，幼有所長，矜寡孤獨廢疾者皆有所養，男有分，女有歸。貨惡其棄於地也，不必藏於己；力惡其不出於身也，不必為己。是故謀閉而不興，盜竊亂賊而不作，故外戶而不閉……」涉及的範圍廣泛，卻無不體現了共產主義精神。

　　中國最早介紹《共產黨宣言》的英人李提摩太，把《宣言》所說的共產主義社會跟孔子所說「大同世界」看作同一形態。據中國《魯迅研究月刊》二〇〇九年第十一期刊登傅白蘆一篇文章，「……一八九九年二——四月間的《萬國公報》上連載了一篇長文《大同學》，是李提摩太節譯，上海蔡爾康（字芝紱）用漢文撰寫的。其第一章《今世景象》的第五個自然段中寫道：『以百工領袖著名者，英人馬克思也。馬克思之言曰，糾股辦事之人，其權籠罩五洲，突過於君相

之範圍一國。』其第三章《相爭相進之理》的第七個自然段又寫道：『試稽近代學派，有講求安民新學之一家，如德國之馬客偲。』史實證明早在『十月革命一聲炮響』之前的十九年，英國傳教士李提摩太，就把馬克思及其學說傳入了中國。只是過於簡略，當時也不可能在較大範圍傳播。他先把馬克思說成『英人』，顯然是一時誤記，隨後就改稱『德國之馬客偲』了；他所引用的『馬克思之言曰』，是《共產黨宣言》裏的話；在《馬克思恩格斯選集》第一卷第二五四頁第五段可以查到，現在的譯文是：『資產階級，由於開拓了世界市場，使一切國家的生產和消費都成為世界性的了』。有趣的是，他把『資產階級』稱作『糾股辦事之人』，也許是當時英國人對這個新出現階級的　種看法；值得注意的是，他對馬克思學說認定是『講求安民新學』的，這不能不引發我們這些曾經親歷過那種『實驗』的人的深思。至於為何以《大同學》為題，也許寓有與康有為的《大同書》相呼應之意，也許還想和《禮記‧禮運‧大同篇》扯上關係，以迎合當時中國知識界的心理，使之『中國化』吧。」

　　孔子思想中有一個重要內容，是適於做未來社會基本準則的，就是「中庸」。宋代朱熹為《四書》之一的《中庸》做注說：「中者，不偏不倚、無過不及之名。庸，平常也。」（《四書章句集注》第17頁）也就是不走極端，在兩種截然不同的意見中取其雙方都容易接受的一點。未來社會應以中庸為準則，是稍後於孔子、西方「空想主義第一人」柏拉圖的學生亞里斯多德提出的。亞里斯多德在《政治學》中探討了理想社會的特徵和構成。他認為，最理想的政體應該以「中庸」為原則，權力應該由中產階級掌握。亞里斯多德說：「假如在《倫理學》中我們所論述的觀點都是正確的，即幸福的生活比無憂無慮的德性更重要，而德性又在於中庸，那麼中庸的生活肯定是最優良的生活──人人都可以實現這種中庸。」（第92頁）他說，「實現了某種中庸的政體，就必然是最優良的政體」，「最優良的政體是合乎中庸的政體，唯有這樣的政體才能夠排除黨爭，或者很少發生黨爭。」（第93─94頁）馬克思主義從

誕生起，就被人有意無意地推上「向左，向左，向左」（用馬雅可夫斯基語）的道路，留給人們的印象是兩位革命導師都是「鬥爭哲學」的信奉者。這是對兩位導師最大的誤讀，對此，我在《背叛的代價》中做了辨析。只就共產主義而言，既然那是一個沒有階級、沒有剝削和壓迫的社會，孔子的中庸思想自然會大有用場。

為什麼要中產階級掌權呢？亞里斯多德說：「一個由平等或同等的人構成的城邦，才是真正意義上的城邦，而中產階級最具備這種意義。所以我們說，由中產階級構成的城邦肯定能實現最出色的治理，這才符合城邦的自然本性。中產階層的公民在各個城邦中往往是最安分守己的，因為他們既不可能像窮人那樣覬覦富人的財產，也不會像富人那樣鄙夷窮人的卑微，沒有人會打他們的主意。他們根本不會算計他人，也不用擔心被他人算計。這正如弗居里德的禱詞所說：『家道小康，其福無量；棲身斯邦，但求安康。』」（第94頁）

亞里斯多德畢竟生活在兩千多年前，而他的核心思想是保存和維護奴隸制度，他所說的最好的政體也跟我們今天所說不同。但他把「中庸」當作理想社會最好的生活原則，卻是值得重視的。而「中庸」思想乃是孔子思想的核心。

從人類社會進入文明起，不知有多少人對未來社會展開想像和描繪，產生了多少優美的「理想國」、「太陽國」。能夠真正跟馬克思和恩格斯所描繪的共產主義「和鳴」的，是中國兩千五百年前的孔子和近代的孫中山。孔子把他的思想叫做大同思想，孫中山把他的主義叫做大同主義。我們可以說，孔子和孫中山要實現的世界大同就是共產主義，共產主義就是世界大同。

§3.2　幾個問題的辨正

已經知道，從莫爾的《烏托邦》起，對私有財產的憎惡，是所有空想共產主義者的共同特色。再早，柏拉圖的《理想國》就是反對私有財產的，連婦

女兒童也要「公有」。前引梁啟超在《亞里斯多德之政治學說》中說：「……亞氏之師柏拉圖者，嘗著一書，名曰《共和國》，鼓吹大同理想。以為大同之世，人不得獨妻其妻，獨子其子；不得有私財；貨不藏己，力不為己。則姦淫不興，盜賊不作，而世乃太平……」柏拉圖不僅廢除私有財產，而且廢除家庭，即所有的妻子是男人共有的，所有的孩子也是共有的。這顯然很不妥當。

§3.2.1　對私有制的態度

《共產黨宣言》說到廢除私有制：「共產主義的特徵並不是要廢除一般的所有制，而是要廢除資產階級的所有制。」多年來，「廢除私有制」、實行公有一向被當作馬克思主義的重要原則，不僅寫在各國共產黨的綱領上，也是檢驗各國共產黨、各社會主義國家是否堅持馬克思主義的主要標準之一。俄國十月革命以後首先展開的一場革命行動，就是從城市、從工業上廢除私有制，消滅資本家。到二十年代中後期，又向富農發起了進攻，不僅沒收其土地、財產，而且把富農家的人從肉體上消滅。詩人馬雅可夫斯基甚至作詩說，在共產主義社會，人們除了一隻牙刷，沒有任何私人財產。這是對馬克思主義的歪曲和誤解。在所有制問題上，第一，馬克思主義兩位創始人自始至終把私有制的改變限定在生產資料上，從來沒有說到生活資料的私有制也要改變，這是馬克思主義跟歐洲所有空想主義者很不相同的地方。第二，馬克思和恩格斯說到「（生產資料）私有制」，他們使用最多的字眼是「揚棄」。一八四四年，馬克思在《經濟學哲學手稿》中說：「共產主義是私有財產即人的自我異化的積極的揚棄」（《馬克思恩格斯全集》第42卷第120頁）。十三年以後寫的《政治經濟學批判》中，馬克思說：「資本既是合乎比例的生產的不斷確立，又是這種生產的不斷揚棄。現有比例必然會由於剩餘價值的創造和生產力的提高而不斷被揚棄。」（《全集》第46卷，上，第398頁）在《資本論》手稿中，馬克思說：「這種革命一方面為資本對勞動的統治創造並完成它的現實條件，為

它提供一種相應的形式，另一方面，……這個革命又為一個新生產方式，即揚棄資本主義生產方式這個對立形式的新生產方式創造出現實條件，因而為一種新形式的社會生活過程，從而為新的社會形態創造出物質基礎。」（《全集》第49卷第126頁）《宣言》中說的「消滅」，據蘇聯學者的研究和核查，在德文原版中，本來就是「揚棄」，不是「消滅」（見《炎黃春秋》2010年第4期張殿清《對私有制是揚棄而不是消滅》一文），「消滅」是翻譯上的問題。《資本論》中用過「消滅」，那是指另一件事。《資本論》說：「我們感興趣的只是舊大陸的政治經濟學的新大陸發現並大聲宣佈的秘密：**資本主義的生產方式和積累方式，從而資本主義的私有制，是以那種以自己的勞動為基礎的私有制的消滅為前提的，也就是說，是以勞動者的被剝奪為前提的。**」（單行本第1卷第742頁）這裏的「消滅」指的是「勞動者的被剝奪」，不是資本主義私有制。

「揚棄」跟「消滅」甚至「廢除」，不僅含義不同，而且行為主體有明顯的區別。「揚棄」出自自身，而「廢除」和「消滅」來自外力。股份制出現以後，馬克思和恩格斯發現了私有制「揚棄」的一個有效途徑。《資本論》第三卷說：「它是在資本主義體系本身的基礎上對資本主義的私人產業的揚棄；它越是擴大，越是侵入新的生產部門，它就越會消滅私人產業。」（《全集》第25卷第496頁）類似的話很多。這個問題，以後會說到，此處從略。

對生活資料為私人所有，兩位導師一直採取保護和支持的態度。《宣言》說：「有人責備我們共產黨人，說我們要消滅個人掙得的、自己勞動得來的財產，要消滅構成個人的一切自由、活動和獨立的基礎的財產。」既說是「有人責備我們」如此，就說明我們並非如此。《宣言》以當時絕大部分人處於「無產」境地的現實駁斥了這種論調，消除「階級對立」是以後的事，自然不會說到。《宣言》接著極其明確地說：「共產主義並不剝奪任何人佔有社會產品的權力，它只剝奪利用這種佔有去奴役他人的權力。」（《選集》第1卷第265─267頁）恩格斯在《反杜林論》第一編《哲學》有關「道德和法。自由和必

然」裏談到未來社會：「唯有借助於這些生產力，才有可能去實現這樣一種社會制度，在這種制度下，不再有任何階級差別，不再有任何對個人生活資料的憂慮，在這種制度下第一次能夠談到真正的人的自由，談到那種同已被認識的自然規律相協調的生活。」（《選集》第3卷第154頁）在這段話前後，多次談到生產資料是全民的，而生活資料是個人的。在第三編《社會主義》開頭談到聖西門、傅立葉、歐文等幾位空想社會主義者的理論主張。有這樣的話：「那時，資本主義的佔有方式，即產品起初奴役生產者而後又奴役佔有者的佔有方式，就讓位於那種以現代生產資料的本性為基礎的產品佔有方式：一方面由社會直接佔有，作為維持和擴大生產的資料，另一方面由個人直接佔有，作為生活和享樂的資料。」（第319頁）這跟前邊所說「生產資料是全民的，生活資料是個人的」相一致。蘇聯詩人馬雅可夫斯基說未來社會除了牙刷以外所有財產全為公有，是完全違背馬克思主義兩位創始人的原意的。

值得注意的是，兩位革命導師不僅承認人們有為自己謀利益的權利，而且明確指出，一個人如果不具有「勞動的物質條件」而僅僅只有一雙手（馬克思說的是「勞動力」），那就只能永遠做他人的奴隸。馬克思在《論猶太人問題》中說：「**任何一種解放都是把人的世界和人的關係還給人自己。**政治解放一方面把人變成市民社會的成員，變成**利己的、獨立的**個人，另一方面把人變成公民，變成法人。」（《全集》第1卷第443頁）第一句裏「還給人自己」的「人的世界和人的關係」包括社會產品在內；後一句說到政治解放的結果，是把社會成員「變成利己的、獨立的個人」，「**利己**」和「**獨立**」兩個修飾語，馬克思用了黑體字，是要引起人們注意。馬克思在《格達綱領批判》中說：「一個除自己的勞動力外沒有任何其他財產的人，在任何社會的和文化的狀態中，都不得不為佔有勞動的物質條件的人做奴隸。他只有得到他人的允許才能勞動，因而只有得到他人的允許才能生存。」（《選集》第3卷第5頁）這更說明，人的存在條件是有一定的財產，沒有財產，只有兩隻手，就不是一個完整的人。

《資本論》多次說到商品的交換。「為了使這些物作為商品彼此發生關係，商品監護人必須作為有自己的意志體現在這些物中的人彼此發生關係，因此，每一方只有符合自己的意志又符合另一方的意志，就是說雙方只有符合雙方共同的意志，才能讓渡自己的商品，佔有別人的商品，而且讓渡自己的商品是為了佔有別人的商品。可見，他們必須彼此承認對方是私有者。」（第1卷第52—53頁）這裏的「監護人」就是據有商品的人。另一處說：「所有權對於資本家來說，表現為佔有**別人無酬勞動**或產品的**權利**，而對於工人來說，則表現為不能佔有自己的產品。**所有權和勞動的分離**，成了似乎是一個以它們的**同一性**為出發點的規律的必然結果。」（第1卷第559頁）「所有權和勞動的分離」，是資本主義社會的罪惡，無產階級革命正是要推翻這種不合理的現象，這種現象推翻以後，產品的所有權自然歸於勞動者，所以勞動者應該而且必須佔有產品。馬克思多次說到勞動者「**必要生活資料的範圍**，和滿足這些生活資料的方式」，以及「勞動力所必需的生活資料的總和，要包括工人的補充者即工人子女的生活資料，只有這樣，這種特殊商品的所有者的種族才能在商品市場上永遠延續下去」（第1卷第142頁）。在《資本論》裏，「商品所有者」、「每一個商品所有者」一類詞很多，明確告訴人們，商品不是公有的，而是屬個人所有。固然，《資本論》研究的是資本的形成規律，並不是展示未來社會的面貌，這裏所說「商品所有者」也指過去，而未來社會——按馬克思和恩格斯兩位導師的設想——產品不是在市場上交換，而是按計劃分配，但不可否認，無論在市場上交換還是按計劃分配，生活產品為個人所有，是鐵定不變的；即使按計劃分配，也要分配到個人，歸個人所有；既說「按計劃分配」，就排除了產品不歸於私人。

籠統地說馬克思主義反對私有制，是錯誤的。馬克思主義只是一般地反對生產資料的私有制，而且在改變所有制關係上，兩位元導師更重視自身的努力。

對私有財產攻擊最烈者，是康有為。《大同書》說：「今欲致大同，必

去人之私產而後可。凡農工商之業，必歸之公。舉天下之田地皆為公有，人無
得私有而私買賣之。政府立農部而總天下之農田，各界度小政府皆立農曹而分
掌之，數十里皆立農局，數里立農分局，皆置吏以司之。其學校之學農學者，
皆學於農局之中，學之考驗有成，則農局吏授之田而與之耕。其耕田之多寡，
與時新之機器相推遷……人無私家，昔有仰事俯畜之累而今無之；民無私產，
天有水旱螟蟲之憂而今不患之。坐得工金，聽其揮霍；居得公室，述匹同居。
好學者有圖書之益，中才者有聽講之教。食有公廚，遊有公囿。除每日作工數
時外，悉皆自由。近市府之場所，遊樂無方，即稍遠者，鐵軌屋車之密有如蛛
網，輪舟汽球之行有若拋梭，自行電車於時尤盛，工事餘暇皆可暢遊。凡市府
聲色之繁華，山水登眺之清娛，禮樂書畫之文明，皆可挹而受之，此中古帝王
上大夫之所不可得者……」（第268—274頁）康氏接著說的「其作工之時數，
不過等於逸士之灌花，英雄之種菜，隱者之漁釣，豪傑之牧畜而已。又凡百舉
動皆有機器，無沾手塗足之勤、被襖耰鋤之狀，不惟無苦而反得至樂，非大同
何以得之。」（第274頁）所說人們悠遊之狀和電氣化生產技能之高，是很精
彩的。但說「人無私家」，「家無私產」，就脫離實際太遠了。「私產」不過
生活資料而已。在未來社會，人的生活興趣豐富多彩，這同樣表現在對生活資
料的需求上。生活用品，只有放在自己手邊，才可隨時取用。即以乘車而言，
鐵軌屋車、輪舟汽球，哪如自備車輛方便？而自備車輛，又因個人興趣愛好不
同而呈現種種差異。如果凡行路都靠鐵軌屋車、輪舟汽球，豈不增多煩惱？

　　這個問題，下邊還會說到。

§3.2.2　在廢除家庭和男女平等問題上

　　在對婦女問題上，前邊說過，柏拉圖是不當人看的，而等同於財產，所
以也不得「私有」。孩子也是「公有」。前引羅素說柏拉圖主張「男女完全平
等，所有女人都是全體男人共同的妻子。為了保證他們的數量，統治者會在一

些節日，用抽籤的方式選定一組合適的男女，讓他們聚在一起繁衍後代。孩子
出生後馬上就被抱走，在子女和親生父母之間互不知曉的方式下集體養育成
人。未經許可而生育孩子屬於非法，畸形或劣質嬰兒將被拋棄。這樣一來，個
人情感就變得越來越微弱，而集體精神會逐漸強大起來。最優秀的孩子被選出
來接受哲學教育，這些懂得哲學的人最終將適合做統治者。」這是把女子僅僅
當作生育機器看待的，是對女子人格的最大侮辱。康有為對男尊女卑的現象十
分反感，他極力提倡男女平等，在這點上，他跟傅立葉有相似之處，跟柏拉圖
則截然相反。康有為男女平等的思想，他對婦女受歧視、受迫害給予嚴厲的指
斥，本書說過，是康有為思想上的光輝，應當給予充分的肯定。可惜，他為婦
女解放所開的藥方，竟然跟柏拉圖有異曲同工之妙。請看康有為的三條方案：

一、婚姻期限，久者不許過一年，短者必滿一月，歡好者許其續約。

二、立媒氏之官，凡男女合婚者，隨所在地至媒氏官領取印憑，訂約寫
券，於期限之內誓相歡好。

三、女子未入學及學問未成，不能領卒業憑照者，不能自立須仰夫養
者，不用此權。

——第130頁

在康有為筆下，男女結婚，純粹出於性的發洩，既不必感情相偕，亦不必考
慮別的。如是，初看，女子不屬於男人所有，她有很大的自由，但這種既靠「媒
氏」撮合、又有嚴格的期限限制的結合，最終受到損害的其實主要還是女子。這
樣的婚姻是沒有感情可言的。人類有男女之分，跟一切生物分雌雄一樣，是遺傳
的需要，或說本身再生產的需要。男女生理不同，帶來社會分工不同是必然的，
提倡男女平等，反對男尊女卑，主要在政治上和人格上。上世紀二十年代，中國
有「雜交」之論（提倡者為狂飆詩人高長虹，支持者為著名哲學家、羅素的友人

張申府），一切出於自願，也沒有期限限制，純粹由感情驅使，可說真正體現了男女平等。但也有違人類婚姻制度發展的客觀規律，是行不通的。

　　柏拉圖的學生亞里斯多德跟老師的看法相反。他有力地捍衛著家庭，捍衛著婚姻。亞里斯多德說：「夫妻之間的愛，看來是自然存在的，人天然地傾向於結為配偶——甚至比組成國家的傾向更強烈；因為家庭比國家產生更早、對人更為必要，而且人與動物一樣，生兒育女是更加普遍的行為。其他動物的結合，目的僅僅是延續後代，但人類的共同生活不僅為了生育後代，而且為了生活的各種各樣的目的。從婚姻的一開始，雙方的作用就已區分開，男方與女方的職責各不相同。他們通過貢獻自己獨具的優點組成共同的家庭，從而互相幫助。因此，在夫妻之愛的聯繫中，既有利又帶來快樂。」（《倫理學》。此處據《西方思想寶庫》第215頁）亞里斯多德還說到父子、母子之間關係的天然和必要：「以食物奉養雙親比供養其他人更重要，因為他們對我們有養育之恩；奉養我們的生身之親人超過對自己的照顧，是更值得讚揚的事。一個人敬神，也應該敬自己的父母……「（同上，第234頁）

　　人類未來婚姻制度，恩格斯在《家庭、私有制和國家的起源》中說得很清楚：「……隨著生產資料轉歸社會所有，雇傭勞動、無產階級、從而一定數量的——用統計方法可以計算出來的——婦女為金錢而獻身的必要性，也要消失了。賣淫將要消失，而一夫一妻制不僅不會終止其存在，而且最後對於男子也將成為現實。」（《選集》第4卷第72頁）又說：「現代的性愛，同單純的性欲，同古代的愛，是根本不同的。第一，它是以所愛者的互愛為前提的；在這方面，婦女處於同男子平等的地位，而在古代愛的時代，決不是一向都徵求婦女同意的。第二，性愛常常達到這樣強烈和持久的程度，如果不能結合和彼此分離，對雙方來說即使不是一個最大的不幸，也是一個大不幸；僅僅為了能彼此結合，雙方甘冒很大的危險，直至拿生命孤注一擲，而這種事情在古代充其量只是在通姦的場合才會發生。最後，對於性交關係的評價，產生了一種新的

道德標準，不僅要問：它是結婚的還是私通的，而且要問：是不是由於愛情，由於相互的愛而發生的？」（第73頁）

恩格斯強調，婚姻應該建立在「性愛」的「基礎」上。恩格斯說：「以性愛為基礎的婚姻，按其本性來說就是個體婚姻。」又說，這樣的婚姻只有在共產主義社會才可以實現。恩格斯的原話是：「結婚的充分自由，只有在消滅了資本主義生產和它所造成的財產關係，從而把今日對選擇配偶還有巨大影響的一切派生的經濟考慮消除以後，才能普遍實現。到那時候，除了相互的愛慕以外，就再也不會有別的動機了。」「這一代男子一生中將永遠不會用金錢或其他社會權力手段去買得婦女的獻身；而婦女除了真正的愛情以外，也永遠不會再出於其他某種考慮而委身於男子，或者由於擔心經濟後果而拒絕委身於她所愛的男子。」（第78—79頁）

當馬克思主義這個「幽靈」開始在歐洲上空盤旋的時候，「共產共妻」的宣傳也開始了，從那以後，「共產共妻」的宣傳一直沒有停止。其實，兩位革命導師在《宣言》中就對這種誹謗和惡意攻擊給予了回擊。《宣言》說：「資產階級的婚姻實際上是公妻制。人們至多只能責備共產黨人，說他們想用正式的、公開的公妻制來代替偽善地掩蔽著的公妻制。其實，不言而喻，隨著現在的生產關係的消滅，從這種關係中產生的公妻制，即正式的和非正式的賣淫，也就消失了。」（《選集》第1卷第269—270頁）

在《宣言》中，馬克思和恩格斯對指責共產黨人要消滅家庭給予了批駁：

> 消滅家庭！連極端的激進黨人也對共產黨人的這種可恥的意圖表示憤慨。
>
> 現代的、資產階級的家庭是建築在什麼基礎上的呢？是建築在資本上面，建築在私人發財上面的。這種家庭的充分發展的形式，只是在資產階級中才存在，而它的補充現象是無產者的被迫獨居和公開的賣淫。

　　資產者的家庭自然會隨著它的這種補充現象的消失而消失，兩者都要隨著資本的消失而消失。

　　也許你們是責備我們，說我們要消滅父母對子女的剝削吧？我們承認這種罪狀。

　　但是，你們說，我們用社會教育代替家庭教育，就是要消滅人們最親密的關係。

　　而你們的教育不也是由社會決定的嗎？不也是由你們藉以進行教育的那種社會關係決定的嗎？不也是由社會通過學校等等進行的直接的或間接的干涉決定的嗎？共產黨人並沒有發明社會對教育的影響；他們僅僅是要改變這種影響的性質，要使教育擺脫統治階級的影響。

　　　　　　　　　　　　　　　　　　──《選集》第1卷第268─269頁

　　承認一夫一妻制的婚姻，承認家庭，承認父母對子女照顧和教育的義務，這就是《宣言》告訴我們的，這就是馬克思主義。

　　康有為「人無私家」「家無私產」兩句話，後一句是空的，前一句是實的。康有為是徹底無家庭主義者。人的一生不是在家中度過，而是在「十院」（實際是十二院）度過。人還沒有出生，就隨母親住胎教院，出生以後住公立育嬰院，再住公立懷幼院、公立蒙學院、公立小學、中學院、大學院，有病住公立醫疾院，退休後住公立養老院，貧而無依者入公立恤貧院，廢疾者入公立養病院，死後入公立化人院（又名考終院）。梁啟超在《清代學術概論》中介紹康有為的思想：「其最要關鍵，在毀滅家族。有為謂佛法出家，求脫苦也，不如使其無家可出；謂私有財產為爭亂之源，無家族則誰復樂有私產；若夫國家，則又隨家族則消滅者也。有為懸此鵠為人類進化之極軌……」（第203頁）家庭本是人類的生活單位，有血親關係的人住在一起，不僅能夠互相照料，而且能夠享受到「天倫之樂」。人需要跟親人生活

在一起，是人的最基本的心理需求。羅素在《婚姻與家庭》中說：「家庭乃是一種最早的制度。」他在剖析了過去的家庭和現代家庭的區別以後，說：「現代家庭的重要性，只在於使父母獲得一種親子感情。這種感情，無論對於父親還是母親都很重要，它直接影響人們的行為與生活。一切有孩子的夫妻，他們大約總是根據孩子而規劃自己的生活。」（《西方思想寶庫》第226頁）康有為和柏拉圖這種「孩子出生後馬上就被抱走，在子女和親生父母之間互不知曉的方式下集體養育成人」的做法，有違人類的天性，也是根本行不通的。康有為既反對男尊女卑，可又把女人當生育機器，今天跟這個男人懷一個孩子，一生下來被抱走，明天跟另一個男人懷一個孩子，生下來又被抱走，這樣的女子有什麼地位可言？

更重要的還在人類再生產上。實行真正的一夫一妻制，以家庭為生活單位，是繁衍後代所不可缺少的。母乳是孩子最好的營養劑，對孩子養成健康的身體起關鍵作用。家庭教育是孩子最初的教育，會為他一生的發展打下良好基礎。家庭又能給孩子最好的關懷和照顧，會使他形成健康和高尚的人格，健康和完善的感情。當生育成為可控行為時，如果照康有為和柏拉圖那樣的做法，誰還願意生孩子呢？不說康有為和柏拉圖的做法，即使在當今世界，有些國家或地區，特別是在具有較高文化水平的地方，人口已呈現負增長。現在的臺灣，人們用各種辦法刺激生育，鼓勵生育，促進生育，就因為人們不願意生孩子。假如照康有為和柏拉圖的做法，那人類很快就會從地球上消失。保留家庭存在，是人口繁衍的必要條件。

亞里斯多德的重要著作《政治學》是研究城邦政治體制的。他從家庭寫起，在他看來，「家庭是城邦的起點」。他說，城邦可以分解為家庭，家庭可以分解為個人，個人又可以分解為妻子和丈夫，主人和奴隸，等等，這些「共同體和結合體的存在是必然的」，不能夠分解。「一旦這種結合體崩潰瓦解，人類種族就不能再延續下去」。又說，家庭的存在「在於滿足人們日常生活需

要」，並且「追求更美好的生活」。亞里斯多德在這本書中討論了「一個完整的家庭」如何組成以及如何加強對子女教育的問題。亞里斯多德從他維護奴隸制的立場出發，說一個家庭通常存在三種關係，即配偶關係、親嗣關係和主奴關係。主奴關係，指家庭擁有奴隸，這是當時希臘社會的普遍情形。亞里斯多德強調，要維持家庭和諧幸福，加強德性教育最為重要。他說：「家務管理更重視人事，不重視無生命的東西；家務管理更重視人的德性，不重視財富的富足」（第3—6頁）。亞里斯多德在這本書中還談到控制人口數量、提高人口質量的問題，提出了「優生優育」的主張。亞里斯多德這些有關家庭的思想，除去主奴關係，都很重要，值得人們深思。

十八世紀法國偉大思想家讓·雅克·盧梭說：「一切社會形態之中最古老而又唯一自然的社會就是家庭。」「家庭可能被看成是政治社會的第一形態……「（《社會契約論》第9頁）家庭作為人的生活單位，是不能夠取消的，在大同世界，家庭也必將存在。

§3.2.3　對「私」應該辯證地看

在西方社會，從柏拉圖起，「私」被當作萬惡之源，不僅階級由「私」產生，其他種種社會弊端和各種犯罪活動，也跟「私」牽涉在一起。莫爾在《烏托邦》中強調，一個地方存在私有制，那個地方就不會有正義和繁榮；當私有制存在時，「平均享有」就不會達到。

莫爾的這兩個理由都站不住腳。「平均享有」在任何時候都不會實現，因為人和人的需求不可能「平均」，男人的需求跟女人的需求不同，領退休金者的需求跟小孩子的需求不同，住在此地的人的需求跟住在彼地的人的需求不同，研究學問的人的需求跟從事體力勞動的人的需求不同，如此等等。按照馬克思主義，社會主義社會實行按勞分配，到共產主義社會，實行按需分配。無論「按勞」或「按需」，都不是平均佔有。生活資料私有，跟正義和繁榮並不

存在矛盾，只要法制健全，就會有正義，就會有繁榮。在共產主義社會，實行按需分配，同樣會有最大的正義和最大的繁榮。人類歷史證明，在物資十分貧困的狀態下，如蘇聯十月革命後實行短時間「戰時共產主義」，平均佔有可以達到，但是在物資豐富以後，要「平均佔有」就不可能了，至少，那掌握「分配」大權的人，不會真正讓人人拿到「平均」的一份。馬克思主義的兩位創始人對絕對平均主義曾給予激烈的批評。馬克思主義承認平等主義，反對平均主義，特別是絕對平均主義。

關於「私有制」產生階級，就人類歷史發展說，是正確的，恩格斯的偉大著作《家庭、私有制和國家的起源》就對這個問題做了深入的科學的論述；正是私有制，促進了原始共產主義的解體，奴隸社會的興起。但是，原始社會因私有制而產生階級，產生國家，並不等同於將來的共產主義社會還會產生新的階級和新的剝削與壓迫，因為人類社會已經由無意識進入有意識發展的更高階段。在馬克思主義產生以前，社會的發展是自在的，不由人的，馬克思主義產生以後，人類掌握了社會發展的規律，人成了社會的主人，成了世界這只大輪船的舵手，社會如何發展，會不會走向新的階級社會，主動權操在人類自己手上，完全可以通過種種途徑——比如法律等等——予以避免。歷史不會重複，只能是螺旋式向前發展。

私有制產生盜賊，產生刑事犯罪活動，有一定道理，《烏托邦》就是通過討論當時英國法律對盜竊犯懲罰之嚴開始敘述的。像「這個人不知怎地找到一個機會咬文嚼字地談起英國當日對盜竊犯執法的嚴峻。他們到處被執行死刑。據他說，送上絞刑台的有時一次達二十人之多。」「僅僅盜竊不是應處以死刑的重罪，而除盜竊外走投無路的人，隨你想出什麼懲治的辦法，也還是要從事盜竊。」（第18頁）之類的對話很多。私有制固然是盜竊、搶劫、兇殺這類現象產生的重要根源，但是更重要的還在於整個社會貧困，不能使大多數人的生活得到保證。那些盜竊犯是因為生活不下去，才敢冒天下之大不韙，鋌而走

險，搞殺人越貨勾當的。當社會的生產力十分發達，物質財富非常充裕，人們吃穿不愁，在任何情況下都會有足夠的生活供應，他為什麼會去偷盜，會去搶劫？如果人人有飯吃，盜竊何由產生？

進一步說，私有制的出現和發展，最根本的原因，是社會財富不足，生產資料掌握在少數人手裏。因為社會財富少，握有某種權力的人出於利己之心，才把一些原來公有的財物私自吞併，成為私產，又利用生產資料去剝削他人。如果社會財富很多，人人吃穿不愁，私有制也就很難產生。

私有制存在弊端是顯而易見的，但是，在馬克思主義產生以前和產生以後，人們對私有制，跟對新的階級產生一樣，有兩種截然不同的對待辦法。在馬克思主義產生以前，人們對私有制只有憤恨，只有徹底的憎惡，除此而外，無能為力。馬克思主義產生以後，就不同了。人們掌握了社會發展的規律，人們對私有制的弊端和嚴重危害性有了清醒的認識，就會制定辦法，限制它，改變它，使它掀不起大浪，不能危害人類。兩位導師在《神聖家族》中說：「無產階級在獲得勝利之後，無論怎樣都不會成為社會的絕對方面，因為它只有消滅自己本身和自己的對立面才能獲得勝利。隨著無產階級的勝利，無產階級本身以及制約著它的對立面──私有制都趨於消滅。」（《全集》第2卷第44頁）所以，根子在於消滅階級。

以上，是從消極方面說的。馬克思主義強調，對問題，必須辯證地看，不能走極端。我們既要看到「私」可以造成許多罪惡，同時還要看到，它也是人們不懈地奮鬥，是人們千方百計提高生產力、發展生產、創造財富的動力。人即使是出於自私的目的，只要真正有所創造，有所發明，真正促進了生產的發展、科學的進步、技術的提高，都是好的，是有益於整個社會的。在過去，許多發明家、科學家，在推動科學進步和生產發展上起過極其偉大的作用，要說他們完全出以公心，毫無自私自利的打算，是說服不了人的，也是不符合事實的。自由競爭曾經為許多人所不齒，但正是自由競爭，使資本主義的發展呈

幾何級數增長。兩位導師在《宣言》中說：「資產階級揭示了，在中世紀深受反動派稱許的好勇鬥狠，是以懶散怠惰作為它的相應的補充的。它第一次證明了，人的活動能夠取得什麼樣的成就。它創造了完全不同於埃及金字塔、羅馬水道和哥特式教堂的奇跡；它完成了完全不同於民族大遷移和十字架東征的遠征……生產的不斷變革，一切社會關係不停的動盪，永遠的不安定和變動，這就是資產階級時代不同於過去一切時代的地方。」（《選集》第1卷第254頁）反過來說，沒有資產階級這些為「私」的目的，我們的社會能夠到達今天這個樣子嗎？

　　當然，在未來社會，「私」絕不會成為美德。前邊說過，無產階級固有的大公無私的美德將要成為人們最高道德價值標準。「人為財死，鳥為食亡」的人生觀必須批判，但人都是個體的，這才是根本，一切要從這個現實出發。人都有社會性和個體性兩個方面。人的社會性決定了，個人的一切都跟其他人密切相關，個人的利益要服從整體的利益，不可損害他人的利益。人的個體性決定了，做什麼事情，都要從每個個人出發，即使像空想主義者所追求的「平均佔有」，也要落實到每個個人的頭上。兩位導師在《德意志意識形態》中說：「事情是這樣的：以一定的方式進行生產活動的一定的個人，發生一定的社會關係和政治關係。經驗的觀察在任何情況下都應當根據經驗來揭示社會結構和政治結構同生產的聯繫，而不應當帶有任何神秘和思辨的色彩。社會結構和國家經常是從一定個人的生活過程中產生的。但這裏所說的個人不是他們自己或別人想像中的那種個人，而是**現實中的**個人，也就是說，這些個人是從事活動的，進行物質生產的，因而是在一定的物質的、不受他們任意支配的界限、前提和條件下能動地表現自己的。」（《選集》第1卷第29—30頁）兩位導師又說：「每個個人和每一代當作現成的東西承受下來的生產力、資金和社會交往形式的總和，是哲學家們想像為『實體』和『人的本質』的東西的現實基礎，是他們神化了的並與之作鬥爭的東西的現實基礎，這種基礎儘管遭到以『自我

意識』和『唯一者』的身分出現的哲學家們的反抗，但它對人們的發展所起的作用和影響卻絲毫也不因此而有所削弱。」（《選集》第1卷第43—44頁）

　　前邊說到法國偉大思想家讓・雅克・盧梭。盧梭在《社會契約論》一書的開頭說：「人類的第一條法則就是要維護自己的生存；人類的首要關懷就是要關注他自身；一旦人類達到有理性的年齡，他們就成為唯一的決策者，決定保護自己的最好方式，他們就成為自己的主人。」（第9頁）

　　更重要的還在於，否認「私」，把「私」妖魔化，跟馬克思主義追求的「人的自由發展」形成矛盾。人要「自由發展」，就得有私人空間，就得允許他按照自己的心願設計自己的生活方式和生活環境，不能人家是一副面孔。以住房說，各人有不同喜好，在房間佈置、室內裝修等方面應該是多種多樣的，而如果照空想主義者的說法，所有住房都是「公」的，那這房子該如何佈置？到住房人愛上那個環境以後，「公政府」卻要把它收回去，交給另一個人使用，又怎麼辦？這樣，管理「公」財產的人具有無限權力，而使用者卻沒有任何主動性，這不形成管理者和被管理者的矛盾麼？

　　這裏，我要對康有為的《大同書》再做批判。康有為在廢「私」的同時，對「公」表現了異乎尋常的崇敬和鍾愛。什麼也「歸之公」，也為「公有」，連「政府」也要加一「公」字為修飾語，成為「公政府」，似乎世間還存在著「私政府」。看，「食有公廚」，「遊有公園」，「居得公室」，「十餘人則有公廳」，如此等等。康有為沒有想到「公」由何來。所謂「公」，不過是一個個以「公」的身份出現的「個人」而已。是「個人」，他就有個人的利益要考慮，有以個人的愛好為標準。在康有為的大同世界裏，一些人張口吃飯，一些人給人送飯，一些人按自己需要乘坐交通工具，一些人管理交通工具和給需要使用的人去送，這合理嗎？在「私」的社會，有人「聘用心計」，以至「穿金刻石，巧詐並生」，在由一個個個人用「公」的名義管理下的「公」社會，「即不作偽，而以劣梧之貨妄索高資，欺人自得，信實全無，廉恥暗喪。及其

同業之爭，互相傾軋，甲盛則乙妒之，丙弱則丁快之。當其爭利，躍先恐後，雖有至親，不相顧恤，或設陷阱，機詐百生……」（第264頁）的現象可能要少得多，可是有誰去積極幹活呢？中國農村在集體化時代的勞動情形足以說明問題。請聽那時的民謠：「幹不幹，兩頓飯，兩夯一趟七分半。自留地裏拼命哩，集體地裏養病哩。」「得罪小隊長，幹活派個重活；得罪司務長，領飯發個小饃；得罪炊事員，舀湯拿個小勺。」前一則說的是人們在自留地和集體地幹活的不同態度，後者說的是基層發放物資或派工人員的權勢眼。「……凡市府聲色之繁華，山水登眺之清娛，禮樂書畫之文明，皆可挹而受之，此中古帝王士大夫之所不可得者。其作工之數時，不過等於逸士之灌花，英雄之種菜，隱者之漁釣，豪傑之牧畜而已。又凡百舉動皆有機器，無沾手塗足之勤、袯襫縵鋤之狀，不惟無苦而反得至樂……」這樣的生活確實是美的，確實為「中古帝王士大夫之所不可得」，但它不會從天上掉下來，更不會由享受者呼風喚雨而來，全看最下面掌管財物的人是如何處理的。

還有，凡屬「公」物，有一個如何愛護、誰來愛護的問題。汽車的保養是汽車業主最主要的一項活動，他不能只顧坐車而不去保養。如果這車都是「公」的，那誰去保養？如果不是自己使用，他會認真保養麼？固然，在大同世界，人們的精神面貌大不相同，但那是有個人利益得到保證為條件的。

建立正確的「公私觀」，既不讓「私」為害，又引導它走在為廣大群眾謀福利的道路上，發揮它盡可能大的正面作用，這才是應有的態度。

§3.3　既不能降低標準，也不可想像過高

我在跟一些朋友談起共產主義理想時，得到的回應幾乎都是搖頭，連談下去的興趣都沒有。似乎那是根本不可能的，是我們不應當想像的。正是這個現象，促使我思考。五十年前，我們有過「跑步進入共產主義」的大試驗。也

許就是那次大試驗，使一些人產生逆反心理，不願意再把它作為自己的理想。是那個「跑步進入」打碎了人們的共產主義夢。筆者以為，中國一九五八年的做法不對，但是把共產主義理想置之高閣，也不妥當。共產主義、世界大同，不是空想，它是建立在科學基礎之上的，是人類社會必將到達的目標。世界大同是個美好的社會，在那個社會裏，無論是「任何人都沒有特定的活動範圍，每個人都可以在任何部門內發展，社會調節著整個生產，因而使我有可能隨我自己的心願今天幹這事，明天幹那事，上午打獵，下午捕魚，傍晚從事畜牧，晚飯後從事批判，但並不因此就使我成為一個獵人、漁夫、牧人或批判者」，還是「人不獨親其親，不獨子其子，使老有所終，壯有所用，幼有所長，矜寡孤獨廢疾者皆有所養，男有分，女有歸。貨惡其棄於地也，不必藏於己；力惡其不出於身也，不必為己。是故謀閉而不興，盜竊亂賊而不作，故外戶而不閉……」都可以實現。我們一定要有信心，要把它作為奮鬥目標。既不能想像過高，也不可降低標準。

　　一些人搖頭，當因把共產主義即未來大同世界想像得過於美好，而又覺得很難達到，於是當作牆上畫餅。有的人想像未來的大同世界，人人過著要啥有啥，肚子餓了有人送上飯來，天氣冷了有人給你穿上衣服那樣的生活。或者，社會上一切物品，一切財物，都像空氣一樣，任何人可以隨意取用，用完隨意拋撒（有人認為兩位革命導師說的「按需分配」就是這樣，而沒有客觀標準和評價程式）。或者人人都是「活雷鋒」，只知道有他不知道有己，好事讓給別人，自己受到欺負，還要向對方賠情道歉。或者人人像紳士那樣，出入有車坐，侍從一大堆，每個見到的人都要向你低頭哈腰。這是對大同世界的嚴重歪曲。

　　還有些人，是對當今世界的認識仍然停留在多年以前的思維模式上，只看到黑暗，看不到光明。在一些人眼裏，世界永遠不變，列寧時代是什麼樣，今天依然是什麼樣。中國在新時期以來，人們在道德倫理上，在思想認識上，在精神面貌上，跟「文革」以前相比，退步很多。貪污盜竊，腐化墮落；假公濟

私，陽奉陰違；爾虞我詐，口蜜腹劍……這些醜惡人性，使人們的信心喪失，信仰崩潰。這種種現象確實是當前讓人憤恨不已的東西，但是必須看到，這都是暫時的，不可能長久，社會總的趨向是向前發展，向上發展。同時要看到，世界發展是不平衡的，在一些國家，人們具有高尚的道德，馬克思所說「政治國家」已變為「經濟國家」，人們享受高福利。讀到後邊幾章可以看到，在某些國家、某些方面，現在所達到的標準，已經很高了，即使按大同世界要求，還能高到哪里去呢？再說，我們自己在變，周圍世界也在變，而且，世界只能越變越好，不可能退回到過去。所以，對未來持悲觀態度是沒有必要的。

有一些問題困擾著人們。一個問題是：既然共產主義那麼好，是不是就不再存在矛盾了呢？提出這個問題本身，就不符合馬克思主義。矛盾在任何時候都存在，都是事物發展的動力，沒有矛盾就不會有新的進步。只是沒有了殘酷的階級剝削、階級壓迫那樣的對抗性矛盾，其他矛盾，包括生產和消費之間的矛盾、革新與守舊的矛盾、人與人之間因個性和興趣不同而產生的矛盾等，是不會消失的。特別是人跟自然之間的矛盾，在未來社會必將顯得突出。人的自我解放沒有止境。人類已經在月球上留下了自己的腳印，人類還將訪問其他星球。人類不會滿足在地球上生活，其他星球也會成為人類的棲息地。科學越是發展，人們向科學提出的挑戰也會越激烈，越尖銳。正是這些矛盾，推動者社會不斷向前發展。康有為畢竟是康有為，他有嚴密的思維力，這個問題他想到了。《大同書》說：「大同之世，家屋、園囿、農場、工廠、商業、鐵道、電線、汽船皆出於公，既無競爭，何肯改良？何能進上？必將坐聽其弊，其害又甚大，此不可無以鼓舞之也。」（第299頁）他還提到「太平之時」人類的進化問題：「……人智不出，器用法度、思想意義不能日出新異，則澀滯敗留，甚且退化，其害莫大焉。」（第301頁）這確實是個問題，需要人類不斷努力，才能解決。

再一個問題是：那個時候還有沒有盜竊、槍殺等刑事犯罪活動，要不要監獄

這類關押犯人的機構？提出這個問題，同樣顯得幼稚。人常說，十個指頭不一般齊，人和人差異是絕對的，普遍的。人性中，善的因素在增長，但任何時候，惡的一面都不會消失。在大同社會，仍會有刑事犯罪分子，仍會有貪污盜竊，仍會有難以教化者，監獄、法庭等機構仍將存在，只是在人口總數中所占比例大大降低。北歐國家，是現在公認為人類生活的模範，有人以「天堂」相比，引起許多人的嚮往。特別是丹麥，社會福利搞得好，在二〇一一年全球十大福利國家中排名第一。但是，在哥本哈根有一個特殊的小區，叫做「克利斯蒂安娜自由城」，住在這裏的都是跟正常人格格不入的人，有吸毒者、酗酒者，也有蹲過監獄、「看破紅塵」而行為怪異的人。托夫勒在《第三次浪潮》寫道：「在丹麥，零星的街頭械鬥使丹麥人和移民工人、穿皮夾克的飛車黨和留長髮的青年人益形分裂。在比利時，瓦隆人、法蘭德斯人、布魯塞爾人又恢復到以往的敵對狀態。」（第147頁）必須辯證地看待人性。在大同之世，人們的精神世界普遍會發生根本改變，但不可能絕對化，更不可能一律化。人是有感情的動物，人的行動是由理性和感性共同支配的，兩者有時會互有消長，相互之間因意見不合發生鬥毆，不可避免。同時還有意料不及的種種突發事態。隨著生產和交通事業的發展，「車禍」一類意外事故仍將會不斷發生。尤其值得注意的是，恐怖主義作為現代社會的惡性腫瘤，會不會留下後遺症？個別人在情緒失控時會不會扳動槍栓？有君子就有小人。太陽上有黑子，一張白紙上也會出現污點，人類社會走向光明，自會留下陰暗角落。交通工具的高度自動化和電腦化可能會使相互之間的碰撞大量減少，但由於交通工具數量的不斷增加和成立體分佈，車禍之類的意外事故依然會使一些人遭受無辜之災。即使再好的社會，監獄也不會拆除，法院依然會是社會不可缺少的執法機關。離婚現象也不能完全避免。

　　還有一個問題，既然階級社會是從原始共產主義社會發展起來的，那麼，共產主義社會會不會生長出新的階級？這個問題，前邊說到，這就在人類的主觀能動性了。在原始社會，人類對社會發展的規律沒有一點認識，一切聽憑自

然。現代人不同了。人類既然掌握了社會發展的規律，又有高度的自覺，就可以把社會發展的鑰匙掌握在自己的手裏。人類不僅掌握了自然界的發展規律，也必將牢牢掌握自己所組成的社會的發展規律。加上共產主義者不時發出警告，必然抑制階級的產生，即使有階級產生出來，也會及時撲滅掉。

　　有人有悲觀情緒，擔心地球人滿為患，或能源斷絕，人類走向毀滅。這是杞人憂天。人口增加，確實是個大負擔，但隨著人類社會的發展和人們文化素質的提高，人類終會解決自己的這個問題。計劃生育會被更多的國家和民族所接受，低出生率是人口發展的大趨勢。石油等能源可能枯竭，但不等於沒有能源。不說別的，僅太陽光就取之不盡，除非太陽毀滅，而那個時候，人類早已不知進化到什麼地步，也許早就在別的星球上建立了美好的家園，所以不必擔心。

　　另一方面，世界上的人們也曾有過廉價的樂觀情緒。早在將近一百年前，一九一四年，在美國留學的胡適，就在十一月十七日《日記》上談到世界大同：「一日，與本市監理會派教堂牧師John A. Macintosh先生談，余為言今日世界物質上已成一家，航路，電線，鐵道，無線電，海底電，皆團結全世界之利器也，而終不能致『大同』之治者，徒以精神上未能統一耳，徒以狹義之國家主義及種族成見為之畛畦耳。先生亦以為然，因引保羅書中言相發明：『但屬靈的不在先，屬血氣的在先，以後才有屬靈的。』（《哥林多前書》第十五章四十六節）。」（《胡適日記》第1卷第540頁）談「世界大同」的，不是胡適一個人，還有那個美國牧師。在那個時代談「世界大同」，可真跟孫中山有些不謀而合了。不過孫中山是作為一種理想，一種目標而談的，胡適等人則以「不能致『大同』之治」而憾。

　　對「大同之治」不能減低標準，像一九五八年的中國人那樣，視大同世界唾手可得，領袖一聲號召，人人過上大同生活。要使社會財富大大增加，絕不是短時間內可以做到的。康有為在《大同書》中提出「去九界」的宏偉任務，

雖然不一定確當，但大部分內容還需要認真思考。比如「去國界」的問題。我們已經知道，在馬克思和恩格斯兩位革命導師看來，在大同世界，全世界不存在國家之分，而是一個「聯合體」，就是像一個大公司，各個國家都不過是它的一個分公司而已。可是目前呢？不僅國家的界限十分顯明，而且各個國家無不為著自身利益而在國際間折衝、鬥爭。老牌帝國主義不甘心喪失自己的霸主地位，對新興國家，抑制之，圍堵之，抑制、圍堵之不足，把軍艦開到你的門前，今天跟這個國家「聯合軍演」，明天提出「我們不會退出」，諸如此類，都說明天下還很不太平。康有為的「三世說」，用在國際，就是世界今天處在「據亂世」，只有在「據亂世」過去，才能進入「升平世」，然後才有「太平世」。不過現在曙光已現，由「據亂世」到「升平世」，再到「太平世」，這一條康莊大道，已經展現在人們面前了。

§3.4　由「烏托邦」到「實托邦」

近年來，多有以「X托邦」為詞根創造新詞者。我這裏說兩位，他們創造的新詞意思相近。一位是美國著名未來學家阿爾文・托夫勒，他在其轟動世界的暢銷書《第三次浪潮》中寫有《「實托邦」的觀念》一節，照錄如下：

> 我們現在所見到的是一種全新的生活方式，其影響不僅涉及個人而且波及全球。此處所描述的新文明實在不能稱之為烏托邦。因為其中仍然激蕩著許多問題，我們將會討論到一部分的問題——自我和共同意識問題，政治問題，公正、平等和道德問題，新經濟問題（尤其是就業、福利、自產自銷形態之間的關係）。這些問題將會引起激烈的爭論。
>
> 但是第三次浪潮文明也不是「反烏托邦」，既不是變本加厲的

《一九八四》，也不是活靈活現的《美麗新世界》。這兩部名著以及千百種其他科幻小說為未來描繪出高度集權、官僚主義、一切標準化的社會，個別差異被一筆抹殺。而我們現在所走的是一個完全相反的方向。

第三次浪潮為人類帶來了巨大的挑戰，從生態威脅到核恐怖主義和電子法西斯主義都赫然在目，但是絕非工業主義靨夢的無盡延伸。

我們這兒所見到的是一個「實托邦」（Practopia），這不是一個最好的世界，也不是一個最壞的世界，而是一個較以往略勝一籌的真實世界。實托邦不像烏托邦，不能免於疾病、戰爭和劣行，也絕非不真實的冰冷神品。當然，更不是過去空幻理想的翻版。

相反地，實托邦中並沒有烏托邦所標榜的明顯缺陷，不是無情地反民主，不是執著的軍國主義，不會製造沒有面孔的劃一國民，不會毀滅鄰國，破壞環境。

總之，實托邦在可實現的現實範圍內，提供給人類一個明確的甚至是革命性的選擇。

而第三次浪潮文明正是一個實托邦的未來。我們可以看到這個文明能容忍個別差異，擁抱（而不是壓迫）各種種族、區域、宗教和支流文化。這個文明以家庭為重心。這個文明不是凝固的琥珀，而是創新的脈動，然而其中又可以找到相當穩定的地帶。這個文明面對著前所未有的歷史性選擇，比如遺傳和進化，而且必須以新的道德標準來處理這些複雜的問題。這個文明不再需要將全副精力傾注於銷售工作。這個文明能夠將情感注入藝術當中，這個文明至少基本上是要求民主和人性的，其生物環境較為平衡，而且不會以剝削他人為生。這個文明很難實現，但並非不可能。

今天的變遷彙入時代的巨流中，指出一個有希望的新文明，一個

揚棄落伍工業制度的新選擇。

　　一切的變化均指向同一個目標：實托邦。

——第231—232頁

　　另一位也在美國，名叫伊曼努爾・華勒斯坦，他最著名的著作是《自由主義的終結》，筆者在《背叛的代價》中說到它，對他的一個觀點提出了不同意見。他現在這本著作的題目叫《有托之鄉——二十一世紀的歷史抉擇》，是一九九七年十月在新西蘭奧克蘭大學道格拉斯・羅布爵士講座上所做的講演。開頭說：

　　　　烏托邦？有托之鄉？這是在玩文字遊戲嗎？我認為不是。正如我們所知，烏托邦是湯瑪斯・莫爾爵士杜撰的一個詞，原意「烏有之鄉」。就我對烏托邦的全面瞭解，真正的問題在於：不僅此前從未有過什麼烏托邦，而且我和許多人都認為人世間永遠不會有什麼夢幻中的天堂。烏托邦具有宗教作用，有時也能成為政治動員的工具，然而在政治上往往是事與願違；這是因為烏托邦在產生幻想的溫床，所以不可避免地又成了幻想破滅的根源。烏托邦可被用來、實際上已被用來為十分邪惡的行為作辯護了。而我們實際上唯一所需要的，仍是更多的烏托邦式的幻想。

　　　　有托之鄉一詞是我杜撰的一個代用詞。我所說的有托之鄉一詞的含義完全不同。有托之鄉是對歷史抉擇所作的嚴肅認真的思考，是對我們能夠選用的具有歷史意義的體系之真正合理性所作的評判。這是對人類社會制度所作的冷靜的、理性的和現實的思考；這些制度可能會有種種局限，但為人類的創造能力開拓了無限空間。這不是完善的（和必然的）未來之面貌，而是一種他擇性的、相信會比較好的、歷史發展中可行的（但這非是必然的）未來之面貌。因此，這是一種同時在科學、政

治和道德方面的實踐。如果說根據現代科學精神，科學、政治和道德三者之間似乎不存在什麼密切的關係的話，那麼我就要引用迪爾凱姆就科學所說的一番話了：「現在，科學如果不能幫助我們選擇最佳目標，又怎麼能夠指出達到目標的最佳途徑呢？科學為什麼要向我們指出能最快達到目標的途徑而不是最經濟的途徑、最準確的途徑而不是最簡便的途徑？或是最經濟的途徑而不是能最快達到目標的途徑、最簡便的途徑而不是最準確的途徑呢？科學如果不能引導我們對我們的最高目標做出決定的話，也就難以確定我們稱之為手段的那些次要的、居第二位元的目標了。」

——《自由主義的終結》第365—366頁

說得多好！一位就社會現實說，一位就科學道理說。讀了這兩位學者的論述，我感到興奮。未來學家看到的未來社會——實際是早已開始的「第三次浪潮」時代——不是烏托邦，而是「實托邦」，比起我的想像來，還要樂觀！伊曼努爾・華勒斯坦是對資本主義提出嚴肅批評的一位學者，對社會主義也有批評，但不像對資本主義批評那麼尖銳，他所說「自由主義的終結」，是說「現行世界體系並不構成一個再美好不過的世界……擺在我們面前的現實問題是：我們要用什麼東西來替代這一現行世界體系」（第410頁），他的回答便是「有托之鄉」。他提出要在「未來的五十年」做出抉擇。

這說明，有此想法的，大有人在。

跟托夫勒的「實托邦」、華勒斯坦的「有托之鄉」相反，一些共產主義者卻總把共產主義說得遙不可及，如何「艱巨」啊，如何「難實現」啊，多種說法，不一而足。這種人，資本主義國家有，社會主義國家也有，他們對實現世界大同常常顯得無動於衷。共產主義理想已經不是共產主義者追求美好生活的動力，只是他們的招牌。當年「為實現共產主義而奮鬥」的呼聲、喊聲、歌

聲，變得像蚊子的叫聲一樣，幾乎聽不到。這成為一種世界通病。這種現象，說穿了，其實並不奇怪。這是因為這些共產主義者已經成為既得利益者，至少是滿足已有的生活。他們的目的達到了，自然覺得現在的狀況最好，沒有必要再往前走。革命停滯的最大原因，就在既得利益者主宰了革命的進程。

在「實托邦」外，還有一個相近似的名詞，叫「異托邦」，是法國當代著名學者福柯提出的。據中國學者張隆溪：「福柯新造一詞，說這種奇怪的分類法只能屬於所謂的『異托邦』（heterotopia），即一片不可理喻、根本無法用語言來描述的空間。」所謂「奇怪的分類法」，是「博爾赫斯引用所謂『中國百科全書』的一段，講的是如何把動物分門別類，而那分類法實在是天底下最奇怪不過的」（《中西文化研究十論》第2—3頁）。如果說異托邦「最奇怪不過」，那麼「實托邦」就是實實在在的，它們成了相反的兩極。

類似的「X托邦」還有，據粗略統計，至少有將近十個，恕不贅述。人們都用「X托邦」造詞，足見這個詞根之重要。

大同世界不是哪一個人可以呼喚得來的。人類社會的發展必然會到達這一步。

最重要的是，必須認識到，大同世界要靠我們現在的人們用辛勤勞動去創造，去爭取，它不會從天空落下來。為著享受，必須用二十倍的心血去努力。在大同世界，人類也要不懈地努力，才會有豐富的享受。康有為說：「大同之世，人無所思，安樂既極，惟思昌盛，而服食既精，憂患絕無，蓋人人皆為自然之出家，自然之學道者也。」「人無所思」的結果，必將是人類自身的滅亡，而這是絕不可取的。

中卷

現實篇

第四章　在經濟的航船上

§4.1　二戰以後靜悄悄的革命

§4.1.1　跨國公司發展迅猛

　　第二次世界大戰以後，隨著民族解放運動的興起，資本家也發動了一場靜悄悄的革命，我想稱之為資本革命。資本革命中最主要的一種形式，是跨國公司。

　　凡是對十九世紀後期以來世界歷史多少有所瞭解的人都知道，帝國主義就是侵略，就是爭奪殖民地——列強爭奪殖民地當然不是從十九世紀後期開始，從發現新大陸就開始了，但我們這裏說的是「帝國主義」，不是「列強」，所以把觀察點放在十九世紀後期以來，十九世紀後期是資本主義發展到帝國主義的階段。第一次世界大戰是帝國主義國家之間爭奪和重新瓜分殖民地的一次戰爭，第二次世界大戰同樣如此。列寧在《帝國主義論》（即《帝國主義是資本主義的最高階段》）中，對列強是如何「分割世界」的，以及「殖民政策的加強、爭奪殖民地的鬥爭的尖銳化」跟「金融資本時代」的出現的關係，做了深入的論述，並引用了幾個圖表作為具體例證。列寧引用的材料是十九世紀末葉的，第一次世界大戰他在這本書裏還沒有來得及總結，第二次世界大戰他沒有經過。但是第二次世界大戰以後，情形變了。帝國主義國家不再向外發動侵城掠地的戰爭，而是聽任資

本家把工廠辦到國外去，從而形成一種新的經濟形式。

金錢無國界。資本作為生產三要素，是最活躍的。它不像土地那樣固定，也不像勞動力那樣受到眾多主客觀因素的限制。十九世紀末到二十世紀初，資本家為了追逐更大的利潤，同時也鑒於原料和產品運輸、勞動力和市場等因素的考慮，開始把過剩資本轉移到資金少、地價便宜、工人工資低、資源豐富、運輸方便的國家和地區，設立分支機構。這是最早的跨國公司。二十世紀中期，這樣的機構一直在不斷發展，但是還沒有一個統一的名稱，有叫「多國公司」的，有叫「宇宙公司」的，有叫「國際公司」的。一九七四年，聯合國經濟社會理事會做出決議，對這種經濟形式以「跨國公司」相稱。一九八三年聯合國跨國公司中心發表《世界發展中的跨國公司第三次調查》報告，對幾個主要問題取得了一致的看法，這才使跨國公司有了明確的身份認定和說明。

理查・斯克拉在《後帝國主義：跨國公司擴張的階級分析》中說：「我們可以按照以下的標準來恰當地定義跨國公司（或企業、商行）：跨國公司由母公司和子公司所組成，這些子公司位於幾個或多個國家，除了貿易之外還從事一些基本的經濟活動，主要是生產活動。跨國企業在國外設立的子公司之間互相支援，並都服從於中心的管理。作為跨國企業的一個單元，每一個子公司的管理層所制定的策略都是為了提升跨國企業的整體利益。」（《後帝國主義》第9頁）正是理查・斯克拉在對「跨國公司擴張的階級分析」中提出了「後帝國主義」的理論，而為人們所接受。提出這一理論的還有大衛・貝克爾。

跨國公司的發展是驚人的。姜春明、佟家棟主編的《世界經濟概論》說：「據聯合國跨國公司中心公佈的數字，一九六八至一九六九年，發達國家跨國公司已達7276家，一九七三年增加到9481家，一九九三年又增加到3.7萬家，二十年間增加了將近三倍。一九九五年全球跨國公司再增加到4萬家，所屬子公司和分支機構達27萬家，分佈在144個國家和地區。到目前為止，全球跨國公司已增加到7.9萬家，國外子公司和分支機構增加到85萬家，通過這些國外子

公司滲透到各國和地區幾乎所有產業部門，進行跨越國家和地區界限的生產要素和資源的優化組合。另據聯合國貿發會議公佈的報告，對二〇〇〇年各國的GDP和公司附加值（工資＋稅前利潤＋折舊＋償還貸款）作出的評估報告，名列世界前一百名的經濟實體中有29個是跨國公司；在排名前二百位的大公司中，有172家分別隸屬於美國、日本、德國、英國和法國這五個主要發達國家。另據統計，發達國家的1.1萬家跨國公司，在1—10個國家設有子公司和分支機構的共8525家，占公司總數的90％；在11—20個國家設有子公司和分支機構的有632家，占6.6％；還有324家大型跨國公司在20個以上國家設有子公司和分支機構。這說明跨國公司的規模日益龐大，超越國境的經濟聯合幾乎遍及世界各個國家和地區。」（第113頁）

　　這裏引用另一個統計數字。宋國濤、金歌著《中國國際形勢問題報告》說：「跨國公司是經濟全球化進程中最為活躍、最具影響力的因素和力量。第二次世界大戰之後，跨國公司崛起，並且突飛猛進地發展，在世界經濟中已佔有主導地位。七十年代末，跨國公司已有1萬多家，在全世界擁有4萬多家子公司；一九九六年發展到44508家，分佈在全球的附屬企業達276659家；而一九九八年底更增至6萬家，他們在全球建有分支機構50多萬家。跨國公司控制了全世界 1／3 的生產，掌握了70％的對外直接投資，2／3 的貿易，70％的專利和其他技術轉讓。特別是二十世紀九十年代，以及世紀之交的二〇〇〇年和二〇〇一年，企業大兼併浪潮一浪高過一浪，這種大規模的兼併使全球公司得到進一步的發展。」（第87頁）

　　還有第三個資料。《資本戰》的作者汪康懋寫於二〇一〇年五月的《序》中說：「現在全球有6萬家跨國公司，在全球設有50萬個子公司，它們控制著世界經濟總量的50％，全球貿易額的60％，直接投資額的80％，跨國公司總銷售額為11萬億美元，是世界出口總額的2倍。」（第1頁）汪康懋在《序》中說到外國跨國公司在中國發展情況：「……跨國公司在中

國迅猛發展，站穩腳跟，現在中國計有跨國公司的子公司數目如下：日本1334家、歐盟896家、美國718家、韓國79家、其他69家⋯⋯」（《資本戰》序文第1頁）

　　《世界經濟概論》說到發展中國家跨國公司發展情況：「隨著亞洲、拉丁美洲一些新興工業化國家與地區經濟的崛起，出現了一些有相當經濟實力的跨國公司。七十年代初，這些國家和地區僅有17家跨國公司；八十年代增加到近1000家，擁有2000家海外子公司；九十年代增加到1800家，海外子公司3000多家，分佈在120多個國家。這些跨國公司的經濟實力雖不及發達國家的大，經營目的也不完全相同，但其增長速度是非常驚人的。」（第114頁）《世界經濟概論》接著說：「發展中國家的跨國公司不但投資於發展中國家，而且有越來越多的跨國公司投資於美國和西歐的一些發達國家。一九九〇年，《財富》全球500強中只有19家來自發展中國家的公司，二〇〇五年增加到47家。在二〇〇七年《世界投資報告》公佈的全球最大的100家非金融類跨國公司中，已有5家公司來自發展中國家和地區⋯⋯」（第117─118頁）

　　中國，一九七九年十月成立的中國國際信託投資公司為大陸首家真正意義上的跨國公司。經過二十多年的發展，到本世紀初，「中信」已成為業務遍及全球的一家綜合性跨國集團。從九十年代起，大陸一批跨國公司在國際舞臺上嶄露頭角。海爾迅速發展為中國家電第一品牌，並於一九九八年開始實施國際化發展戰略，幾年時間全球年營業額突破100億美元。另一家家電企業TCL，把跨國經營的第一站放在東南亞，在取得初步成功之後，迅速轉向歐美市場，收購了德國老牌家電企業施耐德。中國香港和臺灣建立跨國公司早於大陸。《世界經濟概論》說：「中國的跨國公司尤其引人注目。在《二〇〇六年世界投資報告》公佈的全球100家最大的發展中國家跨國公司排序中，來自中國的跨國公司占一半。其中，25家來自香港特別行政區，15家來自中國臺灣省，10家來自中國內地。截止二〇〇六年六月底，中國企業對外直接投資累計淨額

636.4億美元，累計建立境外企業9900多家，分佈在全球170個國家和地區。」（第118頁）

　　美國《新聞週刊》國際版的主編、美籍印度人法里德·扎卡利亞在其《後美國世界》中說：「我們正生活在世界經濟的第三次擴張時期，也是迄今為止最大的一次。過去二十年裏，大約有20億人參加世界市場和貿易——而在過去，這個世界一直是西方國家的小型俱樂部。由於西方資本轉移到亞洲以及全球其他地區，進一步刺激了全球經濟的增長。結果，從一九九〇年到二〇〇七年間，全球經濟從22.8萬億美元增長到53.3萬億美元，全球貿易額增加了133％。而所謂的新興市場占了全球增長的一半以上。如果以購買力平價計算，現在他們已經佔據了世界經濟的40％以上。或者，如果以市場匯率計算的話，他們也占了世界經濟的30％以上。」（第34—35頁）

　　二十多年前，美國未來學家阿爾文·托夫勒在《第三次浪潮》中寫道：「過去二十五年，我們親眼目睹的是一個特殊的全球性生產體系，不單是原料和製成品由一個國家運往另一個國家，同時組織也橫跨過國界。」他描述：「跨國企業可能在一個國家從事研究、在某一國家製造零件、在第三個國家裝配、在第四個國家銷售成品、在第五個國家存入剩餘基金，可能在十幾個國家設有業務機構。自二十世紀五十年代中期以來，這一全球遊戲的新玩家，不論在規模、重要性、政治權力各方面都一路扶搖直上。」他借用經濟學家兼世界監督協會會長布朗的話說：「一度太陽永不落於大英帝國。今天，太陽會落在大英帝國，但是不會落於全球性的商業帝國，像IBM、聯合利華、大眾和日立。」（第206—207頁）是的，跨國企業代替大英帝國成了「日不落國」。

　　如前所述，跨國公司之名是一九七四年確定的。正是那一年初冬，我作為「工農兵學員」，到北京大學國際政治系學習。我在那裏，第一次聽到跨國公司，那是一九七五年夏天的事，當然是批判性的，認為是帝國主義侵略別國的新玩意。只有幾年功夫，跨國公司由吃人的惡魔變成許多「經濟人」激烈追

逐之物，變成世界經濟中的巨人，足以說明它的發展之快和在世界經濟、各國經濟中地位之重要。在帝國主義國家，資本家靠跨國公司攫取到巨額利潤，那麼，再靠戰爭去侵城掠地，還有什麼用處呢？

資本家把他的無形的資本投向別的國家或地區，等於用一根繩子把那個國家或地區跟自己所在的國家拴在了一起，使國與國之間的關係變得異常密切。同時，跨國企業對國家擁有的權威提出了挑戰。托夫勒在《第三次浪潮》中引用布朗的話：「過去幾世紀以來，世界清楚地劃分為獨立、自主的許多國家，隨著成千上百跨國企業的出現，這些互相排斥的政治實體現在已經被經濟機構淩駕於其上。」而得出結論：「國家在世界上擔任唯一主力時所擁有的權力，現在已經大幅度減少。由於跨國企業茁壯成長，已經擔任了部分國家的角色，包括自己的准外交官和效率極高的情報機構。」（第207頁）這個問題，以後還會說到。

但是請注意，由資本家這件事所引起的，遠遠超出了資本家的範圍，社會主義中國的一些跨國企業就不是資本家所為。到現在，不能再把賬算在資本家身上了。

§4.1.2　科學技術上升為第一生產力

第二次世界大戰以後，在美、英等發達國家發生了一場新的科學技術革命，有的稱為第三次科技革命。

這次科技革命範圍廣泛，涉及各個領域，尤其在原子能應用技術、資訊技術、宇航技術、高分子化學技術等方面，進展迅速，成就突出。先有原子能的釋放和和平利用，接著發射地球衛星，飛船技術更把人類的腳跡留在了過去人們想也不敢想的月球之上。人類向太空進軍的同時，也向生命科學、微觀世界發起了進攻。七十到八十年代，以微處理機的大量生產和廣泛應用為標誌，人類進入資訊革命的新紀元。二十世紀末，以電子技術為中心的新技術革命，使

人與人之間的聯繫變得異常方便。約翰‧奈斯比特在《正確觀察世界的十一個思維模式》（中文版標為《世界大趨勢》）中說：「當顧客在點餐視窗停下，為自己點了一頓豐盛的漢堡大餐時，他怎麼也不會想到自己的訂單會被傳到900英里之外的科羅拉多，那裏有一位服務員為他拍下數碼照片，並且把訂單在螢幕上顯示出來以便他確認，然後這位服務員再把訂單和照片傳回密蘇里的備餐室。這一切甚至在顧客還沒有離開點餐視窗的時候就已經完成了。」（第138頁）這就是當今的世界。時間、空間被擠壓在一個小屋子裏。它像數學上的乘數一樣，使其他生產力要素發生成倍增長的作用。

由美國南森‧羅森堡和L‧E‧小伯澤爾合著的《西方現代社會的經濟變遷》說：「基礎科學的發展加深了人們對電、化學和自然現象的解釋，這些解釋已很難被那些雖有天賦但缺乏科學訓練的發明家所理解，甚至除了用數學語言以外，已不能被表達清楚。絕大部分科學解釋，並不是針對經濟需要做出的反應，也很少被直接應用於經濟。這些科學解釋來自受過嚴格訓練的獨立科學家，而對他們來說，最重要的激勵並不來自經濟因素。這些科學家共同組成了一個自主的科學界。由科學的深奧解釋，去派生出新的產品和工藝流程則是工業科學家的事情，對他們來講，技術應用的潛在經濟價值是研製新產品和改進工藝流程的重要推動力。」（第192頁）這段話對把知識運用於生產做了很好的解釋。

這次科技革命有兩個最明顯的特點。其一是科學和技術緊密結合，互相促進。在過去，科學和技術是分離的，科學理論不能及時轉化為技術，技術進步主要依靠傳統技藝的改進和提高，生產經驗在其中起著關鍵的作用。近年來，技術的發明越來越依靠科學理論，現代科學理論研究也更加依靠新的技術裝備。科學技術化和技術科學化成為科學技術發展的兩個輪子。科學知識很快轉變為技術，技術又為科學理論的發展提供了強大的物質基礎。其二是科學技術應用於生產的週期大為縮短。「據計算，在一八八五至一九一九年間，從一項新發明到在工業上應用，平均是30年，從生產上掌握它到產品投入市場，平均

是7年，整個過程需要37年；一九二○至一九四四年間，這三個時間縮短為16年、8年和24年；一九四五至一九六四年間，再分別縮短為9年、5年和10年。隨著現代高科技的發展和研究開發手段日趨先進，這一過程還在繼續縮短。目前，許多新技術從發明到投產只需一兩年或兩三年時間，如積體電路從無到有僅2年，雷射器僅用了1年。特別是電子技術問世以後，其變革速度更是驚人。從一九七三年研製成功第一台微處理機到八十年代初期已更換了3代……」（《世界經濟概論》第269頁）

在科學技術發展中，資訊技術的發展對人們日常生活的影響極其巨大。電子通訊方式很多，除原有的有線電話以外，又有了無線電話等等，還有網路。一九九五年，非洲有5個國家接通了網際網路，三年後，發展到47個國家。在中國，從城市十多歲的小孩子到農村五六十歲的中老年婦女，現在幾乎人人都有手機。網路也在普及之中。資訊傳播之快，之方便，使居住在相距遙遠的人們，沒有了距離感。加上交通工具的便捷和旅遊事業的發展，人們真的感到世界小了。

科學技術，也就是知識，已經成了第一生產力。馬克思在《資本論》中說：「各種經濟時代的區別，不在於生產什麼，而在於怎樣生產，用什麼勞動資料生活。」以電子電腦的應用為例。一座年產尿素44萬噸、合成氨35萬噸的化肥廠，用電子電腦控制，只需100個工人，而用人工控制和一般機器設備操作，則需上萬名工人。巨型電子電腦每秒運算10億次，相當於一個人手工計算6年多。電子電腦的問世和應用，引起了整個機器體系的質變，使勞動工具從機器時代躍進到自動化體系時期，使勞動生產率得到極大提高。前邊所述卡貝在伊加利亞實驗裏所說各項生產全由機器來做，而使人的勞動非常輕鬆，已經初步實現。

提出「後資本主義」理論的美國管理大師彼得‧F‧德魯克，把科學技術的發展劃分為三個階段。他說：「在這場大變動的頭一百年，即第一階段當

中，知識被用來改良生產工具、流程和產品，結果就產生了工業革命，但同時
也產生了馬克思所說的『疏離』、新階級與階級鬥爭，以及相伴的共產主義。
在第二階段當中，也就是大約從一八八〇年到二次大戰這段期間，知識有了新
的意義，被應用來解決工作上的問題，這就引發了『生產力革命』。這場持續
七十五年的革命，讓無產階級變成中上等收入的有產階級。最後階段則始於二
次大戰結束之後，知識開始運用在『知識』本身之上，持續到現在。這就引發
了『管理革命』。除了資本與勞動力之外，知識現在很快也成為一項生產要
素，而且是最重要的一項……」（《後資本主義社會》第3—4頁）

　　德魯克說：「這種從二百五十年前就開始發生的知識意義的改變，現在
已經使得社會與經濟產生了改變。如今，正式知識被視為最關鍵的個人資源及
經濟資源。傳統的生產要素如土地（自然資源）、勞動力與資本，雖然現在還
沒有消失，但已經不那麼重要了。現在，只要有知識，土地、勞動力與資本自
然就跟著來。在這種新的意義上，知識被作為一種『效用』，也就是能夠生產
社會與經濟利益的資料。」德魯克說：新的生產力的增加，「唯一可能的解釋
是：運用知識於工作後的結果。」在後資本主義社會，「最關鍵的資源必是知
識」，「在新社會真正支配性的資源、絕對決定性的生產要素，既不是資本、
土地，也不是勞動力，而是知識。在後資本主義社會中，社會主導階級不是
資本家，而是『知識工作者』與『服務工作者』。」（第24頁、第21頁、第2
頁、第4—5頁）

　　知識成了最大的資本，有了知識就有了資本。資本，已經不限於貨幣、金
錢，它從「等價物」變成非等價物，它從有形變成無形。其結果，就是引起了
「生產力革命」。

　　這種形勢發展很快。二十世紀最後二十年，人們說，許多國家和地區形
成了一種「知識經濟」，有的甚至進入知識社會。知識經濟，指從製造業到服
務業等各部門所使用的機器、工具等，是需要花費較多的科研時間和開發費用

生產出來的高精尖產品，生產那些產品，一般具有需要綜合運用多門學科的最新科研成果，技術和設備比較先進、複雜，投資費用大，科技人員比重大，操作人員也要求具有較高的文化科學知識，使用勞動力和消耗原材料少，污染較少等特點。宋國濤、金歌在《中國國際形勢問題報告》中說：「經合組織認為，知識經濟一詞出自對知識和科技在經濟增長中的作用的認識。知識歷來是經濟發展的核心要素，經濟密切依賴於知識的生產、傳輸和利用的事實已經非常明顯。在傳統經濟概念中，生產取決於所用生產要素的數量，特別是勞動、資本、設備和資源，技術或知識被視為外部要素，而不是生產函數的完整組成部分。因此，當代經濟學家建議改變新古典主義使用的生產函數概念，直接將『知識』要素列入其中，在經濟增長的新概念裏，經濟增長更直接地取決於知識的投資，知識可以擴大傳統生產要素的生產能力，知識還可以提供調整生產要素創造革新產品和改進生產程式的能力。新古典主義經濟增長模式的核心是資本積累，與此相反，以知識為基礎的經濟增長新模式鼓勵創造新知識和在經濟中傳播新技術的手段。知識經濟的目標是研究和應用新技術。現代經濟的重心已經轉移；獲得新技術知識、創造和適應新技術發展的靈活性已經超過了工業經濟時期的看家法寶——經驗和傳統。」（第229頁）

知識作為生產力，要求生產工人具備一定的科學知識，不僅用體力，更要用智力。幾個主要發達國家，近年來製造業仍然有很大的發展，但這個部門的從業人員卻減少許多。其所以如此，就在於工人的文化素質大大提高，他們不僅能夠熟練地使用不斷得到改進的工具，而且參加到新技術設備的研製之中，改進之中。在資本主義時代，工人不需要多少文化知識，現在不是這樣，一般都具有高中文化程度，還有許多大學畢業生。電子電腦的操作，一般人是勝任不了的。這不僅使體力勞動和腦力勞動的界限變得模糊，也使計算勞動創造了多少價值變得困難。當年馬克思是以資本家剝削了工人的多少「剩餘勞動時間」統計剝削量的，現在這一點幾乎不為經濟學家注意了。

　　勞動者不純粹靠體力、也要靠智力這種現象，被德魯克稱為「勞動力要素的沒落」（《後資本主義社會》第47頁）。「勞動力要素的沒落」的另一面，便是知識作為生產力的形象表達。德魯克說：「一九八〇年，美國規模最大的鋼鐵公司——美國鋼鐵公司，有12萬名員工。十年後，其員工數目精簡至2萬名，可是鋼鐵產量卻跟十年前差不多。在這十年當中，鋼鐵工人的生產力增長了7倍。這有一部分原因是出自該公司關閉了陳舊過時的鋼鐵廠，另一部分原因是投資購買了新設備。可是，最大的原因還在採用新的工作流程與任務分派，因而大幅提高了生產力。」（第50頁）這「新的工作流程與任務分派」，是只有有知識的人才可以完成的。惟其如此，無論在發展中國家還是發達國家，「體力勞動者再怎樣廉價，一定無法與知識勞動者競爭，無論知識勞動者的薪資有多高。」（第51頁）「知識勞動者」，這就是當今勞動者新的頭銜和應有的資格。

§4.1.3　企業「兩權」分離，出現管理者階層

　　第二次世界大戰以後，還有一個新的現象，是企業「兩權」分離。

　　在資本主義初期，企業的所有權和管理權基本上是合一的，資本家既是企業的所有者，也是企業的管理者，他們一身而兼二任。同時，管理主要依靠經驗，不必有高深的學識。隨著工業革命的快速發展，管理人員的需求量大增，但是管理人員的培訓方式基本上沒有大的變化。德魯克說，直到二十世紀中期，一般人的想法仍然是，要管理企業，最穩當的方式是從基層做起，然後一路升遷。那個時代，「在美國、英國、日本、德國等國家，上大學並不保證將來一定有很好的收入，最務實的做法是在十六歲就趕緊去有工會組織的大製造廠工作。在那個地方，幾個月後就有很好的收入，這也就是生產力革命後的結果。但是，這種機會現在已經沒有了。現在想要有中上等收入的機會，如果沒有一張正式文憑證明你有必備知識（獲得這種知識只能在學校接受有系統

的學習），那是不行的。「（《後資本主義社會》第23─24頁）德魯克自己，十五歲高中畢業後，決定不去念大學，而是像他上邊說的那樣，到一家貿易公司當文員，開始了他的實戰經歷。他在管理上，做了許多創造性的摸索，而且注重把實踐經驗上升到科學理論。他一生著述很多，大都是談管理的，被尊稱為「管理學教父」，《商業週刊》稱其為「當代最不朽的管理思想大師」。二〇〇二年，美國總統布希頒發「總統自由勳章」給他，這是美國公民所能獲得的最高榮譽。

　　資本家退到幕後，把企業交給管理者去管理，是第二次世界大戰以後一個突出的現象。德魯克在一九六六年出版的《卓有成效的管理者》中，正式提出了「管理者」這個概念。他說：「在一個現代的組織裏，如果一位知識工作者能夠憑藉其職位和知識，對該組織負有貢獻的責任，因而能實質地影響該組織的經營能力，並取得明顯的成果，那他就是一位管理者。」（據《新智囊》網二〇〇六年十二月七日《管理者：一個階層正在興起》）顯然，管理者跟「經理」不完全相同，經理的職位是有限的，不是所有的人都可以做經理，而「管理者」既包括了經理一類人在內，又範圍廣泛得多。德魯克在《後資本主義社會‧序》中說：「到了二次世界大戰，經由管理革命，這些資本家被『專業經理人』所取代。當然，現在很多資本家仍活躍於報紙的社會版面，但他們已經成為『社交名人』，幾乎不再插手經濟事務了。在商業新聞中，焦點都在『受雇的經營者』身上；如果提到錢，指的大多是經理人的薪水、紅利，而不是資金的問題。」（序文第4頁）

　　「管理者」靠什麼去管理？靠知識，德魯克說得明白。詹文明在《後資本主義社會‧導讀》中說：「在後資本主義社會中，社會的主導階級不再是資本家，也不是無產階級，而是『知識工作者與服務工作者』。也就是說，後資本主義社會最根本的經濟資源，不再是資本或自然資源，也不再是勞動力。無論現在或將來，最關鍵的資源必定是『知識』。任何創造財富的活動，不在於

如何籌措資本，也不在於勞動力的付出，所有的價值都由生產力和創新來創造，而生產力的高低和創新的成敗都與知識的應用和跟工作的結合有著密切關係。」（《後資本主義社會》序文第14頁）詹文明又說：「管理革命的意義在於說明了一個事實：單有知識也沒辦法生產，光有管理也不會有成果。如果有了『有效的管理』，將知識運用於知識上，土地、勞動力、資金等其他資源就會跟著來。為此，知識已成為最關鍵的資源，少了它社會就終將停頓，有了它組織就能發揮效能，社會因而受惠，國家因而強盛。」（序文第19頁）詹文明曾在美國加州克萊蒙特大學彼得・德魯克研究中心深造，師從德魯克，是德魯克管理學家。

德魯克提出的「管理者」這個概念，早已為人們所接受。提出《後帝國主義》理論的大衛・貝克爾和理查・斯克拉在《為什麼是後帝國主義？》中說：「在政府管理部門和大的私營企業部門的共同呵護和培育之下，一個新的社會階級產生了。理查・斯克拉曾將其命名為『管理者資產階級』。讓我們不要誤解它所表示的含義。這個術語的言外之意並不是指管理者的一個『階層』或一群政府精英；管理者資產階級也不是一個職業性的或功能性的概念。它是一個外延很廣的社會範疇，包括商業精英、企業管理者、高級政府官員、政治領導人、某些研究行業的成員，以及所有社會領域中具有同等地位的人。我們之所以稱之為階級，是因為儘管其成員在各自的狹隘利益上存在差異，但是他們在社會經濟方面的特權地位相同，並且在資本主義生產方式所固有的政治權力關係和社會控制方面，他們也有著共同的階級利益。我們之所以使用這個術語，是因為這個階級特別能使我們聯想到企業家的傳統；同時，該術語也反映了在許多『第三世界』國家管理那些已經被國有化、或者是在國外投資者的協助下才創建起來的政府機構和大型企業的主要階級構成。」兩位學者還把「管理者資產階級」分為「由東道國當中那些享有特權的公民」所構成的「本地派」和由外國公民組成的「國際公司派」（《後帝國主義》第58—59頁）兩種。

　　管理者具有極大的權力。未來學家托夫勒在《第三次浪潮》中說到企業
的「整合者」。在托夫勒看來，「最早的整合者是工廠所有者、企業家、廠
長」，在馬克思的時代，「整合者」是「擁有工具和技術（『生產資料』）的
人」，而在第三次浪潮中，整合者轉移到管理者手中。他說：「由於生產越來
越複雜，分工越來越專業，企業界發現介於老闆和工人之間的管理人員與專家
突然大量增加。紙上作業迅速蔓延。很快地在大公司裏面，包括所有人和主
要股東在內，沒有一個人能夠瞭解全盤作業。所有人的決策遭到協調整個系統
的專家的修改和控制。因此新的管理階層出現了，他們的權力不再依附於所有
權，而是在於整合方法。管理者的權力增大，股東就變得越來越不重要了。公
司的規模擴大，小業主將股份出售給更多分散的股東，他們當中很少人瞭解企
業的實際作業。股東逐漸必須依賴雇傭的管理人員來處理公司的日常事務，甚
至制定公司的長期目標和策略。董事會在理論上應該代表所有者，可是對於他
們應該指揮的作業卻越來越疏遠，越來越不熟悉。同時由於個別的私人投資減
少，而養老基金、共同基金及銀行信託部門等機構的間接投資增加，企業的實
際『所有者』就更沒有控制權了。」（第41頁）

　　惟其如此，有的人寧願做管理者而不做所有者。托夫勒說到曾任美國財政
部長的布魯門索爾。布魯門索爾在進入政界之前，曾主持邦迪克斯公司。有人
問他是否希望有一天能擁有這個公司，他說：「重要的不是擁有權——是控制
權。身為總經理，這正是我所得到的！我們下星期要舉行股東會議，我手中有
97%的選票。而我只『擁有』8000股。控制權才是我認為重要的東西。能控制
這龐然大物，並且以建設性的方法來運用它，這才是我想要的，而不是去做其
他人要我去做的笨事情。」（引同上）

　　二〇〇二年，中國社會科學院專家陸學藝和他領導的研究小組出版了《當
代中國社會各階層研究報告》，他後來寫了《當代中國社會劃分為十大階層》
一文（見於《中國網》），概括介紹了那本專著的核心內容。這篇文章帶有權

威性，它把第一個階層叫做「國家和社會管理者階層」，指黨政、事業和社會團體機關單位中行使實際的行政管理職權的領導幹部，包括中央政府各部委和直轄市中具有實際行政管理職權的處級以上行政級別的幹部，各省、市、地區中具有實際行政管理職權的鄉科級及以上行政級別的幹部，說這一個階層是當前中國社會經濟發展和市場化改革的主要推動者和組織者。第二個階層是經理人員階層，指大中型企業中非業主身份的高中層管理人員，他們是市場化改革的最積極推動者和制度創新者，代表著先進生產力和現代經濟發展的方向。這一階層都有較高的學歷和專業知識水平，同時他們的社會政治地位也較高，被稱為「老總」。第三個階層是私人企業家階層，這個階層的大部分成員也應該包括在管理者階層之中。因此，這是很龐大的一個人群。

自亞當‧斯密以來，人們習慣於把企業裏的經濟活動區分為生產性勞動和非生產性勞動，資本家、經理等人一向被當作「非生產性勞動」人員。按照德魯克的說法，管理者的職責並不限於支援一線工作，他自己也可以參加到一線去，當然他最主要的職責，是創造條件保持一線的運轉，並為激發一線員工開展高效和有效的工作提供動力。德魯克說：「管理者是每個企業裏具有活力並賦予生命的元素。如果沒有管理者的領導，『生產資源』只能是資源，永遠無法轉化成生產力。」（據《管理者：一個階層正在興起》）

前不久因病逝世的蘋果公司掌門人史蒂夫‧約伯斯，既是一位天才的發明家，又是一位管理大師。他大學只上了一個學期，一九七六年二十一歲時，跟朋友合夥創辦蘋果公司，長期擔任行政總裁。他先後領導和推出了麥金塔電腦、iMac、iPod、iPhone等風靡全球的電子產品，深刻地改變了現代通訊、娛樂乃至生活方式。他憑敏銳的觸覺和過人的智慧，勇於變革，不斷創新，引領全球資訊科技和電子產品新潮流，把電腦和電子產品變得簡約化、平民化，讓曾經是昂貴稀罕的電子產品成為現代人生活的一部分。他極會經營，常常出奇制勝地宣傳自己的產品。由於約伯斯的經營理念跟大多數人不同，加上其他

公司的競爭，約伯斯一個時期離開了蘋果公司，另外創辦了「NeXT」電腦公司，又花1000萬美元收購了Lucasfilm旗下的一家電腦動畫效果工作室，並成立獨立公司皮克斯動畫工作室，以後成為眾所周知的3D電腦動畫公司，於一九九五年推出全球首部全3D立體動畫電影《玩具總動員》。在約伯斯離開的日子裏，蘋果公司頻臨絕境，幾近垮臺。約伯斯於蘋果危難之中回來。當時的行政總裁在歡迎詞中說：「這個曾經的英雄終於在眾望所歸下重新回來了！」二〇〇七年，史蒂夫‧約伯斯被《財富》雜誌評為年度最有影響的商人。二〇〇九年，被《財富》雜誌評為本世紀第一個十年美國最佳行政總裁，同年當選為《時代週刊》年度風雲人物之一。

約伯斯是管理者中的傑出代表。他跟德魯克的區別在於，德魯克對管理學做了深入的研究，而他，是以他的天才，從實踐上發展了管理。

§4.1.4　股份制向公眾敞開大門

有一個現象似乎不大為人注意，我在經濟類讀物中很少看到，但我卻覺得應該提出來說，就是公眾持股公司的發展。

最早的公司，有私人或家族公司，有股份制公司。股份制公司，幾乎都是有錢人合夥經營，股東不過幾個人，特別是在初期。中國清代後期的晉商就是這樣，有的商號由幾個人合股組成，幾個商號還可以重新組成一個新的商號。這被認定為合夥企業。這種形式，一直到現在，仍在繼續。比如「股神」巴菲特在二十世紀六十年代就曾組過「巴菲特合夥人有限公司」，當時最小投資額為10萬美元。近年中國的一些私募基金或個人投資公司，亦屬此類。不過，我這裏說的不是這一種，而是向公眾發行股票。

在美國等國家，十九世紀末，工業股票已可以大規模交易，但能購買者大都限於少數有錢人和中產家庭，普通老百姓是買不起的。這也不是我們關注的重點，我們關注的是廣大普通老百姓。

　　十九世紀，無產階級處在極其貧困的狀態，他們所得工資不足以養活全家。馬克思在《資本論》第一個版本的第一卷中寫道：「……十八世紀末和十九世紀初的最初幾十年間，英國的租地農場主和地主把工資強行降低到絕對的最低限度，他們以工資形式付給農場短工的錢比最低限度還要低，而以教區救濟金的形式付給不足的部分。下面這個例子可以說明英國的道勃雷們在利用『法律』來規定工資時的醜態：『一七九五年，當地主們在規定斯賓諾姆蘭德地方的工資的時候，他們已用過午餐，但是他們顯然認為工人是無須用午餐的……他們決定，當一個8磅11盎斯重的麵包賣1先令的時候，每人每週的工資應為3先令，在這種麵包價格上漲，而沒有達到1先令5便士之前，工資可以適當增加。一旦超過了這一價格，工資則應按比例地減少，直到這種麵包的價格達到2先令為止，這時每人的食量應比以前減少1／5。……」（第575頁）這是那時工人的生活情況。像這樣生活水平的人家，面對股票，他們只能望洋興嘆。

　　由於無產階級進行鬥爭的結果，同時工會的作用日漸強大，進入二十世紀，工人的生活狀況逐步改善。經過第一次、第二次世界大戰，工人的生活水平更有了明顯的提高，維持基本生活需求外，他們有了儲蓄，可以用於投資。從資本家方面說，他們集資的方式也在發生變化。其中一種方式，便是面向廣大老百姓發行股票，於是出現了「公眾持股」的現象。這種現象出現於十九世紀末，在第二次世界大戰以後快速發展起來。這成為資本靜悄悄的革命的內容之一。

　　股份公司制度為現代企業的一種重要形態。上市是大型的，少數的，不上市是大量的。股份公司，各國法律大都仿照民主政治「三權分立」的原則，有股東大會、董事會和監督監察機構不同職責的三權規定，因而是比較合理和安全的。股份公司的資本來源，幾乎都是開放式，公眾都可以入股，對出資者的人數、身份、出身沒有限制，這有利於動員社會閒散資金。美國南森・羅森堡和Ｌ・Ｅ・小伯澤爾在《西方現代社會的經濟變遷》中說：「大型公眾持股公司

是最引人注目的經濟組織形式……」（第214頁）其所以「引人注目」，可能各有不同原因，不同出發點。我關注這種形式，在於它為普通人參與資本運作開闢了一條寬廣的道路。簡單說，人人皆可為投資人就是這種經濟形式最根本的特點。有人把這種集資方式稱為人民資本主義。人民和資本的結合，是資本靜悄悄革命所帶來的新現象。

世界最著名的「股神」沃倫‧巴菲特，就是靠了大型公眾持股公司之賜，而成為一位大富翁的。巴菲特生於一九三〇年，十一歲就買了生平第一張股票。在上大學期間，他受教於著名投資學理論家本傑明‧格雷厄姆門下，堅持通過分析企業的贏利情況、資產情況和發展前景等因素評價股票，選擇投資方向，迅速致富。二〇〇六年六月二十五日，巴菲特宣佈，他將捐出總價達370億美元的私人財富投向慈善事業，又成為一位偉大的慈善家。

像這種「股神」，各個國家、各個地方都有。這也不是筆者關注的。筆者的著眼點仍是廣大「股民」。廣大「股民」，就是「公眾」，基本上都是靠工資為生的普通人，還有的靠養老金為生，許多人連中產階層都夠不上。這夥人構成「股市」的絕大多數，也許他們的購買量並不很大，但就這些人來說，意義卻非同尋常。少數人從這裏走向富裕階層、中產階層，更多的人，在固定的工資之外，有了額外的收入。據《二〇一〇年中國社會形勢分析與預測》的「社會藍皮書」報告，十年來中國城鄉居民的收入構成發生了變化。「作為城鎮居民收入主體的工薪收入占全部收入的比重二〇〇八年為66.2％，比二〇〇〇年降低了5.0個百分點」（第17頁），這其中，城市居民非工薪收入，自當包括「炒股」在內，或以「炒股」為主。他們在「炒股」過程中，也在學習現代市場經濟，學習各種投資技巧，增長了知識和適應社會的能力。他們也有失敗的時候，但是一般說，這些「股民」又都很「狡猾」。他們不會把用於衣食住行的基本生活費用拿來投資，拿來投資的是「剩餘生活費用」。他們「炒股」，又絕不會把自己拴在一棵樹上，而是「散點投資」，這裏失去那裏補，

所以損失不會很大。

　　還有一種情況，是企業家鼓勵自己的雇員參股。這種投資形式《西方現代社會的經濟變遷》中寫到了，但它寫的是另一種情況：「對雇員來說，世界總是處於不斷變化當中，因此，把職業生涯（人力資本）和個人積蓄都投資到同一家企業，未必是一個合理的投資策略。鼓吹雇員所有制的人，包括那些積極向其雇員推銷股票的雇主們，很少向雇員提及風險分散的好處。這些雇員，由於風險集中，在經濟不景氣時，也許會發現自己會隨著雇主盈利的下降而丟掉工作，而與此同時，其所持有的股票價值也會大大縮水。簡言之，如果工人們得到的報酬足以使其擺脫無產者的地位，那麼有充分理由相信他們會以其他形式來保有和增加財產……」（第250頁）擔心「把職業生涯（人力資本）和個人積蓄都投資到同一家企業」可能受損，會使一部分雇員選擇投向別的企業，大部分雇員還是會在「企業家鼓勵」下向自己所在的企業「參股」。無論如何，「企業家鼓勵自己的雇員參股」是現代企業的一種常見形式，而且會繼續發展。這成為人民資本主義的一項重要內容。

　　拉菲・巴特拉在其《影響全球進程的社會週期律》（中文版編為《世界大趨勢2》）中，把雇員參股說成「經濟民主」。他說：「永久消除金融矛盾的唯一途徑就是實行經濟民主制度，在這種制度下，企業雇員擁有公司多數股份，有權推舉他們自己的代表控制公司董事會。這樣的公司運作起來就像是自己經營的企業一樣。如果你有自己的公司，生產力提高將會給你的收入帶來同等比例的提高。與此類似，在雇員參與管理的公司，採用新技術帶來生產力水平提高，由此產生的收益可以讓公司工人跟股東一樣獲益，從而避免工資差距不斷擴大。一旦工資差距縮小並保持恆定，經濟就能平穩運行，大舉借債製造人為需求、固定出口匯率確保貿易順差之類措施也就沒了用武之地。」（第264頁）

　　由於公眾持股的大發展，有人創造了「股民」這個詞。一九九九年夏秋，英國產業協會主席威爾・赫頓和社會學家、倫敦經濟學院院長安東尼・吉登斯

就全球化問題多次在一起談話,並做了記錄,其記錄稿收在《在邊緣:全球資本主義生活》一書裏。赫頓說:「蘇聯解體後,資本主義沒有了世界性的敵手,這確實是一個顯著的變化。此外,從與蘇聯集團的競賽中勝出的是一種特定形式的資本主義。這種資本主義更嚴酷、更無情、流動性更強,對於自己需要什麼、是什麼使自己運轉更為確定。愛德華・勒特韋克將其稱作渦輪資本主義,這種資本主義與二十世紀五十年代和六十年代那種受控制的資本主義形成對照。其最高目標是為財產所有者和股民的利益服務。這種資本主義擁有一個堅定的信念,這是一個有效的、意識形態化的信念,即認為一切阻礙其為財產所有者和股民服務的障礙都是不正當的,應該予以清除。這些障礙包括管制、控制、工會、稅收、公有制等等。其意識形態是,股民的利益必須最大化,勞動力市場應該是『靈活的』,資本應該可以隨心所欲地投入或撤出某個產業,某個國家。這既是華爾街的資本主義,也是金融市場的資本主義;既是場外交易的資本主義,也是場外市場的資本主義⋯⋯」(第18頁)

在《股民資本主義對股東資本主義》一節,赫頓說:「正在高歌猛進的,是這種股民驅動的資本主義。這種資本主義有著更為殘酷的觀點,認為資本主義努力的目標是利潤最大化。在實質上,這種資本主義認為私人財產和股民的利益是至高無上的。在科技發生巨大變化的時代,這種資本主義尤其有力。這不僅是因為它鼓勵新的競爭者進入市場,而且也因為它震醒了那些強大但不活躍的公司,使這些公司擁有很大的市場力量⋯⋯」(第22─23頁)

赫頓前一段話在說到「股民的利益必須最大化」時又說「勞動力市場應該是『靈活的』」,是說那些「股民」都是普通勞動人民,他們是「勞動力市場」的常客,為了照顧那些股民「炒股」,所以「勞動力市場」必須「靈活」。

「工人們得到的報酬足以使其擺脫無產者的地位」,這是「公眾持股公司」和「雇員參股」這種經濟形式值得我們關注的根本之點。

也許由於這種經濟形式把廣大普通老百姓吸引進來，南森・羅森堡和L・E・小伯澤爾在前引「大型公眾持股公司是最引人注目的經濟組織形式」一句話後接著說：「西方資本主義的一些支持者把資本主義的發展歸功於這些公司，而資本主義的批評者卻認為，這些公司的出現意味著資本主義發展階段即將結束，因為這種組織形式有助於將生產資料轉移到國家手中。社會主義國家和發展中國家經常毫不懷疑地肯定，要效仿西方經濟的發展，就必須用眾多的國有大型企業來組織自己的經濟。」（《西方現代社會的經濟變遷》第214頁）

§4.2　「界」在消失中，「形」在改變中

康有為的「去九界」之議，前邊已經論及。這「九界」，有的出於自然，如男女之分、種族之別，這樣的「界」是難以「去」的，而且「去」與不「去」，跟實現世界大同沒有關係。要「去」的，大都為社會原因所造成，如像國家之「界」、階級之「界」、城鄉之「界」、腦力勞動和體力勞動之「界」等等，即是。這些，也是馬克思主義的兩位創始人所要求取消的，「政治國家」變為「經濟國家」即是去「界」之一種、之一個階段。近年人類社會發展結果，恰恰說明，幾種主要的「界」正處在消失之中。有些不在「界」的範疇裏的，其「形」在改變之中。

§4.2.1　跨國公司改變了帝國主義的面貌

以前帝國主義是扛著槍炮，踏著堅硬的軍靴，跨入別國的領土，侵城掠地，燒殺搶掠，姦淫婦女。現在這種現象比較少見，偶有一些，如北約派軍隊到阿富汗，美軍開到伊拉克，是在聯合國授權下執行特殊任務，任務執行完畢，把防務交給駐在國軍隊，自己撤回國內；另有一些，是根據協定或條約，

幫助駐在國搞所謂「防禦」，那是從二戰以後就如此的，如日本、韓國都有美軍駐紮。近幾十年來，帝國主義國家是把工廠、商店開到別國。弱小國家也可以把工廠開到帝國主義國家去，只要你有能力，他不會阻擋。

日本，這個對中國人造成巨大創傷的帝國主義，現在是用各種牌號的商品代替了軍人肩頭的刺刀。最早在中國人頭腦中留下深刻印象的，是如下廣告詞：「車到山前必有路，有路必有豐田車。」那是一九七八年，粉碎「四人幫」以後不久。此後十年，豐田車幾乎成了汽車的代名詞。豐田的老闆在中國大獲其利。豐田堅持「只賣汽車不賣技術」，不僅沒能遏止中國汽車工業的發展，反而使中國自己的汽車生產快速發展起來。從一九九四年起，中國加強了宏觀調控，進口轎車的數量銳減，首先受到衝擊的便是豐田，「皇冠」黯然退出，以桑塔納等為代表的中國產另一個帝國主義──德國的品牌車成為顧客的最愛。豐田的老闆猛一醒悟，趕快改變策略，在中國建立了三十多家合資工廠，又收購了一些汽車廠家，實現「三級跳」。後來發生了豐田「召回門」，令我們這些「無車階級」也難以忘懷。豐田的老闆必須看中國眼色行事，中國的市場是他的上帝，不是他隨意馳騁的草原。

當年的帝國主義國家，現在是發達國家，當年受帝國主義侵凌和欺負的國家，現在大都是「發展中國家」。當年這兩種國家的關係是侵略與被侵略，現在是競爭對手。競爭是殘酷的，有的敗下陣來，有的要不斷反思。對外資大舉侵入中國感到憂心忡忡的經濟學家汪康懋說：「中國加入WTO後，資本市場逐步對外開放，許多跨國公司改變以往非控股全資、非資產合資和許可生產方式進入的傳統方式，大規模採取協定併購合資企業內通過股權轉讓或增資擴股稀釋中國股權的方式進入中國市場。」（《資本戰》第29頁）他說：「如果國人對作者本人在本書所述現象無動於衷，也沒有良好的對應政策（如：控制多數股權、強制技術轉移、強制誠實納稅、規定雇傭規模、實行校園招聘），那麼十年二十年以後，中國雖然還是中國，不過那已經是外資全面壟斷下的中

國，人民除了少數為外資打工外，剩下的多數就是在失業或等待社會救濟。」
（第3頁）這確實是一個值得嚴肅對待和認真思考的問題。不過，我不像這位
經濟學家如此悲觀。在跨國公司大發展中，我們畢竟是「後來者」，當發達國
家的跨國公司已經很有氣勢的時候，我們才在各種教科書上為「跨國公司」正
名和注上各種界說。開頭，我們受到「欺負」是不難理解的，就像「八年抗
戰」我們受到欺負一樣。後來者是在受欺負中學習，但是也會爆發反作用力，
在吃過苦頭後，會「後來者居上」，最後取得勝利，正如取得抗戰的勝利一
樣。我們應該有這個自信。

帝國主義國家把工廠開到弱小國家去，它的本性並沒有改變，仍以賺取更
大的利潤、滿足他的私欲為目的，但是方式變了。在十九世紀和二十世紀前半
期，帝國主義的行動是單方面的，主動權在他們手裏，只對他們有利，弱小國
家處在被動挨打的地位。現在的行動是雙向的，對雙方有利，只要弱小國家堅
持，我們就主動在手，不會聽任帝國主義國家指手畫腳。這就是跨國公司時代
跟過去的不同。

跨國公司也使大的國際戰爭變得困難。跨國公司把它的觸角伸向世界各
地，就使它所到之處成為一個整體，利益相關，福禍相連，一旦燒起戰火，就
會殃及自身利益。這就使帝國主義國家在發動戰爭時多了一層考慮。這也使帝
國主義的面貌得以改變的一個原因。法里德・扎卡利亞在《後美國世界》中
說：「世界經濟為所有地方的人都展現了過上體面生活的美好前景；通訊技
術使我們能夠相互暸解、相互學習，這是人類歷史上劃時代的進步；政治合
作則能夠遏制大國爭奪的衝動。在地球上的任何地方，人們每天都在做著令
人拍案叫絕的事情。現在該是各國政府發揮自身的創造性，探索新型合作模
式，以展現人類聰明才智的時候了。奧巴馬和當代各國領導人面臨的最大挑
戰是創建一個新的國際關係體系，從而為我們在各方面都深受其害的重大共
同問題上開展真正而有效的全球合作創造條件。這是二十一世紀的一個重大

課題：這個新的架構一旦建立起來，世界和平、發展和自由就有保障了。」
（第19—20頁）

馬克思認為，資本主義生產的社會化和其相互依賴的本質，跟指導生產
運作的決策體制之私人性，存在著尖銳的矛盾。用馬克思的原話說，是「社會
中生產的物質力量」跟「現存的生產關係……〔即〕所有權關係」間的衝突。
列寧在回答有關資本超越民族國家邊界將如何演變的問題的時候說，資本主義
在真正變成國際資本主義之前，其內部矛盾將使它自我毀滅。列寧最有名的論
斷，便是帝國主義是資本主義的最後階段。第一次和第二次世界大戰是帝國主
義之間的戰爭，有的勝利了有的歸於失敗，戰爭中失敗的不久又復活過來，這
且不說。只就第二次世界大戰以後的帝國主義國家來說，現在依然是國際上一
支極其重要的力量，美帝國主義的霸權地位短時間還難以改變。塞爾·沙茨在
《社會化適應：一項關於世界資本主義的考察》中說：「資本主義一直保持其
活力的原因是，它有一種能力，這種能力已經顯示出來，然而馬克思卻並沒有
預見到。那就是，當遭遇嚴重功能失調時它通過減輕和弱化這個基本矛盾的方
式來加以適應。由於延緩的緣故，資本主義已經間歇性地、不太完全地適應了
它的決策體制。」（《後帝國主義》第31頁）「社會化適應」，這就是塞爾·
沙茨所說的它的活力所在。

在這中間，跨國公司起著巨大的作用。大衛·貝克爾和理查·斯克拉在他
們合寫的《為什麼是後帝國主義？》中提出一個問題：「如果母公司為了讓自
己總是能夠受益，它是否會逆跨國企業的這種趨勢而動，即不斷維護富有的、
通常都是母公司總部所在地的工業化國家對那些非工業化國家或半工業化國家
以及相對貧弱的國家的統治？難道跨國企業不是一種新形式的、適應了後殖
民時代需要的、變相的帝國主義？」（《後帝國主義》第50—51頁）兩位作者
說，對這個問題會有「三種不同反應」。無論是「依附性發展」論者還是「不
發達的發展」論者，都不免帶有民粹主義色彩，其前提是，國際資本主義的擴

張，必然地、不可避免地是帝國主義。他們不是從事實出發，而是從概念出發。事實是，跨國公司所牽連的母公司所在地——發達國家和子公司所在地——發展中國家，或第三世界國家，利益是共同的，一體的，互相依賴的，並不是帝國主義國家用這種手段去「剝削」其他國家。兩位元作者正是在這個認識基礎上提出了「後帝國主義」的概念。能不能說，隨著跨國公司的興起，原來的帝國主義國家的侵略性，雖然沒有徹底改變，但至少有了很大的收斂，變得不那麼赤裸裸，它也照顧到子公司所在國家和人民的利益，做到「互利雙贏」？

對跨國公司這種新的「遊戲規則」，經濟學家給出了說明，這叫「開明的自利」。陳晉著《哈佛經濟學筆記》生動地記錄了經濟學家講課中的一些精彩的鏡頭。在二〇〇八年二月和三月的講課中，曾任美國財政部長、哈佛大學校長和世界銀行副主席兼首席經濟學家的勞倫斯·薩默斯，講了二戰後的佈雷頓森林體系，講了貿易一體化的一些問題，還有其他題目。是講貿易一體化，不是經濟一體化，但這兩個一體化是重合的，經濟一一體化包括了貿易一體化在內。在講佈雷頓森林體系時，薩默斯說，「NATO的宗旨明確說明對任何一個國家的攻擊就是對所有國家的攻擊。」（第39頁）「開明的自私」是在說到馬歇爾計畫時說的，說「這不是美國人無私的奉獻，而是一種開明的自私」，上引「NATO的宗旨」是緊接著說的。這就是二戰後許多國際組織建立的基本出發點。對跨國公司也應當作如是觀。跨國公司把所有相關的國家捆在了一起，大家利害相連，禍福與共。

§4.2.2　跨國公司也在改變著發展中國家

跨國公司不僅改變了許多總公司所在國——帝國主義國家的面貌，也改變了其子公司所在國——許多發展中國家或說「第三世界」國家的面貌。跨國公司推動了第三世界國家經濟的發展、就業的增加和文化水平的提高。

大衛·貝克爾和理查·斯克拉在《為什麼是後帝國主義？》中說：「它

（引者按，指後帝國主義理論）認為全球公司在新的跨國基礎上，可以促進各國利益的一體化。尤其是，跨國企業給『第三世界』國家提供了獲得資本資源、可靠市場、關鍵技術以及其他服務的機會。後帝國主義觀點認為：在經濟發展的不同階段，擁有政治自主權的國家相互之間在效益的分配方面通常都存在著差異，但是，在此之下，它們之間還存在一種利益上的相互依賴的關係。從最深的層面來看，它們的利益並不是根本對立的，而且，較為發達的國家也不是自動地就給欠發達國家強加了牢固控制。」從「第三世界」國家方面說，「不管在哪里，他們都表達了與跨國公司建立穩定關係的願望。能夠使這種可靠關係實際普遍存在的條件是：勞動力與管理層兩者的當地化，或本國化。跨國公司政策也出於自我經濟利益的考慮，走向了全面接受本國化條件。哪里的跨國公司沒有這樣做，當地政府就必定會制定、也確實制定了某種有效的強制推行本國化的政策。第二個被廣泛認可的條件是當地也分享企業所有權。結果，跨國公司通常採取合資企業的形式，其中的當地合夥人往往是國家機器的延伸，並佔有一定比例的股份。」（《後帝國主義》第56—57頁）

兩位作者又說：

上述兩個條件引發了組織變革，這種變革在「第三世界」國家似乎是順理成章的。反過來，組織變革又給他們帶來了新的制度和全新的社會結構。現在，很多「第三世界」國家都存在高水準的就業，其中主要的就業崗位均來源於其經濟體系中的半國營部門。高度官僚化的半國營實體雇用了許多大學畢業生。知識份子也被這樣招錄進去，並成了社會精英階層的一部分。他們傾向於接受精英意識，其中包括他們有可能與之發生聯繫的跨國商業集團的價值觀體系；他們還希望促進當地私營企業的成長。半國營部門中的精英們甚至會出於一些工具性的考慮而促進當地私人企業的成長，譬如對效率和國內資源不足的認識。一旦這些精

英在私營企業裏發現了補充收入的機會，他們往往會要求給自己的私人腰包來點獻金。在大多數拉丁美洲國家中，現代階級的形成過程仍然與以前沒什麼區別，但其結果如何我們卻不得而知。剛剛成長起來的工業技術官僚精英由於全盤接受了全套現代管理方法的教育，由於與跨國公司交往密切，他們的階級利益和意識形態世界觀發生了轉變，並最終取代了昔日「寡頭式的」「土地──金融──商業」三位一體的統治。（第58頁）

第三世界國家在這中間也有損失。他們最大的損失，就是一部分資源被跨國公司「掠奪」而去。但這是有失有得的，不能只看到一個方面。

正因為如此，八十年代後期以來，發展中國家對跨國公司的態度發生了根本性的改變。他們不再把跨國公司當作一種威脅，而是當作發展本國經濟的動力，是「發展的引擎」。世界上不少著名學者如羅斯托、鄧寧等人，都強調發展中國家大膽接受跨國公司的重要性，他們把吸引國外技術和投資當作發展中國家實現快速發展的重要途徑，認為發展中國家必須求助於發達國家的資金和技術，才能實現經濟增長和縮小社會各階層之間的差距。如何發揮自身優勢，把自己積極融入到世界經濟之中去，也是許多發展中國家所認真考慮的問題。

還要看到，跨國公司不僅為第三世界國家帶來了經濟上的實際利益，而且增強了他們的民族自豪感，使他們的民族主義得到昇華。民族主義是第二次世界大戰以後蓬勃發展起來的一股思潮，如大河奔騰，席捲全球。當年的殖民地、半殖民地國家紛紛獨立，使帝國主義的威風掃地以盡。但是，獲得獨立的原殖民地、半殖民地國家，卻因經濟落後，人民生活處在極度困窘之中，在一段時間內常常要靠帝國主義國家的施捨，才能維持最低限度的生活。隨著跨國公司的到來，情形大變。法里德·扎卡利亞在《後美國世界》中說：「茲比格紐·布熱津斯基最近呼喚人們要注意他所稱做的『全球政治覺醒』現象。他指的是，受經濟成功、國家自尊、教育水平提高、資訊增多且透明，以及歷史記

憶等各種各樣力量激發的高漲的群眾激情。布熱津斯基注意到了這一新力量的
破壞性。他寫道：『發展中世界的大部分人都被政治攪動起來了，並且在許多
地方引發了騷亂。』『正是由於人們意識到社會不公正達到了如此史無前例的
程度⋯⋯（而且這一意識）使人們形成了具有共同感覺和情感的共同體，只有
通過煽動性的政治或宗教熱情才可以得以喚醒或疏導。這種力量超越主權界
限，給現有國家以及現有全球等級制構成了挑戰，而美國正處在這一等級制的
最上層。』」（第47頁）

　　扎卡利亞進一步說到民族主義興起在第三世界國家所造成的影響：「當我
寫到民族主義的興起時，我是在描述一個更廣泛的現象──維護對自己的認同。
民族國家是一個相對新穎的事物，其出現常常不足一百年。而宗教、族群和語言
群體則是生活在民族國家內部古老得多的群體。而且，這種紐帶現在依然很緊
密。隨著經濟上相互依賴的加深，這種紐帶事實上在加強。在歐洲，比利時的佛
蘭德人和法蘭西人仍然像過去一樣保持著自己的特性。在英國，蘇格蘭人選舉出
的執政黨建議，結束三百年來締造英格蘭、蘇格蘭和威爾士聯合王國的《聯合法
案》。在印度，民族主義黨派的地盤被宗教黨派搶佔。在肯雅，部落特性正變得
越來越重要。在世界大部分地區，這些核心認同──比民族國家認同更為深層
──仍然是生活的確定性特徵。這些正是人們投票的原因，也是他們願意犧牲自
己而追求的東西。在開放的世界經濟條件下，這些團體知道，它們需要中央政府
的地方越來越少。而且，在民主時代裏，如果他們團結起來組成一個整體，他們
可以獲得越來越大的權力。認同的雙重優勢意味著，當中國和印度與美國或聯合
國或整個世界發生聯繫時，它們的民族主義就會增強。與此同時，在它們自己國
家內，次地區民族主義也在增強。發生在全球舞臺上的情形──經濟增長過程
中，認同感也在上升、加強──也同時在地方舞臺上演。其結果就是，國家意圖
採取的行動將變得更加困難。」（第51─52頁）

　　扎卡利亞所說民族主義在一個國家地方舞臺上演會影響到中央政府的權

威，顯然是部分國家的情形，在另一些國家，不一定表現為民族主義而可能是地方主義。無論如何，這是在新的經濟形勢下出現的。

　　跨國公司的發展，在一些第三世界國家常常會引起領導層不同意見的爭論。大衛・貝克爾、理查・斯克拉在《為什麼是後帝國主義？》中說：「國外的私人直接投資──從第二次世界大戰結束到銀行貸款和間接投資達到高潮的二十世紀七十年代發達國家向『週邊』國家進行大規模投資的主要方式──使『第三世界』國家領導人感到進退兩難：他們一方面想要引進資本和技術，但同時又害怕失去對他們國家內部事務實施主權控制的能力。正如塞爾・沙茨所說的：一些人鼓吹張開雙臂接受國外直接投資，而另一些人則極力反對（包括很多馬克思主義者）；這兩部分人之間存在著激烈的爭論。但是，『第三世界』國家領導人對國外直接投資所持的態度和採取的政策都有一種明顯的趨勢：他們都選擇了一條令他們感到滿意、沒有意識形態色彩的、『肯定的實用主義』的中間路線。有些領導人還得出結論：擺脫進退兩難局面的方法就是相對側重於依靠間接投資……」（《後帝國主義》第64頁）

　　應該看到，發達國家把工廠辦到發展中國家，雙方的目的、目標不完全一致。跨國公司的對外投資是受市場驅動或資源驅動的，資本家尋求的是利潤最大化。發展中國家吸引FDI的目的是促進本國經濟發展和解決失業問題。雙方想法、目標不同，為什麼又能走到一起呢？就因為彼此的利益大部分可以得到滿足。各有自己的利益，也有交集的時候。九十年代以來，大部分發展中國家修改法規，不斷減少對FDI進入本國的限制，就是在爭取得到更多的利益。據一項資料，一九九八年有60個國家對145項涉及FDI的法規做了修改，其主要考慮就是為吸引外資創造更有利的環境。跨國公司的發展是雙方面的，既為總公司所在國所需要，也為子公司所在國所歡迎，而且在某種程度上說，後者歡迎的程度更強烈。他們歡迎，只能說明對他有利。對「第三世界」有利，從反面說明，現在的「帝國主義」跟以前的帝國主義有了不同。

惟其如此，社會主義的中國，才會歡迎從美國、英國等「帝國主義國家」來的資金。美國學者克萊德‧普雷斯托維茨在《經濟繁榮的代價》中說：「吸引全球化企業在中國建立工廠，並向中國轉讓技術，正是中國人從新加坡學來的高招，成為北京增長戰略的主要組成部分。通過把中國打造成那些已經在海外市場擁有市場分銷能力和品牌認知的跨國企業的一個出口平臺，中國希望極大地加速它的發展。一九九二年，在日本半導體攻擊中遍體鱗傷，而且正在尋找降低成本的辦法，同時也為數十億美元以上中國消費者的願景所吸引的摩托羅拉，成為首批對中國人的戰略作出回應的美國公司之一；它的做法是在天津建了一家工廠。這是一個巨大的、立竿見影的成功，因此很快就有很多其他的跨國企業緊隨著效仿。不久，中國出口商品如洪水般湧向世界，而中國以10％以上的年增長率騰飛，在二十世紀九十年代成為世界第四大的經濟體。」（第130頁）

§4.2.3　國的存在和「國界」的消失

康有為和大多數空想主義者都提出了去「國界」的要求。消滅國家，也是馬克思主義的重要思想，從兩位革命導師到列寧，都談到這個問題。馬克思所說的消滅國家，指的是作為鎮壓工具的國家，他稱之為「政治國家」，「政治國家」消滅之後，國家依然存在，那是經濟國家，政府主要負責處理經濟事務。近年來國際經濟的發展昭示人們，國的存在是無須懷疑的，但「國界」的消失卻是不能忽視的。關於國的存在問題，容後再說，此處只說「國界」的消失。

這裏所說「國界」，是無形的，是存在於人們心裏的，並非各國邊防戰士所守衛的那條邊界線。

其所以如此，就因為當今世界經濟已經進入全球化進程之中，經濟相互依賴成了最基本的特徵。世界貿易組織及其所制定的制度，有效地消除了貿易

壁壘，日益緊密地將世界連接成一個整體。資訊化革命加速了經濟一體化的進程。跨國公司既是經濟全球化的產物，又是經濟全球化得以深入發展的推動力。許多跨國公司把它的子公司設於全球各地，靠現代化的通訊設備及時聯繫，總部對各子公司的情況瞭若指掌。比爾・蓋茨創辦的微軟，把它的觸角伸向全世界。對比爾・蓋茨說，互動的世界是一個名副其實的世界。一九九五年推出「視窗九五」，微軟進入網際網路。幾個月後，微軟跟另一家公司合作，設立電視網路，是個有線電視新聞網，稱MS-NBC，於一九九六年七月開播，節目在微軟網路上也可以看到，收視非常方便。微軟在中國設有好多個機構，其中微軟研究院，肩負著發現、培養優秀研究人才的任務，成績卓著。比爾・蓋茨寫了一本書，名《擁抱未來》，談他對科技發展的看法。說到手機，人們會想到摩托羅拉。摩托羅拉一呼天下應。九十年代中期起，它開發衛星通訊，使它一呼天下應有了更可靠的保證。

　　跨國公司使金錢、資訊、商品等都失去了「國籍」。德魯克說：

　　　　「金錢無國籍」是個古來的諺語。可是，民族國家的成立，在很大程度上，等於是對這句話的否定。將金錢或貨幣置於管轄之下，正是後來被稱為「國家主權」的核心。現在，金錢已經脫離國家之手，變得跨國化了。國家再也沒辦法控制得了，即使幾個國家聯合行動，也拿錢沒辦法。

　　　　……

　　　　……資訊跨國化的程度，已經跟金錢一樣。雖然政府仍然可以控制新聞節目，可是在二次大戰期間的德國，偷聽英國廣播公司節目的人，就跟聽納粹宣傳部長戈培爾在晚間新聞上宣傳的人一樣多。同時在所有資訊來源中，新聞節目所占分量漸小。任何一個30秒廣告或者一部18分鐘肥皂劇所包含的資訊之多，不亞於受到最嚴密控制的新聞節目。資訊

再也不受國界限制。前蘇聯的崩潰，必然與愈來愈無力控制資訊流通的
現實有著密切關係。

——《後資本主義社會》第110—111頁

商品也沒有了「國籍」。二十世紀前半期，「抵制日貨」曾經是中國人的一把利斧，狠狠砸在「日本鬼子」的頭上。直到五六年前，筆者在選擇牙膏這種日用品時，還是把「中華牙膏」放在第一位，覺得「中華」二字跟自己親切，後來從一篇文章中看到，製造中華牙膏的工廠早已改了外姓，被收在荷蘭一家跨國公司之下，我真是吃了一驚。我想，以後要再想使用「國貨」，大約只能從「農產品」中尋找了。以後能不能再把「抵制某貨」作為跟某個國家鬥爭的武器使用，真成了問題。「國貨」這個詞，再過幾年，恐怕就成歷史名詞了。

人才也沒了「國籍」。近年來，爭奪人才的戰爭在各處轟轟烈烈地展開。一個人才，總是在全世界尋找他發揮才能、實現自我的最好場所。「知識人」就是對人才的稱呼。德魯克說：「明日的『知識人』一定會生活在一個全球化的世界，也一定會生活在一個日益地方化的世界。他們必須為將來能做個『世界公民』而準備——在視野上、水平上、資訊上。另一方面，他們也必須從鄉土中汲取養分，然後再滋養鄉土。」（《後資本主義社會》第175頁）美國著名未來學家約翰·奈斯比特在《正確觀察世界的十一個思維模式》中說：「高水準專業人才的遷移是全球貿易競爭方面的變化的體現。世界貿易體系現在正在更高的層次上進行重組。雖然我們對此已經談論已久，但是直到現在，公司才可以在全球範圍內尋找最適合自己的優秀人才。現在人們所做的不是為自己的項目招聘到全美國最優秀的工程師小組，而是全世界最優秀的工程師組成的小組。現在，海外人才輸出最多的國家依次是印度、中國、馬來西亞和捷克。在高層次人才方面，還有新加坡、加拿大和新西蘭。」（第139頁）

與此相適應的是，在一些人的意識上，「國籍」也在逐漸消失。跨國公司的一些管理人員，經常在各公司之間奔波，今天在亞洲，明天在非洲，他們在國界之上穿來穿去，國界已不能阻擋他們。這個群體還正在擴大。國家認同感、國家主權意識的淡薄，正在跨國公司人員中生長。

這種情形影響到人們的思維方式。約翰・奈斯比特說：「這種經濟行業的思維轉變隨處可見。比如，如果你是金融從業人員，你很明白自己屬於金融行業，而不會去考慮主權問題。再比如那些外匯交易者，他們絲毫不關心國家的國界，他們的活動領域就是整個世界……」（第127頁）另一位美國人克萊德・普雷斯托維茨在《經濟繁榮的代價》中說：「首席執行官們相信，他們對股東的道德義務是最主要的，而且覺得自己對於當地社區或者國家，沒有什麼具體義務可言。作為個人，他們或許感覺到這樣的義務。另外，作為一個在很多國家都有業務的公司領導人，他們必須對當地政府的政策作出回應……」（第32頁）

奈斯比特呼籲，「我們必須要重新調整自己對經濟的理解。」他說：「我們所目睹的並不是國家的全球化，而是經濟活動的全球化。但是人們似乎始終相信這樣一種錯誤的理論：全球經濟是由243個國家獨立的經濟活動，也就是它們的GDP所組成，通過觀察這些經濟活動的總和，我們就可以瞭解全球經濟情況。」這是不妥當的。因為「我們所說的某個國家的GDP也就是國內生產總值，指的是在一個國家境內生產的所有產品與服務的總和，與做出貢獻的企業的國籍無關。也就是說，韓國現代汽車公司不久前在美國密西西比州投資10億美元新建的汽車工廠的產值將會被計入美國的GDP，而不是韓國的。每個國家的GDP都被看做是一個封閉的系統。但是實際情況是，沒有一個國家的經濟是封閉的。人們還以此為依據宣佈國家的經濟增長了2.1%或者下降了1.6%，這些如此精確的數字真是一個笑話。」（第120頁）

奈斯比特說到了經濟行業的全球化。他把GDP和它的前身GNP做了比較。
「舊的GNP指數指的是在一個國家境內,比如說德國境內生產的所有產品的總值加上德國企業在其他國家的生產總值。(也就是說,GNP＝某個國家在一年內所生產的產品和服務的總和。)」奈斯比特說:

> 對於里昂的菲亞特公司的汽車工人,或者底特律的福特公司的汽車工人來說,他所關心的是菲亞特或者福特的狀況,而不是法國或者美國的經濟形勢。現在,菲亞特已經是一個全球性企業,就像福特一樣。反過來,菲亞特和福特都是巨大的全球汽車行業的一部分。所有相關的公司,比如汽車設計商、引擎製造商、電池製造商、玻璃製造商、銷售商等等,都是互相聯繫的,形成一個巨大的汽車行業(它是沒有國界的),是它們生產了世界上所有的汽車。作為一個全球經濟現象,汽車行業的概念比任何一個國家都清晰得多。瞭解某個經濟行業的狀況比瞭解某個國家,比如德國或者法國的經濟形勢要簡單得多,比瞭解全球經濟狀況更要容易得多。
>
> ──第122頁

§4.2.4　階級的界限變得模糊

　　無階級、無剝削、無壓迫,是人們熟知的大同世界最主要的特點。從馬克思主義本身來說,消滅階級乃是無產階級革命極其重要的任務,也是革命初期就必須完成的任務。本章上節所寫跨國公司的發展以及另外幾件大事,為消除階級界限創造了有利的條件。筆者不是從社會學角度,也不是從馬克思主義角度,而是從普通人的角度,面對近二十年科技發展、知識經濟形成等現象,深感過去所說階級的界限變得越來越模糊,「無產階級」正處在消滅之中,而看到大同世界之徵兆的。

　　階級，在一般辭書的解釋中，是所有經濟活動的一個部分。按照馬克思主義的解釋，生產資料佔有者在其生產過程中，佔有了本應屬於勞動者的一部分產品的，即勞動創造的「剩餘價值」，就形成了剝削和被剝削的關係，於是有了階級。「生產資料佔有者」，在奴隸社會，是奴隸主，在封建社會，是地主或莊園主，在資本主義社會，是資本家。站在它們對面的，是奴隸、農民和無產階級。正是這種佔有和被佔有，剝削和被剝削，形成了兩個階級的對立。要消滅階級，就是要廢除這種剝削和被剝削的現象。

　　這裏有一個「正名」問題，這是在讀《後帝國主義》一書想到的。該書收入理查・斯克拉的《後帝國主義：跨國公司擴張的階級分析》一文。這篇文章著重分析了跨國公司中的一個新的階級──管理者階級。文章中說：「他們的說法距離宣告『管理者階級』（managerial class）──一個由公司本身的組織規則而造就的階級──的產生僅僅只有一步之遙。因此，最近與托派馬克思主義漸漸疏遠的詹姆斯・伯納姆一九四一年宣稱：在公司的培育下，美國和其他工業化國家正在出現一個管理者統治階級（managerial ruling class）。」又說：「一般來說，那些認為社會階級是財產所有權產物的人，往往都不接受資本主義社會存在一個官僚的管理者的『階級』的說法。然而，商業企業的管理者和那些以自己的專業技能替商業企業服務的人，以及其他職業部門裏與他們相對應的從業者，通常都被劃分到了財產所有者的行列；他們作為一個整體，共同組成了資產階級。官僚機構作為『中間管理層』的補充代理人，也推動了與財產利益密切相關的社會地位的提升。安德魯・哈克曾經說過，美國的公司中已經產生了一個由初級管理人員和高層管理人員所組成的『新的中間階級』……」（第5─6頁）

　　在文章第三部分，作者說到蘇聯：「那些批評蘇聯的『官僚主義』威權政府的馬克思主義批評家，都曾經重複並改進過托洛茨基在《背叛革命》一書當中所作的言辭激烈的論斷；他們當中的一些人將它視為一個由『政黨──官僚分子』所組成的『新階級』，但是，另一些批評家卻並不這樣認為。查理斯・

貝特海姆使用『國家資產階級』這一術語來描述並譴責蘇聯的統治階層；他堅持認為：按照毛澤東主義者的邏輯，這個階級的存在實際上只不過預示著資本主義的復活。」（第15頁）

　　作者對跨國公司的人員構成做了分析以後，說：「世界範圍內的公司資產階級和管理者資產階級作為一個整體上的階級，現在包含了三個相互交疊的實體：公司資產階級，它主要以工業化資本主義國家為基地，其中包括一部分國際公司資產階級。新興發展中國家和非社會主義國家中的管理者資產階級，它也與國際公司資產階級重疊在一起。資產階級各個相似部分之間的這些跨國擴張和相互聯繫，取決於跨國組織的建立和完善。多國公司也許是實現這一目標的最有效的組織。因此，我們應該按照跨國階級發展的觀點來分析和理解多國公司的擴張。在這個過程中，資產階級憑藉其創世紀的傳統，已經領先於其他階級。」（第25頁）

　　斯克拉接著說：「公司跨國主義是一種社會運動，也是一種日益抬升的階級利益。隨著這一主要的社會力量的出現，世界上的工人階級將會在工業化的資本主義國家直面公司資產階級，而在新興發展中國家直面管理者資產階級。如果現有的發展中國家向工業資本主義階段轉變的趨勢繼續下去的話，那裏就會出現本地化的公司資產階級。從長遠來看，如果這些國家的資本主義繼續發展下去，公司資產階級也許有希望取代管理者資產階級而成為統治階級。」（第26—27頁）

　　作者以下列的話作結：「列寧曾明確地指出：互相競爭的資本主義列強為了重新瓜分世界而進行的戰爭，是帝國主義的特殊產物，這些戰爭也許還會使資產階級的跨國演變過程中斷和夭折……帝國主義是資本主義的一個發展階段，它已經讓位於國際公司資本主義。我們也許可以看到公司資產階級的教條式自由主義與管理者資產階級的家長式威權主義之間產生的嚴重的意識形態衝突。但是，資產階級——公司資產階級和管理者資產階級——的命運也許是

由國內鬥爭，而不是由推動反叛國家對抗外來強權的反帝國主義鬥爭所決定
的。」（第27—28頁）

　　讀這篇文章，我真的有些糊塗了，只見「階級」——主要是資產階級，文
中有其他階級、工人階級的說法，但很少——滿天飛。以所引第一段話說，除了
作為普通名詞的「階級」和「社會階級」以外，僅專有名詞就有「管理者階級」
和「管理者統治階級」，又說這兩個階級共同組成資產階級。又根據安德魯·哈
克的說法，說「美國的公司中已經產生了一個由初級管理人員和高層管理人員所
組成的『新的中間階級』」。這裏不僅有概念內涵和外延不清的問題，還有詞義
定性混亂的問題。「管理者階級」和「管理者統治階級」應該如何區分，既然這
兩個「階級」共同組成資產階級，又哪來「由初級管理人員和高層管理人員所組
成的『新的中間階級』」？按一般理解，「中間階級」應是在資產階級和工人階
級之間，既已把「管理者階級」劃歸資產階級，它又如何能居於「中間」？再如
後兩段話裏，在「管理者資產階級」以外，又提出一個「公司資產階級」，還有
「本地化的公司資產階級」。說「世界上的工人階級將會在工業化的資本主義國
家直面公司資產階級，而在新興發展中國家直面管理者資產階級」，這是把公司
資產階級和管理者資產階級分屬於兩地，一在公司總部所在國，即公司母國，也
就是發達國家，一在子公司所在國，也就是發展中國家。又說，「如果這些國家
的資本主義繼續發展下去，公司資產階級也許有希望取代管理者資產階級而成為
統治階級」，這是說，現在居於統治地位的是管理者資產階級而不是公司資產階
級，公司資產階級在「這些國家的資本主義繼續發展下去」以後「也許有希望取
代管理者資產階級而成為統治階級」。從文章意思看，公司資產階級就是第一段
話的「管理者統治階級」，怎麼一會兒居於統治地位，一會兒是「也許有希望取
代管理者資產階級而成為統治階級」。

　　在這篇文章裏，作者還列出一個表，是《全世界公司和管理者資產階級的
結構圖》，圖式如下：

全世界公司和管理者資產階級的結構圖

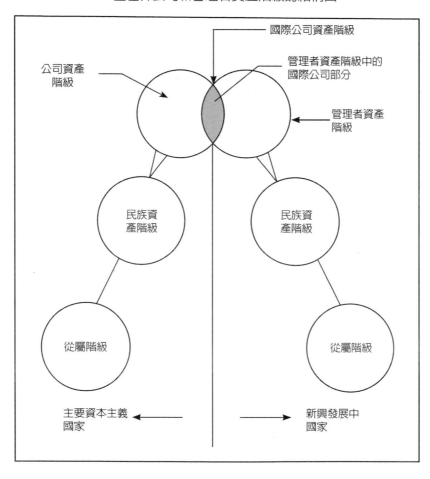

（採自《後帝國主義》第**26**頁）

　　在這個圖式中，除了前邊提到的管理者資產階級和公司資產階級以外，又出來個民族資產階級和從屬階級兩個階級。而且這兩個階級，既存在於主要資本主義國家，也存在於新興發展中國家。

　　斯克拉的出發點是，跨國公司是資產階級搞的，生產資料掌握在資產階級手裏，因此它是私有制。管理者階級既是為資本家「管理」公司的，自然應該跟資本家屬於同一個階級，於是有了「世界範圍內的公司資產階級和管理者資產階級作為一個整體上的階級」的說法。說它「包含了三個相互交疊的實體」，只不過是對其構成成分的具體解剖。

　　我不知道這是翻譯的問題還是怎麼一回事。有一點是清楚的：作者劃分階級的方法和根據，跟我們過去的理解不同。階級是一個歷史範疇。列寧在《偉大的創舉》中說：「所謂階級，就是這樣一些大的集團，這些集團在歷史上一定社會生產體系中所處的地位不同，對生產資料的關係（這種關係大部分是在法律上明文規定了的）不同，在社會勞動組織中所起的作用不同，因而領得自己所支配的那份社會財富的方式和多寡也不同。所謂階級，就是這樣一些集團，由於它們在一定社會經濟結構中所處的地位不同，其中一個集團能夠佔有另一個集團的勞動。」（《列寧選集》第4卷第10頁）這個界說是馬克思主義者的常識，也是普通社會學家劃分階級的主要根據。按照這個界說，一般階級社會主要由一個剝削階級和一個被剝削階級構成，雙方處在對立之中。如奴隸社會，一方是奴隸，一方是奴隸主；封建社會，一方是農民，一方是封建地主；資本主義社會，一方是無產階級（工人階級），一方是資產階級。列寧說「其中一個集團能夠佔有另一個集團的勞動」即指這種情況。「一個集團佔有另一個集團的勞動」乃是階級社會最根本的特點。實現共產主義要消滅的階級，要消滅的剝削和壓迫，就是這種「一個集團佔有另一個集團的勞動」的狀況。我們現在探討階級界限是否在消滅之中，同樣應當是看「一個集團佔有另一個集團的勞動」的現象改變得如何。如果離開了這個根本，那這個問題就無

人類三部曲之三──走向大同

194

法展開討論，因為各有各的標準，大家彈不到一跟弦上，就像本《三部曲》第一本《文化圈層論》開頭所說中國幾次文化論戰無法取得共識一樣。

　　根據列寧對階級的界說，以上所引斯克拉有關「管理者階級」的定性和歸屬需要重新認識。按前引德魯克的說法，「如今，正式知識被視為最關鍵的個人資源及經濟資源。傳統的生產要素如土地（自然資源）、勞動力與資本，雖然現在還沒有消失，但已經不那麼重要了。現在，只要有知識，土地、勞動力與資本自然就跟著來。在這種新的意義上，知識被作為一種『效用』，也就是能夠生產社會與經濟利益的資料。」新的生產力的增加，「唯一可能的解釋是：運用知識於工作後的結果。」在後資本主義社會，「最關鍵的資源必是知識」，「在新社會真正支配性的資源、絕對決定性的生產要素，既不是資本、土地，也不是勞動力，而是知識。在後資本主義社會中，社會主導階級不是資本家，而是『知識工作者』與『服務工作者』。」這說明，知識成了最大的資本，有了知識就有了資本。現在要問，我們能否把有無知識或知識多少當作「生產資料」的佔有呢？顯然不能。知識和傳統的生產要素不同，傳統的生產要素如土地、資本等很明確，是誰的就是誰的，可是知識這種「資本」呢？它跟別的「資本」不同，它是人人皆有，連生產工人也有，只是有多少、深淺的不同，更有使用方法和效果的截然區分，而這些是很難衡量的。知識作為一種資本，既不能用學歷衡量，也不能用知識所屬的門類區分。在知識的運用上，思維所起的作用極大，這更無法衡量和區別。這就使傳統劃分階級的標準變得界限不清。

　　不僅如此。前邊說到企業「兩權」分離，資本家不管管理，他也許活動很多，但他是以「社會名人」的身份活動，不是以企業管理者的身份活動。也就是說，為數不少的資本家既不參加管理，更不從事生產活動。像斯克拉那樣，把「管理者階級」跟「公司資產階級」等同起來，是否合適？「管理者階級」並不佔有生產資料，他們是依靠自己的知識為資本家服務的，在這點上，管理人員跟工人有相同之處：他們都是「賣方」，工人是出賣勞動力（體力和智

力），管理人員是出賣知識。從上世紀九十年代以來，人們普遍認識到，在現代企業制度下，管理人員已經成為一個獨立的階層，人們稱它為知識階層，他們從事的是知識生產，他們所產生的是知識經濟。斯克拉把管理人員跟公司資產階級捏合在一起，就模糊了這個階層人員的真面目。

在筆者看來，階級和階層是含義不同的兩個概念，不能混淆。階層是根據財富、職業、身份和地位，階級是根據生產關係；階層是永遠存在的，階級是要消滅的；階層是流動的，階級一般比較穩固。

在說過我對斯克拉以上論述的不同意見之後，我想應該進入本題「階級的界限變得模糊」的探討了。

讓我們從《後資本主義》一書中挑出幾個說法來看一下。在我看來，《後資本主義》中的這幾個說法，基本上是從馬克思主義的階級論原理得出來的。

首先是德魯克的說法。這本書之首，是主編之一的李惠斌跟德魯克的對話，題為《關於「後資本主義」問題的對話》，文中有對話，也有李惠斌對德魯克思想的介紹。李惠斌特別提到，「德魯克的分析包含著深刻的馬克思主義的和辯證法的觀點」（第15頁）。李惠斌寫道：

> 正如我前面所說，與其他的「後」概念一樣，德魯克的後資本主義社會也同樣是一個模棱兩可的概念。他的論據的一個基本前提是，我們所熟悉的資本主義結束了；一九八九年不僅證明了社會主義的垮臺，也同樣證明了資本主義的垮臺。不過，他不想稱這個社會為除資本主義以外的別的什麼社會。例如，他在該書的最後幾頁承認，這個世界可能依然是一個資本主義社會，因為市場占主導地位，但是，如果它真的是資本主義的，那麼，它是一種新的資本主義，「資訊資本主義」。
>
> 從這些話可以看出，「資訊」是德魯克分析當代政治經濟的核心概念。他認為，今天的經濟與過去完全不同，因為資本主義是由物的生產

構成，而今天的後資本主義經濟是由知識的生產構成的。依照德魯克，這一點具有十分重要的社會意義。資本主義的特徵是控制資本的資產階級（或資本家）與出賣其勞動的工人之間的階級對立。德魯克認為，這種對立被二十世紀中期以前的生產力（泰勒主義）和管理革命大大緩和了，因為他們改善了工人的經濟條件，使資產階級和無產階級成為資本主義中的合夥人。此外，到了二十世紀晚期，資本本身的性質伴隨退休基金的增長而發生了變化：最大數量的資本不是屬於個別資本家，而是屬於工人本身。結果是資本家被經理所取代。德魯克稱這種狀況為「沒有資本家的資本主義」。他有時也稱其為「退休基金社會主義」。

　　……

　　德魯克也相信，後資本主義社會受到一種完全不同於資本主義時代的階級關係的支配。後資本主義社會的大的階級不是無產階級和資產階級，而是知識和社會勞動者：這些掌握專門知識的人在社會中具有戰略位置，而那些從事日常服務的人，則沒有什麼社會地位。這兩個階級之間的關係不同於資產階級和無產階級之間的關係。不是服務勞動者受知識勞動者的剝削。服務勞動者只不過沒有要求得到收入和尊嚴的技術，這兩個集團之間的鴻溝在加大，伴隨社會分工的威脅，還是會導致兩個集團之間的對立，這讓人想起過去的階級對立。

　　　　　　　　　　　　　　　　——《後資本主義》第13—14頁

　　在這篇文章裏，李惠斌說：「二十世紀後半葉以來（當然在有些地方可能還要早一些），企業中資本與勞動的關係開始出現轉變。企業所有權與控制權的分離就是這種轉變的表現之一；企業普遍出現的利潤分享制度則是其表現之二；一個廣大的中產階級的出現使得傳統意義上的資產階級與無產階級兩大對抗階級式微是其表現之三。也正是在這個意義上，德魯克得出了資本主義終

結的結論。這裏的第一個轉變是生產關係的轉變，第二個轉變是分配關係的轉變，第三個轉變是階級關係的轉變。而三個轉變的核心是資本主義剝削關係的改變和逐漸被揚棄。這裏我們把資本對於勞動的剝削作為資本主義社會的本質。一旦這種關係從根本上得到改變和控制，我們是不是就可以說資本主義終結了？」（第23頁）

德魯克對當今發達國家存在的階級狀況的論述，李惠斌的介紹是相當清楚的。李惠斌說到服務勞動者和知識勞動者兩個集團雖不是剝削關係，但可能會形成嚴重對立，「這讓人想起過去的階級對立」。現在請看德魯克自己是怎麼說的。他在《後資本主義社會》一書中說：

　　製造與搬運勞動者的生產力快速增加，超越了十九世紀階級衝突的夢魘。現在，要避免新的階級衝突，也就是知識與服務勞動者這兩大後資本主義社會新興階級的衝突，就得快速提高服務勞動者的生產力才行。提高服務工作的生產力，也成為後資本主義社會面對社會、經濟挑戰要最優先解決的問題。

　　就「階級」的傳統意義來講，知識勞動者與服務勞動者都不是「階級」。這兩者之間的界限不是涇渭分明的。在同一家庭的兄弟姊妹，受過高等教育之後，很可能有的去當知識勞動者，有的去做服務勞動者。可是，後資本主義社會要是成為一種階級社會，就會有危險。除非服務勞動者的收入與尊嚴都能獲得改善，但這也要他們有升遷與被肯定的機會才行。

——第69頁

德魯克所說這兩個可能形成「對立」的「階級」，並不是剝削關係，何況其「階級」構成是很隨意的，並不固定。

顯然，在德魯克看來，當今發達國家的階級已經很模糊了。

再看幾位專家的意見。美國斯科特・阿諾德在《後資本主義社會：生產關係和生產調解》中說：

> 一定社會的生產關係是指人們為了生產目的在與環境的相互作用中產生的人與人以及人與物之間的權利關係。例如，在資本主義制度下，每個人都擁有自己的勞動力。有些人沒有任何生產資料，把勞動力作為商品出賣給別人，他們是無產者。還有一些人擁有生產資料，但是並不勞動，他們是資本家。在資本主義社會，可能還有一些人，他們並不屬於這兩個陣營的任何一個（如，國家官員），但是，資本主義生產關係是占統治地位的，因為大多數成人不是無產者就是資本家。
>
> 我在上面已經提到過，後資本主義社會的生產關係一個最基本的事實就是，工人（只有工人）掌握生產資料。下面我將簡單地說明，我們可以把工人掌握生產資料理解為與資本主義制度下資本家掌握生產資料相類似。總之，後資本主義社會工人掌握生產資料與不是工人的人掌握生產資料的資本主義形成了鮮明的對照。
>
> 我們可以從工人掌握生產資料這一事實中推斷，在後資本主義社會，勞動力將不再是商品。如果勞動力是商品，那麼它就會在勞動市場買賣。但是，如果工人出賣自己的勞動力，他或她就把勞動力轉讓出去了，即把對自己勞動力的控制權轉讓給了他人。在工人掌握生產資料的制度下，這一點可能發生嗎？
>
> 那好吧，我們可以設想一種制度，在這種制度下，工人只掌握著不是他們本人的勞動對象的生產資料，但是，這肯定不是馬克思所構想的後資本主義社會的生產關係。無產階級推翻資本主義的一個動機就是為了掌握自己的生活，他們怎麼會建立一種制度，在這種制度下，其他工

人掌握著作為他們的工作對象的生產資料，從而控制著他們的生活呢？要是這樣就令人費解了。如果他們所需要的就是這種制度，那麼他們只需要資本家老闆少一點在工廠裏露面就行了。如果工人不想轉讓自己的勞動力，那麼他們自己必須能夠控制自己的勞動力。因此，在後資本主義社會，工人既掌握著生產資料也掌握著自己的勞動力。

——《後資本主義》第105頁

關於工人掌握生產資料，作者在後邊做了解釋。這生產資料，指的是生產的所有權、經營權和收入權。作者說：「如果工人對生產資料擁有這些權利，那麼他們就有權決定生產什麼以及以多大批量生產，他們還有權決定如何組織車間生產以及如何分配剩餘價值。因此，如果工人擁有上述那些權利，那麼我們似乎就可以說他們掌握了生產資料。反過來說，如果工人不具有上述權利中的任何一項權利，那麼他們似乎就沒有真正掌握生產資料。」（第106頁）

五十年前，一九五九年，德國學者拉爾夫‧達倫多夫出版了《工業社會中的階級與階級衝突》一書，由李惠斌和李朝暉主編的《後資本主義》選錄了其中一節，題為《後資本主義社會中的階級》。達倫多夫首先論述了馬克思的階級觀，肯定了資本主義社會「存在兩大群體」，即「資本或資本家以及雇傭勞動或雇傭工人」。作者說，「資本和勞動是通過一定的潛在利益聯繫在一起的，這些利益之間是矛盾的，資本和勞動就被說成是衝突關係中對立的兩方」。「資本主義社會衝突的特點在於，不僅權利和社會地位是相互影響的，而且工業衝突和政治衝突也是相互影響的」。「自馬克思時代以來，發生改變的實際上是那些使他那個時代的衝突愈演愈烈的因素。衝突調節模式在企業和國家中都已出現。決策的民主化過程給予雙方越來越多的機會實現自己的目標。因此階級衝突的激烈程度減輕了。社會流動的制度化在一定程度上為兩大階級打

開了通道。對無產階級來說，在社會分層天秤上的絕對貧困為相對貧困所取代，後來，對某些人來說，又為相對來說的滿足感所代替。最後，企業與國家的聯盟在一定的程度上解體。所有這些變化都有助於減緩後資本主義社會階級衝突的激烈程度，而發生突如其來的徹底的結構性變革的可能性越來越小了……」作者同時說到了「所有權和控制權的分離以及新技術的出現所引起的資本和勞動的分離」所帶來的變化，並提出一個問題：「我們仍然生活在階級社會裏嗎？」要人們回答。作者特別提到，他「在這裏所列舉的很多材料都與英國、美國和德國有關」，即具有普遍性。（《後資本主義》第129—133頁）作者描述的是五十年前的情景，這幾十年的變化是更加深刻的。既然五十年前就在發問「我們仍然生活在階級社會裏嗎？」今天這個問題的答案就更加清楚明白了。

　　總括以上所述，就外國學者的意見，在發達國家，除了「管理者階級」、「公司資產階級」、「管理者統治階級」、「管理者資產階級」、「民族資產階級」、「新的中間階級」這些含義不夠確切的概念以外，我們幾乎看不到傳統意義上或如列寧在《偉大的創舉》中所說「在一定社會經濟結構中所處的地位不同」那樣的階級的存在。

　　說了發達國家，再說發展中國家。以中國為例。

　　一九五六年，中國共產黨舉行了第八次全國代表大會。這次大會距上次大會相隔十一年時間。這期間，中國經歷了「兩次有世界意義的偉大歷史事變」，一是「推翻了帝國主義、封建主義、官僚資本主義的反動統治，建立了中華人民共和國」，二是「取得了農業、手工業、資本主義工商業的社會主義改造的全面的決定性的勝利」。在這次會上，劉少奇做了政治報告，上邊加引號的話即出自劉少奇報告。劉少奇在報告中說到，到那時，「官僚買辦資產階級已經在中國大陸上消滅」，「封建地主階級，除個別地區以外，也已經消滅了。富農階級也正在消滅中。原來剝削農民的地主和富農，正在被改造成為自食其力的新人。」「民族資產階級分子正處在由剝削者變為勞動者的轉變過程

中」。也就是說，中國在五十多年以前，階級已經基本上消滅，因此走上了建設社會主義的道路。（以上引文，見《劉少奇選集》下冊第201─205頁）筆者當時參加了「八大」閉幕的慶祝活動，當時所有的人都為中國消滅了階級、進入社會主義建設時期而感到興奮。

半個世紀過去了。這半個世紀，有十幾年時間處在倒退和停滯之中，更多的時間是搞改革開放，大力發展經濟。現在階級狀況如何呢？中國近年出版了多本有關社會構成的著作，在網上或平面媒體發表的單篇文章更多，大都談階層劃分，而很少談到階級，偶有談到，多是歷史追溯，如一篇文章著重談了「工人階級」內涵的三次外延。本書已經引用過的《當代中國社會劃分為十大階層》便是一個例子。該文以職業分類為基礎、以組織資源、經濟資源和文化資源佔有狀況為標準，把中國當前社會階層結構的基本形態劃分為十個階層和五個社會等級。該文說：「各社會階層及地位等級群體的高低等級排列，是依據其對三種資源的擁有量和其所擁有的資源的重要程度來決定的。在這三種資源中，組織資源是最具有決定性意義的資源，因為黨和政府組織控制著整個社會中最重要的和最大量的資源；經濟資源自二十世紀八十年代以來變得越來越重要，但它在當代中國社會中的作用並不像在資本主義社會中那麼至關重要，相反，現有的社會制度和意識形態都在抑制其影響力的增長；文化（技術）資源的重要性則在近年來上升很快，它在決定人們的社會階層位置時的重要性並不亞於經濟資源。」

只談階層不談階級意味著，在當前中國，已很難說存在階級和階級鬥爭。把從事工業生產的人稱為工人階級，自然可以，但作為工人階級對立面的資產階級，卻沒有人能夠明確、具體地說出來，由哪些人構成，其剝削關係如何。二十世紀末，中國共產黨作出決定，私營企業家可以入黨。中國共產黨是無產階級政黨，既然私營企業家可以入黨，就說明私營企業家不屬於資產階級，而是勞動人民。

也有人（中國臺灣中研院社會學研究所林宗弘、香港科技大學社會科學部吳曉剛）結合制度主義理論和新馬克思主義的階級分析方法，提出在中國社會分層研究中「把階級帶回來」的觀點。兩位元作者根據戶口制度、單位制度、幹部身份制和私有產權等造成轉型時期中國不平等的重要制度性因素，建立了一個以對不同形式生產性資產的佔有為基礎的即新馬克思主義取向的中國分類方式。作者認為，中國正在發生的制度轉型對社會不平等秩序的重塑表現為不同形式的生產性資產，即勞動力、資本、組織、技術／權威等四種所有權作用的相對轉變，導致了階級結構的轉型和貧富差距的拉大。作者「把階級帶回來」，卻並沒有說現在究竟有哪些階級，其構成成分如何。貧富差距拉大是對的，也是人們議論很多的，也隱藏著產生新的階級的危險，但這不等於新的階級已經產生。因此，該文所說「導致了階級結構的轉型」顯得有些空。

以上所述，在在說明，階級的界限正在消失。

§4.2.5　國家的作用相對減弱

在全球化形勢下，各國政府的作用相對減弱，而圍繞跨國公司和民權運動、民生運動所建立的各種組織，所制定的各種規章制度，作用越來越大。這跟前邊所說「國」的無形的界限正在消失，是一致的。

經濟全球化決定了，全球化的行為主體，主要是跨國公司，還有國際經濟合作組織、其他非政府組織，以至個人；國家原有的唯一和主要行為主體的角色已有些黯然失色，甚至退居次席。近二十年來，許多國際性的組織先後建立起來，它們制定了各種嚴格的制度和法規，承擔著解決實體之間各種矛盾和摩擦的任務。全球化的形勢除需要各國對本國經濟進行干預和調節外，還要求它們對越來越多的世界性問題，如反恐、環保、維和、氣候、衛生等，進行更深入的協調，擔負更多的責任。同時，隨著全球化的發展，世界正在形成全球性的意識、觀念、倫理、價值等構成的全球文化。人們在保留民族文化和國家意

識的同時，也要從全球考慮問題。隨著全球化的加深和擴大，國家作用不斷減弱的趨勢還將繼續下去。

　　過去許多年，民族國家一直是人類政治生活的核心。民族國家建立在領土、主權和人民三要素之上。到現在，這樣的民族國家依然是現實政治生活的中心，民族國家的重要性仍不可低估。但是，不可阻擋的全球化對構成民族國家的三要素提出了挑戰，並且在不斷動搖著人們心目中的國家形象。經濟全球化主要體現在資本全球化、產品全球化、通訊全球化三個方面。這些全球化的經濟要素愈來愈要求衝破民族國家的壁壘，使其能夠在全球範圍內最大限度地自由流動、順暢流動。它所需要的流動空間，就是世界市場，全球市場。全球市場在本質上跟傳統的民族國家的領土觀念是相衝突的，要求衝破領土的束縛。拉爾夫·達倫多夫在《論全球化》中說：「全球化概念指出了一個方向，而且只有一個方向：經濟活動的空間在擴大，它超越了民族國家的邊界，因此重要的是政治調控的空間也在擴大。」（轉引自《全球化與公民社會》第82頁》）

　　俞可平在《全球治理引論》中說：「民族國家的領土要素與主權要素是緊密相連的，經濟全球化既然對領土要素提出了挑戰，也必然對主權要素提出挑戰，甚至更明顯、更嚴重。正如《已經改變了的國家》一書的作者所說：『在一點上，全球化擁有一種強大而複雜的影響：關於人權和民主治理的全球化的規範正在穿透國界，重塑穿透的主權和自治概念。……這種規範已經形成並且正在不斷發展，它使制止嚴重侵犯人權和人類安全的國際干預具有合法性。』」（同上）

　　俞可平又引德國著名學者烏爾里希·貝克（Ulrigh Beck）的話：「……無論人們如何評價全球化，涉及的都是這樣一種強勢理論：以領土來界定的社會領域的時代形象，曾在長達兩個世紀的時間裏，在各個方面吸引並鼓舞了政治、社會和科學的想像力，如今這種時代形象正在走向解體。伴隨全球資本主

義的是一種文化與政治的全球化過程，它導致人們熟悉的自我形象和世界圖景所依據的領土社會化和文化知識的制度原則瓦解。」（同上，第81—82頁）

這裏所說，即使不能當作已成的事實，也是即將到來的現實，應該引起人們的注意。

當前最主要的國際性經濟組織是「世界貿易組織」。該組織的前身是《關稅及貿易總協定》。這是聯合國有關機構之一，由主權國家組成。該協定的宗旨，是「充分利用世界資源，擴大貨物的生產與交換及促進各締約國的經濟發展」、「彼此進行減低關稅和消除他種貿易障礙，消除國際商業上的差別待遇」等。在近半個世紀的時間裏，關貿總協定主持多邊貿易談判，先後舉行八輪，取得了豐碩成果，使締約方之間的關稅和非關稅壁壘水平大幅下降，極大地促進了世界貿易的自由化。一九九四年底，關貿總協定的正式成員由原來的23個發展到128個。一九八六年開始第八輪談判，即烏拉圭回合談判，於一九九四年四月十五日達成《建立世界貿易組織協定》，次年一月一日成立，簡稱「世貿組織」（WTO），獨立於聯合國。一年後，正式取代「總協定」，充當全球經濟貿易組織者、協調者的角色。世貿組織取代關貿總協定後，不僅從法律上具備了健全的國際法人資格，在調解成員爭端方面具有更高的權威，而且協調管理的領域更寬，規則更嚴。中國於一九九五年七月十一日被世貿組織總理事會會議接納為該組織的觀察員，二○○一年十一月加入該組織，最近剛剛過了十周年。目前，世貿組織的貿易量占到世界貿易總額的95％以上。

當今世界經濟方面的國際組織，還有世界銀行和國際貨幣基金組織，加上「世貿」，它們構成當今世界經濟體制的三大支柱。專業性的國際組織，則有世界知識產權組織、國際電信聯盟、國際民用航空組織、國際海事組織、國際原子能機構等。還有地區組織，遍佈幾個大洲，有自由貿易區、關稅同盟、共同市場等幾種不同形式。

　　這些國際性組織的建立，分擔了原來由各國政府負擔的責任。它是經濟全球化的必然。為了適應經濟全球化的發展，一九八〇年，羅奈爾得・雷根以「政府是問題」的口號競選美國總統。他獲勝了。作為美國總統，他對「去監管化」頂禮膜拜，他致力於建立一個「小政府」，對經濟採取自由放任思想。雖然後來出了所羅門兄弟公司的交易員路易斯・萊奈瑞利用制度的漏洞開發了首只抵押貸款支撐的擔保債務憑證這一大案，但雷根終竟殺死了「政府」這頭「怪獸」。（以上，據《經濟繁榮的代價》第97頁）

　　跨國公司有時跟國家的利益不相一致。阿爾文・托夫勒在《第三次浪潮》中說：「馬克思主義者往往認為政府是企業界權力的輔助者，因此強調二者的利益相同，然而跨國企業時常擁有和『祖國』相反的利益，祖國亦然。在英國，跨國企業違反英國的海運規定；在美國，跨國企業在猶太公司拒絕阿拉伯事件中違反美國的規定。在石油輸出國組織禁運期間，獲得配額的國際石油公司在國際間運送石油，所根據的是它們自己的優先順序，而不是國家標準。別處的機會一出現，它們對國家的忠誠就立即消失，所以跨國企業在各國之間不斷轉換工作，逃避環境保證條例，使各個往來國家互相衝突。布朗認為，『過去幾世紀以來，世界清楚地劃分為獨立、自主的許多國家。隨著成千上百跨國企業的出現，這些互相排斥的政治實體現在已經被經經濟構淩駕於其上。』」（第207頁）

　　政府的作用正在減退的現象，在一些人看來，當然會感到不是滋味。有些美國人就是這樣。《後美國世界》的作者法里德・扎卡利亞說：「十年來的許多金融創新除了堆起一座『海市唇樓』外成效甚微，這一事實嚴重削弱美國的權力。從現在開始，美國要想繼續向他者兜售自己的觀念，必須要做出更大的努力。發展中國家將選擇和實行最適合他們的經濟政策，而且在這方面會越來越自信。『美國的金融制度曾經被當作典範，我們也竭盡所能來複製它』，中國人民銀行的前顧問余永定說，『現在我們突然發現自己的老師並不完美。所

以，以後在設計金融制度的時候，我們將更多地發揮自己的智慧。」」扎卡利亞把發展中國家的崛起稱為「他者的崛起」。他說：「平心而論，『他者的崛起』是一種經濟現象，但我們正在經歷的權力轉移卻不限於美元和美分，而是會產生重大的政治、軍事和文化後果。隨著其他國家變得越來越強大和富有，以及美國為恢復世界對它的信任而奮鬥，我們可能會面臨來自崛起中國家的更多挑戰和壓力。在二〇〇八年夏天的一個月時間裏，印度斷然拒絕了美國關於多哈談判的提議，俄羅斯佔領了格魯吉亞的部分地區，中國則舉辦了有史以來最壯觀、最昂貴的奧運會。如果在十年前，這三個國家中的任何一個都沒有足夠的實力和自信這樣做。就算這些國家的經濟增長率會下降（這是確鑿無疑的），它們也絕不會放棄在全球體系中的新角色。」（第13頁）

何方在《全球化的幾個問題》中說：「全球經濟的一體化，國際政治協調的加強和各民族文化的趨同，使以全球化為基礎的世界社會逐漸顯露出雛形。國家與社會不同，國家關係與國際（或世界）社會也應分開。在全球化的條件下，人們就有了兩重身份，既是本國公民，要為自己的國家服務；又是世界公民，要為保護地球盡責。所以還在全球化初期，鄧小平就說：『我榮幸地以中華民族一員的資格，而成為世界公民。』他也一再強調，在珍視國家獨立主權、樹立民族自信心的同時，要為世界盡可能做出更大的貢獻，首先是維護世界和平和促進人類的發展與進步。這也是世界公民最多的中華民族在人類歷史上所應承擔的光榮任務。」（《炎黃春秋》2010年第5期）

國家作用的弱化，既符合馬克思主義所指出的社會發展的規律，又是實現共產主義即世界大同不可或缺的條件之一。

我想起筆者準備寫這本書時從報上看到的一條消息。那條消息說，比利時無政府創記錄。過了幾個月，（2011年）七月二十二日，西班牙《國家報》報導，404天之後終見曙光，比利時政界找到了擺脫去年六月十三日大選以來國家所處的制度僵局的方法。四個荷語政黨和四個法語政黨日前達成協議，努

力從八月下旬起組建擁有廣泛基礎的內閣。比利時國王阿爾貝二世在週三的國慶致辭中對國家遲遲沒有一個政府表示失望和遺憾，並行使了「警告權」。國王的警告立即產生了效果，應法語社會黨領袖埃利奧·迪呂波的要求，各政黨週四舉行會議，在漫長的討論之後，在週五凌晨決定進行嚴肅的組閣嘗試。這以後如何發展，我沒有留意。這件事從反面說明，馬克思有關「經濟國家」和「政治國家」的說法是正確的。所謂「經濟國家」，指國家的經濟運作和人們日常生活，全由已制定好的制度管理，即使沒有中央政府，或僅僅有「看守政府」，人們的生活秩序也不會發生紊亂。國家的政治功能已經削弱，而只有經濟功能在繼續發揮作用。在未來的大同世界裏，人們的生活正應該這樣。

　　但如果認為全球化使各國政府失去了採取經濟行動、作出決策和運用經濟槓桿的能力，甚至認為國家已經變得沒有效率、國家的干預不再發生作用，同樣是錯誤的。法國學者皮埃爾·博比說：「國家在全球化面前並沒有束手待斃，也不是無計可施。它仍可以建立競爭優勢。一個國家的基礎設施、電信、教育，包括鼓勵創新等在競爭中起著決定性作用。而基礎設施建設主要依靠國家投資，因為投資週期長，需要採取協調戰略，只能由國家擔此重任。所以全球化並沒有使國家消失，而是使國家的職能和作用重新定位。國家在全球化中發揮著至關重要的新的作用。全球化對國家的作用提出了新的要求，僅憑單獨一個國家已不能完全履行自己的使命了，需要各個國家聯合起來，組成聯合體……」（《全球化與現代性批判》第54—55頁）這裏說到「聯合體」。讀者該會想到，《共產黨宣言》所指出的未來社會，不就是一個「聯合體」嗎？

§4.3　經濟全球化是改變不了的大趨勢

　　經濟全球化是不以人的主觀意志為轉移的。它有利於資源和生產要素在全球合理配置，有利於資本和產品在全球流動，有利於科學技術在全球推廣，有

利於促進不發達地區經濟的發展。經濟全球化是當代世界經濟最主要、最根本的特徵，也是世界經濟發展的總趨勢。

§4.3.1　經濟全球化是兩位導師早就預見到的

經濟全球化是一個歷史過程，它早已開始。《共產黨宣言》說：「美洲的發現、繞過非洲的航行，給新興的資產階級開闢了新的活動場所。東印度和中國的市場、美洲的殖民化、對殖民地的貿易、交換手段和一般的商品的增加，使商業、航海業和工業空前高漲，因而使正在崩潰的封建社會內部的革命因素迅速發展……大工業建立了由美洲的發現所準備好的世界市場。世界市場使商業、航海業和陸路交通得到了巨大的發展。這種發展又反過來促進了工業的擴展……「（《馬恩選集》第1卷第252頁）

《宣言》又說：「資產階級，由於開拓了世界市場，使一切國家的生產和消費都成為世界性的了。不管反動派怎樣惋惜，資產階級還是挖掉了工業腳下的民族基礎。古老的民族工業被消滅了，並且每天都還在被消滅。它們被新的工業排擠掉了，新的工業的建立已經成為一切文明民族的生命攸關的問題；這些工業所加工的，已經不是本地的原料，而是來自極其遙遠的地區的原料；它們的產品不僅供本國消費，而且同時供世界各地消費。舊的、靠國產品來滿足的需要，被新的、要靠極其遙遠的國家和地帶的產品來滿足的需要所代替了。過去那種地方的和民族的自給自足和閉關自守狀態，被各民族的各方面的互相往來和各方面的互相依賴所代替了，物質的生產如此，精神的生產也是如此。各民族的精神產品成了公共的財產。民族的片面性和局限性日益成為不可能，於是由許多種民族的和地方的文學形成了一種世界的文學。」（第254—255頁）

《宣言》這段話，好像是對當今世界經濟全球化、一體化的生動描述。兩位導師看得多麼深邃，多麼遠！他們不僅看到物質產品，而且看到精神產品。

他們提出了「世界文學」這一概念。據《選集》編者的注釋，這句話中的「文學」，「是指科學、藝術、哲學等等方面的書面著作」，也就是精神產品。經濟全球化，必將帶動文化全球化，必將帶動社會制度的變遷。

馬克思和恩格斯說這話，是在一百六十多年前。那個時候還沒有「全球化」的概念，當時說的是國際化。由國際化發展到當今的全球化、一體化，乃是兩個不同時代的科學概括。

不言而喻，在兩位導師看來，經濟全球化是人類歷史發展的必然，也是他們指出共產主義理想必將實現的主要根據和物質基礎。

§4.3.2　經濟全球化、一體化只能前進，不會後退

經濟全球化、一體化，發展到現在，明白告訴人們，它只能繼續前進，不會後退。

經濟全球化的核心是跨國公司。跨國公司既是經濟全球化的產物，又是經濟全球化得以深入發展的推動力。跨國公司把世界捆在一起。法里德・扎卡利亞在《後美國世界》中說，隨著中國、印度等新興市場展現高度經濟實力以後，世界將進入後美國時代。後美國時代的特點是群雄崛起，全世界更緊密地聯繫起來。他稱當今的世界「高度相互依存」（第15頁），全世界人民「休戚相關」。他說：「我們目前生活在這樣一個世界上：採取共同行動不僅是眾望所歸，而且已經具有生死攸關的意義。」（第16頁）如果把每一個國家比作一隻航船，那麼，跨國公司就使全世界成為像曹操率領八十三萬人馬征討東吳時組成的鐵鏈船一樣的一個整體，一處失火，全體遭殃。

在高新技術領域中，電子資訊技術（簡稱IT）及其廣泛應用，是把世界捆在一起的另一根繩子。九十年前，一九二〇年，著名經濟學家約翰・梅納德・凱恩斯說過一段話：「倫敦的居民可以通過電話訂餐，在床上享用早茶，也可訂購到來自地球每個角落的產品，想要多少都可以，而且可以合理地期盼這些

東西儘早地送到他的家中；他也可以同時通過同樣的方式，用他的財富在世界各地的自然資源以及新興產業上進行風險投資，不費吹灰之力，甚至沒有任何麻煩，就能夠分享到它們豐碩的果實和利益；或者，他可以決定利用各種憑空想像或者資訊推薦的任何大陸上的大都市城裏人的善良，讓他的證券財富上漲一倍……」（轉引自《經濟繁榮的代價》第57頁）這種想像，在資訊時代，已經成為現實，正如本書《科學技術上升為第一生產力》一節引約翰・奈斯比特所說「當顧客在點餐視窗停下，為自己點了一頓豐盛的漢堡大餐時……這一切甚至在顧客還沒有離開點餐視窗的時候就已經完成了」一樣。

　　法里德・扎卡利亞在前引話後接著說：「我們今天面臨的任何問題都蘊含著一個機遇，那就是它們針對的遠非一個國家。恐怖主義、金融危機、傳染病、能源和安全等，所有這些挑戰都要求各方通力協作進行應對，有時還需要建立制度，以確保合作的貫徹執行。」他舉了一個例子：「在當今世界，傳染病一旦爆發，必將大範圍地蔓延開來。這意味著各方都迫切需要儘快查明病因、隔離感染者和探索治療方法。從理論上講，世界衛生組織可以介入，要求有關方面向其報送病毒樣本，由它據此做出權威性的診斷，進而制定各方必須遵守的協定。但不幸的是，世界衛生組織缺乏資金和人手，也沒有足夠的權威制定各方必須遵守的規則……世界經濟為所有地方的人都展現了過上體面生活的美好前景；通訊技術使我們能夠相互瞭解、相互學習，這是人類歷史上劃時代的進步；政治合作則能夠遏制大國爭奪的衝動。在地球上的任何地方，人們每天都在做著令人拍案叫絕的事情。現在該是各國政府發揮自身的創造性，探索新型合作模式，以展現人類聰明才智的時候了。這是二十一世紀的一個重大課題：這個新的架構一旦建立起來，世界和平、發展和自由就有保障了。」（第17─20頁）

　　英國著名學者安東尼・吉登斯和威爾・赫頓匯集十多位學者論文成《在邊緣：全球資本主義生活》一書，開頭是兩位元主編者的對話。吉登斯說：「現

在有了『全球化』這一術語。就在幾年前，這個詞還很少有人使用。現在，人們到處都會遇到這個詞。我想世界上還沒有哪個國家不在廣泛地討論著全球化。全球化這一術語在全球傳播著，這個事實本身恰好就證明了這個詞所描述的變化。一些非常新的現象正在世界上出現。」他所舉第二個例子，「是『無重量經濟』的到來」，顯然指知識經濟。赫頓說：「所有的邊界都倒掉了——不管是經濟、政治，還是社會邊界……全球化的思想之所以那麼強有力，是因為一種無可逃避感。全球化直奔你而來，沒有地方可以逃避……國家主權的衰落當然可以從另一角度凸顯變化的幅度。任何一個國家要實現任何目標——軍事干預科索沃、管理避稅區、應對毒品和犯罪——都需要國際合作，即使美國在某種程度上也是如此。儘管國家在全球舞臺上仍然是基本的行為者，但是在上述那些領域，談論完全獨立的國家主權是沒有意義的。」吉登斯又說：「數千年來，人類一直擔心來自外部自然的風險——例如洪水、歉收、瘟疫以及其他自然災害。他們憂心忡忡，不知自然會對他們做些什麼。但從相對較近的時間開始——在我們正在討論的這段短暫的歷史中，我們不再為自然會對我們做些什麼而擔心，反而擔心我們對自然做了些什麼。我們已經創造了前代人從未面對過的新風險。」（第7—12頁）

被稱為「預測大師」的美國學者拉菲・巴特拉說：「在這個以美國為中心的當今世界，美國振臂一呼，全球雲集回應。有一個老生常談的說法：美國經濟打個噴嚏，整個世界就要感冒。同理，美國經濟向前發展，世界就會實現繁榮。」（《世界大趨勢2——影響全球進程的社會週期律》第4頁）

美國的馬克思主義者德魯克，在《後資本主義社會》中說：「世界主義不再是烏托邦，現在已經有實現的可能，而區域主義則已經成為事實。區域主義並不是成立一個超級政府來取代國家政府，而是成立一個區域機構，與國家政府分工，專門處理一些重要事務。」（第115頁）這裏說到「……不再是烏托邦」，前邊引用托夫勒的話也有這個說法，並用「實托邦」代替，可說「英雄

所見略同」。這裏所說「成立一個區域機構」，主要指非政府組織，本書以後會談到，此處說「世界主義」。

　　世界主義是一百年前盛行於歐美國家的一種思潮（最近又有人創造出世界主義理論，本書所指，跟它不同，特此說明）。它視各國人民共同的利益跟國家利益、民族利益同樣重要，甚至淩駕於民族利益之上，要人們放眼世界，既愛自己的國家也要顧及世界人民共同的利益，特別是他們的生命與安全。二十世紀初，胡適到美國留學，正是世界主義風行的時候。胡適所在的康奈爾大學成立有世界學生會，胡適積極參與了該會的活動，後來擔任該會的會長。他在一九一三年二月的一次演講中說：「今日之世界主義，非復如古代Cynics and Stocs 哲學家所持之說，彼等不特知有世界而不知有國家，甚至深惡國家之說，其所期望於世界之人，而不認為某國之人。今人所持之世界主義則大異於是。今日稍有知識之人莫不知愛其國。故吾之世界觀念之界說曰：『世界主義者，愛國主義而柔之以人道主義者也。』……」（《胡適日記》第1冊第200頁）「愛國主義揉之以人道主義」就是世界主義。他曾在世界會演講《世界和平與種族界限》。對第一次世界大戰，世界主義者是堅決反對的。胡適就說那是出於一種「狹義的國家主義，以為我之國須淩駕他人之國，我之種須淩駕他人之種」。胡適當時既主張大同主義，又主張世界主義，他說：「吾輩醉心大同主義者不可不自根本著手。根本者何？一種世界的國家主義是也。愛國是大好事，惟當知國家之上更有一大目的在，更有一更大之團體在，葛得宏斯密斯（Goldwin Smith）所謂『萬國之上猶有人類在』是也。」（第508頁）。

　　當時的馬克思主義者是堅決反對世界主義的，把世界主義說成資產階級思潮，當作帝國主義侵略其他國家的藉口。馬克思主義者的口號是無產階級國際主義。從前引胡適的話可以知道，在世界主義者看來，世界主義跟大同主義並不矛盾，兩者的含義有相重合之處。德魯克說「世界主義不再是烏托邦，現在已經有實現的可能」，表明它跟當前的全球化，實質上是一樣的。對世界主

義，不能再用褊狹的眼光去看，必須重新解釋。是跨國公司，是經濟全球化，喚回了世界主義。

正如世紀初胡適既主張大同主義又主張世界主義，到二十世紀末，跨國公司同時使人們想到了世界主義和大同主義。

「世界主義」一度消沉。第二次世界大戰期間，一個跟世界主義相近似的口號在美國等國的人們中相當盛行，叫做「整體世界」。一九四〇年，一位保守的公司律師，在這年大選中被佛蘭克林・D・羅斯福擊敗的共和黨總統提名人溫德爾・L・威爾基（Wendell L. Willkie）就用這個題目寫了一本暢銷書，於一九四三年初出版。威廉・格雷德在敘述了以上故事後寫道：「『世界變小了，變得相互之間完全具有依賴性。』威爾基寫道。他對戰後未來抱有樂觀的預見性，是對人性具有進步性的堅信者。威爾基預言，一旦戰爭贏得勝利，所有國家都會合作建立一個嶄新的、更為穩定和繁榮的國際經濟秩序。」（《全球化與現代性批判》第131頁）

威爾基的預言變成了現實。地球不是變小了，而是成了一個人群聚居地──地球村。

近年來，在「經濟全球化」已成為「世界公民」的共識的同時，還有一句話同樣引人注目，就是區域經濟一體化。區域經濟一體化，已在世界好些地區出現。克萊德・普雷斯托維茨在《經濟繁榮的代價》中寫道：「……一九九二年，美國、墨西哥以及加拿大從根本上將一九八八年的美國和加拿大自由貿易協定擴展為北美自由貿易協定。儘管使用了『自由貿易』一詞，這份協定其實是一個經濟聯盟，與歐盟的安排相比更鬆散，但是很類似。隨後在一九九三年，克林頓總統主持了亞太經濟合作組織二十一個國家領導人的首次會議，他們都承諾繼續推進這些國家間的經濟一體化。」（第109頁）

中國總理溫家寶在二〇一一年十一月舉行的東盟會議上說到今後的任務，是進一步推動經濟全球化、地區經濟一體化。據二〇一一年十二月韓聯社報

導，韓國企劃財政部剛剛發表了《韓中日成長與貿易動向的啟示》的報告。報告說，二〇一二年是韓中建交二十周年和韓日建交四十周年的重要年份，韓中日三國區域內經濟一體化討論有望取得進展。韓國企劃財政部表示，以中間產品為主的三國貿易，應擴大到最終消費品和資本貨物方面。如果區域內最終消費品的貿易增加，就可以降低韓國最終消費品的主出口物件美國和歐盟市場發生動盪時造成打擊的風險。韓中日三國的國內生產總值（GDP）在過去二十年間，分別增長了2.7倍、10.9倍和1.5倍，三國在世界貿易中所占的比重也從一九九二年的11.7％增加到了二〇一〇年的17.7％。韓國企劃財政部稱，若三國經濟實現一體化，韓國將是最大受益國。因此，該部表示，他們將評估是否很快啟動這一談判。

區域經濟一體化是經濟全球化的組成部分，它們是一致的。這個目標一定能夠達到。經濟全球化和區域經濟一體化是不可逆轉的大趨勢。世界上的任何一個國家，只能選擇積極參與和設法適應，此外沒有別的道路可走。

經濟全球化、一體化，影響到政治、文化、人們的價值觀念等許多方面。在人類歷史上，帝國主義在文化上的侵略，遠比軍事上的征服，對弱小民族帶來的危害深廣得多。帝國主義國家在佔領那些國家後，或即使沒有佔領也取得某種特權，成為那些地方半個主人，既大量傾銷他們的商品，也無孔不入地把他們的價值觀念、生活方式、宣傳他們那些東西的文學藝術作品，傾瀉在弱小國家人們的面前。面對這種文化侵略，弱小國家採取兩種態度，一種是屈服，一種是反抗。像現在拉丁美洲國家，新大陸「發現」以後，那裏的原住民在西班牙、英國、法國等帝國主義壓迫下過屈辱生活，是短時間的，丟失了他們原來的語言和許多民族特色，則是永久的，無可挽回的。非洲和亞洲一些國家也是這樣。由於弱小國家缺少這類東西，他們想拒絕也不可能，於是他們在精神上成了帝國主義的俘虜。這種情況，在第二次世界大戰以後，隨著殖民地半殖民地國家獨立，開始扭轉。近二三十年，在

經濟全球化浪潮的衝擊下，在文化及其交流上出現了新的格局，雖然還不大引人注意，然而確確實實存在。

當前文化上最顯著、最重大的變化，是文化交流由單向變為雙向。過去為什麼稱為文化侵略，就在於那是帝國主義國家單方面把他們的文化輸入到弱小國家，而不從弱小國家取回什麼。現在不同了。你把工廠建到發展中國家，你在發展中國家經營事業，你就得瞭解那個國家，研究那個國家的民情風俗，就得按照那個國家的習俗和制度辦事，你甚至還得學習當地的語言和文字。也就是說，你得接受那個國家的文化。跨國公司的發展，徹底改變了文化交流的方式。

《共產黨宣言》結尾最響亮的口號「全世界無產者聯合起來」，將被「全世界聯合起來」所取代。

第五章　民主、和平、聯合三大潮流

§5.1　民主，勢不可擋的洪流

從政治角度說，近年來的世界，民主、和平以及聯合、結盟，形成三股主潮，席捲全球。孫中山說得好：「世界潮流的趨勢，好比長江、黃河的流水一樣，水流的方向或者有許多曲折，向北流或向南流的，但是流到最後一定是向東的，無論是怎麼樣都阻止不住的。所以世界的潮流，由神權流到君權，由君權流到民權；現在流到了民權，便沒有方法可以反抗。如果反抗潮流，就是有很大的力量像袁世凱，很蠻悍的軍隊像張勳，都是終歸失敗。」（《三民主義》第75頁）

先說民主。

一九七四年四月二十五日，星期三，零點二十五分，葡萄牙的無線電臺突然播出了一支名叫《高山頌》的歌曲。播這支曲子是向里斯本及其周圍的軍隊發出行動訊號，以執行政變計畫。這次政變是由領導「武裝部隊運動」（亦稱作「尉官運動」）的青年軍官們精心策劃的。政變進行得果斷而又成功，只受到了來自保安部隊的少量抵抗。軍隊佔領了主要的政府部門、廣播電臺、郵局、機場和電話局。上午十點，人群如潮，湧上街頭，歡呼士兵，並且把石竹花（又名康乃馨）插在他們的步槍筒中。到傍晚時分，被廢黜的獨裁者馬賽羅・卡埃塔諾（Marcello Caetano）向葡萄牙的新軍事領導人投降。第二天，他

出逃流亡。這樣，在一九二六年由與此類似的軍人政變中產生的獨裁者終於壽
終正寢了。而領導這一政權達三十五年之久的一位作風嚴厲的文職官員安東尼
奧・薩拉查（Antonio Salazar）卻同葡萄牙的士兵們保持了密切的合作。

　　敘述這個故事的，是美國著名學者、人們稱為未來學家的撒母耳・亨廷
頓。亨廷頓繼續說：「四月二十五日的政變無意中成為世界性的民主運動的開
端，因為各種政變通常都是推翻而不是建立民主政權。它無意中成為一個開
端，還因為建立民主政治不是政變領導者們誠心所為，而且，更不能說他們有
意觸發一場全球性民主運動。獨裁的死亡並不確保民主的誕生。不過，這次政
變卻釋放了一大批大眾的、社會的和政治的力量，這些力量在獨裁期間曾受到
了有效的壓制……」（《第三波──二十世紀後期民主化浪潮》第1—2頁）

　　亨廷頓把葡萄牙這次政變跟一九一七年俄國十月革命相比較。他說：「在
許多方面，葡萄牙的革命動盪與一九一七年的俄國極其相似。卡埃塔諾就是尼
古拉二世（Nicholas II）、四月政變就相當於二月革命，青年武裝部隊運動中
的主流派就是布爾什維克，而且也出現了極其類似的大規模經濟混亂和社會動
盪，甚至與科爾尼洛夫（Kornilov）陰謀事件一樣，斯賓諾拉（Spinola）將軍在
一九七五年三月也代表右翼進行了一次不成功的政變。敏銳的觀察家都看到了
兩者之間的相似之處……」（第2頁）

　　但葡萄牙的革命終究勝利了，推翻了獨裁統治者，建立了民主政權。十月革
命建立了世界上第一個社會主義政權，後來變成了社會帝國主義，本來應該認真
實行的「真正民主制」胎死腹中，代之而起的是史達林的現代專制主義。在葡萄
牙，「民主勝利了。馬里奧・蘇亞雷斯（Mario Soares）當上了總理，後來又成為
總統。葡萄牙革命中的列寧（Lenin），是一位沈默寡言的親民主的上校，名叫安
東尼奧・拉馬羅・伊恩斯（Antonio Ramalho Eanes），他在重大關頭調動了訓練有
素的部隊以產生他所期望的政治後果，他於一九七五年十一月二十五日粉碎了武
裝部隊中的激進左翼分子，確保了葡萄牙的民主前途。」（第3頁）

　　顯然，葡萄牙這次政變不是一次有計劃、有目的、有組織的民主運動，但它卻把民主帶進了歐洲西南部伊比利亞半島上的這個小國。其所以如此，有兩個原因不容忽視。第一個原因，是民主政治的歷史必然性。民主，作為一種政治形式和生活形式，乃是人性得到發揚以後人們最迫切的政治要求。這個時候，在人們的文化心理上，自由、平等、公正並不是新鮮辭彙，他們已經在那樣的環境下生活了好長時間。一九一〇年，即在中國辛亥革命前一年，葡萄牙曾經成立共和國，有過民主政治。卡埃塔諾建立法西斯的獨裁政權是一九三二年的事。從當時世界說，實行民主制度的國家並不是個別的，按照亨廷頓的統計，當時世界上有三十個民主國家，大部分在歐洲。葡萄牙又並不是落後、封閉、守舊的國家，十五世紀、十六世紀，它在海外有許多殖民地，後來，中國的澳門也被它租借而去。內在的要求，外在的影響，都決定了，它在推翻獨裁政權之後，不可能再建立起一個新的獨裁政權，而只能是跟獨裁政權相對立的另一種政體。第二個原因，是在舉行起義的隊伍中，沒有一個人或一個集團具有絕對的可以指揮他人、使他人只有服從份兒的權威，大家是平等的，這樣就不可能形成一個單一的權力核心，新建立的政權不具備實行獨裁的條件。俄國十月革命是由幾個政黨聯合發起的，所以十月革命建立的政權具有幾個政黨聯合執政的特色。一九二二年底，也就是革命勝利後五年，由於布爾什維克黨跟左派社會革命黨在內外政策上發生了激烈衝突，布爾什維克黨把其他政黨開除出去，形成一黨執政的局面。雖然列寧一度想要恢復多黨聯合執政的做法，無奈他身體十分虛弱、疾病纏身，不久即逝世，這種局面沒有改變。這使布爾什維克黨成了唯一的革命黨，在這唯一的革命黨中，史達林玩弄手法，排擠他人，用盡各種辦法消滅持不同政見者，又使他成為這個黨中唯一的無可爭辯、無人敢說「不」字的領袖，在這樣的情況下，蘇聯的社會制度便只能成為一種表面民主、實質專制的假像。葡萄牙沒有蘇聯那樣一個強勢的個人或團體，因此建立起來的新的政治機構，是民主的。

　　在葡萄牙革命者推翻卡埃塔諾的獨裁政權前後，世界上，人們正就民主問題展開激烈的討論。第二次世界大戰以後，各民主國家，大都把選舉當作民主的主要手段，即各級負責官員必須是通過公平、誠實、定期選舉產生，而且在這樣的選舉中候選人可以自由競爭，每個成年公民都有選舉權和被選舉權。一九七六年，熊彼特出版了《資本主義、社會主義與民主》一書，根據「人民的意志」（來源）和「公益」（目的）界定民主。他說，「民主的方法是為做出政治決定的一種制度安排，在這種制度安排中，個人通過競取人民手中的選票而得到做出決定的權力」（轉引自《第三波——二十世紀後期民主化浪潮》第5頁）。熊彼特肯定了選舉的做法，認為選舉是民主的本質。但也有人對這種做法表示懷疑，他們談論「選舉主義的謬誤」和「自由選舉的陷阱」。美國耶魯大學威廉・肯楠二世講座教授暨政治學系主任伊恩・夏比洛說，儘管熊彼特式的民主值得追求，但要很好地貫徹這種民主，還必須顧及客觀條件（見其所著《民主理論現況》）。無論如何，葡萄牙開啟的民主浪潮，不僅從實踐上，也從理論上，推動了民主運動的發展。

　　亨廷頓把自十九世紀以來的民主運動劃分為三波。他這樣說：「讓我們簡單地考察一下這項紀錄。首先，始於十九世紀初的民主化長波到一九二〇年為止，導致了民主在約30個國家取得了勝利。在本世紀二十年代和三十年代，由於威權主義的復辟和法西斯主義的興起，到一九四二年止，世界上的民主國家的數量降到了約12個。第二，第二次世界大戰後的民主化短波再次使世界的民主國家的數量增加到30個以上。在此之後，在這些國家中，又有許多民主政權垮臺。始於葡萄牙的第三波民主化浪潮中民主化的速度更快，在規模上也遠遠超過了前兩波。二十年前，世界上約有不足30％的國家是民主國家，現在，60％的國家是通過某種形式的公開、公平和競爭性的選舉來建立政府的。約在二十五年以前，威權政府（軍人政變集團、個人獨裁政權等）似乎蔚然成風，今天，千百萬以前曾在獨裁專制統治下受苦受難的人生

活在自由之中。此外，由於歷史上民主國家與民主國家之間不發生戰爭，和平地帶也得到了大大的擴展，國家間衝突的可能性也大大地降低。民主制度在如此短的時間內急速成長，毫無疑問，是人類歷史上最壯觀的、也是最重要的政治變遷。」（第2—3頁）

亨廷頓說：「……在葡萄牙於一九七四年結束獨裁後的十五年間，民主政權在歐洲、亞洲和拉丁美洲30個國家取代了威權政權。在其他國家，發生了威權政權之下的大規模的自由化運動。還有一些國家，促進民主的運動變成幾乎是勢不可擋的世界潮流，而且從一個勝利走向另一個勝利。」（第21頁）

亨廷頓這裏所說的民主國家的數目，得到美國另一位學者精確統計的支持。美國耶魯大學政治學系史特林講座名譽教授羅伯特・道爾在其《論民主》中附有一張表，列出了歷年民主國家和所有國家數字的變化。他也是從一八五〇年開始的，一九二〇年，在51個國家中有15個是民主國家，一九五〇年在75個國家中有25個是民主國家，一九六〇年在87個國家中有36個是民主國家，一九七〇年在119個國家中有40個民主國家，一九八〇年民主國家減少到37個，而總的國家數目是121個，一九九〇年總的國家數目增加到192個，民主國家也有很大增長，是65個。（如下頁圖）

亨廷頓在他的書中，把向民主轉變區分為三種類型。他說：「第一種是變革（用林茨的術語，改革），即當執政的精英領頭實現民主時就出現改革。第二種是置換（即林茨的決裂），當反對派團體領頭實現民主時，而且威權政權垮臺或被推翻時，便出現置換。第三種進程是移轉，當民主化主要是因為政府和反對派團體採取聯合的行動而實現時便出現所謂的『移轉』。」（第141—142頁）他把巴西、匈牙利、臺灣、西班牙、土耳其等作為「變革」的樣板，把波蘭、烏拉圭等作為移轉的樣板，把東德、葡萄牙、希臘等作為置換的樣板。除這三種外，在他所列表中，還有一種是干預，格林伍德和巴拿馬屬於這一類。夏比洛在《民主理論現況》中把這四類做了如下概括：「變革——由上

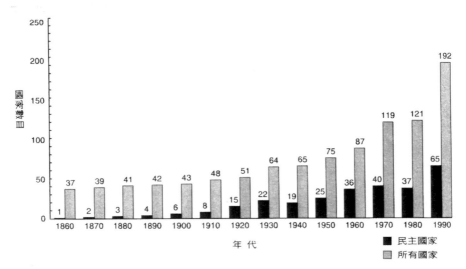

圖表 1 民主化國家（包括只有男人才有投票權或所有公民都有投票權的國家），
1850 - 1995 年

（採自臺灣聯經版《論民主》第11頁）

而下的強加，干預──外部的強加，置換──下層的革命，移轉──協商轉
型。」（第124頁）

　　亨廷頓讚賞了巴西和西班牙的民主轉型。亨廷頓說：「巴西的轉型是『由
上至下的解放』，或者說是『由政權發起的自由化』。在西班牙，『變革是與
在位的獨裁政權聯手的改良主義分子從政權內部發起的政治變遷過程。』……
在巴西，蓋賽爾總統斷定，政治變遷必須是『逐漸的、緩慢的和有把握的』。
這一進程始於一九七三年底的梅迪奇政府，經過蓋賽爾和菲格雷多政府，一下
子導致在一九八五年確立一位文職總統，而且最終導致在一九八八年通過新憲
法和在一九八九年以普選的方式選舉總統。在由該政權領導的邁向民主化的運
動過程中，還不時地有一些安撫軍方和其他強硬分子的行動的點綴。事實上，

蓋賽爾總統和菲格雷多總統遵循的是走兩步退一步的政策。其結果是一種爬行的民主化，在這種民主化過程中政府對進程的控制從未受到過嚴重的挑戰。一九七三年在巴西執政的仍然是具有壓制性的軍人獨裁；在一九八九年，它已經是一個全面的民主國家。習慣上，人們通常把在巴西實行民主的日子定為一九八五年一月，那時，由選舉團挑選了一位文職總統。不過，事實上卻沒有如此明顯的突破；巴西的變革特點是人們幾乎不可能準確地說巴西是在具體某個時刻不再是獨裁而變得民主的。」（第154—156頁）

　　法國政治學教授居伊・埃爾梅在為聯合國教科文組織主辦的《國際社會科學雜誌》民主專號所寫《導論：民主的時代？》（載該刊1992年第2期）中，稱讚了西班牙的民主，說「在歐洲，尤其是西班牙，已經得到鞏固的民主體制正在深深扎根，這表明了一種無可辯駁的成功……」（《民主的再思考》第1頁）

　　亨廷頓承認，在那幾個國家向民主制轉型期間，民調是不利於民主的。亨廷頓說：

　　　　對民主的一個相關的反應是「威權懷舊症」。這在那些威權政權極其殘酷、無能或腐敗，以及在那些他們不願意放棄權力的地方並不十分明顯，但是，在那些獨裁相對溫和或取得一些經濟上的成功以及政權或多或少地自願由他們的領導人朝著民主方向改造的地方卻更為流行。在這些國家，對受迫害的記憶逐漸消失，而且在某種程度上被一種威權期間秩序、繁榮和經濟增長的形象所取代。例如，在西班牙，從一九七八年到一九八四年間，對佛朗哥政府在一般的滿意程度、生活水準、法律與秩序及社會平等等方面的評價都有全面增長：「對佛朗哥政權的記憶越充滿玫瑰色，這個獨裁者就被往後拋得越遠。」這種「威權留念」效應也出現在巴西。在一九八九年，據報導，對蓋賽爾將軍的統治進行重

新評估的做法搞得「十分起勁。今天,他的統治被看作是年通貨膨脹不過在百分之百以下,而不是四位數,當時,人們夜晚可以平安地走在里約熱內盧的大街上」。在一九七八年,當被問及哪個政府或哪個政權統治葡萄牙統治得最好時,選擇卡埃塔諾獨裁政權比選擇蘇亞雷斯民主政權的葡萄牙公民多三倍。在一九八七年,即秘魯實行民主後的第七年,利馬的居民們把從一九六八到一九七五年統治秘魯的軍事獨裁者胡安‧維拉斯科看作是自一九五〇年以來最好的總統。在一九九〇年齊亞‧哈克和阿育布‧汗在巴基斯坦的名聲也處在上升之中。

──第310—311頁

據另一個材料,那是蘇聯解體以後的事,「從一九九九年八月起,由美國國際開發署資助的一項關於希望回到共產黨經濟體制的民意調查證實了這種懷舊趨勢。四個中亞國家接受民意調查的公民中,超過60%的哈薩克人選擇了舊體制。」(《後社會主義》第217頁)也就是說,多數人認為現在的哈薩克不如處在蘇聯時代史達林式的現代專制主義下過得好。一些人反對民主,這常常被當作理由之一。

造成這種情況的原因是多方面的。既有「威權懷舊症」,也跟人們的思維定式或心理惰性有關。從文化心理說,凡是習慣了的生活方式,總是好的,總是人們最先選擇、最先肯定的。他沒有經過的事物,即使是好的,他也不會去相信,即使已經擺在他的面前,他也會以「不習慣」為由表示拒絕。民主與專制本是兩種不同的制度,人在不同制度下,地位不同,但一般的人通常很難感到地位的差異,他首先感受到的,主要還是習慣不習慣,順當不順當,彆扭不彆扭。長期在專制主義之下生活的人,已經習慣了那樣的生活,適應了那樣的生活。要他一下子從「不當人看」的地位上升到「大寫的人」的地位,必須有一個心理適應過程。做慣了奴才的人,在沒有遇到大的挫折的情況下,總覺

得當奴才不錯，希望永遠過著那樣的日子。這種文化心理根深蒂固，絕不可以輕視。巴西也好，哈薩克也好，在政治轉軌以後，普通人對新生活一時難以適應，產生懷舊情緒，是必然的。還要看到，舊制度的既得利益者跟其影響下、庇護下的人是一大群，這些人怎麼會投新制度的擁護票呢？亨廷頓說「在那幾個國家向民主制轉型期間，民調不利於民主」，毫不奇怪。但這種現象否認不了，在威權統治下，人們沒有自由，沒有地位，他只不過是屈辱地苟活者。制度轉型以後，人不僅是自己的主人，也是國家的主人。人的地位的改變，才是更本質的東西。

　　我想起文藝復興時期義大利偉大政治學家、馬克思和恩格斯都曾稱讚過的尼科洛・馬基雅弗利在《君主論》第六章說的一段話。他說：「應該看到，沒有什麼比率先建立新制度更為棘手，沒有什麼比它的成敗更加飄忽不定，操作起來有更多的風險了。因為革新者將成為所有舊制度的既得利益者的敵人，而所有那些新制度的可能受惠者卻反應冷淡，他們並不全力擁護。這種冷淡部分出於對掌握著律法的反對者的畏懼，部分出於人類的多疑心理，在對新事物沒有確切的認知之前，他們確實未敢輕信。所以，一旦那些反對者得到機會發起進攻，必會結成狂熱的黨羽，而其他人只是進行不冷不熱的抵禦，為此，君主同他們在一起就會陷入極大的危機……」（九州版，第45頁）

　　所以，那些民調數字只是表面現象，不能當真。

　　亨廷頓特別說到，從葡萄牙開始，到八十年代末完成民主轉型和正在轉型的三十多個國家中，除「在六個國家（指菲律賓、東德、羅馬尼亞、韓國、波蘭和斯洛伐克）中民眾示威、抗議和罷工起著關鍵作用」（第175頁）以外，其餘都是和平的，沒有引起社會的動盪。

　　亨廷頓把第三波的截止日期定在八十年代末。這樣，發生在九十年代初的蘇聯解體，就被捨棄了。一九九一年八月二十五日之後，由十六個加盟共和國組成的蘇聯不復存在（在此日子之前，已有波羅的海三國分離出去），

原來的各個加盟共和國——包括前邊提到的哈薩克——各自獨立，這就是蘇聯解體。解體以後的各個國家，採取了不盡相同的政治制度，大多數跟過去的體制有了明顯的差別，即使其中最大的國家俄羅斯，也實現了多黨制度和總統競選，應該說，已經轉型到民主化的道路上——當然，只是開始，今後的路子還很長。

美國著名學者、耶魯大學威廉・肯楠二世講座教授兼政治學系主任伊恩・夏比洛，在《民主理論現況》中說到亨廷頓所說幾種向民主轉型方式：「現在看來，我們可以確定通往民主的路徑不只一個，因此無法對民主興起的條件找出一般化的通則。」又說：「……其實這不令人訝異。理論上並不存在任何具有說服力的理由，讓我們假定通往某個目的地的路徑不是多重的，或是去假定當我們找出某個目的地後，便不會再出現通往該處的新路徑。畢竟，一旦烤麵包機被發明出來後，其他人就能加以模仿；沒有人一定得經過這段相同的發明過程不可。再者，一旦人們在別處看過烤麵包機，他們原有的技術與當地的材料都可能會提供人們新的製造方法——甚至是更好的方法。沒錯，這不會阻止我們去提出關於一台有用的烤麵包機所必須具備的特性的理論，而製造烤麵包機的方法也是有限的，所以，要發展出一個包含不同可能性的複雜理論在原則上是可能的。這在民主轉型的問題上可能也是可行的，只不過我們還有一大段路得走。」（第123頁）這裏用製造烤麵包機做比，生動地說明了不同國家實行民主不能以「照搬」、「移植」甚至「拜倒在某國腳下」一類話視之，民主就像烤麵包機，誰都可以利用「原有的技術與當地的材料」製造，由於「製造烤麵包機的方法是有限的」，彼此就可能相同或相近似，毫不奇怪。

「第三波」過去二十多年了。亨廷頓在他談「文明的衝突」的另一本書中說，「至九十年代，除了古巴，其他大多數信奉西方基督教和基督教影響強大的國家都開始了向民主制的轉變，但非洲是例外」（《文明的衝突與世界秩序的重建》第211頁）。阿拉伯穆斯林國家更是跟民主制無緣。筆者在本《三部

曲》第一部《文化圈層論》中說：「阿拉伯地區——一直實行專制主義，以前幾次民主運動的浪潮沒有撼動他們的堤壩……」（第284頁）現在怎麼樣呢？就在筆者寫這本書之前，二〇一一年初，北非的突尼斯，很短時間內掀起一場革命風暴，推翻了執政三十多年的阿里政權。接著是埃及，曾被當作「鐵腕人物」的穆巴拉克，在人們的吼聲中走下了權力的寶座，現在只能躺在病床上接受審判。利比亞的卡紮菲死於戰亂之中，前不久葉門的薩利姆總統簽訂協定，把權力交給副總統，副總統下令讓反對派組建了政府。敘利亞正處在亂局之中。還有伊拉克，推翻薩達姆的專制統治十個年頭了。這幾個國家未來能否真正走上民主的道路，還很難說，它們可能是跌跌撞撞地走，也許會有反覆，但是有一點可以肯定，北非和阿拉伯地區持續幾十年的強人專制統治，在這幾個國家是一去不復返了。

一九八九年，一位埃及人在談到阿拉伯世界的政治前景時，這樣說：「現在沒有國家能夠逃避民主。」（轉引自《第三波》第118頁）這個埃及人說對了。對二〇一一年北非和阿拉伯世界非君主制國家發生的變革風潮說，這個埃及人的話有先見之明。

夏比洛在《民主理論現況》中說：「我從一個觀察開始進行這項對民主理論現況的研究，我發現即使民主理論指出了民主這麼多的問題，它的政治正當性在當代世界中仍然很少受到嚴重的挑戰。無疑地，民主不可動搖的政治地位來自很多方面。部分來自二十世紀的民主國家相較於它們的主要競爭者所具有的經濟和軍事成功。部分來自弱勢而無產的人民在非民主國家中想要改善他們處境的焦慮，以及他們希望（或許往往是天真的）民主化可以實現這些結果的期待。還有部分來自要求國際組織的治理更為民主化的主張。很多貧窮國家的領導者要求聯合國和其他國際組織進行民主化的改革，他們隱然肯定了民主的正當性。很難有人能夠在國際組織中堅持民主、卻又不承認民主原則的效力；因此，這些原則必然也會在國內的政治環境中實現。」（第222頁）

近幾十年來，民主的浪潮一波又一波，一浪又一浪，浪峰相距的時間越來越短，浪頭在世界人心中的影響越來越大。民主的洪流勢不可擋，即將向專制主義的最後堡壘發起衝擊。

如前所述，未來大同世界是高度民主的。世界上越來越多的國家選擇了民主的政治體制，等於向世界大同走近了一步。

§5.2　戰神抽回了他帶刺刀的手

從二十世紀九十年代以來，我這個從小經歷了抗日戰爭、解放戰爭，後來親身感受到、從媒體上看到更多戰爭的人，總有人類處在「戰後」之感。這裏的「戰」，不是指哪一場具體戰爭，而是指一種哲學，像毛澤東所說「鬥爭哲學」那樣的戰爭哲學。二十世紀以前人們信奉的是戰神，靠戰爭攻城掠地，靠戰爭輸出商品，靠戰爭發財。十九世紀乃至十八世紀資本主義國家的向外擴張就不說了，二十世紀，第一次世界大戰、第二次世界大戰，後來的冷戰、三次中東戰爭、兩伊戰爭、中國的「文化大革命」，等等，戰不止，鬥不停。列寧說，帝國主義就是戰爭。從二十年前蘇聯解體算起，形勢大變，鬥爭哲學顯然已不再時行。固然，美、英等國以清剿「基地」為名，派兵進入伊拉克，北約派兵到阿富汗，但從世界的總趨勢看，人們已不把戰爭視作解決爭端和實現國家利益的主要和唯一的手段，是明明白白的。戰神不再像以前那樣威風凜凜，他抽回了帶刺刀的手。

法里德‧扎卡利亞在《後美國世界》中說：「在過去二十年裏，戰爭和暴力犯罪已經急劇減少了。馬里蘭大學國際發展與衝突管理中心的特德‧羅伯特‧格爾及其學術團隊細緻地追蹤了資料，得出了以下的結論：（從二十世紀八十年代中期以來）世界上戰爭的總體數量已經減少了60%以上，截止到二○○四年底，已經降到了自二十世紀五十年代晚期以來的最低點。整個冷戰期

間，暴力行為穩步增長，從二十世紀五十年代到二十世紀九十年代早期總共增加了6倍。到一九九一年蘇聯解體之前，這種趨勢達到了最高點。哈佛大學的博學者，史蒂文‧平克認為：『冷戰後的前十年，國家間以及國家內戰的數量幾乎減少了一半。因此，今天我們可能生活在人類歷史上最和平的時代。』」（第24頁）

　　扎卡利亞又說：「現在反恐任務已經基本結束了。自『九一一』事件之後六年，由本‧拉登和艾曼‧扎瓦希里領導的基地組織核心已經沒有能力在任何地方發起一場大的攻擊。雖然它是一個恐怖組織，但是卻已經變成了通信公司，只能偶爾製造點錄影帶而並非實際的恐怖主義。聖戰還在繼續，但是聖戰主義者不得不分散開來，針對一些更小的目標，並且通常通過那些與基地組織核心人員幾乎沒有聯繫的團夥在當地進行活動。這一臨時策略有一個致命的弱點：由於殺害的是當地人，因此疏遠了普通的伊斯蘭人。現在，這一狀況在各個國家像印尼、伊拉克和沙烏地阿拉伯等都有所發展，過去六年裏，整個伊斯蘭世界支持本‧拉登及其目標的人已經慢慢地減少了。二〇〇二至二〇〇七年間，在我們所追蹤的大部分伊斯蘭國家，作為恐怖策略的自殺式爆炸在數量上已經減少了50％以上——這一數值本來就一直很低。與過去相比，譴責及反對本‧拉登暴力行為與裁決也越來越多，包括了沙烏地阿拉伯的著名教士。伊斯蘭世界的現代化還需要進行更多的工作，但是現代化的推進者已經不再那麼擔憂了。他們已經認識到，儘管伊斯蘭宗教學校和清真寺大肆鼓吹，但是很少人願意生活在基地組織的命令之下。不論是在阿富汗還是在伊拉克，那些曾經的基地組織的信徒們已經成為最堅定的反對者。沒有一個社會會讚賞並羨慕宗教激進主義的伊斯蘭模式……」（第28—29頁）前不久，本‧拉登被消滅，許多基地核心人物被消滅，又使恐怖主義的勢頭大大減弱。

　　德國著名學者J‧哈貝馬斯在《東歐巨變與〈共產黨宣言〉》中說：「從反共產主義的角度來看，東方的革命性變革表明，由一九一七年布爾什維克所

引發的全球內戰終於取得勝利。『全球內戰』這一短語來源於社會理論中『國際階級鬥爭』這一術語，這樣的轉換使它具有了霍布斯權力理論的意味。卡爾‧施密特給這一理論上的隱喻提供了歷史和哲學背景。在他看來，隨同法國大革命而登基並肩負了其救世主義倫理學的烏托邦責任的歷史哲學是內戰的背後動力，而這一內戰首先由知識份子中的精英人物所策劃，然後再把它投射到國際舞臺之上。這一假定在東西衝突剛剛爆發的時候得到擴充，從而成為一套有關全球內戰的完整理論。它旨在剖析列寧主義，但又依賴於它，就像鏡像依賴於它所反映的原物一樣。然而，歷史材料卻抵制即使是像恩斯特‧洛特一樣博學的歷史學家的意識形態拐杖，他最近提出了全球內戰已經結束的論題。在參戰各方那裏，全球內戰類型化到了這樣的程度，以致在討論諸如墨索里尼和希特勒、邱吉爾和羅斯福、甘迺迪和雷根這樣一些彼此具有巨大差別的人物的政策時，竟理所當然地不加區分，就像他們都出自反共產主義的同一模式一樣。全球內戰的隱喻採用了在冷戰的一個白熱化的特殊時期所出現的一種說法，從此不斷得到爭論，成為與整個時代相應的結構性描述。」（《全球化時代的「馬克思主義」》第40頁）「全球內戰終於取得勝利」，也就是全球性的戰爭已經基本結束。

在人類歷史上，戰爭曾經被歌頌過。馬基雅維利認為戰爭是君主正當的事業，他把軍事的重要性放在君主的首位，說「除了戰爭、軍事制度和訓練外，君主不應該有任何其他目標和思想……」（《君主論》第87頁）；康德說，戰爭如以一種正當的方式進行，未嘗不具有某種高尚的品質；黑格爾讚揚戰爭是「人道」的，是一種健康的干擾劑，它可以治療由曠日持久的和平帶來的停滯；著名戰爭理論家克勞塞維茨聲稱戰爭是以另一種方式進行的政治；尼采跟康德一樣，把戰爭跟高尚的生活等同起來，說什麼「人要是放棄了戰爭，也就放棄了高尚的生活」（《偶像的黃昏》，本書據《西方思想寶庫》第1078頁）。

　　這些人都生活在二十世紀以前，正是他們的理論為人類歷史上那些殘酷的戰爭披上了合法的外衣。在文明前社會，戰爭幾乎是各部族之間生存競爭的主要手段，那樣的戰爭無正義可言。進入文明社會，戰爭依然是解決社會矛盾最主要的方式之一。經過無數次殘酷的廝殺，人們對戰爭的本質有了更多的認識，對人的生命之可貴有了更深入的體會，更懂得珍惜生命。特別是進入二十世紀。反對戰爭，就是對人類生命的保護。戰爭哲學之消退，從本質上說，是人類的生命哲學戰勝了戰爭哲學。曾有過用戰爭解決人口過剩問題的主張，比如十七世紀英國哲學家湯瑪斯・霍布斯就說：「當全世界人口過剩時，最後的辦法就是戰爭，戰爭的結果，不是勝利便是死亡，可以對每一個人作出安排。」（《利維坦》Ⅱ30。本書據《西方思想寶庫》第1069頁）。英國經濟學家、近代人口問題研究的先驅馬爾薩斯認為，人口的增長永遠快於經濟的增長，為了保持兩者的平衡，採取戰爭的手段不可避免。這同樣是很早以前人們的認識。那個時候，「全世界人口」不超過現在的三分之一、四分之一。近年來，人們也在為「人口過剩」而著急，但沒有人想到用戰爭去消滅人口，可見人們對生命跟戰爭的關係的認識跟以前有了質的不同。

　　應該看到，中外歷史上的空想主義者都是反對戰爭的。法國聖西門的信徒巴扎爾、安凡丹、羅德里格等人堅持用協作代替戰爭，說他們的目的「就是世界協作，即一切地區的人、人們相互關係一切領域中的所有人的協作」。他們在其《聖西門學說釋義》中說：「我們正在走向的世界是這樣的世界，在那裏，宗教和哲學、崇拜和美術、教義和科學，將不再彼此分離；在那裏，義務和權益、理論和實踐不僅不再處於彼此交戰狀態，而且會導向同一目標——使人具有高尚的道德；在那裏，科學和實業終將使我們有可能一天比一天更好地瞭解和培育這個世界。那時，理性和力量便會兄弟般地聯合起來，使共同的感恩之歌昇華成為它們可以汲取生命的源泉……」（第87—89頁）

　　戰爭哲學消退，和平時代來臨，當然主要是由於上一章所說跨國公司的發展，既改變了帝國主義國家的面貌，也使全世界的經濟運作攪在了一起，互相之間的利害關係難以分割，人們在經濟利益上的思考是不利於「戰爭狂人」的。

　　其次，二十世紀全球性政治發展的一個顯著特點，是許多國家由非民主政治體制轉變為民主政治體制，在很大程度上限制了一些國家發動戰爭的可能性。第一、二次世界大戰都是由獨裁者發動的。他們掌權後，為了圓其獨霸世界的美夢，隨心所欲，任何力量不能阻擋他，任何條件不能限制他，因此可以發動閃擊戰。伊拉克獨裁者薩達姆兩次發動對鄰國的戰爭，是帝國主義侵略政策的最後演出，也是造成他最後被推翻、被處以絞刑的原因所在。在民主國家，國家領導人是有任期的，任何一項大的決策都不能出自一人，而是要經過幾個權力機構。也就是說，在民主國家，不存在可以擅自發動戰爭的絕對權威。許多非民主國家走上民主道路，使發動戰爭得不到制度的保證。

　　再次，核武器由一家獨霸到多個國家擁有，並且在一段時間內形成勢均力敵的狀態，使任何一方都不敢輕舉妄動。它知道，發動戰爭即使打敗了對方，也必然使自己遭到毀滅。

　　還有，經過兩次世界大戰，原來的許多殖民地、半殖民地國家紛紛獨立，有了完整的主權和領土，這些弱小國家的主權意識高漲，防止侵略的能力加強，國際社會聯手反侵略的意識和機制也初步形成。聯合國成立以後，在保證國際和平上做了許多努力，使得侵略成為非法，誰也不願意冒天下之大不韙。薩達姆發動戰爭，遭到全世界人民的譴責，就是一個很好的例子。

　　重要的還在於，經濟的發展和人們物質生活水平的提高，極大地影響到人們的思想意識和生活態度。企業家需要和平安定的環境，富人需要和平安定的環境，普通老百姓何嘗不需要和平安定的環境？人們在貧窮的時候容易信奉鬥爭哲學。因為要改變貧窮落後的面貌，戰爭是最有用的一個辦法。同時，人窮了，對生命的珍惜程度遠不像富人。恐怖主義組織招募人身炸彈，那些人為

什麼自願赴死？可能有一些原教旨主義者是去殉教，更多的人是因為生活不好，覺得生不如死。有許多「人身炸彈」，是被強迫的，挾裹的，並非自願。打仗，是富人指揮窮人幹的事情，小康人家誰也不喜歡戰爭。戰爭的發動者很少把自己的孩子派到戰場上去，「基地組織」的領導人也不會讓自己的兒子做「人身炸彈」。當「炮灰」的絕大多數是窮人。隨著人們生活狀況的改變，厭倦戰爭、反對戰爭的人越來越多。最近報上一篇《歐盟就這樣影響著歐洲》稱：「歐盟是世界上最有力的國際組織，在貿易、農業、金融等方面趨近於一個統一的聯邦國家，而在內政、國防、外交等其他方面則類似一個由獨立國家所組成的同盟。這樣一個獨特的實體對整個歐洲大陸產生了怎樣的影響？」以下有三個小題目。其中第二個題目是《不想再打仗》，說：「歐盟的建立，基本結束了歐洲大陸延續幾個世紀的征戰殺戮和勾心鬥角，實現了歐洲社會的和平、穩定和繁榮。在歐盟框架的搭建下，就連法國和德國這對『夙敵』，也做到『一笑泯恩仇』，並成為歐洲強大和快速發展的雙引擎。二○○七年的《柏林宣言》，把歐洲的光榮與夢想總結為：我們是歐洲公民。歐盟的『一體化』建立在寬容與和解基礎之上，這種模式已成為國家間合作的重要典範，對推動國際關係民主化具有重要的啟發和借鑒意義。」跟德國比較，日本屬於另一種情況。他們對發動法西斯侵略戰爭，從來不做真正的反省，不知道悔改。他們依然抱著戰爭的陰魂不散。

　　第二次世界大戰以來，美國作為世界唯一的超級大國，也是對外進行戰爭最多的國家。雖然是局部戰爭，但幾乎每一場戰爭都可以看到美國的身影。即使在進入二十一世紀以後，它也到處插手。但是氣氛跟過去有了很大的不同。張西明在《新美利堅帝國》中寫道：

　　　　二○○二年九月，德國民眾因為極其強烈的反美反戰情緒，將經濟工作成績並不好但堅決抵制美國武力入侵伊拉克的施羅德領導的「紅綠

聯盟」再次選進總理府。選舉前施羅德內閣的司法部長甚至將布希打擊
伊拉克轉移國內問題視線的做法比作希特勒。在德國大選前最關鍵的時
候，美國的反映也是前所未有的激烈，先是白宮發言人正式抗議表示
「不能容忍」，然後總統安全顧問賴斯女士公開指責德國政府「毒化兩
國關係」……

　　另外兩個被美國看好的盟國──加拿大與日本，也對美國的戰爭政
策表現出了越來越大的距離。二〇〇二年八月，在日本紀念遭受美國原
子彈攻擊五十七周年的活動中，廣島、長崎市長先後代表民眾警告美國
不要擅自發動戰爭尤其是核戰爭，國內高漲的反戰呼聲使一度表示支持
美國打擊伊拉克的小泉政府也開始謹慎起來，不再像以往那樣義無反
顧。九月初，由加拿大電視網（CTV）和《環球郵報》特約IPSOS-REID
的民意調查稱，52％的加拿大人認為美伊戰爭爆發，布希與薩達姆同樣
負有責任；另有55％的加拿大人認為，假如美國採取軍事行動攻擊伊拉
克、推翻薩達姆，加拿大完全不應當派兵幫助美國。

──第289─290頁

　　反戰情緒不僅在老百姓中間蔓延，也在政治人物和軍事人物中間滋長。不
言而喻，在戰爭哲學主導著人們意識的時候，我們看不到世界大同的曙光。戰
爭哲學遠去了，實現大同就有了可能。

　　這裏需要來一個「但書」。說戰爭哲學遠去了，並不等於以後沒有戰爭。
戰爭還是會有的，軍備競賽還是會繼續，地球也許會在一場大戰中毀滅。試
想，如果沒有了戰爭，軍火商們如何生活？霸權主義者如何控制弱小國家，或
者，如何爭奪十分重要的能源？僅從本世紀看，在過去的十年，美國打了多少
場仗？在伊拉克，在阿富汗，在利比亞……只是比較起來，現在的戰爭少得多
了，規模也不是很大。

§5.3　和平、和解、和諧──國際關係的主旋律

取鬥爭哲學而代之的，是以「和」為字頭的幾個詞，即和平、和解、和諧。和平是跟戰爭相對而言的，要和平，就不是要戰爭。和諧，既用於人和自然之間的關係，也用於人和人之間的關係，國家和國家之間的關係，而這才是更加重要的。和解，是解決矛盾和衝突的一種方式。在鬥爭哲學年代，解決矛盾和衝突的主要方法是鬥爭，是戰爭，現在是和解。和解，就是矛盾雙方不要再鬥了，大家坐下來，敞開心扉，互作讓步，把矛盾化解，把衝突消滅於萌芽之中。中國把這幾個詞所包含的意義當作最主要的追求，稱為「和平崛起」，在國際追求和平，在國內追求建立和諧社會。

和平，是所有人的希望。威廉·詹姆士在《戰爭的道德》中寫道：「我虔誠地相信和平的統治，相信某種社會均衡將會逐漸來臨。在我看來，關於戰爭作用的宿命論觀點是毫無意義的，因為我知道進行戰爭，就像從事其他任何事業一樣，都出於明確的動機，都會遭到謹慎的抵制和合理的批評。當整個民族都成為軍隊，當破壞的科學在智力的進步上與建設的科學相對抗時我認為戰爭就是荒謬的了，它不可避免成為一種怪物。理性的要求必須要取代過度的野心，各民族必須要共同反對這些野心。我看不出有什麼理由為什麼這一原則不能既適用於黃色人種國家又適用於白色人種國家，我期待著將來各文明民族都正式宣判戰爭為非法行為。」（《西方思想寶庫》第1108頁）作者所期待的「和平的統治」，比起三十年前，五十年前，有了更多的成分。

跟和平取代戰爭一樣，國際間解決糾紛的方式，已經很少使用拳頭和口水了，而是坐下來，冷靜地商量、討論，說得嚴肅一點，是談判。從「四巨頭」會議桌上的爭執到赫魯雪夫廚房裏的辯論，在七十多歲以上人們的記憶裏可能還有清晰的印象，但現實生活中已經很難尋覓了。相反，我們看到的既有對本

國利益的堅持，也有在其他方面的妥協；既有針對對方的縝密佈局，也有不斷加深的高層戰略對話。建立熱線電話，是為了及時溝通，減少誤判，使矛盾不至於發展為直接衝突。求同存異是國際間解決矛盾的主要策略。

二十世紀八十年代以來，國外興起一種「協商民主」的思潮。這種思潮主要用於國內政治生活，它擴大了民主的施用範圍，其實，在國際生活中，這種方式——不是協商民主，而是民主協商——才更需要，更合理，更具有廣闊的前途。所有國家，無論大小，無論強弱，一律平等，無論談論雙邊關係，還是共同關心的國際問題，或者地區性問題，只能採取民主的方式，來不得大國欺負小國，強國欺凌弱國。國際間也有個治理問題。民主協商就是一種好的共同治理方式，它能夠有效回應不同文化間和不同利益體間的某些核心問題。它可以根據雙方和共同的需要，確定辦理方式和次序。當然，矛盾是存在的，有的是因制度不同而存在著對抗性矛盾，但解決矛盾的方式主要不是槍炮彈藥，而是協商、討論、妥協。

和平、和解、和諧之所以越來越受到人們的重視，越來越成為國際關係和人際關係的主旋律，不僅在於戰爭、「鬥爭哲學」以及互相猜忌等等做法不能真正解決問題，而且在於人們認識到，相互之間的共同之處遠遠大於不同之處。當然，這是以承認平等和差別為前提的。沒有平等，三個「和」字就缺乏基礎；沒有差別，就沒有必要和平、和解、和諧。

國際間的和平、和解、和諧，說到底，是人道主義、人權、自由、平等、博愛這些原則和民主的價值觀在世界人民之間的運用。國際間的協商，不像在國內問題上常常需要一種價值追求或道德評判做標準，如對「公平」或「正義」的要求。國際間的協商，就是對彼此核心利益或主要利益的理解與照顧。

在國際關係中，採取對話方式，對多元文化間的理解和貫通具有十分重要的意義。世界上存在多種文明，多種宗教，相互之間在歷史淵源、文化心理、

生活習俗、思想信仰等各方面存在巨大差異，這種現實情況必然會給國際關係的發展帶來一定的困難。對此，聯合國提倡開展文明對話，以縮短相互之間認知上的差距，求得彼此的諒解，是正確的，明智的。美國華裔學者杜維明在為聯合國起草的《文明對話宣言》（2001年）第二章寫道：「在毫無個性的普遍主義和民族沙文主義之間存在著一個廣闊空間，這是跨文明對話可能出現的場所。在過去幾千年中，各種偉大的民族和宗教傳統已經在我們這個世界營造其輝煌的精神景觀。超越民族、語言、宗教和文化對立的交流一直是人類歷史的一個顯著特性。儘管在對立的共同體之間存在著緊張和衝突，但超越這些對立、建立更多的聯繫和互動，一直是一個不可低估的大趨勢。從歷史上看，每一個偉大民族和宗教傳統都會遇到截然不同的信仰體系和信仰共同體。它們經常能從這種相遇中獲得巨大活力。通過學習他者，某一既有傳統可以大大開拓視野。例如，基督教神學便受惠於希臘哲學，伊斯蘭教思想也曾經從波斯文學中獲得啟示，中國思想史則因西元一世紀傳入的佛教所負載的印度思想而變得更加豐富。」（《全球化與文明對話》第86頁）

　　人權問題，在發達國家跟發展中國家之間，是爭論比較激烈的一個問題。這是因為雙方的人權觀不同。在發達國家也就是西方國家中，他們價值體系的核心是自由主義大憲章，又有較長的時間實行政治民主。發展中國家，特別是東方國家，歷史上長期實行專制，在強有力的威權統治下生活，他們重道德而輕法律，重人情而輕公理。前者個人權益至上，後者個人品德至上。由此形成的各種價值觀念和評價標準便會有很大的差異。為了在這個問題上統一溝通，有人提出了人權觀上的「相容原則」。日本著名國際法學家、東京大學教授大沼保昭說：「這意味著不是僅僅在孕育了人權的以歐美為中心的現代文明的框架內來思考人權問題，而且也要從歷史上曾與之並駕齊驅、在二十一世紀有望為克服現代文明的偏頗和局限做出貢獻的其他文明——包括曾在現代歐洲文明的世界化過程中遭到擯斥、但卻有可能在後現代的人類物質的或精神的福祉實

現方面發揮作用的東亞文明、伊斯蘭文明以及其他各種地域的文化、宗教、規範、理念等形形色色的構想在內——的觀點來把握人權的內涵。」（《人權、國家與文明》第3頁）

《文明對話宣言》又說：「我們意識到，當代生活的複雜性或許會造成一些重要價值的對立。實現多樣性與統一體和諧的任務過於沉重，私利和公善之間的衝突似乎不可解決；在眼前實惠與長遠利益之間作出選擇也往往不是一件輕而易舉的事。但我們相信，一種全新含義的全球相互依存觀念對於我們通過合作在世界範圍內燃起希望之光是至關重要的。」（第88頁）

在二〇〇二年一月舉行的「第一屆里爾世界公民大會」（詳下）上，有位法國代表在發言中說：

> 朋友們，幾乎所有國家都有它們的戰爭學校。我們鮮知有和平學校的存在。也許，這次大會的願望之一可以是創立一所和平學校，因為，為了互相瞭解，共同工作，以他人的價值和文化豐富自身，就必須學會談判、調停、重建、協調；而這些都是具有技術性的。
>
> 在四百年前的法國，國王亨利四世為了終止宗教戰爭，特意進行了司法改革，目的是為了當兩個宗教團體成員出現訴訟時，可以有公正的判決。在盧旺達種族大屠殺結束之時，一個勇敢的非官方組織在聯合國的支援下所做的第一件事就是成立了一個廣播電臺，為了相互間的合作而服務，並介紹那些正在和解的人。當第二次世界大戰結束時，在法國與德國成立了由兩國歷史學家組成的委員會，共同撰寫有衝突的過去的歷史。在南非和柬埔寨，當人們厭倦戰爭而迎來和平之時，人們開始編寫憲法，以合理組織對衝突的處理。還有，有朝一日，以色列和巴勒斯坦之間的和談重新開始之時——因為和談一定會重新開始——大家都知道首先就要從對水的共同管理和分享開始談起。

　　朋友們，你們也可以通過這次大會告訴大家，今天在盧旺達，在柬埔寨，在塞爾維亞，在波士尼亞，在北愛爾蘭；明天在斯里蘭卡，在印度和巴基斯坦，以及其他許多地區，都需要開始設想如何共同撰寫學校的教科書，使得所有這些國家的孩子們在瞭解他們自己的歷史時，不學到仇恨。

——《跨文化對話》第9期第26—27頁

　　用和平學校代替戰爭學校，這就是世紀大趨勢之一。

　　正是為了鼓勵對話，聯合國把二○○一年規定為「文明對話年」。新世紀也將是「文明對話」的世紀。

§5.4　聯合、結盟的勢頭在迅猛發展

　　跟這種趨勢相一致、相表裏的，是地區性國家聯合或統一的傾向已很明顯，且正在發展。

　　過去的年代也有結盟。第一次世界大戰是由德、奧、意三國組成的「同盟國」發起的，由英、法、俄組成另一軍事集團，稱為「協約國」，與之展開了瓜分世界的鬥爭。第二次世界大戰，是由德、意、日三個法西斯主義國家結盟發動的。第二次世界大戰以後，又有「北約」和「華約」兩個軍事集團的對峙，即所謂冷戰。還有其他的結盟。現在的結盟，性質變了，不再是軍事性的對抗組織，而是偏重在經濟上、政治上——由經濟而發展為政治上的結盟、國家的結盟。

　　走在前邊的是歐洲國家。這是有其歷史淵源的。歐洲國家，自古以來互相間的交往就很頻繁，而且沒有一個固定的中心，相互處在競爭之中。它們又較早走上資本主義道路，社會發展的水平差異不大。它們還有大致相同的宗教背景。資本主義的生產方式，使它們形成了相近似的人性觀念和相近似的制度文

化。第二次世界大戰結束以後，歐洲絕大多數國家建立了現代民主制度。相同的政治制度，容易使人們的感情相通。所以它們最早提出了建立歐盟的要求，並已付諸實行。先有西歐和北歐的十五個國家成立歐盟。二○○三年四月十六日，歐盟成員國以及捷克、愛沙尼亞、賽普勒斯、拉脫維亞、立陶宛、匈牙利、馬爾他、波蘭、斯洛文尼亞和斯洛伐克等東歐十個新成員國的首腦雲集希臘雅典，在衛城遺址見證下，共同簽署了新成員國的入盟條約，從而宣告了第二次世界大戰後東西歐分裂局面的終結。現在已有統一的議會、統一的貨幣。在很長的時期內，國家不會廢除，還將是它們政治和社會生活的根本，但「歐盟」的存在，就全人類歷史說，是一個里程碑。儘管是初步的，不時出現這樣或那樣的曲折和麻煩，但方向已經確定，歐洲在聯合的基礎上，實現統一，是可以預期的。

　　法國學者皮埃爾‧博比在《當代歐美資本主義的新特點》中說：

　　　　歐洲一體化的進程可以追溯到一九四五年第二次世界大戰結束。當時西歐政治經濟領導人認為面臨三個主要問題：一是如何避免歐洲國家之間長達幾個世紀的戰爭和對抗，尤其是德國與法國之間的對抗；二是如何防止納粹復活；三是如何對付蘇聯的威脅和冷戰的威脅。為解決這些問題，人們提出了歐洲一體化。第一，要把與戰爭有關的工業，如煤、鋼等置於共同管理之下，結果成立了煤鋼共同體。第二，為了防止重新發生戰爭和對付蘇聯的威脅，要建立一支共同的聯合軍隊，從而導致了建立歐洲防務共同體。第三，為了指揮這支軍隊，需要建立聯邦式的政治權力機構。歐洲經濟共同體的設想來源於煤鋼共同體。一九五七年羅馬條約建立了歐洲共同市場，掃清了人員流動的障礙。在「歐洲之父」看來，經濟一體化是手段，建立政治聯邦才是目的。一體化進程對歐洲結構有著非常重要的影響……（《全球化與現代性批判》第56—57頁）

　　沒有必要再引下去。從這裏可以看到，建立歐洲一體化，即今日的「歐盟」，目的之一，是為了「避免歐洲國家之間長達幾個世紀的戰爭和對抗，尤其是德國與法國之間的對抗」，也就是為了不再打仗，把戰爭變為和平。

　　經過幾十年的磨合，歐盟現在已是結合緊密、比較穩固有效的一個共同體。它有好幾套機構，有歐洲議會，為立法機構。有歐洲共同體委員會和歐洲共同體部長理事會，前者為執行機構，後者定期舉行，作出最高決策。有法院，有審計院。有投資銀行，有統一的貨幣，即歐元。歐盟的建立標誌著它的分散的狀態已經成為歷史。冷戰期間建立的柏林牆的舊址上豎立著的勃蘭登堡門，代表著歐洲實現了統一、走向強大的過程。當然，各國存在的矛盾不是容易克服的，許多分歧依舊，挑戰艱巨。《歐盟憲法條約》有時因一些成員國的反對而陷入僵局。但是不可否認的是，歐盟將繼續存在，而且會越來越好。

　　二〇〇九年十月有媒體報導：「歐洲一體化」這個抽象名詞正在變得越來越具體。如今的歐盟各國，藍底金星的歐盟會旗在大街小巷裏迎風飄揚；懸掛不同成員國牌照的汽車在同一條公路上並駕齊驅；來自不同成員國的人們一起工作或學習。……從一九九五年的《申根協定》生效到二〇〇二年使用單一貨幣「歐元」，再到現在，歐洲一體化建設賦予了歐盟更多「天下一家」的色彩。對於住在這樣一個「大家庭」裏的普通歐洲人，或許在政治或經濟上對加入歐盟的好處感受未必很深，但有一種感受是共通的，那就是生活越來越方便……

　　歐洲做出了榜樣。近十幾年來，在世界其他地區都出現了不同形式的聯合體。「東盟」在成立之初，是軍事性質的，矛頭指向中國，現在完全變了。「東盟＋1」或「東盟＋3」的形式正在發揮越來越大的作用。近來甚至有人提出了建立「亞盟」的倡議，雖然短時間裏難以促成，但不能不說，它已引起人們的思考。在中亞，在美洲，地區性的合作組織已經建立或正在建立起來。克萊德‧普

雷斯托維茨在《經濟繁榮的代價》中前引有關歐洲經濟共同體一段話後接著說：
「也是在一九九二年，美國、墨西哥以及加拿大從根本上將一九八八年的美國和
加拿大自由貿易協定擴展為北美自由貿易協定。儘管使用了『自由貿易』一詞，
這份協定其實是一個經濟聯盟，與歐盟的安排相比更鬆散，但是很類似。隨後在
一九九三年，克林頓總統主持了亞太經濟合作組織21個國家領導人的首次會議，
他們都承諾將繼續推進這些國家間的經濟一體化。」（第109頁）

　　從普通老百姓方面說，追求聯合和統一，也已提上議事日程。據《跨文化
對話》第九輯，本世紀初，由民間人士發起，曾經舉行過一次世界公民大會。
該刊主編中國樂黛雲和法國阿蘭·李比雄在《卷首語》中說：「一九八八年就
已開始籌畫的『第一屆世界公民大會』，終於在二○○一年十二月於法國北部
城市里爾莊嚴召開了。里爾，這是國際歌第一次響起的地方！大會宣言指出：
『我們痛苦地面對三個主要的不平衡：地球南北之間、社會內部貧富之間、人
與大自然之間……假如我們的世界繼續以其現有的方式存在和發展，人類將自
我毀滅，我們拒絕這一前景。』為此，大會號召：必須深刻地改變人類的思維
方式和生存方式，建設一個協力、盡責、多元的社會。應該說，這的確代表了
當前世界有識之士的心聲。」這是從另一股軌道上跑出來的火車頭。雖然僅僅
是開始，雖然它發出的呼籲只有很少人聽到，但終究有人這樣叫了。

　　臺灣學者許倬雲在《觀世變》中談到他從中外歷史中概括的一個構想：
「歷史是持續進行的集合過程」。許先生說：

　　　　我首先簡約人群擴大的過程。人群，由人數很少的採集群與狩獵
　　群、家庭、拓殖群、村落等一步一步擴大，終於形成大型國家，形成帝
　　國，形成複雜社會。不論群體的大小如何，繁簡如何，兩個群體互相接
　　觸，大致都經過如下的過程：接觸、引起交往或衝突。從交往與衝突之
　　中，引發群體內部的調適，內部調適的結果便是整合。如果相接觸的兩

個群體調適與整合的後果,使兩個群體的內涵趨於同質,則兩個群體已互相滲透,終於凝合為更大的複合體,便是一個新的群體。這一過程,正如水與牛乳各在一瓶,兩瓶之間若有管道溝通,水乳遲早會融合為摻了水的牛乳(或摻了牛乳的水)。這一新的群體,因為比以前擴大了,又難免與另一個群體之間引發同樣的過程:接觸→衝突或交往→調適與整合→同質融合→擴大為另一個複合的新群體。如此的過程,在人類歷史上不斷地進行,遂使群體由小而大,由簡單而複雜。這是持續進行的集合過程。

這種持續進行的集合過程,若從地理空間的意義說,可以有幾個層次,從地方性的集合到區域內的集合。例如梁任公先生所說「中國的中國」,推而廣之,別處有「希臘半島與愛琴海的希臘」、「印度次大陸的印度」等。更上一個層次,則是大區域的集合,例如「東亞的中國」、「地中海的歐洲」。更上一個層次,即當是洲際的集合,例如大西洋的歐美世界。最高一層是全球性的集合,亦即全世界的人類社會。我們現在正在洲際集合的過程中,也正在趨向全球性的集合。

——第23—24頁

許倬雲這段話,是對歷史的概括,具有很大的科學性。

前引孫中山一九一二年九月三日在北京五族共和合進會與西北協進會所發表的講話,也是這個意思。在「小國林立」的情況下,先由一些國家聯合起來,「由此更進,安知此六、七大國不更進而成一世界唯一大國,即所謂大同之世是也」。

《共產黨宣言》中說的「全世界無產者聯合起來」,是一部分人的聯合,聯合起來是為了跟資產階級鬥爭,這就把一個個國家的人分成兩個部分,兩個陣營,造成人類的分裂。雖然鬥爭的結果,是消滅階級,但從人類歷史進程上

說，那還是在革命轉變時期。現在各個國家的結盟、聯合，是以國家為單位的聯合，是全體人民的聯合。它所折射的時代，跟《共產黨宣言》所說的「無產者聯合」大不相同。用康有為的「三世說」，「無產者」的聯合處於「據亂世」時代，現在國家之間的「聯合」處於「升平世」時代，它的下一步便是「太平世」。總之，一些國家組成國家集團，乃是向「代替那存在著階級和階級對立的資產階級舊社會的」「聯合體」過渡的第一步。

　　正因為國家的聯合已成為一股不可阻擋的洪流，我對一些人鬧分裂、搞什麼「獨立」從不看好。那是逆人類歷史潮流而動，白費精力，表現了主其事者眼光短淺，思想狹窄。搞上一場「獨立」，過一段時間，最後還得合併到一起，有什麼意義？

第六章　世界範圍的民權主義
和民生主義

　　二十世紀，是孫中山的三民主義在全世界得到落實的一個世紀。第二次世界大戰以來，繼中國在本世紀初推翻了清朝封建統治建立了中華民國以後，經第一次世界大戰、第二次世界大戰，一直到五十年代、六十年代，許多國家紛紛擺脫帝國主義的統治而獨立建國，是民族主義大爆發的一個時期。這個時期比較短暫，雖然以後還有一些國家宣佈獨立或一個國家一分為二、一分為三，但這種民族解放運動基本上已經成為歷史，不是本書的重點，我們略過不提。蘇聯解體，筆者《背叛的代價》有詳細的分析和論斷，屬於另一種情況，跟此處所說民族解放運動不同。從二十世紀後半期起，在世界範圍內浩浩蕩蕩奔騰的，是孫中山的民權主義和民生主義。孫中山說，「今以人民管理政事，便叫做民權。」（《三民主義》第64頁）也就是人民當家作主，即民主。人類社會「管理政事」的，經過了神權、君權兩個時代，進入民權時代。「民權之萌芽雖在二千年前之希臘、羅馬時代，但是確立不搖，只有一百五十年。」（第65—66頁）孫中山說這話，是在一九二四年。從「確立」到現在，約有二百多年。筆者在《文化圈層論》第二章說到「人的自我解放」有四部曲，即自立、自由、自主和自覺。自由在十八世紀興起，主宰了十九世紀人類的思潮，二十世紀初傳到中國和其他一些殖民地半殖民地國家。「二戰」以後，自由已不能滿足廣大普通老百姓對自我發展的要求，進入自主時代。民權主義便是人對自主的要求的集中概括，是孫中山適應了人類歷史發展的客觀需要而提出來的。

民生，前邊講過，簡單說，就是國計民生，「社會問題便是民生問題，所以民生主義便可說是社會主義的本題」（《三民主義》第157頁）。孫中山說，「三民主義的意思，就是民有、民治、民享」，也就是「國家是人民所共有，政治是人民所共管，利益是人民所共用。照這樣的說法，人民對於國家不只是共產，一切事權都是要共的。這才是真正的民生主義，就是孔子所希望之大同世界。」（第186頁）孫中山把民生問題跟民權問題、民族問題一併提出，是孫中山先生的創造。在上一章，我們從大的方面，論述了人類社會正滾滾向前的三大潮流，那也是民權高漲的表現。在本章，我們從普通老百姓角度，梳理「二戰」以來民權主義和民生主義在世界範圍內的歷史性發展。從這些發展來看，普通老百姓正在成為人們心中的上帝，正在成為生活的核心，各種機構、各級官員，無不在圍繞著普通老百姓轉。

§6.1　以人為本，關注民生

人的地位和價值如何，普通人的生活質量是否提高，是檢驗社會發展程度的主要尺規之一。

孫中山在有關民生主義的講演中，說「民生問題，今日成了世界各國的潮流」，既跟人的地位和價值的提高有密切關係，也跟廣大勞動人民生活境況的改善聯繫在一起。正如孫中山所說：「著實言之，就是由於發明了機器，世界文明先進的人類便逐漸不用人力來做工，而用天然力來做工，就是用天然的汽力、火力、水力及電力來代替人的氣力，用金屬的鋼鐵來替代人的筋骨。機器發明之後，用一個人管理一副機器，便可以做一百人或一千人的工夫，所以機器的生產力和人工的生產力便有大大的分別……從機器發明了以後，便有許多人一時失業，沒有工做，沒有飯吃。這種大變動，外國叫做『實業革命』。因為有了這種實業革命，工人便受很大的痛苦。因為要解決這種痛苦，所以近幾

十年來便發生社會問題。這個社會問題，就是今天所講的民生主義。」（《三
民主義》第153—155頁）

　　過去，在資本家階級一心想著把自己的荷包裝得滿滿而工人的鬥爭又很不
得力的時候，像「增進全民福利和確保我們自己及我們後代能安享自由帶來的
幸福」這樣的憲法條文常常停留在紙面，這才使無產階級和廣大勞動人民一直
掙扎在死亡線上。美國的民主雖然表面上保護「選民免於政府的侵犯與強取」
（以上引自《美國憲法》），但是實際上它是為資本家利益服務的。彼得・德
魯克把二十世紀初以前的美國稱為「政治分肥國家」。他說：「……政治分肥
國家等於是在一鋤一鋤挖自由社會的牆基。民意代表詐取納稅人的錢，用以討
好特殊利益團體，買他們的選票，這是對公民意識的否定。政治分肥國家挖民
選政府的牆基可以從兩方面看出來：一方面，投票的人愈來愈少了，另一方
面，不論是哪一個國家，選民對政府的功能、政見、政策都沒有興趣，他們愈
來愈以『對我有什麼好處』為準則來決定投票給誰。現在，民間有很多人已經
因此又開始倡議公民意識了。」（《後資本主義社會》第103頁）在這樣的情
況下，民生問題被提出來了，也引起了有關人士和各國執政者的注意，但是真
正解決卻不是容易的事。

　　隨著人們自我解放要求的提高和權利意識的加強，近幾十年來，民生問
題執政者再不給予密切的關注，就不行了。特別是因為，民生問題跟選票
聯繫在一起，你不關注民生，到選舉時候，人們不投你的票，你只能徒喚奈
何。失業率的減少、物價的平穩、各種福利的加強、人們生活的安定，都是
普通老百姓所最關心的，也是最能感同身受的。因此，不管出於什麼目的，
選戰中，民生問題都是重要題目。有些，當然僅僅是選戰的口號，但大部分
還是要見諸實行。對民生關注程度，在一定程度上，是對執政者愛心的最大
考驗。幾年前小布希執政期間，美國遭遇卡特里娜颶風侵襲，政府救災不
力，媒體上連續發表文章，指斥「政府無能，表現冷漠」。眾議院共和黨領

袖湯姆‧德雷先後兩次遭到起訴，參議院共和黨領袖比爾‧弗里斯特接受證券交易委員會的調查。

　　一位在美國生活多年的中國人，在他的書中寫到一件事，他在哥倫比亞大學讀博士的一位同學，突然要輟學而轉當地鐵售票員，原來「一個紐約公交工人平均年工資為63000美元，同時還享有終生醫療保險、養老保險，55歲就可以退休拿養老金。由於公交工人是『國企』工人，所以抱的基本是鐵飯碗，不可能被隨便解雇。」而美國人的年家庭平均收入為45000美元左右，也就是說，如果一個家庭有兩個成人都是紐約公交工人的話，那麼這在美國就是一個相當富足的家庭了。與此相對照的是，哥倫比亞大學一般文科系院雇用的助理教授一般年收入是60000美元左右，要當一個教授，還要接受10年左右的高等教育訓練，「難怪我的同學要『明智』地轉行去做地鐵工人了。」（劉瑜《民主的細節》第42—43頁）這個事例既說明這些國家人民享受的福利待遇是怎樣一種情況，也說明工人的工資收入如何。馬克思時代西歐工人的收入情況，前邊寫到，試比較一下，經過一百多年，工人的境遇有了多大的改變！

　　這說的是發達國家。在發展中國家，由於它們的落後和貧困，對民生的關注既來得遲，在程度上也要差一些。在社會主義國家，由於蘇聯人對馬克思主義做了錯誤的解讀和宣傳，把階級鬥爭和無產階級專政放在頭等重要地位，過去好長時間，自上而下，強調意識形態的純正，把人民的生活置之度外，民生問題是談不到的。中國在「文化大革命」中，人們「抓革命」而不「生產」，即使要「促」，也「促」不上去，經濟一落千丈，幾近崩潰。中國在粉碎「四人幫」以後，著手抓經濟，把農村的改革和農村政策調整放在首位，以後鄧小平提出「讓一部分人先富起來」，民生問題真正受到重視。近十多年，中國的領導人更把民生問題當作國家大事，強調「以人為本」，改善民生，事實上也確實採取了許多措施，使這一主導思想並未停留在口頭，人們得到了實惠。

　　以人為本，無論在東方在西方，都是治國根本。西方的人本主義是針對中世紀的神本主義的，馬克思主義更是把人作為一切活動的出發點。中國最早提出「以人為本」的，是西元前六百五十年前的大政治家管仲。管仲說：「夫霸王之所始也，以人為本。本理則國固，本亂則國危。」意思是，霸王的事業之所以有良好的開端，是因為把人民做了根本；這個本理順了國家就鞏固，搞亂了國家就危亡。在中國古文獻中，「人」和「民」經常連用，意思相同，以人為本，也就是以民為本；有時不同，是人跟神相對而言，民跟「君」──即皇帝、君主──相對而言，如孟子說「民為貴，社稷次之，君為輕」。以人為本，屬於價值論的概念，是說在世界上，最重要最根本的東西是人，是人的地位，是人的尊嚴，是人的生活和生存狀態，必須把人放在至高無上的地位。以人為本，不僅包含了人生的目的，而且包含了人生的動力，就是說，一切為了人，一切依靠人，二者統一構成以人為本的完整內容。人，不僅是自己的主人，也是國家的主人。當國家把人視作「上帝」的時候，人的真正價值和尊嚴就有了。

　　不說別的，只就提出「以人為本」這個口號，就具有標誌性意義。無疑，這是實現世界大同的根本指導思想，也是人類從「據亂世」走向升平世、太平世必須解決的一個思想認識問題。現在這一思想越來越為人們──特別是政治人物──所重視，標誌著人類距離升平世、太平世越來越近了。

　　各個國家是怎樣執行這一指導思想的，暫且不論，我們只看一些具體事實。

　　人類的平均壽命是綜合檢查民生狀況最主要的指標之一。因為能夠延長人的壽命的，不僅要有較高的物質生活水平，使人在衣食住行等方面得到可靠的保證，而且要有完善、先進的醫療條件，要有愉快的心情、充分的娛樂，涉及人生經濟、政治、文化諸多方面。古羅馬帝國時代，人的預期壽命只有二十二歲，中世紀的英國提高到三十三歲。據有關機構統計，人類的平均壽命在過去二十年裏翻了一番，而且在大多數國家平均壽命延長的趨勢仍在繼續。預期

壽命最長的是日本女性，達到84.6歲。美國《科學》雜誌預測，在未來六十年裏，日本女嬰的平均壽命可達到一百歲。越是發展國家，人均壽命越高。非洲一些國家，由於愛滋病滋擾，平均壽命比較低，但隨著治療方法的改進，特別是隨著經濟狀況的改變，非洲人的平均壽命也在提高。

　　檢查人的生活水平的另一個指標，是肥胖症。在過去許多年裏，對窮人人體的描寫，大都是瘦骨嶙峋，面黃肌瘦。現在，肥胖症卻成了引起人們煩惱的一個大問題。現在世界上有3億多人患肥胖症，其中1.15億生活在發展中國家。世界衛生組織說，全球的肥胖率在過去二十年裏增長了3倍，在發展中國家增長得更快。城市跟鄉村比較，城市肥胖症又大大高於鄉村，這是因為城市人的生活水平高於鄉村之故。

　　還有糖尿病，這種病，又被稱作「富貴病」，在過去，是富貴人家才會得的病。現在糖尿病亦很普遍，而且擴展到兒童身上，十多歲的孩子也有患糖尿病的。

　　以人為本，包括了生活享受、人生地位、政治待遇等諸多方面，重點在人性尊嚴和權利上，民權第一，民生第二。當然，對處在貧困線上的人說，生存權是首先要解決的，但這樣的人，無論在哪個國家，哪個地區，都是少數。扶貧，是許多國家關注民生的一項重大而又具體的措施，不斷取得好成績，貧困人數大量減少，而且貧困的標準在不斷提高。在中國，扶貧跟「讓一部分人先富起來」成為兩翼。扶貧，是由國家出資，改善貧困地區和貧困人口的生活狀況；「讓一部分人先富起來」是鼓勵人們積極創業，發家致富。有些地方把這兩部分人結合起來，開展「幫扶活動」，達到共同富裕的目的。因此，人權已不是生存權所可代替，對大多數人說，其他權利是更為重要，更具有決定意義的。民權，不在於多，而在於平等，也就是公平。在一部分享受特權的情況下，談論人人平等，談論以人為本，是沒有實際意義的。中國提出「以人為本」，就包含了提高人民的自主權、知情權等權利在內。

　　以人為本，提高民生、民權水平，在突發情況下，表現明顯。並且不分種族，不論國界，形成全球禍福共用、唇齒相依的局面。一處遭災，八方支援；有人遇難，四處伸手。中美洲的巴拿馬發生地震，許多國家派出救援隊、醫療隊前往救助。中國汶川地震、中國臺灣遭遇水災、東南亞發生海嘯，到處都譜寫出全世界人民團結救災的動人歌曲。東南亞海嘯期間，印度人在不到兩個星期的時間內，捐贈了8000萬美元的救災款。中國汶川地震，臺灣同胞捐物捐款，譜寫了許多可歌可泣兩岸一家親的動人故事。

　　在災害面前如此，在平時對人民生活上，也出現了跟以前大不相同的景象。在亞洲國家，在其他地方，慈善事業形同涓涓細流，正流向需要援助的人們。政府更高度重視。托夫勒在《第三次浪潮》中說到未來家庭形態時，說現在的父母都不願意生孩子，因為照料孩子太麻煩，說：「德國科隆的住宅協會為這類家庭興建了一批特製公寓，同時提供日間托兒服務，讓父母可以安心工作。在挪威和瑞典，有特殊的福利制度來照顧這類家庭。瑞典為單親家庭提供最佳的醫護和托兒服務。事實上，在挪威和瑞典，這類家庭的生活水準有時比核心家庭還高。「（第134頁）

　　近年來，中國房價節節高升，人們怨聲載道。政府關心人民疾苦，及時採取了許多措施，抑制房價。同時有「經濟適用房」（經適房）供低收入者選購，有「廉租房」供低收入者和臨時性居住者租用。其實，這並不是中國的發明，在世界許多國家都有這樣的做法。高房價是世界許多國家一個普遍現象，建「經適房」、「廉租房」也是許多國家共同採取的措施。

　　還有保護弱勢群體，也是以人為本的體現。

　　當今世界，科技發展快，經濟發展快，人們的生活，發展也很快。發展問題已成為民生問題的一個新內容。關注民生，要既關注老百姓的生存狀況，又關注老百姓今後的發展。

　　二十年前，一九九〇年，聯合國開發計畫署發表了第一份《人類發展報告》，第一次提出了「人類發展」的概念。該報告主張，把人放在發展的中心位置，認為發展是增強人的能力從而使所有人的選擇得以盡可能擴大的過程。該報告說，發展的目的在於改善人的生活，並進而增強人類的幸福、自由、尊嚴、公正、安全和參與。發展，過去一向用於人類的經濟活動，說發展，意味著經濟增長，把經濟增長當作發展的目的，而不是手段。報告中說：「人類發展是一個不斷擴大民眾的各種選擇的過程。從原則上說，這些選擇可以是無限的和隨著時間而變化的。但是在發展的各個層級上，三個最基本的選擇是使民眾享受健康長壽的生活，獲得知識和獲得體面的生活水準所必需的各種資源。此外還有許多為眾人所重視的選擇，範圍從政治、經濟和社會自由到從事創造性和建設性活動的機會，以及享有個人自由和人權得到保障。」（HDR，1990，P10）

　　自這個報告出來，發展被賦予了新的意義，改變了過去重視經濟、忽視人本身發展的傾向，人成了發展的核心。

　　從那時起，聯合國開發計畫署每年發佈一份《人類發展報告》。人類發展的思想不僅得到學術界和廣大公眾的廣泛認可，而且得到各國政府的普遍接受。中國政府連續多次發表本國的《人類發展報告》。北京大學於二〇〇五年十二月成立了人類發展研究中心，是中國第一個專門從事人類發展研究的機構。它將成為中國人類發展研究、實踐的旗艦和交流平臺。

　　從歷史上看，無論中外，古代先賢對人類社會的發展都是很關心的，曾經提出過許多理論。柏拉圖的《理想國》、亞里斯多德的《形而上學》和《政治學》是西方古代社會發展理論的代表作。中世紀以後，人類發展問題，實際成為空想主義者的基本思想動力，一些哲學家也從哲學的角度論述了發展問題。在筆者看來，最早對發展問題做了深入研究和指出了明確方向的，是馬克思主義的兩位創始人，他們克服了過去把自然作為發展中心的偏頗，而是把人當作

發展的中心。《共產黨宣言》就是他們提出的人類發展的綱領。當下人們重新提出發展問題，從反面說明，《共產黨宣言》的精神正在被世界各種組織有意無意地貫徹落實。

§6.2　從社會保障的建立到福利國家

在說到民生問題時，不能不說社會保障和社會福利。在過去長時期裏，人們把社會主義和社會福利聯繫在一起，說在社會主義國家，人們可以享受到多方面的福利，以至有人把現在的高福利國家說成「準社會主義國家」。美國學者、世界體系理論創始人伊曼努爾・華勒斯坦在其《自由主義之後》中說：「我認為，美國將很快從一個保守的、維持現狀的、自由的市場經濟的世界領袖變為可能是世界上最以社會福利為導向、具有最先進的再分配機制的國家。如果不是由於這些日子人人都在對我們說社會主義不行了的話，我們可能會認為——讓我們悄悄地小聲說出不可說的話吧——美國將成為一個準社會主義國家。」（《自由主義的終結》第201頁）

中國是建立社會保障制度體系最早的國家。早在西漢初期，西元前一百多年，西漢政府就頒佈了一系列法令法規，對老年人的福利、士兵退役後的撫恤、官員的休假和退休、災害的賑濟以及鄰里的互助等，都做了詳細而具體的規定。如漢文帝前元二年（西元前178年）《養老令》規定：「年八十已（以）上，賜米人月一石，肉二十斤，酒五斗。」以後改為七十以上。中國的養老制度是從秦代開始的，到西漢臻於完善和成熟。可惜朝代更替以後，並沒有繼續下來。

現代社會保障制度的建立，開始於資本主義發達的歐洲。十九世紀末，隨著資本主義的發展，失業工人增加，貧富差距擴大，社會矛盾激化，出現了各種形式的跟社會福利相關的社會服務活動。德國議會於一八八三至一八八九

年間，先後通過了《健康保險計畫》、《工傷事故保險計畫》、《退休金保險計畫》三項法案，開創了社會保障制度的歷史。此後，英國、法國、挪威、丹麥、荷蘭和瑞典等國先後建立了社會保障制度。一九三五年，美國羅斯福政府頒佈《社會保障法》，實行老年保險和失業保險，稱為羅斯福新政。一九四五年，英國在著名的《貝弗里奇報告》的基礎上，率先建成了一套「從搖籃到墳墓」的社會保障制度。同年法國頒佈《社會保障法》，奠定了現代社會保障制度的基礎。美國戰後多次修改和擴充了一九三五年的《社會保障法》，逐步擴大了保障範圍。日本一九四七年頒佈了《失業保險法》，隨後制定了《國民年金法》和《厚生年金法》等。近年來，為實施社會保障籌措資金的社會保障稅已成為這些國家僅次於所得稅的第二大稅類，而社會保障支出則成為最大的財政支出項目。至於發展中國家的社會保障制度，則大多是在第二次世界大戰以後，甚至近二三十年逐步建立的。

社會保障（social security），指國家通過立法，動員社會各方面資源，保證無收入、低收入以及遭受各種意外災害的公民能夠維持生存，保障勞動者在年老、失業、患病、工傷、生育時的基本生活不受影響，同時根據經濟和社會發展狀況，逐步增進公共福利水平，提高國民生活質量。社會保障作為一種國民收入再分配形式是通過一定的制度實現的。由法律規定的、按照某種規則經常實施的社會保障政策和措施體系，稱之為社會保障制度。

一般來說，社會保障由社會保險、社會救濟、社會福利、優撫安置等組成。其中，養老保險是社會保障的核心內容。目前全球共有160多個國家和地區建立了各種不同類型的養老保險制度，有傳統型養老保險、福利性養老保險、混合型養老保險、國家性養老保險、儲金型養老保險等。大多數國家是由國家財政支出為主建立各種保險的。中國目前在建的社會保障制度，屬於社會共濟模式，即由國家、單位（企業）、個人三方共同為社會保障計畫融資，而且這是未來相當長一段時期的改革趨勢。

　　以上幾個方面的社會保障都搞得好，加總起來，被稱為福利國家。一個國家，不分階級、性別、職業、老幼、文化程度，所有人都能得到國家同樣的福利照顧，就是福利國家。前述英國《貝弗里奇報告》所主張的社會福利有三個基本原則，即普遍享受、統一安排和均一標準。二十世紀後半期以來，歐洲國家基本上都是按照這幾個原則執行的。它跟扶貧、濟貧截然不同。實行福利制度的結果，自然消除了貧困，消除了人們生活上的差距，使人們的生活得到了保障。社會保障是現代工業文明的產物，是經濟發展的「推進器」，是維護百姓切身利益的「托底機制」，是維護社會安全的「穩定器」。

　　二〇一一年世界十大福利國家，依次是法國、美國、英國、德國、加拿大、瑞典、挪威、丹麥、澳大利亞、日本。這些國家用於國民福利的開支，分別占到GDP的30％左右，瑞典高達38％以上，丹麥接近38％，美國最少，為17％。這些國家大都實行教育全部免費、醫療全部免費，有各種各樣的養老金和失業救助。在多數國家，買房得到國家的補貼，沒有房子的，有廉租房可以租用，有的由國家買單。以人的平均壽命和嬰兒死亡率說，以上福利國家的人口平均壽命是：日本82.07，法國80.87，瑞典80.63，澳大利亞80.62，加拿大80.34，挪威79.78，德國78.95，英國78.7，美國78.06，丹麥77.96。每千個新生兒的死亡數字：日本和瑞典為3.2，挪威為3.3，法國4.2，德國4.3，丹麥、澳大利亞4.4，英國、加拿大4.8，美國6.3。從這個標準看，發達國家在社會保障上做得比較好。比較起來，美國遠不如北歐國家，美國的醫療保健制度就還沒有完全建立起來。

　　實行全方位的社會保障，建設福利國家，是社會進步的表現，是走向世界大同的必經之路。生活在福利國家，貧富差距不大，人們衣食無憂，物質生活和精神生活都有較高的質量。中國曾任鐵道部長的段君毅，粉碎「四人幫」以後出國考察，他選擇的第一個國家是瑞典。考察歸來，段君毅不無感慨地說：「看來，馬克思關於消滅三大差別、實現共產主義的想法，只有在類似瑞典這

樣的地方才能產生。」又據《炎黃春秋》二○○八年辛子陵文，上世紀七十年代末，王震以中國副總理身份訪問英國，有人問王對英國有什麼印象，王說：「我看英國搞得不錯，物質極大豐富，三大差別基本消滅，社會公正，社會福利也受重視，如果加上共產黨執政，英國就是我們理想中的共產主義社會。」前引馬克思主義兩位創始人所說共產主義理想也好，中國古人孔子所說大同世界也好，孫中山所說大同主義也好，都包含有幼有所教、老有所終、病有所醫、矜寡孤獨廢疾者皆有所養等內容。這些，上述福利國家基本上都做到了，個別的甚至做得很好。就以上福利國家在這幾個方面所達到的成就來看，即使到未來共產主義，還能高到哪里去呢？

福利國家也暴露出一些問題。有人說，這種制度養成了一批懶漢。人們躺在國家福利的溫床上，不思進取，不好好勞動。出現這種情況是不難理解的。但這不是實行全方位的社會保障措施的過錯，應該從另外的方面採取措施克服和預防。再就是產生一種「富貴病」。這同樣不是福利制度的錯，應該如馬克思和恩格斯所說，引導人們把他們的業餘時間用在藝術創作等文化活動上，使他們的生活更加豐富多彩。

實行全方位的社會保障，建設福利國家，還有一個重大成果，就是使社會資本在公私比例上發生了重大變化。前邊說過，上述福利國家的社會保障資金大都由國家買單，個別國家通過幾個渠道籌款，但沒有來自私人資本。這些資金必然會變成一筆筆基金，在發放之前投入到生產中去，使這些社會保障基金成為「投資人」。彼得・德魯克在《後資本主義社會》中把這類基金稱為「沒有資本家的資本主義」和「退休基金資本主義」。他說：「在發達國家中，團體投資人，尤其是退休基金，正快速成為資本的主要來源。在美國，到一九九二年底，團體投資人至少擁有大企業一半的股份。他們也擁有中型企業將近一半的固定債券。此外，前100大的退休基金資產會占全部退休基金的1／3左右。」「退休基金（及其他的團體投資人）變成了資本的最大供應者及大企業的最大所有權人……」

（第53、55頁）無疑，這使私人資本相對減少了分量和比例。

德魯克又說：

> 退休基金資本主義基本上不同於任何一種形式的資本主義，也不同於以前任何一位社會主義者所想出來的社會經濟體制。
>
> ……無論是負責基金運營的管理者，或是基金的所有權人，都不是「資本家」。在法律上，退休基金是「所有權人」，但也僅限於法律上是如此。實際上，退休基金是「受委託人」，基金的真正所有人才是最終的受益人，即未來領取者。並且，退休基金是由受雇者自己來管理的，如金融分析師、證券經理人、保險精算師等，這些人都是待遇不錯的專業人員，但本身未必很有錢。
>
> 依照馬克思的說法，所有的資本都是經由剝削勞動階級而累積起來的。退休基金顯然並不適用於這種資本的定義，因為薪資階級仍然是退休基金的所有權人。
>
> ……

——第54—55頁

德魯克用「不論在理論或現實上，退休基金這種資本角色與功能，完全不同於『資本主義』下的資本。未來，這種資本一定會愈來愈使知識更有績效，逐漸會為負責執行的管理者服務，而不是去支配管理」作結。不言而喻，德魯克說的退休基金，用在其他社會保障基金上，同樣有用。這些社會保障基金的出現，構成了「資本革命」的一個重要方面。

這說明，社會保障制度的建立，對社會——從資本的構成和性質到普通老百姓生存狀態、生活享受乃至人和人的關係等——的改變和影響，是巨大的，深刻的。

§6.3　遍地而起的非政府組織

在民生問題受到普遍關注的同時，我們看到，人民擺脫政府的管理、尋求自己解決自己問題的權利和願望，像雨後春筍一樣，正在蓬蓬勃勃地向上生長。

約翰·奈斯比特在《正確觀察世界的十一個思維模式》中寫道：「你可以想像有一天自己會投票選舉世界總統嗎？許多人都問我全球化是否會導致一個世界政府的出現。老天，我希望不要。在由於私有化和全球交流日益密切而使各國政府權力逐漸被削弱的今天，為什麼要再產生一個世界政府呢？新近出現的NGO（非政府組織）行業正在影響全球的經濟和其他方面，並且對於世界政治力量的分散化起到了重要作用。在二十世紀八十年代，NDO的數量還很少。現在世界上已經有數百萬的NGO組織，他們超越了國界，在世界舞臺上正發揮著越來越重要的作用。在瑞士城市達沃斯舉行的世界經濟論壇會議上，商界人士普遍抱怨說，NGO霸佔了整個議程（包括變暖、貧窮、公司的社會責任等問題）……」（第126—127頁）

托夫勒在《第三次浪潮》中說到了國際非政府組織的出現：

> 跨國企業雖然聲名顯赫，可是並不是世界舞臺上唯一的新勢力。我們可以看到國際貿易集團的崛起，形成企業的新形象。我們還可以見到成長中的宗教、文化、民族活動，破除了國家界限，使彼此互通聲息。我們眼見歐洲的反核示威得到許多國家的回應。我們也發現到國際政治集團的成立。基督教民主黨和社會黨都提及要組織超越個別國界的「歐洲黨」，歐洲議會的創立使這一主張備受矚目。
>
> 和這些進展旗鼓相當的該算是非官方國際組織的蓬勃成長。這些組

織的活動包括從教育到海洋勘探，從運動到科學，從園藝到心理治療。形式上有大洋洲足球聯盟、拉丁美洲齒科聯盟、國際紅十字會、國際中小型商業聯盟、國際女律師聯盟等。這類組織和聯盟代表了許多國家的數百萬會員和成千上萬的分支機構，不是反映出強烈的政治興趣，就是不過問政治的意向。

　　一九六三年，這類超越國界限制的組織計有1300多個。到七十年代中期，數目倍增為2600個。預計到一九八五年會增加為3500到4500個，大約每隔三天就產生一個新組織。

　　如果說，聯合國是「世界性組織」，那麼這些知名度較低的團體就是「次級世界性組織」，在一九七五年的預算僅有15億美元，不過這只是其從屬單位所掌握資源的一小部分。它們有自己的公會，設在布魯塞爾的國際組織公會，彼此縱向聯繫，在國際組織之下，與地方性、區域性、全國性團體互相聯絡。也通過公會、工作團體、組織會議和任務組合等密切聯繫，做橫向的溝通。

——第208頁

　　托夫勒這本書寫於二十年前。如果說那個時候「大約每隔三天就產生一個新組織」，那以後，發展更快了。一個資料說，從一九九〇年到一九九八年，國際組織從26656個增加到48350個，其中包括政府間國際組織250多個。八年時間增加了11694個組織，平均每天4個。

　　由李惠斌主編的《全球化與公民社會》說：「據最新出版的《國際組織年鑒》統計，在現有的48350個國際組織中，非政府的國際公民社會組織占95％以上，至少在46000個左右。又如，一九七二年，參加聯合國環境大會的非政府組織還不到300個，到一九九二年，註冊參加聯合國環境大會的非政府組織多達1400個，同時參加非政府組織論壇的非政府組織多達18000個。一九六八

年在德黑蘭國際人權大會上，只有53個非政府組織獲得了觀察員身份，4個非政府組織參加了大會預備會議；而在一九九三年的維也納國際人權大會上，248個非政府組織取得了觀察員身份，593個非政府組織參加了大會。一九七五年，只有6000人參加了墨西哥世界婦女大會的非政府論壇，114個非政府組織參加了正式會議；而到一九九五年，30萬人參加了北京世界婦女大會的非政府論壇，3000個非政府組織參加了正式會議。除了非政府國際組織外，全球公民社會的另一個主要組成部分迅速發展起來，即依靠互聯網等高科技手段建立的全球公民網路。沒有人能夠準確統計全球公民網路的數量，但可以肯定的是，世界各地每日每時都在產生著形形色色的全球公民網落，在數量上遠遠多於全球性的公民社會組織。……」（第86─87頁）

這裏以在法國里爾舉行的第一屆世界公民大會為例，簡述一個非政府組織的形成過程及其在人類發展中的意義。

這次大會，規模大、意義大、影響大。400名會議參與者來自五大洲125個國家，其中有40多人來自中國大陸和臺灣。據報導，這次大會是由一個名為「協力、盡責、多元的世界聯盟」主持召開的，常設巴黎的「歐洲夏爾-雷奧波·馬耶人類進步基金會」是具體組織者。這次大會不像一般的非政府組織多以跟權勢者抗爭、保護工薪階層權益、爭取人權為主舉行活動，而是通過討論、對話，尋求共識，建構人類第三個價值支柱。會議組織者認為，第二次世界大戰以來，國際格局大體依靠兩個價值支柱，一個是《國際人權宣言》，一個是《聯合國憲章》，前者強調個體尊嚴和權利，後者注重主權國家間的和平與發展。然而，世界發展到了今天，人類面臨著新的挑戰，上述兩個支柱已不足以承受未來變革的壓力。科學技術的迅速更新、能源消耗的高速增長、全球化所帶來的經濟發展的新的不平衡，使得人類與生物圈的關係、全球化的倫理與制度規範、世界各文化、宗教的對話等問題，成為需要解決的當務之急。這次會議是一次跨文化、跨國界、跨行業的大規模的溝通對話嘗試，它站在人類地球村的起點上，針對現有

國際機構、權力分佈的不足，根據人類發展下一步的需要，制定方針、辦法。會議通過了《人類責任憲章》。（《跨文化對話》第9期）

　　第一屆世界公民大會的召開，走過了一段漫長而曲折的道路。早在一九八六年，八位法國社會學家和科學家聚在一起，希望以集體智慧對重大的技術危險尋求解決的辦法。這次聚會誕生了有名的「威澤雷小組」。馬耶人類進步基金會給予了經費等方面的支持。第二年，第一份小組文件產生，即《威澤雷呼籲書》。以後在全球各地先後召開了七次大陸級會議，最後一次是在中國深圳的蛇口召開的，由北京的燕京小組和改革老人袁庚合作發起、組織。一九九三年在巴黎附近一個城市召開了六十人綜合會議，討論了各種問題，產生了《協力盡責聯盟綱領》。一九九六年，六十多個工作小組建立起來，並在巴賽隆納召開了第一屆聯盟成立大會。至此，「威澤雷小組」的使命完成了，取代它的是新的聯盟。

　　這次大會達成了強調責任、強調尊重、強調對話、強調人類命運共同體的憲章精神，體現了生活於我們星球不同地區人們的共識，顯示了當代地球村意識的深化，意味著人類對自己在宇宙中的位置的自覺。與會者認為，這次大會是向世界公民社會邁出的重要一步，這次大會既是公民社會的產物，又是對公民社會發展的重要推動。這次大會提出了成立全球世界議會的動議。有人說：「第一屆世界公民大會幾乎可以被視為他者現象學的人類學田野考察。它是一次劃時代的歷史性實踐，它是世界公民的自由相逢，並以其成功證明了公民世界擁有衝破現有機制的種種障礙的能力，它在強調多元尊重的同時尋找人類各社會的共有的價值，它最重要的意義是此在，當下即是，讓那些命定不可能相遇的人走到一起來，共同生活和工作，在生存經驗的相互交流中獲得『通向他者的超越』，從而發現『唯一的人類』的意義。「（《跨文化對話》第九期第56頁）

　　跟「歐洲夏爾-雷奧波・馬耶人類進步基金會」相類的，有世界治理委員

會。從九十年代初，人們就在談論治理、善治和全球治理問題。世界銀行、經濟合作與發展組織、聯合國開發署、聯合國教科文組織等機構發表的報告中都說到治理問題。一九九二年，在前社會民主黨國際主席、德國前總理勃蘭特的倡議下，由瑞典前首相卡爾森等28位國際知名人士發起成立了「全球治理委員會」，並且在一九九五年聯合國成立50周年之際，發表了題為《我們的全球之家》的行動綱領。一九九九年再度發表報告，進一步闡述公民社會和改善世界經濟管理對全球治理的重要意義。與此同時，各地出現了一批研究治理理論的學者。在這些人的眼裏，世界已經是一個整體，你無法把它分開。

　　還有「世界社會論壇」。這個非政府組織起源於一九九九年在美國西雅圖舉行的一次街頭抗議活動，並於二○○一年舉行了第一屆會議，其總部設在巴西南部城市阿雷格里港。這個論壇的發起人之一坎迪多・格日博夫斯基說：「成立本論壇的目的，是要挑戰在達沃斯開會的那些新自由主義者的傲慢。我們明確表示，我們想要另一個世界。」因此該組織的信條可用「另一個世界是可能的」概括。它是一個專門跟世界經濟論壇唱對臺戲的非政府組織，每年，當全球經濟和政治精英們齊聚瑞士度假勝地達沃斯之際，這個論壇都會同期舉行，其頂峰時期的與會人數高達15萬。據法新社二○一二年一月二十三日報導，這個組織新的一次活動已在阿雷格里港舉行，共有7萬名反對資本主義的鬥士參加，包括西班牙「憤怒」運動、美國「佔領」運動和西亞北非「阿拉伯之春」運動的成員。此次論壇的口號是「資本主義危機、社會和環境正義」，其目的是為一個有關社會運動的人民峰會奠定基礎，那個峰會將於六月在里約熱內盧召開的聯合國可持續發展會議同時舉行。這一事實表現了非政府組織的多樣化的特點。

　　英國學者露絲・曼德爾以他親身經歷，說到中亞地區非政府組織的活動情形，他在那個地區開展過許多活動：「後蘇聯時代的中亞……非政府組織成為

『官方發展機構的寵兒，被想像成魔法子彈，能夠神秘但有效地命中目標』。非政府組織從發展機構處獲得大量的援助，它們被視為推動參與民主的工具，如參與城鎮會議、家長─教師聯合會以及理事會的設立等。在數百萬美元的發展援助下，數千個非政府組織在中亞各地建立，主要集中在哈薩克斯坦、吉爾吉斯斯坦、烏茲別克斯坦等地。這些非政府組織代表了廣泛的利益群體，包括退伍軍人、環境保護者、婦女、藝術家、難民以及殘障人士。」（《後社會主義》第222─223頁）

　　露絲‧曼德爾說到一種「官辦型非政府組織」。他說：「中亞地區的政府通常將非政府組織視為對其統治的威脅。同時，他們又對獲得西方政府認可的合法性有強烈的興趣，他們知道，除非他們看起來很支持那些歐美國家關心的事情，否則很難得到他們所想要的（信用、世界銀行貸款、國際及國內的聲譽）。此外，一些非政府組織承擔政府事務、提供公共服務的同時，政府也試圖從另外一個角度思考問題。因此，某些時候，政府著手建立自己的非政府組織，讓副部長或其他高級官員擔任這些非政府組織的領導職務……」（第225頁）

　　有些非政府組織，看似一些人「多管閒事」搞起來的。二〇〇三年初，蘇丹爆發武裝衝突，在三四年內造成數十萬人喪生。遠在千里之外的美國人，於開戰後不久成立了「拯救達爾富爾聯盟」，是由160個非政府組織聯合組成的，敦促政府採取干預行動，以解除那裏人民的苦難。二〇〇六年一月，該組織發起「為達爾富爾發出一百萬個聲音」的行動，號召一百萬人給總統布希發出明信片，到六月底，這一活動結束，第100萬個簽名的人是現任國務卿希拉蕊‧克林頓。這裏不存在「切身利益」，但是那些人還是積極地參加了活動。這不是「多管閒事」。看到人類遭屠殺，那些人坐不住了。他們這樣做，表現了人類感情的相近，也表現了正義對邪惡的鬥爭。世界上許多非政府組織屬於這一類。這種「多管閒事」是世界許多國家人民的良好品質。它是人性得到發

揚的表現，在維護良好道德、良好社會秩序方面發揮著極其巨大的作用。這跟中國人「個人自掃門前雪，哪管他人瓦上霜」的人生哲學和一些人對發生在異國、異鄉的類似事件，無動於衷，麻木不仁，形成鮮明的對照。

《西方現代社會的經濟變遷》說到了非政府組織的六種形式：

在西方國家中，存在著各種各樣的企業，這在一個方面反映了西方經濟組織形式的多樣化。儘管，許多經濟組織肯定都是公司，但研究政治和經濟的文獻，卻很少把它們稱為公司。非營利組織，包括教會、工會、醫院、學校和慈善機構，以及合作組織，如消費協會（包括俱樂部）、雇員合作社和供給者協會，等等，通常也是公司。它們都具有有限責任，有權擁有財產，也有權提起訴訟和被訴訟。在規模相近和職能相當的常規公司和非營利組織或合作組織之間，既有相似之處也有不同之處。若單就它們都是在經濟約束下運行的經濟組織這點來說，二者之間的相似之處遠多於不同之處。不過，在一些政治學派看來，它們之間的不同之處非常重要。

非營利公司通常在董事會或理事會的領導下運行，董事會或理事會可以終身任職，也可以由某個特定群體（例如一所大學的畢業生）選舉產生。所謂非營利，並不是說，這樣的公司不會產生利潤，而只意味著，公司不對利潤進行任何分配，而將其直接加入公司資產，用於推進公司的目標。在非營利公司中，不管是所有者還是所有者的代理人，都不能從公司利潤中獲得個人的經濟收入（除非是間接的，如理事會在決定管理人員工資時可能要考慮營利情況）──這是與普通實業公司最大的區別。

合作組織與普通實業公司則要接近得多，因其經營的意圖，是為了增加某一特殊群體的經濟利益。不同合作組織之間的區別主要在於，企

業中哪些成員有權分配利潤和選舉管理人員。合作組織成員主要包括股東、雇員、供應者和消費者，每類成員對企業都有所貢獻，並以此換取利益。在普通的實業公司中，投資者提供資本，來換取對公司利潤的分配權，其他人對公司也都做出自己的貢獻，以換取公司支付的一定報酬。但是，在有些企業中，雇員提供勞務以換取對企業利潤的分配權，或者消費者按由企業利潤確定的價格來購買，或者供應者按由企業利潤確定的價格來進行銷售。在這種情況下，所有相關人員的利益都與企業的利潤有關。如果企業的利潤會根據條件而變，並取決於管理人員經營企業的方式，那麼，幾乎不可避免的是，對企業做出貢獻並按上述規則來獲取收益的人，會堅持其選擇管理人員的權利，並會要求管理人員按最大化盈利的原則來經營企業。因此，儘管股份制與個人所有制有很大的不同，以至於用同一個詞來指代二者可能會產生誤解，但我們還是認為，把有權選擇管理人員和獲取利潤的人統稱為所有者是很合適的。

　　在其他形式的企業組織中，所有權可能屬於經理人員自己，在社會主義制度下，則屬於政府。由此，我們總共看到了六種合作組織，它們的主要區別在於，利潤以及和利潤相關的選擇經理人員的權利歸屬問題，是屬於投資者，還是屬於雇員、消費者、供應者、經理人員抑或是國家……

——第161—162頁

　　非政府組織已形成一個龐大的產業鏈。同書中另一個材料說：「據萊斯特‧薩拉蒙等學者於一九九五年對世界上22個主要國家的統計，即使排除宗教性團體，22國的非營利部門就已經是一個資產1.1萬億的龐大產業了，它擁有將近1900萬名全日制領薪員工，如果算上志願人員的話，等於又增加了1060名全日制領薪員工，這些國家非營利部門的支出平均達到國內生產總值的4.6%。如果把這些

國家的非營利部門當做一個經濟體的話，那麼它的規模超過了巴西、俄羅斯和加拿大等國，相當於世界第八大經濟體。另據《全球公民社會年鑑2001》統計，每百萬人口中擁有國際非政府組織成員身份的人，從一九九〇年的148501增加到二〇〇〇年的255432人，密度從30％增加到43％。」（第125─126頁）

有人把非政府組織產業稱為第三部門，有人稱為『志願者部門』，還有人把它稱為「全球性的『結社革命』」。是在發達國家，由於第一部門和第二部門高度發展成熟，表現出運轉失靈產生的。上世紀三十年代經濟大蕭條引發市場體制危機，七十年代後所謂凱恩斯主義即「福利國家」再次引起危機，促使人們探索一種新機制。在國家─政治領域出現了『既不是自由市場，又不是福利國家』的「第三條道路」，而在社會生活領域，出現了第三部門。據統計，在美國的各部門中，大概20％的勞動力和15％的經濟總量存在於第三部門，而且越來越大。美國人馬克・佩恩和E・金尼・扎萊納在其合著的《小趨勢──決定未來大變革的潛藏力量》中說，七十年代末以來，「商界和政府在吸引雇員方面都沒有取得令人矚目的成就。取得重大進展的，反而是『第三部門』，這個部門也被稱作是獨立部門或非營利部門。商界和政府在就業方面乏善可陳，增長比例分別是1.8％和1.6％，而一九七七─二〇〇一年間，非營利部門的就業增長率是2.5％，表現出了強勁的勢頭。……目前，非營利群體的工作種類之多，受支援程度之高，完全可以成為不必踏進政府的大門或空空蕩蕩的商業大廈就可以踏踏實實供職終生的職業。」（第239頁）

義大利學者佛朗哥・阿爾基布吉在《在新資本主義和後資本主義之間》中說：「最近幾十年裏，服務行業的興起勢不可擋，利潤驅動的部門至少在就業方面保持平穩，而非營利性部門卻經歷了巨大的發展。實際上，這一第三部門就是對資本主義制度不能為個體提供自由選擇職業和可接受工作的機會的一種回答，無論是在社會團結和社會自願勞動力的使用層面，還是在文化和科學的層面，都是如此。『第三部門』──『自己動手』部門──以及非市場交換的

增長，或者說非正式經濟（有時也採取地下經濟的形式）的增長表明，家庭與個人在經濟上從資本的要求和條件下解放出來。」他把「第三部門」的經濟稱為「聯合經濟」。他接著說：「在我看來，這種經濟標誌著資本主義向後資本主義的過渡。它為我的上述問題——把個體從維持基本需要所必需的工作中解放出來——提供了一種解決辦法。」（《後資本主義》第247頁）

　　如前所述，這些非政府組織形成一個「全球公民社會」。所謂全球公民社會，指公民們為了個人或集體的目的，而在國家和市場活動範圍之外，進行跨國結社或活動，包括國際非政府組織、非政府組織聯盟、全球公民網路、跨國社會運動、全球公共領域等。全球公民網路是不同國家的公民通過互聯網等現代通訊方式結成的各種綜合性的政策協調網路，如禁止地雷各國監督員網路、全球政策論壇等。跨國社會運動是由國際非政府組織或非政府組織聯盟發起或由全球公民網路倡議的各種國際集體行動，如綠色和平運動、生態運動、女權運動等。全球公共領域則是公民個人或集體活動於其中的國際公共空間，公民們通過舉辦國際會議、創辦報刊或出版書籍、建立網站等形式，就他們共同關心的全球性問題展開討論、對話，形成全球性價值觀念、意識、文化取向。國際非政府組織（NGO）或非政府組織聯盟是全球公民社會四個基本要素中最活躍的。

　　NGO組織的發展既是民權主義在全球大發展的一個象徵，也對以WTO組織為核心的全球化造成了一定的威脅。本世紀初WTO在西雅圖召開會議時，NGO組織曾予抵制，其後，在每一次與WTO有關的會議上，都受到NGO組織的強大壓力，而且是跨國NGO的大規模聯合行動。因此有人說，「現在世界上全球化進程有兩種，一種是市場經濟的全球化，用左派的話語來說，也就是資本的全球化，另一種以非政府組織的跨國行動為代表，形成所謂『反市場的全球化』，就是大家都看到的這種來自NGO的壓力。「（秦暉《全球化進程與入世後的中國第三部門》，《跨文化對話》第11期第1頁）

　　非政府組織發展的不平衡，是當前非政府組織發展中存在的一個重大問題。即大多數非政府組織是在發達國家建立的，而建於發展中國家的非政府組織很少。由於來自發達國家的非政府組織聲音居於主導地位，一些發展中國家認為，那些非政府組織不是真正的全球聯盟，而不過是發達國家壟斷全球討論的一種手法。事實說明，發展中國家產生這樣的懷疑，是有理由的。據上世紀末數字，跟聯合國公共資訊發展部有聯繫的1500多個非政府組織中，來自發展中國家的不到250個，在聯合國社會理事會中擁有諮詢身份的發展中國家非政府組織更少。這個問題應該引起注意。

　　非政府組織的快速發展具有重大的意義。它不僅表明世界人民自主權意識的高漲，也為人的自我解放開闢了一條新的廣闊的道路。

§6.4　社群・共同體・自助組織

　　中國學者許紀霖說：「我這次在美國，給我最強的感受不是自由，也不是民主——那些都沒有超出我的想像，而是社群（community）。國內的一些自由主義者以為，只要有一套制度化的民主選舉程式和形式化的法治，好像民主就實現了，假如只是這套程式，它只有一個二元關係：個人和國家。但在現代社會中，無論個人怎樣強大，他是無法與國家抗衡的，即使有一個好的制度。而美國的經驗告訴我們，在個人和國家之間，還有社群。社群有各種各樣的，有按照利益結合起來的，有以共同的價值觀作為紐帶的，有地域性的、社區性的、行業性的，也有價值性的、興趣性的。它們共同組成了哈貝馬斯所說的『生活世界』，是可以與市場和行政權力所組成的『系統世界』相抗衡的『生活世界』。美國的『生活世界』是特別豐富的，當年托克維爾來到美國，考察美國的民主，對美國社群之發達驚訝不已，那是官僚制的法國所不可能有的。在個人和國家之間的這個強大的社群，在民主制度中扮演了很重要的作用。民

主不僅表現在一個週期性的投票，而且體現在日常生活中社群對公共事務的參與……」（《全球化與文明對話》第166—167頁）

托克維爾在《論美國的民主》中所說「除了依法以鄉、鎮、市、縣為名建立的常設社團以外，還有許多必須根據個人的自願原則建立和發展的社團」，應該就是這種社群。他並舉了一個例子：「假如公路上發生故障，車馬行人阻塞不通，附近的人就會自動組織起來研究解決辦法。這些臨時聚集在一起的人，可以選出一個執行機構，在沒有人去向有關主管當局報告事故之前，這個機構就開始排除故障了……」托克維爾說：「美國是世界上最便於組黨結社和把這一強大行政手段用於多種多樣目的的國家」（以上，均第213頁），他把這種做法稱為「政治結社」以外的「在社會生活中不斷行使結社權」（第645頁）。

托克維爾考察美國的民主，是十九世紀三十年代的事，在馬克思、恩格斯走上革命道路之前。奈斯比特在《正確觀察世界的十一個思維模式》裏寫道：

> 據紐約市大學全國自助情報所統計，有1500萬美國人現在分屬於50萬個自助組織。這些人決心越過傳統的組織機構援助的形式——教會、社會服務機構、精神治療機構——而與和自己同樣的人打交道，他們是已經或正在嘗試解決同樣問題的人。這是一幅從組織機構幫助轉向自助的生動圖景。
>
> 圍繞幾乎所有可以想像的問題——退休、鰥寡、控制體重、酗酒和戒毒、精神病、殘廢、離婚、打罵孩子以及其他種種——人們都成立了自主組織。
>
> 信用卡的盛行促成了一個最新的為窘迫的欠債人而設的自助團體——「防止大手大腳花錢」組織——的成立。該組織成立的主要前提是，過度花錢是一種病態。

　　像這種援助性組織時常仿照辦得很成功的嗜酒者互誡組織的榜樣，避免複雜的結構、大量的開支或用藥，而崇尚在非正式的氣氛中交換資訊和經驗。

　　「自助團體使各種同等的人走到一起，團結互助，滿足共同的需要」，自助情報所的兩位負責人阿蘭‧加特納和弗蘭克‧里斯曼說。其指導原則是：我助人人，人人助我。

　　為什麼自助運動在七十年代發展如此迅速？加特納和里斯曼認為，這是因為「人們感到無力控制『大政府』和遙遠的官僚機構，結果就為互助團體所吸引，因為這些團體使他們能夠直接解決日常生活中的一些迫切問題」。

——第152頁

　　奈斯比特在書中寫到，「作為對學校教育制度不斷失望的反應，出現了各種自助的形式。家長的積極性增加，私立學校入學率急劇上升。新的教育自助運動的最激進方式是產生出一系列新式變通學校，並嘗試把教育過程從學校轉移到家中——或者是作為對學校正式課程的一種補充，或者是作為對各項強迫教育法律的一種直接反抗。」（第144頁）

　　書中接著說到小城鎮的興起以及企業的非集中化。作者說：「在城市或在鄉村，非集中化賦予人們在地方一級處理問題和促進變革的權力。因為實現了政治權利非集中化之後，人們可以根據自己的願望使當地變得與眾不同。事實上，實現政治權力的非集中化也大概是人們能這樣做的唯一途徑。另外，人們搞地方政治不需要很多的錢。非集中化是推動社會變革的偉大促進劑。」（第131頁）

　　托夫勒《第三次浪潮》也寫到自助組織的迅猛發展：

一九七〇年，英國曼徹斯特一位叫費舍的家庭主婦，因為多年始終不敢離開自己的住家一步而深感痛苦，乃決心為患有同樣恐慌症的人們成立一個組織。今天這個「恐慌症患者協會」擁有許多分支機構，在許多高度科技國家內，有成千個這類蓬勃發展的新組織，幫助人們直接處理自己的問題──心理、醫藥、社交、性關係各方面的問題。

底特律有50多個「死別集團」，協助喪失親友的人克服悲痛。澳大利亞有一個集團叫做「成長」，其中包括以前患心理疾病的人和「神經緊張的人」，該機構現在在夏威夷、新西蘭和愛爾蘭均設有分會。美國22個州都成立了一個叫做「同性戀者父母」的組織，專門幫助孩子是同性戀者的雙親。在英國，「憂鬱者組織」有60多個分會。「毒癮者匿名組織」、「黑肺協會」、「無偶父母」、「孤寡聚會」，新的組織紛紛在各地出現。

……

據「新人類服務中心」的兩位負責人瑞斯曼和戈德納估計，單單美國一地就有50萬個這類組織，每435人即有一個人參加這類組織，而且每天都有新的組織出現。其中很多機構只是曇花一現，但是每天消失一個，就有好幾個起而代之。

……

自助運動因而改變了社會的結構。癮君子、口吃患者、有自殺癖的人、賭徒、咽喉病疾病患者、雙胞胎的父母、暴飲暴食者，以及其他各類型的人士組成了一個緊密的組織網，和新興的第三次浪潮家庭與企業結構融為一體。

不論這些社交性組織的重要性如何，都代表了一個基本的改變，被動的消費者已經成為主動的產銷合一者，他們自有其經濟意義。雖然他們仍然必須仰賴市場，並且參與市場交易，但已經把B部分的經濟轉至A

部分，由交換方式轉為產銷合一。這項方興未艾的運動並不是唯一的動
力，有一些世界上最大、最富有的公司，為了技術和經濟上的理由，也
盡力促成產銷合一者的崛起。

──第172─173頁

在資本主義國家，這種情形很普遍，也有其歷史傳統。人文主義思潮興
起，各種自由中有「結社自由」，這是為「結社自由」所允許，所培養起來
的。說那些人習慣於組織各種協會也好，說他們喜歡「多管閒事」也好，總之
他們經常組織各種各樣的協會，把不相識者拉在一起，增加相互之間的感情。
有人在《觸摸歐洲》中寫到：只要有四個丹麥人在一起，他們就有可能組織起
來，成立一個協會。如果你感到自己的背部經常疼痛，你可以成立一個「背部
經常疼痛者協會」，在政府註冊，邀請全國的同類人加入，為所有同病相憐者
提供服務，或爭取自己相應的權利，甚至借此向社會或政府施加一定的影響。
楊敘在《北歐社區》中說，「事實的確如此，如果說在北京牆頭掉下一塊瓦十
有八九砸中的是一位經理，那麼在北歐一輛車能拉走八個協會也不算誇張。」
（第79頁）

臺灣學者江宜樺《自由民主的理路》說到社群主義。一般說，積極參加
社群活動或自助組織的人，大都不認同自由主義者的信念。自由主義者把「自
我」放在第一位，強調自我觀念，自我意識。社群主義者稱其為「原子式自
我」，批評其跟他人互不關心，對他人表現冷漠。對自由主義政治，認為是偽
裝中立，放任公民道德敗壞。江宜樺書中說：「社群主義相對提出『共善』、
『歷史傳統』、『社會脈絡』、『特殊主義』等訴求，以圖矯正自由主義對
人與社會的錯誤理解。「（第4─5頁）社群主義者的這種理念，正如奈斯比特
所說，是我助人人，人人助我。中國在一段時間，提出「人人為我，我為人
人」，倒跟社群主義者的理念相近似。

　　社群和自助組織以及上節所說非政府組織的出現，使社會上許多人的身份和資本主義社會最重要的一種關係「勞資關係」發生了變化。管理大師彼得‧德魯克把新出現的這種現象歸結為組織社會。

　　德魯克說到了「受雇者（employee）」這個字眼。他說：「依照定義，『employee』是指受薪工作者。然而，美國所有受雇者當中為數最多的一群卻是無報酬工作者。美國大約有9000萬第二春的老年人在非營利機構當無報酬義工，很多人一星期至少奉獻3小時。他們顯然是『員工』（staff），而且他們也是這樣看待自己。然而，他們其實是無報酬的志願工作者。」德魯克說：「我們需要一個名詞來描述這些人，可是找不到；也許只需要把後資本主義社會的『employee』定義為『借組織才可以使用技能和做出貢獻的人』，這不失為權宜辦法。至於他們是否受薪並不重要。如果他們是『受雇於自己』，那也是因為出售服務給組織或者通過組織提供服務，才可以做出貢獻。例如英國國家保健中心的醫學研究員、美國類似機構的『獨立工作室』人員、會計師與精算師等等。這些個人工作者拿的是『費用』（fee），而不是『薪水』（wage）。可是，他們的技能要靠跟組織來往才可以做出貢獻，就跟他們受雇於組織沒有兩樣。」德魯克下結論說：「後資本主義社會已經成為受雇者的社會，正如同已經成為組織的社會。受雇者社會與組織社會不過是描述同一現象的兩種不同方式。」（《後資本主義社會》第42—43頁）

　　不言而喻，這種現象也是使階級界限變得模糊的一個原因。

　　顯然，社群和自助組織以及上節所說非政府組織的出現，其意義是巨大的，影響是深遠的。這既是人的地位和尊嚴以及人的自主意識得到高揚的表現，也是《宣言》所說「人的自由發展」得以實現的表現。「人的自由發展」應該不受任何限制，凡是有益於人群的，凡是人們想做的，都讓他放手去做。這是向大同世界過渡的必要條件之一。

§6.5　從社區到市民社會到世界公民社會

　　許紀霖在上節開頭引文後說：「國內的新左派對西方民主有一個批評，說是美國投票率低，政治參與意識淡漠，我過去也贊成這一批評。到了美國一看，發現全然不是這回事。的確，美國人對選舉總統、聯邦議員或州議員，是比較淡薄，但對選舉與切身利益有關的社區公職人員，哪怕是一個校督，是很投入的。托克維爾當年也發現了這個現象，並且認為是個大好事，在這裏我不妨復述他的原話：『很難使一個人放棄自我去關心整個國家的命運，因為他不太理解國家的命運會對他個人的境遇發生影響。但是，如要修築一條公路通到他家園，他馬上會知道這件小事與他的大私事之間的關係，而且不必告訴他，他就會發現個人利益和全體利益之間存在緊密的聯繫。因此，如果讓公民們多管小事而少操心大事，他們反而會關心公益，並感到必須不斷地互相協力去實現公益。』這就是說，在民主社會中，個人對政府的影響並不是通過個人的投票去實現，而是通過社群的力量去影響和左右政府。社群在民主社會中扮演了很重要的角色。」（《全球化與文明對話》第167頁）

　　這裏說到社區。在一些文化辭典上，「社群」跟「社區」是放在一起解釋的。比如一本人類學、文化學辭典就把社區、社群和共同體三個片語構成了一個詞條。它們有相同的地方，都是發揮自我力量，靠群眾自己，不靠國家，不靠權威。我讀一些書，總覺得「社群」和「社區」所指，不完全相同。第一，組成「社群」的人，不一定住在同一個區域，只是因為他們遇到性質相同的問題，便通過聯繫，組成一個群。他們可以「隔空喊話」，做橫向的聯繫。把他們聯繫起來的紐帶是單一的，除了那個紐帶外，一般不涉及其他事務。而組成同一個「社區」的人，不管你性別、年齡、職業、身份如何，也不管你是否遇到什麼問題沒有，有一個先決條件是必須具有的，就是居住在同一個地區，

「區」是它的首要特點。第二，由於社區存在這個先決條件，它自然具有行政功能，是基層行政機構，即屬於所謂「主管當局」，儘管它強調了群眾參與。他們跟外部的聯繫以縱向為主，內部的聯繫基本上是面對面。而社群卻不是這樣。特別像在中國，文件所說社區，都是指城市的街道辦事處或居民委員會，它實際上是城市基層行政機構。即使有名的北歐社區，也是這樣。即「社區」是自己管理自己，而「社群」是自己救助自己，自己發展自己。據此，我們把社區和社群分開來談。

且說一八八七年，德國社會學家F・滕尼斯（1855—1936）出版了《社區與社會》一書，將兩個詞做了對比分析，用來說明社會變遷的趨勢和兩種社會團體的區別，他把「社會」和「社區」當作社會結構的兩種類型。第一次世界大戰後期，「社區」一詞傳播到英、美等國，三十年代，費孝通將英文Community譯成中文「社區」。一九五二年，聯合國正式成立了「社區組織與社會發展小組」，具體負責推動社區運動在全球特別是發展中國家的開展。在聯合國的倡導和推動下，社區發展的成效日益顯著，人們對其意義和作用的認識日益深化。到本世紀初，全球已有100多個國家在執行全國性的社區發展計畫，社區發展已形成世界性的運動。從發展中國家到發達國家，從鄉村到城市，社區組織在縮小貧富差距、緩解社會矛盾、改善社會環境、提高人們的生活質量等方面，做了大量工作，發揮了重大作用。

北歐的社區建設，一向受到人們的稱讚，曾用數年時間對北歐社區進行專門考察的中國學者楊敘說：「北歐社區與我們國家界定的社區具有明顯的差異。如果到北歐去尋找北京式的街道辦事處或者居委會，那麼結論肯定是北歐圈裏無社區。反過來，如果用北歐的模式衡量北京，又必定會對北京的社區產生疑問，據說聯合國開發署的官員就曾評價說中國的社區僅僅是一個鄰里的概念。」楊敘接著說到他所看到的北歐社區：

北歐社區有種似有若無、看得見摸不著的感覺。每天日子像流水一樣過著，沒有「××社區服務中心」這樣的牌子或是「社區是我家，建設靠大家」之類的標語提示你生活在一個社區之中，然而一旦你遇到麻煩，便會有一隻來自社區的無形的手替你排憂解難，提供全方位的服務，正所謂從搖籃到墳墓無所不包。

那麼北歐的社區在哪里？什麼是北歐的社區呢？

我認為，一言以蔽之，北歐的城市就是北歐的社區，北歐的社區已經城市化，或者說，北歐的城市已經社區化。

……

從規模來看，社區的概念可小可大。小可以小到一個村莊一個學校，大可以大到一個城市一個國家。正如英國社會學家麥基文所說，社區是指「共同生活的任何區域，例如村莊、城鎮、地區、國家，乃至更為廣大的地區」。他還說，「不管什麼地方，人們只要生活在一起，他們就會發現出某種類型和某種程度的有區別性的共同特徵──風格、傳統和生活方式等。它們是有效的共同生活方式的標記和結果。並且我們將會看到，一個社區是一個更大社區的組成部分，所有社區只是一個程度問題。」

──《北歐社區》第4頁

看，這裏明確說「正如英國社會學家麥基文所說，社區是指『共同生活的任何區域，例如村莊、城鎮、地區、國家，乃至更為廣大的地區』。」在同一個區域生活，這是「社區」的根本性特點。楊敘所說北歐社區跟中國社區的區別，乃是辦事方法的區別，不是本質的區別。正如《比利時無政府創紀錄》所說比利時國家機關，它並不是完全沒有，它有「看守政府」，它的各個部門仍在運作，只是外人可能「有種似有若無、看得見摸不著的感覺」一樣。

楊敘在《北歐社區》第三章，說到「北歐社區理念」：

> 北歐的社區理念首當其衝應該是「民主參與」。社區是人們聚居生
> 存的地方，它的發展建設理應由百姓說了算。
>
> 從體制上說，北歐的城市自治制度從法律上保證了民主參與的可實
> 現性。北歐的社區由社區議會管理，社區議會是由社區居民民主選舉產
> 生的，並必須按照選民的意願行事。我們可以信手拈來一個例子：
>
> 丹麥最大的社區奧爾胡斯的社區議會由31名議員組成，奧爾胡斯市
> 民每四年選舉一屆新的議會，然後再由議員選出市長和5名市長助理，他
> 們6個人便構成社區政府。
>
> ⋯⋯
>
> ——第59頁

顯然，這是政府，是行政機構。不同的是，這裏的居民有最大的自由、最
廣泛的民主。選誰，是大家的事，不經過任何人審核批准。任期屆滿，重新選
舉。這些選出來的工作人員，是為本區域的居民辦事的，本區域的居民就是他
們的上帝，本區域居民喜歡的，他們做，本區域居民不喜歡的，他們不做。他
們不聽命於任何外人或上級，只聽命於本區域的居民。

社區跟社群的相同之處，是其生活理念：我為人人，人人為我。楊敘說：
「北歐社區服務的宗旨是『以人為本』」（第112頁）。瑞典於一九九九年召
開的會議，確定他們的工作綱領是「聚焦市民」，這四個字就是他們工作綱領
的題目。

楊敘在《北歐社區》中寫道：「從保證民主參與的措施上來說，北歐國
家經常開展一些民意調查活動，力求更廣泛地體察民情，瞭解居民的真實想
法。」他舉了瑞典南部哈蘭郡境內法爾肯貝里社區規劃部門於一九九九年進行

的一次民意調查，「調查結果表明，城鎮中心的設計對每個人來說都是至關重要的，大家都希望有一個溫馨和令人愉快的社區，這包括使步行者更方便舒適的交通、充滿活力的社區中心、優質的建築和高度的綠化水平等。有關社區經濟發展的問題也被提了出來。在這方面，居民建議增加就業機會，把年輕的精英們留在社區，以保證法爾肯貝里不會變成一個『老人的社區』或者被當作『宿舍』的社區。」（第63頁）

對社區的這個特點，美國學者湯瑪斯・雅諾斯基在《公民與文明社會》中說：「社區主義的觀點⋯⋯強烈地強調社區（或者稱為社會或全民）。社區主義的許多理論首先關心的，是如何讓社會發揮有效和公正的功能。好的社會的建立，靠的是相互支持和群體行動，而不是以個人為中心的選擇和個人自由。在一種極端的狀態下，社區主義會令人想起寬厚的封建關係：權利固然存在，但個人對整體的義務則占強有力的主導地位，以至於權利成為次要的⋯⋯現今的社區主義則在較大程度上強調權利和民主，但當代社區主義理論所強調的重點仍然在於社會和相互的義務。目標是要建立一個強大的社區，其基礎是共同身份，相互負責、自治、參與及整合⋯⋯」（第25頁）

跟社區概念相近的，有市民社會、公民社會等說法。這幾個詞語在中國，近年來不僅出現在學者的討論中，也出現在官方文件中。上世紀九十年代，有人提出「第三條道路」，英國著名社會學家、經濟學家吉登斯寫出《第三條道路》的專著，並且把「第三條道路」跟社區或市民社會聯繫起來。美國總統克林頓、英國首相布雷爾等人是「第三條道路」的積極提倡者。

馬克思在青年時代，也就是在《共產黨宣言》裏那些基本思想形成和產生的年代，多次說到市民社會。

馬克思在《黑格爾法哲學批判》中說：「對家庭和市民社會的領域來說，國家一方面是『外在必然性』，是一種權力，由於這種權力，『法規』和『利益』都『從屬並依存』於國家。國家對家庭和市民社會來說是『外在必然

性』，這一個方面已經部分地包含在『推移』這一範疇中，部分地包含在家庭和市民社會對國家的**有意識的關係**中。對國家的『從屬性』更完全符合這種『**外在必然性**』的關係。」（《馬克思恩格斯全集》第1卷第247頁）又說：「『外在必然性』的意思只能是這樣：當家庭和社會的『法規』和『利益』同國家的『法律』和『利益』發生衝突時，家庭和社會的『法規』和『利益』必須服從國家的『法律』和『利益』；它們是從屬於國家的，它們的存在是以國家的存在為轉移的；或者說，國家的意志和法律對家庭和市民社會的『意志』和『法規』來說是一種必然性。」（第248頁）

　　馬克思在這篇文章裏，總是把「市民社會」跟「家庭」連起來使用，組成「家庭和市民社會」。家庭是社會最小的生活單位，由家庭構成社會。「家庭和市民社會**本身把自己變成國家。它們才是原動力。**」（《全集》第1卷第251頁）這是馬克思的觀點。《黑格爾法哲學批判》是馬克思由唯心轉向唯物的一篇重要文章，他在這篇文章中批判了黑格爾的唯心主義觀點，得出了不是政治國家決定市民社會，而是市民社會決定國家的著名論斷。馬克思和恩格斯隨後不久寫的《費爾巴哈》（《德意志意識形態》第1卷第1章）中說：「『市民社會』這一用語是在十八世紀產生的，當時財產關係已經擺脫了古代的和中世紀的共同體。真正的資產階級社會只是隨同資產階級發展起來的；但是這一名稱始終標誌著直接從生產和交往中發展起來的組織，這種社會組織在一切時代都構成國家的基礎以及任何其他的觀念的上層建築的基礎。」（《馬克思恩格斯選集》第1卷第41—42頁）馬克思把市民社會看作私人利益關係領域，說它「包括各個個人在生產力發展的一定階段上的一切物質交往」，「始終標誌著直接從生產和交往中發展起來的社會組織」。

　　一九七八年，W. Benjamin在《反思》發表《暴力的批判》，概括馬克思有關市民社會的觀點：「政治國家之於市民社會，正如地獄之於天堂，政治國家僅僅是一種精神……在國家裏……人是類存在物，他是虛構主權的虛擬成員，

這種統治剝奪了他現實的私生活，充斥著不現實的普遍性。」（轉引自《人權的終結》第171頁）

「市民社會」（Civil Society）也譯作「文明社會」或「公民社會」。通常理解，市民社會（公民社會），指的是圍繞共同的利益、目的和價值上的非強制性的集體行為。它不屬於政府，也不屬於營利的私營經濟，而是處於「公」與「私」之間的一個比較廣泛的領域。按照《布萊克維爾政治學百科全書》的解釋，市民社會是「表示國家控制之外的社會和經濟安排、規劃、制度」，是指「當代社會秩序中的非政治領域」。它包括那些為了某種特別需要，為了公眾的利益而行動的組織，如慈善團體、非政府組織、社區組織、專業協會、工會等。有人就把由各種非政府組織組成的全球性的民間社會稱為「全球公民社會」。就這點說，市民社會跟社區──至少是像中國作為城市基層行政機構的社區──不完全相同。

公民社會的概念出現很早。亞里斯多德在其《政治學》中對「公民」的概念做了深入的討論。公民社會就是由具有公民身份的人組成的共同體。在那個時代，具有公民身份的人是有嚴格控制的，並不是所有的人──甚至大多數人──都具有公民身份。亞里斯多德以後，公民社會這個概念一直在發生變化。到中世紀，公民社會跟政治國家幾乎成了同義語，指的是人們生活在政府之下的一種法治的、和平的狀態。資本主義制度建立起來以後，工商業活動的自由發展和私人領域的獨立存在得到保證，促進了公民社會的發展及其跟政治國家的分離過程。從十九世紀開始，指的是從中世紀封建性國家和教會的政治性支配下獲得解放的一種社會形態，被認為是「脫國家脫政治的領域」，具有獨立人格的財產所有者。在一個國家內，處於國家和個人之間、由相對獨立存在的各種組織和團體以及家庭構成的社區，就是市民社會，亦即公民社會。它具有一種自治性的狀態，是衡量一個社會組織化、制度化的基本標誌。它也是國家權威和人的自由的緩衝地帶。公民社會的本質是它的民主性。它尊重公民資

格，保障公民權利，為公民的自由發展提供便利。

英國科學院院士、人類學教授厄恩斯特・蓋爾納，在發表於聯合國教科文組織主辦的《國際社會科學雜誌》（1992年第3號）上的《公民社會的歷史背景》中說：「以一九八九年的巨變為頂峰的東歐動盪重新引起人們對『公民社會』這個概念的強烈興趣。筆者認為是理所當然的，因為這個概念的種種內涵與建立民主自由的社會政治秩序密切相關。其實，『民主制度』一詞固然適合於指稱具有可參與性的且負責任的政府，但是它所意味的模式與『公民社會』相比較，在可操作性上還略差一些。」該文又說：「公民社會一詞在歷史上曾被賦予多種含義，如與野蠻或無政府狀態相對，與教會權威相對，或與國家權威相對。如今重新熱衷於研究這個概念的人們首先想到的正是它與國家權威相對的含義。他們擔心的是中央政府權力過分膨脹，這已經成了過去某些共產黨國家的最大特點。他們還擔心因此而導致有制衡作用的各種對立力量的削弱或完全消失。」（《民主的再思考》第227頁）這也是有人把一九六八年到一九七八年波蘭知識份子爭取民主的鬥爭所取得的結果稱為「修正主義的終結和市民社會的再生」的原因所在。

華人學者余英時在《從「國家」與「社會」的關係說起》中說：「近來西方流行『公民社會』的觀念，好像與國家形成了對立的狀態。其實這是由於二十世紀出現了極權國家的緣故。在共產黨統治之下，政治系統無限擴大，以至吞沒了整個社會，這才引起大家重新認識『公民社會』的重要。一九九一年前蘇聯的極權統治在一夜之間崩潰了。當時莫斯科的一個俄國人在電視前大聲喊道：『公民社會今夜在莫斯科再生了！』這個鏡頭生動地說明了『國家』和『社會』為什麼今天竟成為兩個敵對的觀念。」（《歷史人物與文化危機》第153頁）

第三條道路的提出，有二十年了。先有英國工黨使用「第三條道路」這個詞，接著英國經濟學家安東尼・吉登斯（Anthony Giddens）出版了《超越左與右》、《第三條道路──社會民主主義的復興》等著作。後一本於一九九八年

出版。所謂「第三條道路」，指處於「完全社會主義」與新自由主義之間的一條道路。吉登斯在書中說：「一百五十年前，馬克思曾寫道：『一個幽靈在歐洲徘徊，這是社會主義或共產主義的幽靈。』至今這話還是正確的，但是與馬克思想到的理由不同，社會主義和共產主義已經消失了，但他們仍然縈繞在我們身邊，我們不能置這些價值理想於不顧，因為有些價值和理想是好生活的本質東西，是促進社會和經濟發展的關鍵所在。我們面臨的挑戰是要使這些價值在社會主義計劃經濟受到懷疑的地方變得重要。」（轉引自《背叛的政治——第三條道路理論研究》第188—189頁）「第三條道路」的積極提倡者、曾擔任英國首相的布雷爾指出，第三條道路的目標是「建立在個人能力基礎上的充滿活力的經濟，市場為了公眾的利益產生效力」（引同上，第36頁）。有人說，「『第三條道路』的說法應該以這樣一種方式得到認定，即明確它是一套社會民主思想和政策的相當協調的組合，而又明顯地有別於老式的社會民主和新自由主義。」（引同上，第106頁）在布雷爾和美國前總統克林頓等人看來，丹麥和荷蘭是推行「第三條道路」的典範。

改革福利、「加強家庭觀念」（克林頓）、多幹工作、責任共擔、重建現代文明社會，等等，都是第三條道路者的具體政策綱領。多幹工作，是鑒於實行高福利把一些人養「懶」了，所以提出這個口號。布雷爾在擔任首相的第一次演說中，宣佈他的政府是「從福利到工作的政府」。他把工作看成是「最好的福利形式，也就是滿足人民需要的最好融資方式，讓他們在社會中發揮作用的最好方法」（引同上，第139—140頁）。

在這裏，「第三條道路」跟社區主義相重合。尤妮絲‧勞森在《第三條道路與社區整治》中說：

> 規範性社區主義者認為，現代社會的道德淪落和「依附文化」的滋生應歸咎於個人主義和新自由主義的大肆氾濫。但也有人把過分的個人

主義看成是個人自主的潛在威脅。有了這樣的診斷，規範性社區主義者設計出糾正這些弊端的行動計畫，主張計畫的主導思想是要營造出一種人人承擔責任的氛圍……

在他們心目中的社區裏，個人自主與公共利益相得益彰。約翰・格雷對這種志在高遠的社區主義有精闢的描寫，他說：「社區就是要培養公共的習俗和制度，好讓不同傳統習慣的人和睦相處……這就意味著對自由市場的主要機制進行改革，以便更好地滿足人們對安全和自主的要求……這就意味著通過鼓勵人們參與經濟生活來防止社會的排斥現象」。

……他們認為，社區精神的弘揚，依賴於「道德規勸」或群體壓力，而不是靠政府發號施令。用他們的話來說，「社會秩序」的選擇在於個體，它的確立全憑自願。換言之，新的社會秩序的合法性是否能被個體所接受，不是通過給它披上立法的外衣來實現，而是憑藉家庭、民眾團體及教會等組織的非官方聯繫加以維護……

——第131—132頁

該文又說：「強調責任大於權利，主張人人為公共利益出力，對社會排斥性表示關注，維護家庭觀念，培養職業道德等等，所有這些都表明新工黨的計畫屬於『社區主義』範疇。但是，選擇性地認同某些社區主義思想和政策，並不代表對整個社區主義計畫的贊同。實際上，社區主義行動計畫中有許多重要內容都遭到這兩個政黨（引著按，指布雷爾的新工黨和克林頓的民主黨）的冷落。」（同上，第141頁）

「第三條道路」的提法跟社區有重合之處，但畢竟不同。

從以上敘述可知，社區也好，當今人們廣泛議論、提倡的市民社會、公民社會也好，其主要特點，在於發揮人的自主精神和相互之間的合作精神，使人

們在政府的權威之外有廣大的活動空間和心靈空間。儘管社區大都屬於政府系統，但它又有相對的自主性、獨立性以及最可寶貴的大眾性。正如前邊的敘述所說，它處在「公」與「私」之間，它既完成國家交給的任務，又充分照顧到個人的需要。筆者認為，凡是有助於發揚人的個性、有助於人的自由發展、有助於不同族群之間聯繫和增進感情的，都是好的，應該予以肯定。

無疑，現在的社區，或說公民社會，正在發展。是否可以這樣說：馬克思和恩格斯在《共產黨宣言》中所說的未來社會的「聯合體」，我們從現在社區或說公民社會的建設上看到了它的縮影；或者，未來社會的「聯合體」就是在全世界範圍內建立的「社區」。有人提出了「全球公民社會」的概念，似乎就是從這個現實情況出發的。它跟前邊所說非政府組織有關。法國學者愛德格・莫寒在《超越全球化與發展：社會世界還是帝國世界？》寫道：

　　……儘管如此，我們仍然看到，一九九九年以來地球公民社會與公民意識正在初步形成。我們可以回顧一下歷史：

　　二十世紀中葉，加里・大衛（Gary Davis）和羅內・馬爾尚（René Marchand）就已經創立了世界公民國際協會，雖然參與者鳳毛麟角，卻一直體現著全球一體的渴望。

　　二十世紀七十年代以來，地球公民社會的先驅者們創立了無疆界的人道主義醫生協會，他們打破了種族與信仰的界限，到世界各地區救死扶傷。

　　國際特赦組織在全球範圍內維護人權，揭露任意監禁與酷刑。

　　國際綠色和平組織致力於保護人類所賴以生存的生物圈。

　　國際倖存者組織則在世界各地拯救頻臨滅亡的弱小文化與族群。

　　還有更多的非政府組織在全人類的各個領域都在起著重要的作用，特別是在爭取婦女平等和權利方面。

一九九九年十二月，公民社會的發展出現了第一次質的飛躍，那就是西雅圖反經濟技術全球化的示威。它表達的是對另一個全球化的期待，在那裏，「世界不是商品」。人們意識到，不僅需要對世界性的問題給予世界性的回答，還需要在全球範圍內施加壓力並提出動議。西雅圖引起了另兩次聚會，一次在巴西的阿雷格里港，最後變成了新生的世界公民社會論壇；另一次是以地球祖國的名義在美國的伍德斯多克召開的聚會，聚集了全世界6萬人之眾，成為一個集體慶典。

接下來的還有第一屆世界公民大會，由協力、盡責、多元的世界聯盟於二〇〇一年十二月在法國里爾召開。為期十天的大會召集了各大陸700多名公民，代表們以極大的熱忱，反覆討論，提出了一篇《人類責任憲章》草案。

……公民社會的形成應當是未來社會世界的一個很重要的步驟。

——《全球化與文明對話》第130—132頁

現在所說社區，限於一個國家之內。有的人口少的國家，本身就可以是一個社區，一個公民社會。當大多數人感到自己所處的環境具有了公民社會的特點，這個國家同樣可以認為進入公民社會。當大多數人沒有了「我是某國人」之感、相反卻有了跟其他人共用一個「天下」之感的時候，就進入「全球公民社會」，「全球公民社會」就是天下一家，就是世界大同，就是共產主義。

所以，社區建設是有遠大前途的。

§6.6　女性和弱勢群體地位大幅提高

在前邊梳理空想主義歷史的一章裏，讀者看到，西方學者大都沒有談到女性，柏拉圖是把女人當財物看待，要求實行「公有」，這當然不是大同世界

所追求的。孫中山和康有為的男女平權思想最值得稱道，也是符合馬克思主義的。大同世界，前邊說過，是男女真正平等，實行一夫一妻，女性在經濟上、政治上、人格上，跟男子一樣。

　　人有男女之分，跟一切生物一樣，是人類自身延續生命的需要，雙方互為生存的前提，誰也離不了誰，並無主次之分。自從進入文明社會以來，女性就一直被當作男人的附屬品，缺乏獨立性。傳統上把女人當作生育機器，而要生育，就必須嫁人，所以婚姻成了女性一生的大事，有些女性也以「有人要沒人要」為思考焦點，如果沒有結婚，女性簡直無顏生存，遭人歧視。多少年來，世界是男人的，女人只是男人的影子，隨時可以消失。有人說「男人的一半是女人」，並不確切。用「男人的」做修飾語，顯然表示從屬關係。在阿拉伯世界，女性更是被黑紗嚴密裹著，他人連面貌也見不著。如果犯有「通姦罪」，則會用石頭砸死，殘酷之極。自十月革命以後，社會主義國家大都搞過婦女解放運動，女性一度有較高的地位。但是直到近年來，男女不平等的現象仍然嚴重存在。即使像中國這類女性地位比較高的國家，這一現象亦難避免。「剩女」這一使用率很高的詞語的出現充分說明這一點。擁有高學歷、高收入、長相不錯的男性，過著獨身生活，受到讚賞，可是對女性說，就成了等同於「廢品」的「剩女」。法國女作家西蒙‧波伏娃的《第二性》出版，在世界受到熱烈歡迎，就因為它替全世界的女性發出了呼喊。

　　這裏沒有必要追述女權運動的歷史和那些為爭取女權而不懈奮鬥的各種人士的英勇事蹟，只想說明，女性的地位是否提高到跟男性相近的水平，女性的人格是否真正受到尊重，像恩格斯所說「賣淫」的現象是否得到扭轉，是檢驗社會距離共產主義多遠的一個尺規。女性的地位明顯提高了，就說明我們向世界大同邁出了可貴的一步。

　　我們把眼光投向當今社會，近幾十年來，世界變化之快，從女性地位的提高上也能看出來。可以說，現在在不少國家，女性已經從男人的背後走了出

來，而成了跟男性一樣的實體的人。管理大企業，一向被當作男性的事業，現在女性也進入工商業領域，擔任總裁、首席執行官者大有人在。美國《財富》雜誌多次評選世界五百強企業，其中就有不少企業的掌舵人是女性，像美國的「惠普」、英國礦業巨頭英美資源公司、澳大利亞西太平洋銀行、中國的「海爾」、「華為」等都是。《財富》雜誌公佈的二〇一〇年全球商界五十大「女強人」，包括以上所說幾個人。中國有「女企業家協會」，是個很龐大的群眾團體，各省市都有分會。從政界說，近年來，世界有十個左右中型以上的國家，女性擔任過總統一類重要職務。美國近幾屆的國務卿幾乎都是女性。

　　吉登斯在跟赫頓談話中，把近年來的全球化概括為四個特點，第一是世界範圍內的通訊革命，第二是「無重量經濟」的到來，第三指一九八九年以後的世界，第四則是「發生在日常生活層次上的變遷」。所謂「發生在日常生活層次上的變遷」，主要是女權的提高。他說：「在過去的三十年裏，最大的變化之一是男女之間越來越平等。這也是一個全球性的趨勢，儘管這一趨勢還有很長的路要走。這一發展與更普遍地影響著家庭和感情生活的其他各種變化相聯繫，而且不僅西方社會如此，世界各地或多或少也都如此。」（《在邊緣：全球資本主義生活》第8頁）

　　曾經擔任美國克林頓總統的戰略顧問和希拉蕊・克林頓競選總統時的首席顧問的馬克・佩恩和金尼・扎萊納合寫的《小趨勢——決定未來大變革的潛藏力量》說到女性在某些職業領域的大發展：

　　　　拿新聞界來說吧。根據勞工統計局的資料，在二〇〇五年，57％的新聞分析員和記者是女性；57％的新聞編導是女性，而這種權威地位一度是像沃爾特・克朗凱特這樣的人保留的……

　　　　在公共關係——幫助人們用恰當的方式表現自己的藝術——領域，女性所占的比例大約是70％，而在一九七〇年代只占30％……

再來看看法律界，這是一個更需要文字能力和口才的行業。從一九七〇年以來，女律師的數量已經增加了2900％。女性在法學院的畢業生中超過了一半，將近一半的律師事務所的合夥人是女性。法學院的副院長有三分之一是女性。

……

女性進入以說話為主的職業的其他影響是男人也許可以完全離開這些行業。一九七一年，在美國公立中小學的教師中，超過三分之一是男人。隨著女性進入這個行業，男性的數量下降到不足四分之一。在公共關係和電視傳媒領域，管理人員開始擔心男性大規模撤退的問題。一些人宣傳，「最優秀的」專業人員已經完全取得了勝利，而其他人則做出了與拉里·薩默斯相反的判斷：既然人類有一半沒有得到充分的重視，那麼我們真的會發揮出我們的全部潛能嗎？

真實的情況是，現在婦女在很多方面都沿著新移民取得成功的傳統路子在走。資本比男人少的婦女加入勞動力大軍，成群結隊地湧入這些行業，被證明是一條向上流動的途徑。能說會道的女人要求人力資本，而且她們的成功是因為學習和工作努力，而不是因為力量和體力。儘管女性首先是在中小學和幼稚教育領域取得支配地位的，但她們的向上流動已經導致出現了一個超越這些職業的成功的新階梯。女性越來越感覺到欣慰，因為這些職業是她們能夠在其中出類拔萃的職業。她們離開了對男人最有利的體力競爭，從事在和平民主時代可以決定很多事情的語言競爭。

而且，你可以預見這一趨勢將會傳遍全世界。隨著各地婦女進入勞動力大軍並接受更多的教育，一大批新的專業工作崗位正在向她們敞開。

政治也許是女性下一個未（將）開墾的領域。我與希拉蕊·克林頓工作過很長一段時間，我看到在公共生活中曾經存在的對女性的偏見正

在慢慢地變成對女性的接受，甚至變成偏愛。整個一代年輕的女性現在正在注視著美國是否會像英國、德國、以色列和智利一樣，也出現它的第一位女總統。如果成千上萬的年輕女性在新聞界、公共關係界和法律界越來越得到人們的接受，那麼政治領域就會出現一次邏輯上的飛躍——因為政治領域要求很多和在其他領域所要求的同樣的技巧。在華盛頓，很多最受尊敬的政策指導人員都是女性，她們影響著白宮和國會制定推動我們國家發展的政策。在二〇〇七年，我們已經有了16位女性參議員，儘管距離50位女性參議員還有不小的差距，但同二十五年前只有一位女參議員相比，這是一個巨大的飛躍。

——第44—46頁

除了女性地位以外，有些弱勢群體也應該放在我們的尺度以內。以美國的黑人為例。

美國的黑人過去受歧視，受壓迫，近年來，「黑人社區取得的進步，簡直令人感到驚異。雖然每年有數以萬計的黑人青少年觸犯法律，但是，每年也有數以萬計的黑人青少年走進學校的大門，為自己設計第一流的職業生涯。黑人青年是大學畢業生中人數增長最快的群體，他們畢業後常常能找到收入豐厚的工作。這個超級成功者階層的出現，正在改變著美國的文化，瓦解著舊有的成見，摧毀著辦公室和高層政治決策機構中的種族壁壘。關於黑人青年學壞的消息越來越少了，而關於他們走正路的新聞越來越多了。體制正在發揮著推動年輕黑人中的這種小趨勢的作用。」（《小趨勢》第168頁）

《小趨勢》又說：「在參與政治活動、投票和公民學習方面，黑人青年的表現在同齡人中也是最出色的。公民學習與參與資訊研究中心二〇〇七年的一項研究證明，在15—25歲的年輕人中，美國黑人青年的選民登記和參與政治活動的比率都是最高的。他們還是中期選舉時所有族群的年輕人中僅有的一個投

票率增加的群體。黑人青年還是最重視投票的群體，72％的黑人青年認為，應該把公民和政治課程列入高中的必修課，這一比率在各個族群的青年中也是最高的。」（第170頁）

　　《小趨勢》的作者由美國黑人青年說到整個美國黑人狀況：「與五十年前相比，大批黑人家庭富裕起來了。一九六○年，有20％的黑人家庭可以稱得上中產階級家庭，現在，中產階級的黑人家庭已經超過了40％。42％的黑人擁有了自己的住房，而已婚的黑人夫婦中，這一比率至少高達75％。一九九七年—二○○二年間，黑人擁有的企業增加了45％。有些黑人的富裕程度簡直可以使他們變為共和黨人。」（第170—171頁）

第七章　旅遊和人生

§7.1　全球大旅遊，世紀之交的壯麗景觀

§7.1.1　旅遊及其意義

　　這十多年來給我印象很深的一件事，是旅遊事業的大發展。當我從媒體看到中國某一個假期有多少萬人出遊或中國出國遊的人數如何增長的消息的時候，我真的驚歎，現在的人們旅遊興趣如此高漲和交通運輸能力如此強大。正是旅遊事業大發展，是我看到大同世界正在向我們招手的徵兆之一。

　　我想到了前引馬克思和恩格斯在《德意志意識形態》中所說「在共產主義社會裏，任何人都沒有特定的活動範圍，每個人都可以在任何部門內發展，社會調節著整個生產，因而使我有可能隨我自己的心願今天幹這事，明天幹那事，上午打獵，下午捕魚，傍晚從事畜牧，晚飯後從事批判，但並不因此就使我成為一個獵人、漁夫、牧人或批判者。」（《全集》第3卷第36—37頁，《選集》第1卷第36—38頁）一段話，這「上午打獵，下午捕魚，傍晚從事畜牧」等等，不就是消閒、旅遊麼？馬克思主義兩位創始人在設想未來生活的時候就把旅遊作為人生狀態的一種。這曾經是多少人的嚮往，現在成了活生生的現實。旅遊事業的發達，是在人類社會經濟發展、人民生活富足、世界呈現和平安定狀態下才會有的。

　　旅遊，無論中國還是外國，歷史上早已存在。孔子周遊列國，既是為他的政治主張尋求識家，也是旅遊。漢代張騫，出使西域，到過今天中東許多國家。陶淵明《桃花源記》所寫武陵人，雖是「捕魚為業」，卻著實到桃花園旅遊了一遍。中國古代文人生活的一大內容，是旅遊，他們寫下了許多膾炙人口的詩文作品。李白能寫下《秋下荊門》，就在「自愛名山入剡中」。他旅遊了大半個中國。杜甫《登高》：「萬里悲秋常作客，百年多病獨登臺。」《望嶽》：「會當凌絕頂，一覽眾山小。」都記下了他的遊蹤。「旅遊」一詞，也早出現在中國文人筆下。唐賈島《上穀旅夜》：「世難那堪恨旅遊，龍鍾更是對窮秋。故園千里數行淚，鄰杵一聲終夜愁。」另一詩人《江上秋思》：「到來江上久，誰念旅遊心。故國無秋信，鄰家有夜砧。」中國明代地理學家徐弘祖，用三十四年時間到各處旅遊，寫下多篇文字，後由他人整理成《徐霞客遊記》，為中國文學史上著名遊記性散文作品。還有許多畫家，把大半時間花在旅遊上，其山水畫作，即由實際感受而來。各國都有類似文人，還有以旅遊為職業的人，即所謂旅行家；航海家也是旅行家。不過以上所說這些人，大都具有特殊身份，或負有特殊任務，不同於現在的旅遊人，他們的旅遊也不能跟現在的旅遊相比較。現在的旅遊，是在完成自己的職業和工作任務之餘的休息，其活動內容主要是休閒、娛樂、度假，探親訪友，商務、專業訪問，健康醫療，宗教／朝拜，等。

　　二十世紀二十到三十年代，旅遊開始作為一種消閒方式受到人們重視，在經濟上，人們也注意到旅遊所帶來的可觀收入。在一九三六年舉行的國際論壇上，國家聯盟統計專家委員會為旅遊定義為：「外國旅遊者是指離開其慣常居住地到其他國家旅行至少24小時以上的人。」一九四五年聯合國認可了這一定義，同時增加了「最長停留時間不得超過六個月」的規定。一九六三年，聯合國在開羅召開國際旅遊大會，建立了國際官方旅遊聯盟。一九七○年九月二十七日，國際官方旅遊聯盟在墨西哥城開會，通過章程，正式建立了「世界旅遊

組織」，簡稱WTO。一九七九年九月，世界旅遊組織第三次代表大會將九月二十七日定為「世界旅遊日」。這標誌著，旅遊作為一種新興產業，成為全世界人民共同的事業。現在所說的旅遊，既包括國際旅遊，或國外旅遊，也包括國內旅遊。

　　必須用現代觀念去看待旅遊事業。現在所說旅遊，既不同於古代文人的遊山玩水，也不同於徐霞客式的地理科學考察和哥倫布等人的開闢航路。它是現代人以休閒為主的生活方式。從旅遊主體說，初期的旅遊主體，是社會中生活富裕的、有空閒時間和受過良好教育的人，旅遊目的，是欣賞異地風景或藝術作品，是那些人閒情逸致的一個組成部分。現在的旅遊主體，是廣大勞動者，他們在緊張工作之餘，利用旅遊做精神的調劑。過去旅遊以上流社會所喜好的騎馬、射箭、打高爾夫球等為主，現在的旅遊則向大眾化方向發展。人們到國外或外地去參加富有異鄉情調的文化娛樂活動，這些活動往往有眾多人參加。隨著人們經濟收入的大幅度增長，現在的旅遊更具有商業氣息，人們把旅遊跟購物結合起來，旅遊歸來，會帶著大量新購物品，既是人們精神上的豐收，也是物質上的豐收。旅遊成為一種產業，這是最主要的原因，這也是各國、各地大力開發本地旅遊資源，想方設法吸引外國遊客、外地遊客的重要原因。

　　把旅遊跟其他活動結合，是當今旅遊事業的一個特點。如把開會和旅遊結合。有許多非政府組織動輒動員數萬人參加活動。他們就像一隊候鳥，今天飛到這裏明天飛到那裏，國界限制不住他們，種族、膚色、語言同樣限制不了他們。他們也許缺乏穩固性的聯繫，但是他們會發出洪亮的聲音讓世人傾聽，他們有自己的主張要表達，而這些是任何旅遊活動都不可能會有的。如一九八五年，在巴黎召開的國際會議有274個，在倫敦開會238個，比利時布魯塞爾219個、瑞士日內瓦212個。參加這些國際會議的人，既是為了某一專業目的而去的會務者，也是利用會議參加旅遊活動的遊覽者。英、法、比等國家正是利用這種方式，獲得了一筆可觀的旅遊收入。一九八五年巴黎舉行國際會議收入70

億法郎，其中30億法郎為專題會議收入。再如把度假跟旅遊結合，舉辦各種集中營等都是。這種做法，有人稱為社會旅遊。

　　旅遊業的發達和發展之快，其他產業無法望其項背。全球旅遊人數每年增長百分比遠遠高於經濟增長比率。二〇一一年，世界發生由美國次貸危機引起的經濟危機，日本發生引起核電大事故的大地震，都未對全球旅遊事業造成重大影響。據聯合國世界旅遊組織的調查，二〇一一年全球跨國旅遊人數達到9.8億人次，比上年有顯著增長。二〇一二年有望達到或超過10億人次。

　　中國現代的旅遊是在七十年代末逐漸開展起來的。開始以「探親」為名辦理出國手續，限於「有海外關係」者，後來才有「旅遊」之說。一九八三年，中國正式成為世界旅遊組織成員。自一九八五年起，中國每年確定一個省、自治區或直轄市為世界旅遊日慶祝活動的主會場。到二十世紀末，中國的旅遊有了快速的發展。二〇〇七年一月到十一月，中國主要城市接待旅遊人數39970340人次，與上年同期相比增長了13.37％。其中接待外國遊客23330404人次，香港同胞11176899人次，澳門同胞722831人次，臺灣同胞4740206人次。最近中國旅遊事業的負責人講，預計二〇一一年國內旅遊人數達26.4億人次，比上年增長13.2％；國內旅遊收入1.93萬億元，增長23.6％；入境旅遊人數1.35億人次，增長1％；入境過夜旅遊人數5730萬人次，增長2.9％；旅遊外匯收入470億美元，增長2.5％；出境旅遊人數6900萬人次，增長20％；全國旅遊業總收入2.25萬億元，增長20.8％。新增旅遊直接就業約50萬人。中國過去有「老死不相往來」的話，試比較一下，變化有多麼大！

　　美國人湯瑪斯‧弗里德曼在《世界又熱又平又擠》中寫道：《外交政策》（2007年7—8月）的資料顯示，二〇〇六年有超過3400萬的中國人出國旅遊，比二〇〇〇年增長了3倍。到二〇二〇年，預計會有11500萬中國人去國外度假，這世界上最龐大的旅遊團需要更多的航班、更多的酒店、更多的燃油，並排放出更多的二氧化碳。二〇〇八年二月二十二日，沙龍公司的航空專家史密

斯（Patrick Smith）指出：『在中國、印度和巴西這樣的國家裏，新興的中產階級催生了大量的新航線。僅中國就打算在近幾年來修建40多個大型機場。在美國，每年航空旅客的數量已經接近10億，預計二〇二五年將翻倍。飛機排放的溫室氣體會增加到現有水平的5倍。』」（第55頁）

湯瑪斯・弗里德曼又說：「突然間到處都是『美國人』——從多哈到大連，從加爾各答到卡薩布蘭卡到開羅，他們加入到美國式生活的行列裏，吃美式速食，製造出與美國一樣多的垃圾。地球上從未見過如此多的美國人。」（第51頁）這就是當今旅遊業迅猛發展的縮影。

筆者關注的不是旅遊事業如何發展，而在旅遊事業對人類社會發展的影響。在旅遊線上奔走的，既是一個個旅遊者，更是文化，是一串串各不相同的文化符碼。固然，旅遊中的每個人日子都是短暫的，短到可能連他身上的民族文化之光沒有釋放出來，他的旅遊日子就結束了，可是，旅遊事業是由一個個個人集合而成的，它有一個集體名稱，叫做「××遊客」，比如「中國遊客」、「日本遊客」、「法國遊客」等。攜帶文化符碼的，不管你姓甚名誰，都歸結到那個集體名字上去。集體名字不僅是一個團隊，而且是一根線頭，一旦抽開，便很難中斷。人是文化的載體，文化依靠人而存在。人在旅遊，實際上是文化在旅遊。旅遊使所有的文化都呈現開放狀態，旅遊者把自己民族的文化密碼展現給他人，旅遊地展示著自己的自然景觀和文化符碼，旅遊就是不同的文化在接觸、在「碰撞」。一隊遊客走過去了，其中有人——既使一個人也好——任何舉動都可以表現出一種獨特的文化來，旁觀者看到了，可以很容易地認出那是哪國的遊客。是旅遊，把兩種或幾種不同的文化擺在了一起，既是比較，也是交流、交融。

文化的產生，跟部族、部落有極密切的關係，因此它是多元的。越在早期，文化品種越多。有時，現在一個國家的範圍內，僅語言就有幾十種，同一種語言中還有方言。在過去長時間裏，各自獨立發展，有興亡，有變異，有融

合。進入文明社會以後，人類的文化還是多種多樣。在交通閉塞、交往不便的情況下，各不同文化之間就像有一座長城阻隔。當兩種不同的文化接觸時，有一個如何認識異文化的問題。

　　以研究十八世紀以來歐亞歷史馳名的德國學者尤根・歐斯特哈默，著有《亞洲去魔化：十八世紀的歐洲與亞洲帝國》一書。該書所關照的，是一六八〇年到一八三〇年的一百五十年時間，以十八世紀為中心，首尾都有延伸。那應該說是前資本主義時代，在這個關照期結束的時候，馬克思還沒有從大學畢業，「歐洲中心論」遠沒有形成。書中寫到的學者們也好，旅行家、傳教士、記者也好，那時他們還沒有形成高高在上、唯我獨尊的姿態，寫作的態度是誠實的。作者的研究對象，就是那些學者或旅行家、傳教士、記者所寫有關東方人和東方風情的著作。他引用了大量資料。他把他所看到的資料分為兩個階段，第一個階段，是妖魔化的階段，第二個階段是「去魔化」的階段，在他看來，經過「去魔化」以後，西方人著作中所描寫的東方人比較接近真實。

　　作者以「魔」作為中心詞，告訴人們，在兩種文化之間存在一個魔障。人們看外人，總是只看到一點表面現象，不可能看到全面，更不可能看到本質的東西，因此，在感到新奇之外，凡「非我族類」，都不合乎「我」之「人」的標準，只能以「妖」、以「魔」相視了。據書中所寫，就是在那些誠實的人的筆下，最初的亞洲，是一個「奇幻王國」，有時出現「赤裸的野人世界」。其實，這種現象是普遍存在的，並不奇怪。中國中原地區的人，把邊疆來的人稱為「夷狄」，就是這樣。這裏存在著一個「我」和「非我」的問題。這本書將歐洲與「亞洲」作為對立的雙方，其主要論述是在歐洲建構「自己」時，以「亞洲」為其對比的「他者」。從哲學上說，「他者」，柏拉圖早就給出明確的概念，是「非我」。「非我」，是「我」的對立物，「我」就是「自我」。「我」以「自我」為標準去看對方，「非我」的形象自然不會得到正確的反映。但這是過去封閉時代的事，現在的人們跟異文化接觸，一般不會有「魔

障」干擾，這是無須顧慮的。

　　就本書的主旨說，走向世界大同，不能把認識異文化寄託在學者、旅行家、傳教士、記者身上，不能寄託在那些人所寫的書本上。其原因，就在於它只是文化的影子而不是文化本身。它是知性的，即第二性的。我們需要的卻是使不同的文化走到一起，使它們碰頭。因此，必須回到現實中的人，回到兩種或幾種不同文化相接觸的現場。就是讓生活中的人——不是一個、兩個，而是大多數人——去跟不同文化的人廣泛接觸，在接觸中瞭解別的文化，也把自己的文化傳播出去。世界要走向大同，一個必要的條件，是各個不同國家或民族的人民，各種不同的文化，不僅互相瞭解，而且能夠互相包容，互相靠近。歐洲能夠建立聯盟，實現地區統一，就在於歐洲各國在多年的交往中建立了深厚的友誼，互相之間有多方面的瞭解，生活方式相似，感情上親近。為了實現大同，世界各國、各族人民加強交往，加強瞭解，加強不同文化的溝通和融合，更有其必要性和迫切性。能夠完成這一任務的，只有旅遊。它不是理性的，而是感性的；它不是經過了學者專家、旅行家或傳教士的過濾，而是文化傳承者本身；它不是煩瑣的規章制度，而是體現在每個人身上的習俗和生活方式。

　　筆者在《文化圈層論》裏說到了美國女文化人類學家露絲‧本尼迪克特的著名學術著作《菊與刀》。她這本書是怎樣寫出來的呢？

　　本尼迪克特說到她所接受的任務和要達到的目的。她說：「在日本發動的總體戰中，我們必須瞭解的，不僅是東京當權者們的動機和目的，不僅是日本的漫長歷史，也不僅是經濟、軍事上的統計資料。我們必須弄清楚的是，日本政府從他們的人民能夠取得哪些指望？我們必須瞭解日本人的思維和感情的習慣，以及這些習慣所形成的模式。還必須弄清這些行動、意志背後的制約力。我們必須把美國人採取行動的那些前提暫且拋在一邊，並且盡可能不輕率地做出結論，說什麼在那種情況下，我們會怎樣做，日本人也會這樣做。」（《菊與刀》第3頁）這是她為自己規定的具體任務。

　　作者說：「我研究日本有許多學者的遺產可以繼承。在嗜古好奇的文獻中充滿了生活細節的描述。歐美人士詳細記載了他們的生活經歷，日本人自己也撰寫了許多不尋常的自我記錄。日本人與其他東方民族不同，有強烈描寫自我的衝動，既寫他們的生活瑣事，也寫他們的全球擴張計畫，其坦率實在令人驚異……」（第5頁）但是儘管如此，作者還不滿足，不，應該說遠遠不滿足於此。她認為，「人類學家必須發展研究日常瑣事的技術……」她把這種技術、這種方法用於研究日本人。「因為只有高度注意一個民族生活中的人類日常瑣事，才能充分理解人類學家這一論證前提的重大意義：即任何原始部落或任何最先進的文明民族中，人類的行為都是從日常生活中學來（引者按，『學來』二字作者加了著重號）的。不論其行為或意見是如何奇怪，一個人的感覺和思維方式總是與他的經驗有聯繫的。我越是對日本人的某種行為迷惑不解，就越認為在日本人生活中一定有造成這種奇怪行為的某種極為平常的條件在起作用。我的研究越深入到日常交往細節就越有用處。人正是在日常細節中學習的。」（第8頁）

　　請注意這裏的行為細節和日常瑣事。本尼迪克特女士不是靠文獻，而是通過行為細節和日常瑣事這些文化符碼，認識日本人的性格特徵的，從而為美國政府提供了制定政策的強有力的依據。在《文化圈層論》裏，筆者把衣食住行這類瑣事歸在乙類習俗裏，又說，「習俗文化是插在胸前的徽章，人們一看見，就知道你是哪裏人，要幹什麼去。習俗文化是人的符號……」，當然更是民族的符號。旅遊者是屬於不同民族、不同文化的人。他帶著一種文化，到另一種文化環境裏去，這就是旅遊的實質。兩種不同的文化碰面了，就要互相暸解，互相認識，互相容納，這是旅遊所造成的必然結果。旅遊地對旅遊者都是熱情招待，全心全意服務，遇到意外，全力救助，雙方親如一家。這顯然增進了感情。特別是國際旅遊，可以親身體驗「天下一家」，這才是最重要的。

　　旅遊事業發展到近日，出現了一個新的特點，是旅遊者跟當地人更多地互動，更親密地接觸。旅遊目的地大力發展農舍旅館，家庭旅館。旅遊者不是住豪華的星級飯店，而是住到老百姓的家裏去，跟「原住民」同吃同住，親身體驗他們的生活，瞭解他們的民情風俗。許多異國人士由此建立了深厚的友誼。這是旅遊事業中的「新生事物」，具有廣闊的發展前景。不言而喻，這為不同文化間的深入交流提供了極大的方便。

　　旅遊越發展，發展越快，不同文化間人們的互相接觸、互相認識也就越多。旅遊產業的成果，表現在經濟數字上僅僅是一個方面，它的另一個方面，也是無形的方面，是促進了全人類的聯繫和融合。

§7.1.2　移民、僑居及其他

　　比旅遊能使各不同文化背景的人深入瞭解和促進不同文化交流、交融的，是移民、僑居和留學等。移民、僑居、留學等，是人類社會早已有之的，不算新鮮。但放在人類社會發展方向的大局上看，我們卻不能置之不顧。

　　移民也叫做殖民，指由一個國家或地區遷移到並長期居留於另外一個國家或地區，在移居地從事生計性的經濟活動，並按照當地的要求行使社會權利和義務的個人或人群。移民在本質上不同於軍事入侵時所引起的廣泛的人群遷移，它是人類在發展過程中的族群擴張活動，是經濟擴張的一種形式。居住在外國而保留本國國籍的居民，稱為僑民。自十九世紀後期以來，中國這樣的僑民不少，遍佈歐洲、美洲、澳洲和東南亞，是所謂華僑。當年孫中山發動革命，他的許多資金是向華僑募捐而來，華僑對中國革命起了巨大作用。僑民跟移民有重疊，但這兩種情況並不是等同的，需要分別看待。

　　國際性的大移民浪潮，發生在哥倫布發現新大陸以後。美國是個移民國家。現在美國的白種人，都是從歐洲——主要是英國——遷移去的，他們的根在歐洲，在英國。移民有多種原因，多種情形。當年，非洲黑人被運到美國，

是當奴隸運去做苦工的。十九世紀末年、二十世紀初許多中國窮苦老百姓被運
到歐洲、美洲、澳洲和東南亞國家，也大都是當作苦力的，被稱為「華仔」。
這都是被迫的，是尋求生路的一種。這些，本書不說了。本書關注的是近年來
移民運動的大發展。

自二戰以來，特別是近三十年來，世界各地的移民如過江之鯉，有很大
的聲勢。以美國說，即使把幾百年前遷移到美國土地上說英語的歐洲人當作本
地人，近一百年來遷往美國的各國、各種族人同樣是絡繹不絕，以至出現了在
美國可以不說英語的情況。馬克・佩恩和E・金尼・扎萊納在《小趨勢》中寫
道：「過去，美國的移民人數少，而且來自許多不同的國家，要想在美國生
存，他們就必須努力學習英語。而現在，大量移民的母語是一種語言──西班
牙語，眾多的人數提高了他們在美國講母語的可能性。特別是低收入的工人，
西班牙語完全可以滿足工作、購物和社交的需要，而且，他們的孩子也極有可
能在幾乎不講英語的學校上學。他們聽廣播有西班牙語廣播公司，看電視有西
班牙語電視臺，瞭解時事可以收看有線電視新聞網西班牙語頻道的新聞節目，
還能看到西班牙語版的《人物雜誌》，似乎可以完全不必學習英語。」（第
211─212頁）這是講西班牙語的移民。美國的移民來自四面八方，講西班牙語
的是一個比較大的群體。人們都想移民到美國去。到二〇〇六年，僅沒有辦了
或辦不了「綠卡」的非法移民就有1200萬人。

中國現在是最大移民輸出國。上世紀七十年代末和九十年代初，有過兩
次移民他國熱潮，據媒體報導，近年來掀起第三次移民高潮，以新富階層和知
識精英為主力軍。據統計，二〇一〇年，中國移民美國65000人，移民加拿大
25000人，移民澳大利亞等國亦很不少。自一九七八年以來，中國出外留學生
一百多萬人，其中四分之一回國服務，其餘都移民外國。近年，美國等國有在
該國投資數目規定，符合標準即可移民該國，稱「投資移民」。據美國國務院
公佈的資料，從二〇〇八年十月到二〇〇九年九月財政年度，獲批的這種移民

總數4218人，其中70％來自中國。二〇一〇年加拿大投資移民2055人，一半來自中國。中國出外移民，既帶走了中國文化，也接受了移駐國的文化。

移民混居的最大好處，是使很不相同的兩種或幾種文化得以交融或改造，取長補短。美國學者丹尼爾·布林斯廷在所著《美國人民主歷程》中說：「移民們在舊大陸故土創建的各種體制，幸而適合他們在美國的不同需要。在這方面再也沒有比愛爾蘭人更好的例證了……美國政治生活的形式是自治，而愛爾蘭人政治生活的形式是連綿不斷的叛亂，可是又從未上升到爆發革命。美國人關心的是社會契約、代表權、立法形式，以及權力的平衡和限度；而愛爾蘭人關心的是有組織的破壞活動和取消不公正的法律。美國人的經歷是守法的、正規的，而愛爾蘭人的經歷是非正規的、不受法律約束甚至違法的。不過，愛爾蘭的經驗在美國並非無用武之地……這些命運多舛的移民很快地移植他們的政治體制並在形式上做了些改變。經過一二十年的時間，在舊世界被踩在腳下的愛爾蘭人變成了熱情奔放的美籍愛爾蘭人。現在他們不是糾合在一起反對政府，而是在政府治理下組織起來。他們不再是在半夜召開的白衣黨秘密會議上竊竊私語，而是堂堂正正地在市議會、州議會，甚至聯邦國會裏侃侃陳詞。此時，過去受壓迫的人已坐在掌權的席位上。他們擁有的愛爾蘭經驗絕非無關緊要，它實際上給他們提供了在美國掌權的門徑。」（第291—293頁）可見，即使是兩種截然不同的文化，它們到了一起，會互相抵銷，而起中和作用，成為一種中間狀態。

由移民造成不同種族、不同國籍人士的通婚所引起的不同文化的交融或變異，是更普遍更深刻的。二〇〇〇年，美國有跨種族婚姻310萬件，是三十年前的十倍。中國近年的跨種族婚姻發展亦很快。

留學跟移民、僑居不同，但就居留時間較長、在留學者對居留地會有比較深入的瞭解這點說，它跟移民或僑居有近似之處。留學對人才的造就和成長起著極其巨大的作用。中國在清代末年，陸續向日本、美國和歐洲一些國家派出大批

留學生。日本是個尚武的國家，在十九世紀八十、九十年代日本幾次侵略中國，每次打仗中國都敗，使中國人驚醒，決心向日本人學習打仗再跟日本人鬥，結果培養出一批革命者。辛亥革命的組織者、發動者、領導者幾乎全部是從日本學成回國的。沒有清末向日本派遣留學生運動，中國的民主主義革命很可能推後許多年。相反，美國是民主國家，美國的文化不是要人們鬥爭，而是要人們學會尊重他人，在有不同意見發生爭執時，學會辯論、協商、互諒互讓，求得和平解決。所以從美國留學回來的人，沒有成為革命家，而是成了民主的推手和捍衛人權的鬥士，像胡適，在推動中國走向民主政治上做了許多努力。

青年學子到國外讀書，是近年世界教育領域的一大景觀。現在中國每年出外留學人員達數十萬人，中國也接受世界上許多國家的留學生來華讀書。文化科學知識和先進技術是人類共同的精神財產，但各地發展不平衡，而且各有特長，青年學子到自己心儀的地方學習，既有利於自己成才，也有利於文化科學知識和先進技術的傳播。知識和科學技術是不分國籍或種族的，它具有全人類性。互相留學，在傳播了文化科學知識以外，也為不同文化的交融和互相理解開闢了一條道路。

近年跨國公司迅猛發展，跨國公司的管理人員在有關國家之間來回奔波，也屬於這類情況。

這幾種情況跟旅遊有區別，也有相同之處。區別在於這是兩種文化帶有深度的接觸和交流，雙方所看到的不是表面現像，而是深入到人性深處，影響到各自的價值觀念、思維方式、文化心理以及審美興趣等等。當然，最重要的是他們學到了世界最先進的科學技術知識，有利於經濟全球化、一體化的發展，有利於各種先進思想的傳播和普及，對發展中國家說，有利於使這些國家從科學知識上、全民素質上乃至國家制度建設上，盡快趕上發達國家，縮小兩種不同國家間的差距，而這一點，同樣是實現大同所必須解決的。

§7.2　趨同化，另一股席捲全球的潮流

　　只要不抱有成見，就可以看到，在我們的生活中，從制度到習俗，世界各國人民變得越來越相近似了。我把這種現象稱為「趨同化」。

　　「趨同化」表現在許多方面。

　　楊敘在《北歐社區》中寫到他在節日裏感受到的社區文化。《新年相約「中國人」》一節說：

　　　　新年在丹麥同其他國家一樣，是一個喜氣洋洋的節日。在這個節日裏，別的東西尚可或缺，唯獨永遠少不了「中國人」。為什麼這麼說？因為在丹麥語裏，「中國人」就是煙花和爆竹，他們是一個詞，就像在英文裏，「中國人」和「瓷器」是一個詞一樣。

　　　　……

　　　　不知道哪朝哪代，中國人的「中國人」走過千山萬水來到北歐。在丹麥時，我曾經去參觀過一個生產煙花爆竹的小廠。一走進去就有一種親切之感，因為它頗有點北京四合院的風範，四四方方的一圈房舍，帶著回廊，中間是寬敞的天井。丹麥人似乎是學著中國人的樣子，蓋起了這個「中國人」作坊，東廂房裏卷紙，西廂房裏裝藥，天井裏的一口池塘，聊作防火之用。這裏的煙花爆竹產量並不大，但足夠裝點趣伏裏公園的煙花之夜和丹麥人的新年了。

　　　　在新年的夜晚裏，當教堂悠揚的午夜鐘聲敲響時，哥本哈根寂靜的街道上會突然冒出很多穿著皮衣、戴著毛線帽的爸爸、媽媽和孩子們，我們也迫不及待地跑到街上去迎接我們的「中國人」。霎時間一簇簇煙花爭先恐後地開放，像春花一樣繽紛燦爛，漆黑的天空也變得無比生

動。那個時候，我心裏充滿自豪，為「中國人」，更為中國人。（第354—355頁）

作者接著寫到「五一」勞動節：

「五一」國際勞動節是傳統的工人階級和勞動人民的節日。出乎我意料的是，「五一」節在發達的北歐國家丹麥竟然過得這麼熱鬧。就像我們北京人過節，「十一」要去天安門廣場相聚，春節又要去地壇或龍潭湖逛廟會一樣，丹麥人過「五一」也總是到費勒公園去紮堆。

……

丹麥人愛熱鬧，每逢「五一節」來臨，就有成千上萬的丹麥人朝費勒公園湧來，公園門前的大街一反常態變得水泄不通。公園裏面更是熱鬧非常，一進大門便是平地冒出的無數攤販，有賣玩具的，有賣紀念品的，也有賣冷飲、小吃和燒烤的。他們中間本事小的鋪塊布擺個地攤兒，本事大的乾脆開個售貨車直接搶佔有利地形。走過集市，便來到了遊樂場，那裏夯氣錘的人正掄圓了膀子，碰碰車在來回亂撞，空中翻斗車上傳來遊客的尖聲大叫，角落裏還匯集了各種遊戲機和賭博機，嘩啦啦的硬幣聲伴著孩子們驚喜的笑聲響成一片。公園的另一邊是搭起的臨時舞臺，各色各樣的歌手、樂手們彈著吉他、敲著小鼓、聲嘶力竭地唱著流行歌曲。草地上許多丹麥人正橫躺豎臥地曬太陽，他們穿著儘量單薄的衣衫，在陽光下無比愜意地喝著啤酒，和他們的輕鬆相映成趣的是忙著扛啤酒箱的工人和忙著在人叢中撿拾空酒瓶的孩子。

不過，既然是「五一」國際勞動節，它當然帶有特殊的歷史痕跡。這一天，在費勒公園的大草坪上，飄揚著無數鮮豔的彩旗，可以認出其中有朝鮮、越南和前南斯拉夫等國的國旗。平日能容納10萬人的足球場

地和看臺上此時已經被各個政治黨派、工會和團體占滿了，他們正在臨時搭起的臺子上慷慨激昂地宣傳自己的主張，闡述自己的觀點……（第357—358頁）

　　讀這些描寫，你會感到像在自己國家一樣。讀《新年相約「中國人」》一段，不僅中國人有回到自己家鄉之感，即使朝鮮人、越南人、其他國家人，恐怕也會有相同的感受。人們的日常生活可能千差萬別，但是節日生活、節日氣氛，卻常常實際大同小異的，而且越來越趨同了。

　　如果說楊敘此處所寫在丹麥可以看到中國的「四合院」屬於特殊情況，而「五一節」的慶祝方式是國際統一規定，那麼，從日常生活說，處於地球不同地方的人的相同之處越來越多的例子俯拾即是。夏天到了，人們不約而同地開起電風扇、空調，冬天來臨，打開取暖設備，條件差的有電暖氣。一般的家庭，有居室，有客廳，客廳有沙發。如此等等。出行在外，用餐有速食盒、速食麵，喝水有各種飲料。美國學者法里德‧扎卡利亞在《後美國世界》中說：「相比於過去，現在更多的地方會慶祝耶誕節。即便在很多地方它只不過意味著香檳、蠟燭和禮物。情人節原本是為了紀念基督教徒範倫斯坦而根據他的名字命名的節日，後來西方賀卡公司將它商業化了。在印度，現在這一節日變成了越來越熱鬧的傳統節日。藍色牛仔庫原本是專門給加利福尼亞粗獷的的礦工們量身定做的，現在像三藩市一樣，牛仔庫在加納和印尼無所不在。」（第84頁）

　　扎卡利亞說接著：「對男人來說，西方服裝已經完全普遍化了。甚至在軍隊開始穿著西式風格的軍服時，全世界的男人們就已經接受了西式風格的工作服。源於歐洲軍官服裝的西裝，現在成了從日本、南非到秘魯的男人們的標準服裝，除了落伍或者反對西方的國家除外，如阿拉伯世界。儘管日本擁有自己獨特的文化，但是卻走得更遠，它要求在特殊場合（例如政府宣誓）穿著晨禮服和長褲——這是一百年前英國愛德華七世時外交官的穿著風格。在印度，長

期以來人們認為穿著傳統服飾是愛國的。甘地就堅持這一點，並且將它作為反抗英國稅收和英國紡織業的辦法。現在，西方的西服已經成為印度商人甚至許多年輕政府官員的標準服裝。」（第85—86頁）

扎卡利亞又說：「發展中國家正在失去的是過去高度發展的文化與傳統秩序。因為它們受到大眾群體興起──受資本主義和民主運動的推動──的侵蝕。人們常常將這個與西方化聯繫起來，因為取代舊文化的新主導文化看上去是西方的，特別是美國的。麥當勞、牛仔褲和搖滾樂現已遍及全球，排擠了過去獨特的飲食、著裝和唱歌形式。但是，它們迎合了更多人的口味，而不僅僅是一小部分精英們的需要──而這些精英過去習慣於決定多數人的需求。現在新的主導性文化看上去有些美國化，是因為美國在大眾資本主義和消費主義方面遙遙領先……」（第87頁）

最大的趨同，是在制度文化上。越來越多的國家採取了民主政體。專制越來越不得人心，一黨專制也好，君主專制也好，都處在黃昏階段。前邊《民主的浪潮》一節說的是已然。事實上，這一浪潮仍然在滾滾向前，沒有停止。

扎卡利亞在說到趨同現象時，把它歸結為「西方的影響」，還有人稱為「西方化」，這個字眼也出現在扎卡利亞的筆下。我不同意「西方化」的說法。「西方化」是對「東方人」或其他「化外人」而言的，意思是，你們被人家「化」了，或者，你們不行，照著人家辦就是了。這不能準確說明人類的物質創造跟人類文明的辯證關係。人類是一個整體，某人發明、創造了某種新機器、新事物、新物件，都有全人類的智慧在其中，光靠他個人的才能是不可能的，至少他是在前人發明創造的基礎上向前走了一步。同時，任何發明創造，都跟時代有極密切的關係，是時代提供了需要與可能，他才會發明或創造出來，離開了時代的需要與可能，一個人再聰明，也不一定能夠做到。前引夏比洛以製造烤麵包機比喻許多國家向民主轉型的不同方式，是一個很好的例子，

值得深思。在《文化圈層論》裏，筆者說到十八世紀人文主義思潮的產生。大意是，人文主義思潮能夠在歐洲國家產生，是因為那些國家最早進入資本主義原始積累階段，客觀存在向思想家提出了那樣的要求，而社會發展的現實又提供了可能。如果不是歐洲國家，而是另外一個國家，比如中國，或者印度，或者南美洲的巴西，早於英國、法國等歐洲國家出現了資本主義的萌芽，最早產生了提出人文主義思潮的需要與可能，誰又能說，這一思潮不會在那些國家出現？筆者舉了中國明代初期著名哲學家李贄為例，說「他的思想就跟資本主義萌芽時期所需要的人文主義有頗多相通之處」，而且此人的思想在當時受到知識份子普遍歡迎，說明「李贄那樣的人和那樣的思想是有社會基礎的，是社會需要的，如果客觀條件成熟，李贄也許會成為中國的伏爾泰，或其他任何一個人文主義者。即是說，當時的中國社會已經提出了產生人文主義思想的必要性，他所缺乏的是可能性」（第163—164頁）。我以為，這個說法既符合馬克思主義的歷史唯物主義，更符合人類歷史的客觀事實。這個道理同樣適合此處所說服飾等等人們的生活用品。還要看到，十八世紀以來，隨著資本主義的觸角伸向各地，資本主義創造出來的各項經濟成果，成為全世界人民的共同物質享受。資本主義國家享受，被壓迫國家的人民同樣享受。那不是資本家的恩賜，那是殖民地半殖民地國家人民用血汗換來的。其中許多人在製造這些現代化的物質產品時葬送了自己的青春，有的葬送了生命。所有的產品都是勞動人民製造的，他們是產業革命的主人，也是其後機器化、電氣化乃至現在資訊化的主人。如果把它稱為現代化，那麼，現代化是勞動人民創造的。從根本上說，這是全人類的，不能歸於某個國家私有。

其實，如果真有「西方化」，那麼也有「東方化」，至少在西方人生活的某個方面，「東方化」是很強烈的，而且時間要早上千年左右。當中國瓷器和茶葉傳到英國等國的時候，曾經引起宮廷和達官貴人極其熱烈的喜好，一時競相使用，並成為衡量人們高貴和文雅程度的主要標準。

　　就制度文化而言，把民主浪潮的興起說成「西方化」，更不妥當。制度文化屬於全人類，這是筆者一直堅持的觀點；從專制走向民主，是歷史發展的要求，不是哪一個國家或哪一個人可以決定的。固然有些國家在走向民主道路時得到了某些「西方」國家的支持和鼓勵，但是不可忽視，民主首先是馬克思主義規定必須實行的，而且必須是「真正民主制」，不是民主其表，專制其裏。惟其因為它具有歷史發展的必然性，有許多國家選擇民主，都出自本國人民的意願。從大國說，巴西、西班牙走上民主，是這樣；從小國說，中國身邊的蒙古、尼泊爾走上民主，同樣是這樣，一年之前突尼斯也是這樣。在前邊所引亨廷頓等人的統計裏，蒙古等國不在其中，其實它們走上多黨民主的道路是不容否定的。蒙古原來是社會主義國家，一九八九年五月，在蒙古首都烏蘭巴托市中心的廣場上依然聳立著史達林的雕像，旁邊刷著「黨是我們的靈魂」的標語，其他什麼也沒有，連一張報紙也沒有。第二年三月和四月，蒙古人民革命黨先後召開八中全會和黨的特別代表大會，確定黨的中心任務是「向前看，堅決深化改革」。會議徹底改組了領導班子，前總書記澤登巴爾和巴特蒙赫分別被開除出黨和留黨察看；通過了新黨綱黨章，確定了「建設人道、民主的社會主義」；放棄了《憲法》規定的黨的領導作用的條款，決定實行多黨制⋯⋯他們說幹就幹，代表各種不同群體利益和意志的政黨很快組織起來。蒙古人的這一主動行動，表現了成吉思汗子孫的勇敢。尼泊爾那麼一個封閉落後的地方，敢於廢除君主制，也是了不起的成就。

　　請注意，蒙古等社會主義國家實行多黨民主制度，是「採取」而不是什麼「借鑒」、「移植」或「照搬」之類。說「借鑒」、「移植」不對，說「照搬」更不對。制度文化為全人類所共有，哪一個國家和民族都可以隨時從人類文化寶庫裏取用，故曰「採用」。說「借鑒」或「照搬」，是把民主制度當作某個國家的私有財產，而這是錯誤的。

　　在過去多年裏，特別是冷戰期間，人們把社會主義國家和帝國主義國家說成兩條平行線，似乎像水和火不能相容，或者說像「井水不犯河水」一樣，

一直等距離向前走，永遠不會相交。這是錯誤的，它首先違背了馬克思主義，因為馬克思主義所指出的共產主義理想，是全人類的方向，無論社會主義國家還是帝國主義國家，都要向那個方向走去，有的在前邊走，有的在後邊走。如果真有兩條平行線，那也應該是它們之間的距離越來越短、最後相交才是。由對立走向統一，是馬克思主義的辯證法。把兩種制度說成水火不相容，是蘇聯人為了把他們那個「現代化」的史達林專制主義政體繼續下去而編造出來的神話，配合這個神話，他們又製造出一個「和平演變」、「和平長入」的魔鬼來嚇人。人們都知道，在社會主義國家和帝國主義國家之間，過去有三個不同。一是經濟形式不同，社會主義國家實行計劃經濟，帝國主義國家實行市場經濟。另一是所有制不同，社會主義國家實行公有，帝國主義國家實行私有。第三個不同是政治體制不同，帝國主義國家實行民主——資產階級的民主，社會主義國家實行專制。中國在近三十年的變革裏，把前兩個不同打碎了。計劃經濟轉軌到市場經濟上，雖然只是初步的，遠不健全，更不成熟，但從性質上說，發生了質的變化。筆者在《文化圈層論》和《背叛的代價》中都說過，計劃經濟是人為的，在人們窮困時和在戰爭一類特殊環境裏，偶一採用，並非不可，長期這樣做，就不行了，它違背經濟規律；人類經濟形式自然發展起來，只能是市場經濟而不會是別的。中國所有制形式的改變，是在改革開放之初，比起經濟形式的變化來，早了十多年。這都是鄧小平主持搞的，這是鄧小平的功績。三個不同，已有兩個不同變得相近似，只留下政治體制水火不容，社會主義國家和帝國主義國家都需要改變，社會主義國家是由專制改變為「真正民主制」，帝國主義國家是由資產階級民主改變為全體國民的民主。現在中國這個社會主義大國已有兩個改變，使兩條平行線靠近了許多，「趨同化」就是在這個基礎上發生的。當這兩種國家的民主都改變之後，兩條平行線就基本上合在一起了。那個時候，全世界進入「升平世」。然後再經過長期的磨合，進入「太平世」，就是世界大同了。可見，「趨同化」是必然的。

　　兩條平行線靠近，往往是雙方面的，不是一方向另一方「靠近」。現在一些「福利國家」所搞的福利，其實有許多項社會主義國家早就搞了，是社會主義的特點，比如公費醫療、住房分配等等。美國學者伊曼努爾·華勒斯坦在《自由主義之後》中寫道：「我認為，美國將很快從一個保守的、維持現狀的、自由的市場經濟的世界領袖變為可能是世界上最以社會福利為導向、具有最先進的再分配機制的國家。如果不是由於這些日子人人都在對我們說社會主義不行了的話，我們可能會認為──讓我們悄悄地小聲說出不可說的話吧──美國將成為一個準社會主義國家。」（《自由主義的終結》第201頁）即在作者看來，高福利是社會主義的本質和特點，社會主義的這一因素已經在美國土地上生長起來，以至美國成了一個「準社會主義國家」。

　　俄國學者尤里·普列特尼科夫在《資本主義自我否定的歷史趨勢》中寫道：

> 　　在學術著作和政治作品中，資本的社會化往往被說成是資本主義和社會主義的趨同。著名的美國經濟學家和社會學家加爾佈雷思把趨同同他所提出的資本主義和社會主義是「新工業國」的兩個模式的解釋加以對比。他認為，趨同並不是把資本主義和社會主義融合為某種「社會資本主義」，而是保持各自獨立發展潛力的資本主義和社會主義通過「技術操作結構」的近似來相互充實。我們在《新工業國》一書中看到：「無論這裏指的是公有制還是私有制，技術操作結構具有類似的職能，並使用同樣的集體方法來作出決定。因此技術操作結構在許多方面是相似的，這就不足為怪了。」在加爾佈雷思的觀點中，所有制、經濟和政治制度問題沒有任何實質意義。在作者看來這屬於道德和社會公正問題。
>
> 　　加爾佈雷思認為，不能把趨同看做是抽象的理論。趨同具有十分確切的前提，這些前提植根於作為人類生命活動獨特的自然聯繫而在客觀

上為社會所固有的組織聯繫（關係）中。在把資本主義和社會主義的主
要的社會關係體系加以對比時，這種聯繫具有某種獨立性。然而其獨立
性是相對的，各種可能的組織聯繫方案的實現總是取決於結構系統的社
會關係的特點。組織聯繫如同其他類似的社會生活現象一樣，不是獨立
存在的，而是存在於一定的社會形態中，而履行這種社會形態職能的則
是社會關係。

——《全球化與現代性批判》第142頁

　　筆者認為，加爾佈雷思所說的「技術操作結構」一般存在於工作或生產職
場，又顯得神秘、抽象，不是人們能夠經常看到的。筆者所說的趨同，是能夠
從生活中看到或感受到的，它很具體、實在，無論表現在制度文化還是某些工
具文化（如科學技術、藝術甚至語言）或生活方式上。在前引普列特尼科夫這
段話後，作者說：「加爾佈雷思的趨同論觀點並不是孤立的。」他接著介紹了
美國布熱津斯基、蘇聯院士薩哈羅夫和政論家尤·布林金等人的趨同理論。筆
者從未接觸過那些理論，筆者是從生活中看到的。在筆者看來，趨同，是個事
實問題，而不是由理論推導出來的，無論用何種理論解釋，都不如事實更具有
說服力。生活上趨同，足夠說明人類生活所發生的巨大變化。

　　就在筆者思考這個問題的時候，二〇一二年一月二十七日媒體發表消息
說，昔日常被人引為笑柄的「中式英文」近年衝擊著英文辭彙庫，來自美國全
球語言監督機構的報告顯示，自一九九四年以來，國際英語增加的辭彙中，
中式英語貢獻了5％到20％，超過任何其他來源。消息說，「在過去一年的外
媒涉華報導中，人們驚訝地發現，為了能更加形象、奪人眼球地描述中國特
有的現象，外媒的記者們在報導中摻雜中式英語，甚至在報導一些中國新聞
時，創造了中國專屬的英文辭彙。二〇一〇年，中式英語「ungelivable（不給
力）」風靡網路，似乎標誌著一個從「中國人背英語單詞」到「中國人造英

語單詞」的跨越性時代拉開帷幕。《紐約時報》稱此事『非常酷』。過去那些被「people mountain people sea（人山人海）」、「watch sister（表妹）」等中國式英語翻譯弄得雲裏霧裏的老外，開始慢慢覺得「中國製造」的英語「很有意思」。有專家稱，隨著中國國力的提升，中國文化正對世界文化形成強烈補充。由中國線民創造，經外國媒體報導的中國特色英文辭彙也至少有27個，如「hinsumer」，指的是出國旅遊時揮金如土的中國購物狂，是由Chinese、consumer合成；形容80後大學生低收入聚集的群體「antizen」（蟻族）則是把ant加上izen。英國《經濟學人》雜誌在報導中國社會男多女少的現象時，將未婚男子「光棍」直接翻譯為「guanggun」；美國《紐約客》描寫中國新一代時出現了一個詞「憤青」（fenqing）；諸如英國《衛報》等媒體還出現了描述「關係」的「guanxi」一詞。其他像「China Bear」（中國熊），形容中國A股吼聲如四面楚歌；「Chinawood」，意指中國電影追趕好萊塢仍需努力；去年英國國家廣播公司還刻意用「Leading Dragon」，代表中國帶動全世界經濟發展。另外還有Naked Phenomenon（裸現象），如「裸婚」、「裸考」、「裸辭」……具有中國社會特色的各種「裸」現象，吸引大量外媒的關注。美國《基督教箴言報》的報導開頭就提醒讀者，「這些有裸字的新聞標題吸引了大量讀者」，但「內容其實跟不穿衣服毫無關係」。文章評論稱，這些「裸」辭彙代表著在受教育程度較高的中國青年中逐漸興起一股時代思潮。如果「裸」現象真的普及，將意味著中國社會的重大改變。」對這個現象，有人可能主要從「隨著中國國力的提升，中國文化正對世界文化形成強烈補充」去解讀，在筆者看來，這件事的意義在於它是人類生活趨同化的一個表現。語言是人們交流思想、溝通感情的工具。工具文化是全人類的，由全人類創造，由全人類使用──當然是由各不同民族分別創造的。就語言說，哪裏有新生事物，表現新生事物的辭彙就在那裏產生，再自然不過。

　　法里德‧扎卡利亞雖然出生在印度，但他是美國人。他寫這本書是為美

國的衰落而表示悲悼。他在探討美國後的世界是什麼樣子。我們讀這本書，時時刻刻都能感到他對美國的眷戀。所以他在說到各種事物時，總不忘那是美國人創造的，或者發明的。這一點，我們可以理解，也不會抹殺美國人的成績。我這裏指出兩點。第一，一個民族創造出一種服飾或其他別的什麼，其他民族也喜歡上那種服飾，並不表明那個民族特別聰明而別的民族不行，因為人們能夠創造出來的服飾形式有多種多樣，幾乎沒有窮盡，這個民族創造出這一種，別的民族創造出另一種，人們喜歡某種服飾，只是出於興趣和愛好，或者有利於從事某種工作。在衣食住行等生活方式上，人們的選擇標準，不在東方、西方，而在實用、方便、美觀，什麼樣的東西符合這個標準，人們選用什麼。這裏不存在民族感情問題 也不存在誰向誰「學」的問題。第二，不能只看到美國人創造的西服為許多人所愛，人們喜愛的還有別的民族所創造出來的其他東西，只強調自己的創造被他人接受，就有點太小家子氣了。比如中國人的四大發明，不是早就成為全世界人民的共同精神財富了麼？人類的文化寶庫是由全世界人民共同建造的，每一個民族對它都有貢獻。國家有大小，貢獻可以有多有少，有遲有早。總記著自己對人類文化寶庫的貢獻，那是文化沙文主義的表現。在《背叛的代價》中，筆者引用美國學者道格拉斯・拉米斯在《激進民主》中所說「『民主』曾經是一個屬於人民的詞、一個批判的詞、一個革命的詞。它被那些統治人民的人所盜用⋯⋯」一段話，指出「把人類文化成果據為己有，是帝國主義慣用的伎倆」。無論扎卡利亞說現在全世界流行的西服是「源於歐洲軍官的服裝」也好，還是一些中國人把採用民主制度說成「照搬西方」、「模仿美國」也好，其實都是把全人類的文化成果加在帝國主義身上，是變相為美國叫好。

扎卡利亞在同一本書的另一段說得好：「本土的、現代的東西正在與全球的、西方的並肩發展。中國搖滾樂比西方搖滾受歡迎得多。森巴舞在拉美蓬勃發展。各國的國內電影產業，從拉美到東亞再到中東，都在繁榮發展，甚至於

它們還搶走了好萊塢進口大片在其國內的市場份額。日本電視臺過去從美國購買了大量的電視節目，現在僅僅5％的節目需要依靠美國。美國電影長期以來控制著法國和韓國市場，但是現在它們都有了自己龐大的電影產業。幾乎在世界任何地方，本地現代藝術──常常奇妙地將西方風格和傳統民間主題融合在一起──都發展得欣欣向榮。看到遍及全世界的星巴克和可口可樂，你可能會被輕易地欺騙了，認為全球化就是西方化。實際上，全球化的真正結果是本土性和現代性的融合之花。」（第91頁）最後一句，作者用了著重號，是要引起讀者的高度注意；這在全書是少有的。

　　廣義的生活趨同化，是世界經濟全球化、一體化和人們相互之間來往日益密切的必然結果，這是另一股洶湧澎湃的潮流，不可阻擋。

下卷

道路篇

第八章　大路朝陽　殊途同歸

§8.1　社會主義國家沿著《宣言》向前走

　　走向世界大同的，首先自是馬克思主義指導下的國家，即社會主義國家。

　　中國，這個社會主義國家的「大哥大」，從粉碎「四人幫」以後，就進入改革開放的新時期，到現在三十多年了。其他一些社會主義國家，也走上了改革開放的道路。這些搞改革開放的社會主義國家創造了經濟發展的奇跡，使國力大增。在世界各處，從紐約繁華的交易廳，到約翰尼斯堡的大街，從日內瓦的聯合國機構到南亞一些組織的辦公室，只要談起「天下大事」來，都會說到中國的崛起。美國人稱「他者的崛起」。「二十一世紀是中國人的世紀」一類話，在各地報紙上頻繁出現。英國人馬丁‧雅克的《當中國統治世界》還在寫作階段，就引起了西方媒體的一片驚呼。書出版後，十分暢銷。這是令中國人自豪的。另一方面也要看到，社會主義國家搞改革開放，產生了一大批富人，特權也在發展，而且財富和權力高度結合，普通老百姓受惠不多，比起過去要窮大家都窮的日子，心理上的落差極大，從而形成了新的深刻的社會矛盾。

　　目前，社會主義國家的改革大都處在左右為難的境地，特別是在政治體制改革上。今後的路子怎麼走？翻開《後社會主義》、《後共產主義》、《西方「馬克思主義」論叢》、《全球化時代的「馬克思主義」》一類書，充滿同樣的問題：社會主義國家向何處去？政治轉型是向西方資本主義趨同嗎？共產主

義國家如何走出困境？自由、民主、人權究竟是馬克思主義還是資本主義？政治作為上層建築，要適應經濟基礎發展的需要，是人們都知道的。經濟在大發展，人對自我解放的要求也在大發展，這兩個大發展都指向落後的政治體制。人們很想在政治體制改革上有個突破，可是又顧慮重重。一怕被扣上「走資本主義道路」的帽子，動彈不得，二怕像蘇聯最後一位總統戈巴契夫那樣，落下一世罵名。這是社會主義國家普遍存在的問題，只要搞改革，就會碰到這個問題。這個問題的產生，不是沒來由的，根本在對馬克思主義的理解上。

在本《三部曲》第二部《背叛的代價》裏，筆者說過，世界上有多種多樣的馬克思主義，有真馬克思主義，有假馬克思主義。著名的解構主義大師德里達在說到共產主義幽靈時用了複數形式，就是這個意思。說這話的人很多，人們──特別是那些「旁觀者」──都有這樣的看法。這裏有一個你說的馬克思主義是哪一種馬克思主義的問題，這是首先應該弄清楚的。人們都知道，在整個二十世紀，蘇聯人宣傳的馬克思主義始終佔據著馬克思主義的話語霸權，世界各國的馬克思主義者無不把蘇聯人宣傳的馬克思主義奉為經典。蘇聯是二十世紀世界各國馬克思主義的總批發站，總經銷商。但是蘇聯人宣傳的馬克思主義是離真實的馬克思主義最遠的馬克思主義，也是最壞的「馬克思主義」。它實際上是最「現代化」的專制主義，因為它披的是馬克思主義的外衣，具有迷惑人的特色，人們把它當作「指導我們思想的理論基礎」，就不奇怪了。

筆者本不是研究馬克思主義的，只是出於一些人對「普世價值」的反對，這才翻開馬克思主義兩位創始人的著作來讀。首先讀的是《共產黨宣言》。讀過之後，就想到多年來從蘇聯販賣過來的馬克思主義和列寧主義，覺得不對，兩者之間有那麼長的距離。說蘇聯人「發展」了馬克思主義吧，那應該至少不改變基本原理，只是在做法上有所不同，或在原來基礎上向前推進了一步。然而，不，他們是明目張膽地篡改馬克思主義的「基本原理」，而把他們的貨色強加在馬克思主義頭上。在「無產階級專政」問題上的歪曲和篡改就是一例。

　　關於《共產黨宣言》的主要內容，《背叛的代價》有具體論述，簡單說，是一個目標、兩個策略綱領、三條基本原理。從恩格斯《馬克思和〈新萊茵報〉》一文可以知道，革命導師制定的《共產黨宣言》，含有「原則性」和「策略」兩個方面，缺一不可，「背離」了就會「受到懲罰」。所謂「原則性」內容，指一個目標和三條基本原理。三條基本原理，前邊多次引用，不再重複，只說跟無產階級專政有關的是第三個意思。在這裏，兩位導師明確說「這個鬥爭」到了「現在」，主要任務是消滅階級和階級鬥爭——既然「現在」就要消滅階級，過了一百多年的蘇聯，特別是當蘇聯完成了「革命轉變」之後，還搞無產階級專政幹什麼？「策略」，按照恩格斯的說法，主要指正確對待其他政黨，無論那是工人階級的政黨還是敵對階級的政黨。恩格斯提出「策略」，就是在說到要正確對待其他政黨的時候。我說「策略綱領」有兩條，是把兩位導師在《宣言》的《序言》中說到的另一個問題增加進來。兩位導師強調，實現共產主義不是一條道路，俄國的公社制度也是可以考慮的，顯然這也是一個「策略」問題。我以為，把這個問題跟正確對待其他政黨放在一起，都作為馬克思主義者的「策略綱領」是符合兩位革命導師的原意的，所以說是「兩個」策略綱領。

　　關於這個問題，我們隔一陣兒再談，現在回到「普世價值」上。

　　「普世價值」是誰提出來的？有人說是帝國主義。帝國主義是資本主義的最高階段，它產生在十九世紀末葉，由它「提出」普世價值只能在最近幾十年。可是馬克思在二十五歲時就創造了「普世價值」這一術語。這話見於美國學者約翰・凱西迪發表在美國《紐約客》雜誌一九九七年十月號的《馬克思的回歸》一文，中譯文收在《全球化時代的「馬克思主義」》裏。原話是：「錢是一切事物的普遍價值，是一種獨立的東西。因此它剝奪了整個世界——人類世界和自然界——本身的價值。」他二十五歲時寫道，「錢是從人異化出來的人的勞動和存在的本質；這個外在本質卻統治了人，人卻向它膜拜。」（中文

版第2頁）引文裏的「他」，指馬克思。儘管這裏的「普遍價值」指錢而言，但提出「普遍價值」（普世價值）概念的是馬克思。這一點不容否認。這是譯文，「普遍價值」和「普世價值」其實是同一個詞。

那是馬克思即將走上戰鬥崗位的時候，他的「主義」還沒有形成，但他說這話，表現了他具有廣闊的胸懷和全人類的眼光。沒有廣闊的胸懷和全人類的眼光，是寫不出這樣的話的。不久，馬克思就形成了他的「主義」，並在《共產黨宣言》裏做了完整的表達。《宣言》的最後一句話「全世界無產者，聯合起來」，跟「普遍價值」，在思想上、內在精神上、邏輯上，完全一致。

再看，現在所謂「普世價值」指何而言？據反對「普世價值」者的解說，所謂「普世價值」指自由、民主、人權這些東西。再看這樣的「普世價值」是誰提出、是誰堅守的。反對「普世價值」的人一方面把「自由、民主、人權」這些東西說是帝國主義國家提出來的，另一方面卻說帝國主義國家既不自由又不民主，在人權上存在許多問題。筆者也認為像美國等帝國主義國家，在貫徹自由、民主、人權這個普世價值上存在問題，應該批判，卻從不認為，這一價值觀是美國等帝國主義提出來的。在筆者看來，最有力、最清晰地表達自由、民主、人權這一普世價值的，是馬克思主義的經典文獻《共產黨宣言》。不說別的，就前邊所說一個目標言，「每個人的自由發展是一切人的自由發展的條件」這個表述十分嚴密、精確的句子，帝國主義國家有誰說過？或者記載在帝國主義國家的哪個文獻裏？筆者再三說，這句話是《共產黨宣言》的核心，這裏既包含了民主（因為自由只有在民主制度下才能得到保證），也包含了人權（真正做到了自由和民主，就是人權得到保證）。在《背叛的代價》裏，筆者用一章的篇幅談這個問題。筆者認為，《共產黨宣言》既是無產階級革命的指路明燈，又是全人類走向共產主義──亦即世界大同──的宏偉綱領，更是自由、民主、人權的大憲章，這三者是統一的，統一在馬克思主義兩位創始人對人的地位、尊嚴和幸福的深切關注上。馬克思主義的兩位創始人不是關注某一

部分人，而是關注所有的人，他們是為全人類設想的，他們指出的方向和制定的道路是面對所有人的。他們的偉大就在這裏。《宣言》的偉大，也在這裏。

同時，《宣言》也好，馬克思主義也好，它本身就具有「普世價值」的意義。毛澤東說馬克思主義是「放諸四海而皆准的普遍真理」，是它具有「普世價值」的最好說明。

可惜，《宣言》的這一偉大精神卻一直沒有得到應有的重視。蘇聯人是《宣言》的最大背叛者，因為《宣言》不利於他們搞史達林式的現代專制主義，他們像歪嘴和尚念經，把《宣言》這部經念歪了。另有些人，不論出於何種原因，在說到馬克思主義時，很少談到這部書，是讓人難以理解的。在《背叛的代價》裏，筆者用較大篇幅，對我所看到的馬克思主義者，主要是「西馬」的一些論著提出了批評，說他們「抓住了芝麻，丟掉了西瓜」，就是指忽視了《共產黨宣言》這部經典對人類社會發展的巨大指導作用。

近年來高喊普世價值的究竟是哪些人，是帝國主義者還是馬克思主義者，筆者沒有做過階級調查，不能遽作結論。全世界的馬克思主義者都是以解放全人類為目標的，這樣的普世價值本來應該由馬克思主義者提出。如果不是馬克思主義者提出或由馬克思主義者宣傳，那是馬克思主義者沒有盡到責任。如果是「帝國主義者」提出，筆者在《背叛的代價》中做過論述，在上一章也說過，「帝國主義者」總是把世間一切好東西據為己有──這話不是我說的，是美國學者說的，我只不過做了引用──不值得大驚小怪。據筆者所知，「帝國主義」國家有些大人物是反對普世價值而不是「推銷」普世價值的，比如《文明的衝突》的作者亨廷頓，就把「西方普世主義者」稱為「幻想」（該書第368頁）。前邊說筆者是「出於一些人對『普世價值』的反對，這才翻開馬克思主義兩位創始人的著作來讀」，筆者承認，反對普世價值的話確實是從中文媒體中讀到的，那話的意思是，「帝國主義者」硬要把普世價值強加給中國人，而中國人是不需要什麼普世價值的，當然，連普世價值的話語權也不需

要。作者自作多情,把普世價值拱手送給「帝國主義」,表面上罵「帝國主義」,其實是為「帝國主義」叫好,因為帝國主義竟然是自由、民主、人權這些《共產黨宣言》中寶貴東西的所有者和宣傳家。中國人不要民主,似乎中國人喜歡永遠在專制主義下過日子,就像袁世凱搞帝制時他的美國顧問古德諾和日本顧問有賀長雄論述的那樣(參閱《背叛的代價》第十章)。

　　社會主義國家改革處在轉折關頭。別的國家不知道,在中國,據說有新左派、老左派和自由主義等幾種思潮,還有以北歐國家為樣板的。最近又出來一種新民主主義。筆者對這些思潮沒有研究,但是知道,這幾種思潮都只有很少的人在談,缺少必要的群眾基礎,有的早已過時,而且相互差別比較大,很難統一。更重要的在於,另外搬出一種「主義」做我們的宗主神,表示國家改變了方向,既無法向老祖宗交代,也不會得到廣大老百姓的理解、同情、支持。在《背叛的代價》裏,筆者說:「在我看來,要繼續高舉馬克思主義大旗,並為今後的政治體制改革夯實理論基礎,只有回到馬克思主義的原點上;要把各種思潮統一起來,讓各種觀點交集,形成全黨全民的共同意志,只有回到馬克思主義的原點上;要使全國人民不轉向、頭不暈眼不花,只有回到馬克思主義的原點上。這個原點就是沒有被他人『曲變』、沒有加入他人『私貨』的馬克思主義,就是《共產黨宣言》的真精神,就是原始共產主義。回到這個原點,不是改革,更不是『轉型』,而是落實馬克思主義兩位創始人在一百六十多年以前的指示,就是真正按馬克思主義辦事。」在筆者看來,對真正的馬克思主義者說,原始馬克思主義,主要是它的偉大經典《共產黨宣言》,足以指導我們走向世界大同,沒有必要尋求別的思想資源。關於過渡的的方法和原則,筆者在《重讀〈共產黨宣言〉》中提出三條,一是由共產黨領導,二是一直向前走,不拐彎,三是漸變,不搞休克之類過激的舉動。筆者以為,這既是必要的,也是穩妥可靠的。

　　要堅持真正的馬克思主義,按照《共產黨宣言》的真精神辦事,前提是蕭清史達林現代專制主義的流毒,在政治制度上加大改革力度,放棄不合時宜更

不合馬克思主義的做法，正確對待其他政黨。

正確對待其他政黨這個問題，筆者在《背叛的代價》中做了比較多的論述，要而言之，是實行多黨制。這不僅是馬克思主義兩位創始人的思想，也是列寧所承認並堅持的。它是馬克思主義兩位創始人所說「真正民主制」的一個方面，另一個方面，是各級領導人由公民直接選舉產生，而且是多人競選。巴黎公社成立以後，所有代表都是選舉產生的，正是在談公社這個做法的時候，馬克思給予了這是「真正民主制」的高度評價。筆者認為，專制不會長久，民主可保穩定，這是從世界各國的經驗中總結出來的。中國要在推動世界走向共產主義偉大事業中發揮主導作用，只有創立一種既符合本國國情又吸取了世界各國所有優秀成分的民主政體，才能達到目的。

馬克思主義者應該理直氣壯地把實行多黨制和直接選舉視作馬克思主義在制度建設上的靈魂，認定這樣做是名正言順的，不能把它廉價奉送給帝國主義或資產階級。只有這樣做，才能促進「人的自由發展」，為實現共產主義鋪平道路；只有這樣做，才能做到把「天下」的所有權和管理權分開，切實讓人民當家作主；只有這樣做，才算真正的馬克思主義，而不是像史達林那樣的假馬克思主義；只有這樣做，才能有利於保持社會的穩定，並且有效地防止和克服各種形式的腐敗。

法國學者、巴黎全國政治科學基金會研究主任、政治研究學院教授居伊‧埃爾梅，在為聯合國教科文組織主辦的《國際社會科學雜誌》民主專號所寫《導論：民主的時代？》中說到了社會主義國家向民主政體過渡的問題：「誠然，就其性質而論，過渡也可以看作是一種狀態，結果如何，不可一概而論。首先，過渡過程本身便包藏著風險，一旦失敗便可能倒退為專制，或民主化停滯在未完成狀態。亞當‧普熱沃斯基把這種情況比作彈子遊戲，「遊戲機上的彈子旋轉著達到頂端之後，還可能旋轉著掉下來」。其次，過渡一般也被認為是混合狀態：在此期間，前專制政權的統治者和新的民主領袖或是通過鬥爭、

或是達成協議而共同執掌政權……」（《民主的再思考》第11頁）

如前所述，在筆者看來，社會主義國家按照原始馬克思主義即《共產黨宣言》的真精神辦，不是「轉型」，而是在原有的道路上繼續前進。

必須建立新的思維。在史達林現代專制主義話語霸權下，多年來人們形成一種簡單的線性的二元對立思維，就是社會主義跟資本主義是兩種制度、兩條道路、為兩個階級所用，互相之間越不同越好，越不同越顯得自己純正。如有相同或相似，便是什麼「和平滲透」、「和平演變」，如此等等。毛澤東說：「凡是敵人反對的，我們就要擁護；凡是敵人擁護的，我們就要反對。」是這種思維方式的典型運用。這種思維方式到現在依然流毒甚深，反對「普世價值」的人就是從這種思維出發的。在一些社會主義國家，政治體制改革處在停滯不前的狀態，根源之一，是這種思維方式依然在阻礙著人們。所謂解放思想，就是要徹底改變思維方式。要使改革前進一步，建立新的思維，改變思維方式，是極其重要的一環。

上一章說到「趨同」。中國學者苑潔在為其主編的《後社會主義》一書所作「導論」中說：「有學者認為，後社會主義轉型是社會主義國家的制度與全球資本主義制度趨同的過程，這一過程並非像人們所廣為認同的那樣，僅僅是社會主義國家向資本主義世界的模仿和趨同，它同時也是資本主義世界向社會主義國家的學習和趨同。也有學者認為，雖然出現了全球範圍的趨同和一體化趨勢，但是，共同的趨勢並沒有消融民族國家的多樣性發展，『民族國家發展的多樣性所表現出來的軌跡還是受到了社會主義遺產和上述模仿力量的制約。轉型是創造性的發展過程，是延續下來的制度與新的東西的結合，這種結合產生了後社會主義的混合制度形式和社會組織形式，這些形式因國家的具體情況而不同』……」（《後社會主義》第11—12頁）

應該重申，不能用冷戰思維看待「趨同」。「趨同」是雙方面的，制度上的「趨同」尤其如此。社會主義國家向帝國主義國家「靠近」，帝國主義國

家也向社會主義國家「靠近」。帝國主義國家實行的自由、民主，筆者說過多次，就跟《共產黨宣言》一致。以爬山為喻，未來社會就在山頭上，所有的人從四面八方向山上奔走而去，開頭相距較遠，但是越走，相互之間的距離越近，到最後，大家一同站到山頂，成為一個「聯合體」。人類社會本來就是要從不同走向相同，正如中國哲學家熊十力所說「殊途而同歸」，如不「趨同」，何來「世界大同」？

再一個需要重申的是，民主和其他工具一樣，沒有姓氏之分，只有使用者主體的不同。如果硬要給民主戴一頂姓氏的帽子，那麼請問，馬克思說的「真正民主制」姓什麼？史達林所說「社會主義民主」，不過是為了掩蓋他搞假民主、真專制的醜惡面目而已。對經濟形式等，也應作如是觀。經濟形式沒有姓氏，市場經濟就是市場經濟，各不同國家可以有不同做法，包括政府干預的方式和程度不同，卻沒有資本主義市場經濟和社會主義市場經濟之分。所有的市場經濟，本質上一樣：賣者想法賺取更多的利潤，而買者是用盡可能少的資金買到盡可能多的貨物，雙方討價還價，互相讓步，最後在一個適中點達成協議，買賣成交。如果說有市場經濟文化，這就是市場經濟文化。帝國主義國家加上它們的姓氏，是要把這一經濟形式竊掠而去，當作它的私有財產，別人也用，它說是向它學習。這是它把一切好東西據為己有的本性的暴露。

近年來，搞改革開放的社會主義國家大都在經濟體制的改革上取得進展，市場經濟的格局初步形成。今後的任務，自是使市場經濟更有序，更完善，或者說，要徹底轉軌，不能轉一半軌，而成為非驢非馬、不中不西的東西。政府干預已成為生活中的慣性，應盡量避免。在必須干預的時候，要堅決干預，比如房價的問題，學校亂收費的問題，等等。這些問題產生，主要在於法律法規的缺失，政府干預只能是偶然的一次，根本之點在於制定嚴密細緻的法律法規，靠民主和法治去解決。在生產資料所有制上實行多元化，是正確的。應該以全民經濟為主導，進一步發揮私營中小企業的優勢，調動各方面的積極性。國有企業，如果是

在「天下」（國家）的所有權和管理權截然分開的情況下，應該就是全民所有，也應當全民分紅；如果「天下」的所有權和管理權合而為一，渾然不分，那就不是全民所有，實為管理者所有，是過去官僚資本主義的變種。

大力發展股份制。《資本論》中多次說到股份制。一次說：「這是作為私人財產的資本在資本主義生產方式本身範圍內的揚棄……資本主義生產極度發展的這個結果，是資本再轉化為生產者的財產所必需的過渡點。」（《馬克思恩格斯全集》第25卷第493頁）一次說：「它是在資本主義體系本身的基礎上對資本主義的私人產業的揚棄；它越是擴大，越是侵入新的生產部門，它就越會消滅私人產業。」（第686頁）除軍工生產外，所有大企業都應該實現股份化。這既改變了企業的性質，也為普通民眾開闢了收入的渠道。

§8.2　北歐國家創造了另一條道路

馬克思主義的創始人從來不把《宣言》中設想的道路當作走向共產主義──世界大同──的唯一道路。就在《共產黨宣言》裏，他二人寫道：「那末試問：俄國農民公社，這一固然已經大遭破壞的原始土地所有制形式，是能直接過渡到高級的共產主義的土地所有制形式呢？或者，它還須先經歷西方的歷史發展所經歷過的那個瓦解過程呢？對於這個問題，目前唯一可能的答覆是：假如俄國革命將成為西方工人革命的信號而雙方互相補充的話，那末現今的俄國公共所有制，便能成為共產主義發展的起點。」（《馬克思恩格斯選集》第1卷第241頁）這段話說明：在馬克思主義的創始人看來，通向共產主義的道路並非只有一條。只要目的正確，方向對頭，各個國家可以根據自己的實際情況確定自己的道路，俄國在「農民公社」的基礎上可以「直接過渡到高級的共產主義的土地所有制」，並從而成為「共產主義發展的起點」，其他國家同樣可以通過和平道路達到這一目的。

　　在這點上，史達林顯示了一副溫和的姿態，他基本上堅持了馬克思主義兩位創始人的思想。史達林在《論列寧主義基礎》中引用了馬克思《致路·庫格曼》一段話後說：「……馬克思曾假定資產階級民主有和平發展為無產階級民主的可能，至少對於歐洲大陸以外幾個國家（英國和美國）是有可能的。的確，馬克思曾假定說有這種可能，並且有根據來假定十九世紀七十年代的英美兩國有這種可能。因為當時還沒有壟斷的資本主義，還沒有帝國主義，當時在這些國家中，由於特殊的發展條件，還沒有充分發展的軍事機構和官僚制度。在充分發展的帝國主義尚未出現以前，情形曾是這樣。可是，經過三四十年以後，這些國家中的情形已根本改變，此時帝國主義已經發展並普及於所有一切而無例外的資本主義國家，此時軍事機構和官僚制度在英美也已經出現，此時英美和平發展底特殊條件已經消失了，於是把這些國家看作例外的見解也就自然應當失去時效了。」（《列寧主義問題》第59頁）史達林這段話是值得注意的。馬克思《致路·庫格曼》只說到「這正是大陸上任何一次真正的人民革命的先決條件」，而未提到英國和美國，是史達林明確說到了英國和美國。史達林把英、美兩國能夠從資本主義直接過渡到共產主義（指共產主義第一階段即社會主義，下同）限定在十九世紀七十年代，因為這兩個國家「當時還沒有壟斷的資本主義，還沒有帝國主義，當時在這些國家中，由於特殊的發展條件，還沒有充分發展的軍事機構和官僚制度」。史達林寫這部著作的時候，條件變了，那個可能也就「自然應當失去時效」了。史達林這部著作寫於一九二四年，到現在將近九十年的時間過去了。這九十年，世界發生了巨大變化。固然，英國和美國依然是資本主義——帝國主義國家，這兩個國家基本面貌並沒有改變，不僅這兩個國家的基本面貌沒有改變，就連大陸上的法國、德國等等國家也沒有變化，但是，這些國家的階級狀況變了，世界格局變了。原來掙扎在饑餓線上的無產階級和廣大勞動群眾的經濟地位和政治地位提高，原來的剝削現象也發生了「移轉」。《後資本主義》、《後帝國主義》等等著作鋪天蓋

地，它們所論述、所描寫的，便是嶄新的情況。當今的帝國主義不是靠掠奪殖民地而是靠把工廠建到發展中國家而擴大再生產的，有些帝國主義國家也派兵到其他國家去，但跟以前的武裝佔領不同。這種種現象，倒是跟史達林所說「十九世紀七十年代」相仿。歷史走了個「之」字，從這頭走到那頭，又走回這頭。既然「十九世紀七十年代」那些國家「有可能」由資本主義直接過渡到共產主義，那麼，在相似的情況下，今天的大陸外國家和大陸上國家，也這樣由資本主義直接過渡到共產主義，「自然應當」具有「時效」了。這不是隨意而言，而是由史達林的論述推論出來的。

史達林接著說：「當然，在遙遠的將來，如果無產階級在最重要的資本主義國家已經獲得勝利，如果現在資本主義包圍的形勢已由社會主義包圍的形勢所代替，那時某幾個資本主義國家走上『和平』發展的道路，是完全可能的，那時這些國家裏的資本家由於國際環境『不利』的關係，也許認為最好是『自願地』向無產階級作嚴重的讓步。可是，這個假定只是關於遙遠的和可能的將來。但對於最近的將來，這個假定是沒有任何根據，是完全沒有任何根據的。」（同上，第60頁）問題在，從史達林寫這本書到現在，過了將近九十年，那不是「最近的將來」，而是「遙遠的和可能的將來」。「最近的將來」不可能，「遙遠的和可能的將來」，那個假定就會變為事實。這是又一個邏輯推論。這個邏輯推論，同樣會得出相同的結果——採取不同於社會主義國家的另一條道路走向共產主義，是可能的，如果取得成功，應該給予充分的肯定。

北歐國家就創造了一條跟社會主義國家不同的道路。

瑞典、挪威、丹麥等國都是王國，卻實行民主。二十世紀二十年代瑞典工人階級政黨——瑞典社會民主工黨上臺執政，提出建設有瑞典特色的社會主義，他們把它確定為「人道的民主的社會主義」。「民主社會主義」這一概念雖然是伯恩斯坦提出來的，但跟馬克思所追求的共產主義理想並不矛盾，民主、人道主義，這都是馬克思所肯定，屬於馬克思主義的範圍。他們在政治上

實行多黨制，而多黨制同樣受到馬克思主義兩位創始人的極大重視，恩格斯甚至說，如不這樣做，就「背離」了馬克思主義，會「受到懲罰」，這在前邊已經說得很清楚。他們認為資本主義國家階級關係已發生根本變化，否認階級和階級鬥爭，工人階級通過議會多數掌握國家權力，這其中除了階級鬥爭一點外，都跟馬克思主義相重合。經濟上他們主張實行「混合經濟」，即合作制和私有制、計劃經濟和自由競爭相結合，反對消滅私有制，主張實行國家干預和計畫化，逐步擴大國有化，也大都跟馬克思主義相近似。馬克思和恩格斯說過「消滅私有制」，但更多的時候他們說的是「揚棄」，即逐步拋棄私有制成分，而且在股份制出現以後，他們就用股份制代替私有制。至於北歐國家鼓吹實施社會保障制度和建立福利國家，主張改革稅制，通過擴大公民經濟權利和社會福利，進行收入和財富的再分配，以實現經濟平等，更是符合馬克思對理想社會的要求的。

瑞典王國位於北歐的斯堪德納維亞半島上，人口將近900萬。由於自然條件惡劣，到二十世紀還是一個幾乎沒有任何工業、居民生活水平和當時的俄羅斯不相上下的貧窮的農業國。由於居民生活艱難，十九世紀末、二十世紀初有多達八分之一的國民移居海外。自從確定了走一條具有本國特色的社會主義道路後，他們就積極從各方面入手，進行努力。他們有強大的公共部門，鐵路、郵政、電訊網路以及大多數能源和基礎設施都是國有的，國有企業掌握著國計民生的命脈，也為他們實施計畫奠定了強大的物質基礎。對私營企業，瑞典採取了跟社會主義國家截然不同的做法，他們不是消滅，而是注意保護。社會主義國家的做法，可以說是殺富而不濟貧，這在蘇聯等國和改革以前的中國，人們會有深入的體會。瑞典等北歐國家是不殺富而濟貧，把一般人提高到富人水平，這可以說是它們的共同特點。在瑞典，一個小孩從出生到十六歲，一直享受政府給予的未成年補貼。人們生病可享受醫療保險，上學——從小學到大學——都不用交學費，直到耄耋之年住養老院，走完人生最後路途，都由社會提

供保障。其他北歐國家大都如是。前邊說到十大福利國家，其中就有北歐三國，瑞典用於國民福利的開支，居於十個福利大國之首。

北歐的民主社會主義，一向受到人們的讚揚。拉菲‧巴特拉在其所著《影響全球進程的社會週期律》（中文版編為《世界大趨勢2》）中說到「理想經濟體」，「是一個人人都能分享新技術成果的經濟體，表現形式就是人們可以享受更高的生活標準」。他說：「一提這樣的國家，人們馬上就能想到瑞典、挪威和瑞士。在這些國家，絕大部分國民的生活水平一直都在提高……」（第248頁）前引中國前鐵道部長段君毅從瑞典考察歸來所說話，就認為像瑞典這樣的國家，馬克思關於消滅三大差別、實現共產主義的理想，已經初步實現。臺灣學者許倬雲說：「歐洲戰後基本上就出現了社會福利國家，丹麥、瑞典都做到了。我有個同事，是瑞典教授，來匹茨堡大學做講座，我問他：『瑞典的日子那麼安樂，你跑到匹茨堡來做什麼？』他說：『不快樂。每個事情都替你安排好了，有什麼快樂？我眼睛一閉，我的墳墓埋在哪裏、什麼規格我都清楚。』我說：『瑞典窮人很舒服啊。』他說：『窮人沒有工作，沒有人生目標，只好喝酒解悶。』瞧，理想多難實現啊。」（《許倬雲談話錄》第155頁）

馬克思主義的兩位創始人從來不把自己的理論當作教條。他們不僅自己注意發現新事物，研究新問題，提出新觀點，而且教導後人從實際出發。他們看重的不是具體做法，而是能不能達到目的。列寧在《馬克思主義和修正主義》一文裏，批評了伯恩斯坦所說「最終目的算不了什麼，運動就是一切」（《列寧選集》第2卷第7頁），從反面說明，馬克思主義把目的放在首位，只要能達到目的，在方法和手段上可以靈活。實踐是檢驗真理的標準。就實際情形來看，北歐國家的做法，引導他們國家走向了馬克思主義兩位創始人所設想的美好世界，是正確的，他們的做法應該予以肯定。以什麼主義相稱並不重要，重要的是實質。實質上實現了共產主義的共同富裕，就是對馬克思主義的貫徹執行。

§8.3　美國等國需要一場革命性變革

前邊說到在經濟一體化的形勢下，資本主義國家也在變。那是量變，從本質上說，資本主義國家依然是資本主義國家，它的帝國主義本性並沒有變。美國等幾個大資本主義國家，其固有的矛盾近年來愈加嚴重、尖銳。一九九八年的金融海嘯、近年來由美國次貸引起的經濟危機，都是其固有矛盾的表現，以致引起許多學者、專家的憂慮。達沃斯論壇創始人克勞斯・施瓦布（Klaus Schwab）在二〇一二年論壇開幕前對記者說：「資本主義體制在社會團結方面有所缺失，所以出現了問題。我們犯了罪。現在到了改善資本主義體制的時候了。因為全球化，資本主義體制呈現一邊倒，結果所有國家和社會都產生了大批落後群體，如果不能和他們抱成一團，社會團結就會出問題。過時的資本主義體系把我們逼入了危機。目前迫切需要對資本主義體系進行修繕……」

報導說：

二〇一二年伊始，面對步履蹣跚的世界經濟復蘇，資本主義制度再次成為國際社會的眾矢之的。上個月月底落下帷幕的第42屆達沃斯論壇中，反思資本主義制度就是貫穿論壇議題的靈魂。

與此同時，「資本主義制度不再適合世界」、「陷入危機的資本主義」這類此前西方主流輿論中絕少出現的「政治不正確」語句，近來也突然湧現在美歐各主流媒體中。英國《金融時報》日前甚至以《危機中的資本主義》為主題，發表了一些列評論文章。種種跡象表明，西方主流社會終於開始資本主義的「病人身份」，「資本主義病了」已經是歐美老牌資本主義國家從最底層到決策層的共識。

今日資本主義的病症之一是貧富分化加劇。金融行業在過去二三十年迅速膨脹，出現「贏者皆得」的經濟模式。華爾街攫取了大量社會資源，一九七〇年銀行高管收入是普通工人的40倍，現在則是400倍。經合組織在最近的一篇研究報告中宣稱，美國最富有人群「獲得了過去三十年收入增長的大部分」。大約三分之二的美國人認為全美窮富之間存在「強烈衝突」。美聯社說，美國貧富階層處於二十四年來最緊張狀態。

現代最有影響的經濟學家之一凱恩斯說：「企業家蛻變為奸商，對資本主義制度是一個沉重的打擊……企業家的收益只有在與他的活動對社會大致上且在某種意義上做出的貢獻有所聯繫時，才能得到容忍。」英國首相卡梅倫日前發表講話，呼籲創造「負責任的資本主義」，他對新型資本主義的首要構想就是「社會責任」。卡梅倫說：「人不是原子化的個體，企業也有責任。」

西班牙《起義報》二月六日發表文章，說西方社會經濟秩序過時了，該報引用將近一年前美國國會公佈的《美國經濟的發展格局和就業挑戰》為證。該報說，如果窮人和中產階級的生活方式繼續被一點點侵蝕，其他的都一成不變，將導致群眾走上反抗的道路，從而讓馬克思的「異化理論」得到證明。

「預測大師」、美國學者拉菲·巴特拉在其所著《影響全球進程的社會週期律》中，根據他所發現的週期律預測說：「……美國發生的所有事情無不指向日益嚴重的社會墮落，有些問題在我的《資本主義和共產主義的衰落》一書中已經有所描述。道德約束鬆弛，中產階層凋零，家庭分崩離析，官員傲慢自大，債台堪比天高，孩子桀驁不馴，紀律約束無力，貧困問題加劇，刑事犯罪猖獗，課堂作弊盛行，貧困群體的稅負急劇加重，最為重要的是恬不知恥的富人通過盤剝窮人而越來越富，所有這些都是商人時代窮途末路的指示器。」

作者發現，人類社會的週期律是勞工時代→軍人時代→文人時代→商人時代四個時代的迴圈。在商人時代之後，要發生社會革命，然後進入另一個週期。作者接著說：

> 今天的美國與蘇聯土崩瓦解前夕所處的位置相去不遠。蘇聯就在我們眼前分崩離析，步其後塵的下一個就是美利堅商業帝國，因為每一個勞工時代都會以勞動階層的社會革命宣告終結，這些革命勞工就是以前的軍人和文人。由於精英集團對不斷增長的收入和財富巧取豪奪，勞工階層為了維持生活，不得不從事越來越艱苦的工作。從事繁重的體力勞動，得到的是微薄的工資收入，他們中的大部分最終難免債務纏身。
>
> ……
>
> 如今美國正處於革命前夜，在西方社會勞資共治時代開始之前，封建主義大廈將傾之時，社會所經歷的那種情形與此相似……（第206頁）

在國際上，進入新世紀以來，美國這個「超級強國」在以下三個方面把其本性暴露無遺：一是以各種藉口，在各地發動戰爭，用武力解決衝突，干涉別國內政，繼續充當世界員警；二是利用金融霸權，盤剝弱小國家，出現金融危機後又嫁禍於人，要其他國家為它埋單；三是對新興大國實施圍堵，妄圖把發展中大國扼殺在前進途中。

「九一一事件」後，美國等帝國主義利用各種藉口，派兵到其他國家，幾乎沒有間斷，一個接一個。伊拉克的薩達姆政權被推翻以後，暫時管理伊拉克的太上皇（擔任駐伊拉克最高文職行政長官）、美國人佈雷默簽署命令，規定伊拉克的全部國有企業（包括銀行）實行私有化，而且徹底向美國公司開放，保障美國在伊拉克的公司擁有任何產業，實施壟斷，並且不受阻礙地將其所有資金彙回美國本土。這是赤裸裸的經濟盤剝。

對美國帝國主義本質的認識，過去多集中在軍事和政治上，忽略了其在金融上的霸道行為。美國的金融霸權表現在：第一，二戰後的佈雷頓森林體系賦予美元以特殊地位，成了全球通用的儲備貨幣和可兌換貨幣。但美鈔的印製權卻在美國人手裏，它欠了世界許多國家的債務，只要它大量印發鈔票，會給有關國家帶來巨大損失，也許會在一夕間垮臺。美國學者克萊德‧普雷斯托維茨在其《經濟繁榮的代價》中，毫無掩飾地承認了美國人利用美元盤剝其他國家人民的惡行：

　　在美國這座煤礦裏的「金絲雀」是美元。從第二次世界大戰結束的時候起，這張綠鈔就一直是承擔著國家間交易職能的世界主要貨幣。石油以及國際市場上其他的商品和產品實際上都是以美元進行買賣。另外，就像十九世紀和二十世紀初期的黃金一樣，美元仍然是大多數國家的主要儲備貨幣——這是一種對美國具有極大好處的情況。比如，為了購買石油，其他國家的人首先必須要生產和出口某種產品以便賺得美元，然後用這些美元來支付購買石油的款項。但是，美國只需印刷更多的綠鈔就可以獲得所需要的石油。美國也不需要像其他國家那樣擔心它的貿易平衡問題。如果其他國家進口超過了出口，它們就必須借入美元為超出的部分埋單，不過，借款可能會非常昂貴，而且有時候還沒人願意借給這些國家。所以，它們被迫要維持貿易平衡。然而，對美國來說，對於進口比出口多出來的部分，它們只需要印刷更多的美元來支付即可。只要世界還接受美元，美國就不需要平衡它的貿易。這種現象對於美國在全球範圍內部署軍事力量的做法，是一個至關重要的支持。為支付伊拉克和阿富汗的戰爭、在世界各大洋巡航的艦隊、為世界各地超過700個軍事基地所需的種種費用，美國只需要印刷美元——前提只是世界接受美元付款。（第3—4頁）

對此，美國人當然是諱莫如深的。一般不明事理的人，聽到美國人叫喚「貿易不平衡」或要求其他國家提高幣值，會誤以為美國人真的受到委屈，替美國人感到同情。實際上這是美國人的一種手法。

第二，它可以運用金融手段攪亂世界經濟秩序。中國青年學者劉軍洛在《被綁架的中國經濟》中說：「任何批評格林斯潘的人士，都可以從美國目前高額的負債中輕易找出讓全世界學界共同相信的經濟理由——格林斯潘的貨幣政策不負責任。在格林斯潘任期內，蘇聯解體了，日本經濟垮臺了，東盟地區的經濟格局被徹底清洗過了。更重要的是，格林斯潘還資助了老布希與小布希發動的兩次對伊戰爭和一次對阿富汗戰爭。」接著說：

在二〇〇一年的「九一一」事件之後，小布希開始了反恐戰爭，二〇〇三年美軍進入了伊拉克首都巴格達。隨著美軍對伊拉克地區的全面控制，讓小布希與美國傳媒再也無法高舉反恐大旗的問題是，美國人找不到伊拉克的化學武器製造基地。在二十世紀七十年代初，美國人在越南戰爭中失敗的重要原因是，美國政府無法讓當時的美國人支持越南戰爭。

殘忍的世界有時候的確需要金錢的安慰。二〇〇二年十一月，美國經濟總管格林斯潘把聯邦基金利率降到1.259%，並耐心地將這個水平維持了一年以上。世界範圍的美元森巴舞狂歡開始了，美國大批的黑人、拉美裔兄弟們被格林斯潘請進了標準公寓居住。

二〇〇三年，美國的房價開始加速上升，對住房擁有率近70%的國家的人來說，他們當中大部分人都發財了，美國狂歡式的消費浪潮讓世界也為之振奮。

二〇〇六年格林斯潘退休時，美國的經常帳戶赤字高達8000億美元，在美國GDP中所占比例近7%。格林斯潘在他離開美聯儲的最後一

天，大筆一揮，將一年8000億美元的封口費支付給了全世界與美國各階層，為的是保障美國長期戰略壟斷全球第二大石油出口國伊拉克的石油供應。

格林斯潘留下的「財富」包括：

全世界有錢人出錢購買了大量美國次級債。

美國的房屋供應大量過剩。

美國石油商們瓜分了對全球第二大石油資源儲備國伊拉克的石油資源分配權。

美國的農場主們壟斷了世界糧食供應。

美國人向外國人欠下了大量以美元計價的債務。

——第19—20頁

美國在金融上的霸權，比起軍事侵略，為害更大。

美國這樣做，是由其階級本性決定的。美國等帝國主義國家的對外政策，實際上代表了以金融大鱷和軍火商為主的資本家寡頭的利益。

在第四章，本書說到全球化導致階級的界限變得模糊，這裏又說美國存在資本家階級，並不矛盾。資本家階級的存在是資本主義和帝國主義的根本性特點之一，當資本家階級——資本主義的生產方式——基本消滅，至少失去了社會的主導地位以後，資本主義社會才能走向滅亡，而這是幾十年以後的事。美國學者阿里夫・德里克在《馬克思主義向何處去？》中寫道：「我們能夠設想一種將各種不同性別和族性融入自身結構之中的資本主義；但我們無法設想一種沒有階級的資本主義。如果說，其他範疇對於理解階級在政治意識和政治活動中的具體表現是必需的，那麼，階級本身對於在權力分析中消除其他範疇的神秘色彩就更是必不可少的了。」（《全球化時代的「馬克思主義」》第211頁）我們今天對階級的認識應該跟過去不同。本書所說階級的界限正變得模

糊，指一部分人，主要指勞動人民，或者說無產階級，無產階級確實已經不再是原來那個階級。但是無產階級的消失不等於資產階級也消失了，資產階級依然存在。自己不勞動而依靠利息、利潤生活的人，就是資產階級。它的對立面不是無產階級而是全體勞動者。資產階級賴以生存的唯一資本就是資本，把資本投放何處以實現利潤最大化，是它思考的核心，而其他人賴以生存的資本是勞動，腦力勞動和體力勞動。當年馬克思所說劃分階級的標準是生產資料的佔有方式，這一點依然未變。資本家靠資本生活，其他人靠勞動生活，這就是當今資本主義社會兩種生產資料佔有方式的寫照。

美國學者、後現代主義代表人物之一的弗里德里克‧詹姆遜，在《論現實存在的馬克思主義》中說：「我的核心觀點是，今日的資本主義並未發生根本性的變化，這些變化並未超出伯恩斯坦時代的人們所想像的範圍。不過同樣明顯的是，伯恩斯坦修正主義與當代各種後馬克思主義的共鳴不只是一種簡單的併發症，而是一種需要加以歷史解釋的文化與意識形態現實。」（《全球化時代的「馬克思主義」》第71頁）作者把馬克思主義分為三個階段，現在是第三階段。這個階段又跟「晚期資本主義」相對應。

顯然，現在的資本家更貪婪無厭，更缺乏人性。馬克思所說的資本主義生產的社會化跟生產運作決策體制之私人性的矛盾，依然存在，依然在發揮作用。這類國家要進入大同世界，改造這個階級是其最主要的任務。

美國等帝國主義國家需要一場革命性變革。

革命性變革不等於發動武裝起義，或者走中國「農村包圍城市」的道路。這是兩回事。革命性變革是說變革要有質的轉換，不能滿足於小打小鬧。資本主義國家要走上世界大同的道路，必須「轉軌」到社會主義─共產主義的方向。前邊說到馬克思主義的創始人從來不把共產主義道路當作走向共產主義──世界大同──的唯一道路，包括上節所引史達林的話，對美國等帝國主義國家來說，同樣有用。北歐國家創造出了一條社會民主主義的道路，美國等帝

國主義國家也應該而且可以創造出適合自己國情的變革道路。

筆者以為，像美國一類資本主義大國，實行革命性變革，最主要、最根本的任務，是解決馬克思所說的資本主義生產的社會化跟生產運作決策體制之私人性的矛盾，是改造私營大企業。

面對近年來接連發生的經濟危機，許多經濟學家尋找原因，分析症狀，幾乎異口同聲指出，馬克思準確地指出了當今資本主義的弊端，用馬克思主義的經濟學說可以制服經濟危機這匹野馬。經濟學家、香港中文大學教授郎咸平在其跟楊瑞輝合著的《資本主義精神和社會主義改革》的《前言》中說：「在《資本論》第一卷中，馬克思揭示了剩餘價值是如何在資本主義生產過程中產生的，而資本家則無情地佔有了工人創造的剩餘價值，現代經濟學基本證明了這個觀點的正確性。但是馬克思接著證明了資本主義生產過程必然導致社會矛盾的加劇，並最終孕育出自己的掘墓人——無產階級。《資本論》第二卷指出資本逐利的天性一定會導致再生產失衡和經濟危機，馬克思的這個觀點後來也被經濟學家證明是正確的。而且資本主義確實也發生了危機，例如一九二九年經濟大恐慌和二〇〇八年的金融海嘯，但這些危機絕不足以說明資本主義必然崩潰。《資本論》第三卷指出資本家必然進行越來越多的資本密集型投資，從而導致利潤率的必然降低，這個觀點也在日後被證明是正確的……」（第3—4頁）三月六日，日本《經濟學人》週刊發表日本神奈川大學教授的場昭弘文章說：

> 馬克思指出：「生產直接是消費，消費直接是生產。」但是，經濟學將為生產商品而進行的消費稱為生產性消費，對此以外的消費卻並不關心。
>
> 人類生存於自然界，為了維繫自身活動，需要不斷地消費能源。經常性的物質代謝，意味著反覆的生產和消費過程。馬克思將此過程稱為勞動的自然歷史過程，認為其是在為創造使用價值而進行的有目的的活

動，是為滿足人類欲望而從自然界獲取產品的過程，是人與自然關係的一般形態，因此與人類生活在哪一個時代並無關係，而是貫穿於人類社會的所有階段。

　　但是，資本主義社會卻存在另一種問題。生產在盡可能地超過消費，甚至不是為了消費而生產，勞動者尚未購買的部分將作為利潤而積累下來，但這部分產品卻很可能最終並不被消費。

　　資本主義面臨的問題恐怕就是難以消化這種過剩商品的積累。當今資本主義面臨的危機是，資本主義的價值增殖過程，已經脫離了勞動的自然歷史過程。

　　顯然，馬克思經濟學說不僅具有深刻的洞察力，而且是醫治當今資本主義危機的良藥妙方。

　　在生產資料的所有制上，馬克思和恩格斯的主張，是「揚棄」私有制。參照中國改革開放以來在所有制問題上的做法，筆者認為，資本主義國家在所有制上的改造重點應該放在大企業上，特別是對國計民生具有決定性意義的大企業，在美國，則主要是銀行業和軍火工業。銀行業掌握著國計民生的命脈，軍火工業是推動國家向外發動侵略、擔任世界員警、維持霸權的主要原動力。

　　改造這些大企業的最好途徑之一是實行股份制，這也是由馬克思主義來的。

　　馬克思主義兩位創始人在生產資料所有制問題上的思想是既有原則性又有靈活性的，更是開放的。股份制出現以後，兩位導師立即給予肯定，認為股份制是解決私有制的一條寬廣大道。馬克思說：「資本主義的股份企業，也和合作工廠一樣，應當被看作是由資本主義生產方式轉化為聯合的生產方式的過渡形式，只不過在前者那裏，對立是消極地揚棄的，而在後者那裏，對立是積極地揚棄的。」（《全集》第25卷第498頁）恩格斯說：「由股份公司經營的

資本主義生產，已不再是私人生產，而是為許多結合在一起的人謀利的生產。如果我們從股份公司進而來看那支配著和壟斷著整個工業部門的托拉斯，那麼，那裏不僅私人生產停止了，而且無計劃性也沒有了。」（同上，第22卷，第270頁）筆者在前邊說過，公眾持股對改善普通勞動群眾的經濟地位、實現共同富裕、走向世界大同具有十分重要的意義。私營大企業實行股份制，既限制了少數食利者個人財富的膨脹，也為人們普遍致富開闢了一條新的道路，無疑，這對實現世界大同是極為有利的。

俄國學者尤里·普列特尼科夫在《資本主義自我否定的歷史趨勢》中說到「勞動集體所有制」經濟的形成。他說：「在發達資本主義國家，資本主義『神聖的東西』──私有制關係本身也在發生變化。勞動集體所有制社會經濟成分的形成在資本主義自我否定中起著特殊作用，這個過程產生於二十世紀中葉，到了二十世紀末，勞動集體所有制的各種形式在發達資本主義國家國民經濟結構中平均約占10％。公有制和私有制，其中包括聯合所有制約占30％─60％。」（《全球化與現代性批判》第144頁）如果一個公司的大部分股票為公眾持有，則這種公司自屬「勞動集體所有制」，如同文章題目所示，它是資本主義的「自我否定」。前引拉菲·巴特拉在其《影響全球進程的社會週期律》（中文版編為《世界大趨勢2》）中，把雇員參股說成「經濟民主」，他還說這是「永久消除金融矛盾的唯一途徑……」（第264頁）

限制和削弱「食利者階級」，即資本家階級，直至這個階級在社會發展中不能起主導性作用，就走上了共產主義的道路。

要看到，美國等帝國主義國家已經有了不少的共產主義的因素，如福利制度就是。這些國家普遍存在而且仍在繼續發展的社群自助組織和市民社會，很高的生產水平，人們文化水平的普遍提高，等等，都可以看作共產主義因素。前邊引用中國副總理王震在訪問英國時所說如果有共產黨領導，英國就是共產主義社會一段話，足以證明這一點。美國學者伊曼努爾·華勒斯坦說「美國將

成為一個准社會主義國家」，前邊也已引用。儘管如此，美國、英國等國仍然是資本主義國家。說過上共產主義生活，只是量的積累不是質的改變。質的改變不是個別國家的事，只有在全世界絕大多數國家都過上同樣的生活才能認為進入大同世界。美國已有了共產主義因素，也是數量意義上的，要它發生轉變，還需要很長時間。當美國這個資本主義的最後堡壘進入共產主義，那就意味著，整個世界實現大同了。

美國學者安東尼奧·克拉里等在《世界新秩序中的馬克思主義：危機與可能性》中引用弗里德里克·詹姆遜一段話說：「在這個國家創立一種馬克思主義的文化，把馬克思主義變為一種不可避免的存在，變為美國社會、文化和學術生活中的一個獨具一格、富於創新、清楚明白的聲音，一句話，為將來的鬥爭而形成一個馬克思主義的知識份子圈子──這在我看來似乎是當今馬克思主義教師行業和激進的學術研究的最高使命。……」（《全球化時代的「馬克思主義」》第48頁）筆者以為，這個提議是可行的，也是極為需要的。蘇聯解體以後，馬克思主義受到了從未有過的傷害，人們把蘇聯解體當作馬克思主義的過錯。在學者的筆下，不是馬克思主義「死亡」，便是馬克思主義「終結」，也有人──如解構主義大師德里達──「寄望於馬克思主義獲得新生，以挽救這個趨於破敗的世界」，更多的學者每當世界發生這樣或那樣的危機時就搬開馬克思的著作從其中尋找思想資源，但基本上不出書齋大門，廣大勞動人民很少與聞。大力宣傳馬克思主義的社會理想，讓馬克思主義跟廣大勞動人民的生活相結合，建立和壯大以馬克思主義為指導思想的政黨和團體，作為廣大低收入者的代言人，為他們服務，是帝國主義國家馬克思主義者最重要、最迫切的任務。

本書上一節說到要分清真假馬克思主義，不幸，在本節，筆者同樣要把這個問題提出來，因為人們在說到馬克思主義的時候，總喜歡把蘇聯人的實踐形式當作馬克思主義。即使在安東尼奧·克拉里等人這篇《世界新秩序中的馬克思主義：危機與可能性》中，我們也能看到同樣的情形。文中說：「從根本

上說，馬克思主義，至少是正統的馬克思主義，一直與冷戰時期的世界秩序相聯繫。決定論的正統的馬克思主義，在蘇聯以及別的地方執掌政權的『官方』馬克思主義，通過使用系統的、實在論的、總體化的、等級性的概念而參與了『世界』的理論建構。這種馬克思主義常常把複雜的社會形態簡化為涇渭分明的生產方式的體現，並使所有的鬥爭和反抗都從屬於經濟決定論的『階級鬥爭』的優先地位。馬克思主義新思維的任務就是割斷社會主義構想與這種正統形式之間的聯繫，從新的不同的角度分析社會進程，從而描繪一幅新的、不同的社會主義圖景。」（同上，第46頁）什麼是「正統的馬克思主義」？說「正統的馬克思主義，一直與冷戰時期的世界秩序相聯繫」，那就只能是蘇聯牌號的馬克思主義。蘇聯牌號的馬克思主義，跟馬克思和恩格斯兩人創立的馬克思主義，或者說原始馬克思主義，是很不相同的。可惜一些人總是把這幾個概念混同起來。

　　還有些學者，把馬克思主義當作馬克思主義、列寧主義甚至包括史達林主義在內的所有被人歸入馬克思主義系列的理論和實踐的大雜燴。比如伊曼努爾·華勒斯坦就說：「首先我們要記住：馬克思主義不是馬克思的思想及其著作之總和，而是一系列為採取政治行動而提出的理論、分析和方法——無疑是受了馬克思的理論的啟發，並形成了一種教條。這種馬克思主義佔有主導地位，是兩大歷史性政黨——德國社會民主黨（特別是在1914年以前）和布爾什維克黨（後來成了蘇聯共產黨）的產物；它們一前一後、相繼依次、共同而不是相互合作地創立了這種馬克思主義。」（《自由主義的終結》第215頁）馬克思主義就是馬克思主義，怎麼能把其他人「為採取政治行動而提出的理論、分析和方法」加在馬克思和恩格斯二人的頭上呢？如果說那「一系列為採取政治行動而提出的理論、分析和方法」跟馬克思主義一致，我們可以勉強把它記在馬克思主義的賬上，問題在於，那「一系列為採取政治行動而提出的理論、分析和方法」跟馬克思主義很不相同，他們實際上——用恩格斯的話說——「背

棄」了馬克思主義，蘇聯的解體，便是蘇聯人因此而受到的「懲罰」。蘇聯人的許多做法和理論，說它是假馬克思主義還不夠，他們實際是反馬克思主義的。更不幸的是，「這種馬克思主義佔有主導地位」，「並形成了一種教條」，在整個二十世紀，佔據著馬克思主義話語霸權，全世界所有的共產黨都必須在那個假馬克思主義權威指導下從事活動，造成了極壞的結果。就是說，在二十世紀的馬克思主義話語系統裏，實際上有三種馬克思主義，有真馬克思主義，有假馬克思主義（即非馬克思主義），還有站在馬克思主義對面的「反馬克思主義」。華勒斯坦把這樣三種馬克思主義混在一起，不僅使人看不到馬克思主義的真面貌、真精神，而且對馬克思主義形成嚴重的誤解。在真假顛倒、是非混淆的情況下，這樣「宣傳馬克思主義」，不僅無益，而且極為有害。

上一節說到社會主義國家分清真假馬克思主義的必要性和迫切性，資本主義國家的馬克思主義者，同樣——在某種程度上說更應該——堅決從真假馬克思主義的渾水中爬出來，跟蘇聯的史達林專制主義劃清界限，把原始馬克思主義當作自己堅定不移的信念，把自由、民主、人權這些觀念當作自身的價值追求，從思想上、政治上等多方面，改造資本主義。關鍵在於分清真假，恢復馬克思主義的本來面目。宣傳馬克思主義，就是要宣傳真正的馬克思主義，同時批判假馬克思主義和反馬克思主義。

在宣傳馬克思主義之前，在馬克思主義研究隊伍裏來一場正本清源、撥亂反正的工作，比什麼都重要。

§8.4　在對立和衝突中走向統一

當今的世界，既是五花八門、豐富多彩的，也是多變的。但它的路向不會改變。「天下殊途而同歸」將構成二十一世紀最美麗的風景。

當前世界有發達國家，有發展中國家，有強國弱國之分，有南北之分，

有「文明的衝突」等種種情形。差異就是矛盾，有矛盾就會發生鬥爭。矛盾的性質是多樣的，有對抗性矛盾，有半對抗性矛盾，有非對抗性矛盾。更多的情況，是矛盾和合作交插在一起，不同利益和共同利益交插在一起，趨同和差異交插在一起。人類社會就在矛盾中發展，在對立和衝突中走向合作和協調，最後走向一致，走向統一，走向大同。

美國在將近一個世紀裏一直是並且在今後幾十年還將是世界上最強大的國家，它自己視為世界的領導者，其實不過是霸權而已。既是霸權，它就把自己置於全世界人民的對立面，全世界人民有權利跟它展開鬥爭。前邊說到美國在三個問題上表現了它的帝國主義侵略本性，這應該是全世界人民跟它鬥爭的焦點所在。美國以各種藉口，派兵到一些國家，支持一些力量推翻原有政權，既出於國內軍火集團的鼓動，更有經濟利益的考量，同時還有意識形態在起作用。美籍華裔學者杜維明在《儒家傳統與文明對話》中說：「美國是個超級大國，常常不通過聯合國、甚至不通過北約，就獨斷專行；不進行協調，只是以國家利益為最高利益，要改變世界很多國家、特別是先進國家同意的關於全球溫化問題的京都環保協約；因表現傲慢而被法國、瑞典等國趕出聯合國的人權組織；要脫離一九七二年與蘇聯的核戰裁軍協定；對異文化、西方以外的文化既無瞭解也無瞭解的意願，既無知又傲慢──對世界和平文明的發展來看，這是非常令人擔憂的。」（第45─46頁）筆者在《文化圈層論》裏說過，資本主義制度跟社會主義制度屬於對抗性矛盾，把這句話改變一下說法，是民主制度跟專制制度存在對抗性矛盾。所謂意識形態衝突，即指這一種。各個國家採取什麼制度，是本國人民的事，在那些國家條件尚不具備的情況下，美國等帝國主義國家用武力改變別國政治制度的做法，既違背《聯合國憲章》，也不一定能夠取得成功。因此，無論哪一種，都是應該加以反對的。

前邊引用了克萊德‧普雷斯托維茨在其《經濟繁榮的代價》中所說美國人利用美元盤剝世界人民一段話。普雷斯托維茨同時承認，「最近，世界表現出

了對接受美元的不情願態度，而且有愈演愈烈的趨勢。二○○七年五月，科威特停止了將第納爾與美元掛鈎的做法，採取了與一籃子貨幣掛鈎的政策。從那時起，海灣合作委員會（沙烏地阿拉伯、巴林、阿曼、卡塔爾以及阿拉伯聯合酋長國）一直都在就是否將它們正在計畫中的共同貨幣與美元以外的貨幣掛鈎爭論不休。事實上，美聯儲前主席格林斯潘就已經注意到歐佩克（石油輸出國組織）國家『已經意識到將石油美元換成石油歐元的價值』。這種情況不僅發生在歐佩克，在過去的幾年間，俄羅斯、泰國、馬來西亞，以及其他國家也已經減少了他們的貨幣儲備中美元所占的比例。」（第4頁）

它又說，「我們由於美元獨特的作用而受到了保護，但是這不可能永遠地持續下去；或許連另一個十年都不可能。」（第33頁）

取消美元霸權，實行貨幣多元化，是全世界人民的共同戰鬥任務。歐洲國家已經有了歐元跟它分庭抗禮，當「亞元」、「非元」等地區通用貨幣相繼誕生之後，美國的威風就會掃地，世界各國人民所受的金融之害就可以大大減少。

中國這個發展中的大國和美國這個世界上最強大的國家，現在屬於不同的政治制度。前邊說有三個不同，其中兩個不同已經發生變化，正在「趨同」，第三個不同——一個實行民主，一個實行專制——短時間內不會改變。在《文化圈層論》中，筆者把制度上的對立稱作「對抗性矛盾」。在中國和美國之間，這裏要加上第四個不同，即各有各的國家利益。當國家依然存在的時候，各個國家都會有自己獨特的根本利益，或說核心利益。特別是在資源、領土完整和主權上。如果說前三個不同可以逐漸由不同變為相近似，那麼這一個不同卻比較麻煩。在中美之間，既有因制度不同而必然帶來的矛盾的對抗性，又有國家根本利益所產生的衝突。中美兩國各有不同的國家利益，雖然不能說是完全對抗性的，卻是各自處理國際關係的根本出發點，是在長時期裏起作用的重要因素。這個因素還帶來第三個因素，是美國這個已有的強國、大國對新興的大國的抵制、反對態度。中國不會追求霸權，這是中國政府反覆申明的，但美

國卻總是把中國視為對它的霸權地位的挑戰。

美國現在面臨著一個嶄新的局面：如何面對以中國為代表的新興大國的快速發展。十多年前，布熱津斯基出版了一本書，題為《大棋盤》，共七章。第二章說：「中國崛起為大國，也產生一個非常重大的地緣政治議題。最樂觀的情況是，把一個推動市場自由機制、民主化的中國納入一個廣泛的亞洲區域合作架構內。但是，假設中國並未民主化，卻在經濟及軍事上繼續增長實力，會是什麼狀況？不論鄰國意願及考量如何，可能會出現一個『大中華』，而且若是企圖阻擾大中華的出現，必會與中國產生激烈的衝突。這類衝突會使美、日關係吃緊——因為日本未必就肯追隨美國去圍堵中國——因此可能會對東京所界定的日本區域角色產生革命性大變化，或許甚至造成美國軍力退出遠東。」（第66頁）布熱津斯基曾經是美國政壇大名人，後來雖然離開政界，他的政論著作影響力之大卻是不言自明的。他這段話說出了美國政界的普遍心理。有人替美國辯護，說美國並不企圖「圍堵」中國，布熱津斯基這段話裏明白無誤地說到「圍堵中國」。這是美國的最高戰略目標。

這段話後，布熱津斯基說：「最危險的一個潛伏狀況是：中國，俄羅斯，或許再加上伊朗，組成一個『反霸權大同盟』，這個同盟不是以意識形態為結合，而是因一致不滿美國而組合。它的規模令人想到從前中、蘇集團呈現的挑戰，不過這一次中國可能當帶頭，俄羅斯則跟隨在後。故不論這個狀況的幾率有多麼渺小，要避免掉它，美國必須同時在歐亞大陸的西側、東側和南側，展示出地緣戰略的純熟技巧。」（第67頁）美國重返太平洋，美國國務卿高調宣佈美國不會放棄東亞，都是從這個戰略目標出發的。筆者在寫這段話的日子裏，伊朗和敘利亞兩國的上空正彌漫著濃濃的烏雲，美國和以色列正準備用武力阻止伊朗發展「核武器」。聯繫布熱津斯基這段話，人們會問，美國目前的做法是僅僅對著伊朗嗎？如果伊朗的問題解決了，美國下一步的「地緣戰略」會針對著誰？

撒母耳‧亨廷頓在他著名的《文明的衝突與世界秩序的重建》中，從對文化、文明的分析得出了相近似的結論：

中國正在發揮的作用可以從以下方面看出：首先，中國描述它在世界事務中的立場的方式；其次，海外華人在經濟上介入中國的程度；第三，其他三個主要的華人實體香港、臺灣、新加坡與中國的經濟、政治、外交聯繫的不斷發展，以及華人有著重要政治影響的東南亞國家更加傾向於中國。

中國政府把大陸中國看作是中華文明的核心國家，所有其他華人社會都應傾向於它。自從放棄通過當地的共產黨來促進它的海外利益後很長時間以來，中國政府一直尋求「自己作為世界華人的代表地位」。對中國政府來說，所有的炎黃子孫，即便是另一個國家的公民，都是中華共同體的成員，因此在某種程度上應服從中國政府的權威。中國人的認同開始根據種族來確定，正如中華人民共和國的一位學者所提出的，中國人是具有同樣「種族、血液和文化」的人。九十年代中期，這一論調在官方和民間越來越流行。對於中國人和那些生活在非中國社會的華裔來說，「鏡子檢驗」就成了對他們是誰的檢驗，「去照照鏡子」是傾向於北京的中國人對那些試圖與外國社會同化的華裔的告誡。散居在各地的華人，即具有中國血統的人（以此區別於「中國人」即生活在中國的人），越來越明確地使用「文化中國」這一概念來表明他們的共識。二十世紀曾是西方眾矢之的的中國認同，現在正根據中國文化這一持續要素來被重新闡述。

歷史上，這種認同與華人國家同中國國家的中央權威的關係之變化是一致的，這種文化認同感既有助於幾個華人國家之間的經濟關係的擴展，又為這種關係的擴展所加強；這些華人國家反過來又成為促進大陸

中國和其他地方的經濟迅速增長的一個主要因素；其結果又為中國文化
認同的增強提供了物質和心理上的動力。

　　因此，「大中華」不僅僅是一個抽象的概念。它是一個迅速發展的
文化和經濟的現實，並開始變為一個政治的現實……（大陸版第182—
183頁）

　　亨廷頓的論述顯然更進了一步。他強調了「大中華」的概念及其影響。他
不僅僅害怕中國的強大，他更害怕全世界華人團結所形成的力量。一九九七年
十二月六日，亨廷頓為這本書的中文版寫了《序言》，把他的內心焦慮和寫這
本書的主旨如實表現了出來。他說：

　　　如果中國經濟在未來的十年或二十年中仍以現在的速度發展，那麼
中國將有能力重建其一八四二年以前在東亞的霸權地位。另一方面，
美國一貫反對由另一個強國來主宰歐洲或東亞，為了防止這樣的情況發
生，美國在本世紀參加了兩次世界大戰和一次冷戰。因此，未來的世界
和平在相當大的程度上依賴於中國和美國的領導人協調兩國各自的利益
的能力，及避免緊張狀態和對抗升級為更為激烈的衝突甚至暴力衝突的
能力，而這些緊張狀態和對抗將不可避免地存在。

　　　　　　　　　　　　　　　　　　　　　　　　　　——序文第2頁

　　這位曾經擔任美國政治學會會長的著名學者，在他的書中有一個頗為有趣
的設想，而他設想中事件發生的時間正好就在筆者醞釀寫這本小冊子的時候。
雖然他的具體設想大都沒有實現，但其基本精神是符合美國的戰略構想的。我
們來看一看他的設想：

　　鑒於美國的利益，美國與中國之間的戰爭將如何發展？假設在二〇
一〇年，美國軍隊撤出了已經統一的朝鮮，在日本的駐軍也極大地減
少。臺灣和中國大陸已和解，臺灣繼續保持它事實上擁有的大部分獨
立，但明確承認北京的宗主權，而且依照一九四六年烏克蘭和白俄羅斯
的模式，在中國的倡議下進入了聯合國。南中國海石油資源的開發進展
迅速，大部分區域是在中國的保護之下，而越南控制的一些區域則由美
國公司開發。中國因擁有新的兵力投放能力而信心大增，宣佈它將建立
對整個南中國海的控制，中國對整個海區一直宣稱擁有主權。越南開始
抵抗，中越之間隨之發生海戰。急於雪一九七九年之恥的中國人入侵了
越南，越南求助於美國。中國人警告美國不要插手，日本和亞洲其他國
家則驚恐萬狀。美國人表示不能容忍中國對越南的入侵，呼籲對中國實
行經濟制裁，並將少數僅存的航空母艦特混艦隊中的一支派往南中國
海。中國譴責美國的行動侵犯了中國的領海，於是對特混艦隊發動空
襲。聯合國秘書長和日本首相為推動停火協議所作的努力失敗，戰火蔓
延到東亞的其他地區。日本禁止美國使用美軍在日本的基地從事反對中
國的活動，美國無視禁令，日本宣佈保持中立並封鎖美軍基地。中國人
從臺灣和大陸派出的潛艇和陸基飛機重創美軍艦隊和在東亞的軍事設
施。與此同時，中國的地面部隊挺進河內，佔領了越南的大片領土。

　　　　　　　　　　　　　　　　　　　　　　　　——第361—362頁

　　這一段話好像是從存放在美軍總參謀部的作戰計畫中抄出來的。它對中國
外交政策的描寫違背了中國政府宣佈的對外政策。中國堅持和平崛起，對鄰國，
中國實行睦鄰政策。中國認為，大小國家一律平等，中國不會走大國沙文主義的
道路。亨廷頓這樣寫，既為美國的霸權政策張目，也通過醜化中國形象使世人對
中國產生誤解。一百多年前，美國著名海軍歷史學家、海軍戰略理論家、曾擔任

美國海軍學院院長和希歐多爾‧羅斯福總統的軍事顧問的阿爾弗雷德‧塞耶‧馬漢著有《海權三部曲》，宣揚「誰擁有了海洋，誰就擁有了世界」。這一思想一直是美國政治家、軍事家、戰略家的指導方針。明白了這一點，對亨廷頓這樣描寫，對近年來美國把戰略重點移到太平洋，就可以完全瞭解。

筆者是樂觀派。對美國的種種作為，筆者認為，都將是心勞日拙。

二百多年前，世界上有一個經濟和軍事大國跟一個新興的大國展開了長達一個多世紀的競爭，那個新興的大國就是美國，那個強大的經濟和軍事大國，是美國的宗主國英國。美國獨立前，大不列顛採取一切手段，抑制美國的發展。它不讓後者發展工業和商業，規定後者只能提供農業產品、木材和其他原材料。當時在美國的知識份子中，展開了一場以什麼方式跟英國進行競爭的大辯論，持續了很長時間。辯論的主題，是應該模仿它的前殖民者英國，積極參與到正在歐洲大地蓬勃展開的工業革命大潮中，抑還是如英國所希望的那樣，繼續充當初級農業產品生產者的角色？其結果，是形成了一種傾向於把大英帝國推向繁榮之路的模式。現在，一場新的競爭開始了，所不同的是，當年的新興大國美國，站到了它當時與之激烈競爭的大英帝國的一邊，而把它自己所處的位置，留給了現在的新興大國──中國。歷史在重演。當年，美國勝利了，這一次，結果將如何呢？（本段參考了《經濟繁榮的代價》第37頁）

國家的強弱興衰由多方面因素形成，在盛極時「走下坡路」是必然的，而且往往只能在跟別的國家相比較中才能看出。對此，應該持超然的態度。硬要阻擋一個國家的強盛，反而會使自己衰落得更快。正確看待「他者的崛起」或「他者」的衰落。鬥則兩傷，和則雙贏。有一點可以肯定，當美國的侵略本質改變之後，世界就距離大同盛世不遠了。

附帶要說的是：

臺灣和大陸現在處在不同的制度之下，這由歷史形成，也將會在歷史中消滅，改變。「和平統一，最終一制」，就是我們的指路標。美國把臺灣問題當

作跟中國鬥爭的一個砝碼，是暫時的。美國應該認識到，臺灣問題是中國的內
政問題，過多的干涉，只會破壞兩國的關係。

第九章　建立和諧有序的社會

§9.1　公平、公正、正義、平等：最基本的要求

讓我們回到柏拉圖的《理想國》。

《理想國》是一部大部頭著作，共分十卷。但是，對未來理想社會的描述並不是這部書的重點，它只占很小的篇幅。這部書的重點是討論「正義」。全書的各方面內容都是圍繞著「正義」問題展開的。第一卷討論「正義」的定義，接著討論正義是何種善，以及城邦中的正義，直至第四卷都是談這個問題。第四卷還談到靈魂中的正義。第八至第九卷討論靈魂和城邦中的非正義。第十卷討論藝術和不道德的問題。為什麼在《理想國》中把正義問題放在中心呢？就因為在「理想國」中，正義把人們緊緊地聯繫在一起。正義和非正義，是人們分辨善惡美醜，決定實行與否的主要標準。它是人與人之間的紐帶。人們不是感性地生活在一起，而是理性地生活在那個「理想國」裏。

正義來源於真理，來源於為大眾謀利益、謀幸福，來源於公認的價值標準，來源於對制度、準則的忠實執行。法國著名學者讓·雅克·盧梭在《社會契約論》中說：「從自然狀態過渡到公民社會，人類產生了一個顯著的變化：正義取代了本能而成為人們行為的準則，而且人們的行為也具有了前所未有的道德的品性。」（第49頁）

跟正義具有同樣重要價值意義的，還有公平和公正。

　　這兩個詞還可以加上修飾成分：公正無私，公平合理。不言而喻，這主要是對執政者的要求。無論國家管理機關還是各級管理機關，在其一切行動中都應該貫徹這個原則。亞里斯多德在《政治學》中說到，「理想城邦」應該是多樣化而不是一致化。他說：「城邦得以維持的基礎是彼此不同、互惠互利。城邦中公民不可能同時全都成為執政者，但他們可以輪番執政。按照這種方式，每個人都可以成為管理者。政治就應當這樣，所有人都分享治理權才是公平的。」（第21頁）亞里斯多德在《倫理學》中說：「公正作為僅有之德行，被看作是涉及『他人之善』，因為公正包含對他人的關係，總在增益於他人，而無論他人是元首或僅為普通公民。所以最不善之人無論處己或待友均暴露他是邪僻之輩，而善良之人都顯示其德行，這是很難能可貴的。在這個意義上，公正不是德行之一部分，而是德行之全體；反之，不公正也不是惡行之一部分，而是惡行之全體。」（轉引自《西方思想寶庫》第729頁）十七世紀最有名的倫理學家、荷蘭人斯賓諾莎在《政治論》中說：「在國家裏，每一個人的財產都是被公共的法律所決定的。如果一個人具有使每一個人得到其應得到的東西的堅定意志，他就是公正的；如果他企圖佔有屬於他人的東西，他就是不公正的。」（《斯賓諾莎讀本》第275頁）

　　人類要走向大同世界，除了社會環境「達標」以外，人本身的道德修養十分重要。而公平、公正、正義就是首先應該達到的。新近出版的著名經濟學家、香港中文大學教授郎咸平，在其跟楊瑞輝合著《資本主義精神和社會主義改革》所寫《前言》中說：「既然切割了『左』和右的錯亂思維，在經濟發展的現階段，我們應該如何理解馬克思的和諧社會和亞當·斯密的社會整體利益呢？其實對於不同的國家，經濟發展階段也應該有著不同的階段劃分，以現實意義而言我認為應該以『追求公平』為現階段的執政目的，只有在公平的基礎上，才能追求效率。講得更具體一點就是應該讓一部分人先富起來，但是其他人不能更貧窮。」（第6頁）

　　還有平等。這幾個概念是相近的，價值取向是相同的。美國學者伊曼努爾·華勒斯坦在《自由主義之後》中說：「作為一個國家來說，我們將怎麼辦呢？我們面前主要有兩條道路。一是激烈的社會衝突這條令人不安的道路；衝突中，焦躁不安的下層階級將受到殘暴而又帶有偏見的對待，將受到強有力的鎮壓──這是一條新法西斯道路。另一條是全民團結一致的道路，對共同感受到的社會壓力作出共同的反應；由此我們將捨棄自由和繁榮的好處，贏得平等的好處──這一平等也許尚未十全十美，但卻是一種真正的、沒有大批非既得利益集團的人們存在的平等。」（《自由主義的終結》第200頁）

　　在筆者看來，平等，最重要的是權利的平等。當然，對那些處在貧困線以下的人說，生存權是首先要解決的。但這樣的人，無論在哪一個國家，都是少數，而且貧困的標準亦在提高。美國也有貧困人口，也有流浪漢，但是美國的貧困人口跟發展中國家的貧困人口遠不在同一個水平。對大多數人說，民權重如天。民權，不在於多，而在於平等，在於應該有的不能缺席。在一部分人享受特權的情況下，侈談人權，侈談人人平等，是毫無意義的。「美國的民主制度史，就是民權不斷平等化的歷史。」（劉瑜《民主的細節》第6頁）美國的憲法，自從制定以後，幾乎沒有修改過，國會先後收到一萬多個修憲提議，但只有25個修正案通過並生效，除兩個法案相互抵消，有10個屬於「權利法案」，全部內容是限制政府權力，保證公民基本權利的。一九六四年七月，美國總統詹森簽署了一份「民權法案」，以「消除美國最後的不公平現象」（《正確觀察世界的11個思維模式》導言ⅩⅤ頁）。

　　當前各國普遍存在的問題，恰恰是不公正，不合理，缺乏正義，缺少平等。最突出的事例是貧富懸殊過大。

　　據《跨文化對話》報導，「最近許多研究都試圖從社會不平等問題入手來估測全球化（如許多非政府組織所認為的那樣）是否會加劇世界範圍內的不平等現象。聯合國開發計畫署印行的人口發展年度報告中還特別提到了這一令人

擔憂的趨勢。這些報告會定期提醒我們注意那個重要的80:20的比例，即，最富有的20％的人口有80％的收入、財富與經濟活動。而那大多數人則只能分享剩下的部分，還有12億人口每天的生活費不到1美元。我們確實生活在一個非常不平等的世界裏，這是無可辯駁的。據估測，全世界最富有的三個人所擁有的財富比48個最窮的國家裏的6億人口所創造的國內生產總值之和還要多。最富有的20％的人與最貧窮的20％的人的收入差異比數在一八二〇年是1:3，一八七〇年是1:7，一九一三年是1:11，然後在六十年代猛增到了1:30，現在已達到了1:75。同樣還是那最富有的20％的人掌握著全世界生產總值的86％，世界貿易的82％，全球FDI68％，而那最窮的20％的人在所有這些經濟發展指數中只占1％。」（《跨文化對話》第11輯第41─42頁）

美國學者克萊德‧普雷斯托維茨在《經濟繁榮的代價》中說到美國的貧富懸殊情況：「在美國，1％的富裕階層收入者佔據總收入的15％，相比較法國和日本這樣的國家，這一資料分別是4％和5％。所以，如果從比較中我們排除所有國家中1％的收入最高者，我們會發現，在像德國、日本、英國以及法國等國家中，99％的居民實際收入高於98％到99％的美國居民。」（第7─8頁）

普雷斯托維茨又說：「基尼係數衡量的程度差異是從0（所有人擁有同樣的收入）到1（所有的金錢都被集中到了社會的最頂層）。美國的基尼係數為0.37，在經濟合作與發展組織中排位最高，而經濟合作與發展組織的平均數為0.29，瑞典最低，大約為0.23。通過對比，分數最高的巴西和墨西哥大約是0.45，美國的基尼係數離巴西和墨西哥更貼近一些。一句話，它似乎表明，在美國更多的錢被更少的、非常富有的人所持有，這種情況比其他的主要大國更嚴重。事實上，占美國總人口比例0.1％的富裕階層拿走了美國全國8％的總收入，而在法國和日本，這一比例只是大約2％。請再想想美國人為保健所支付的更高的成本，比其他的主要國家高一倍甚至更多，大約有15％的美國人根本沒有醫療保險。」（第9─10頁）

由宋鴻兵編著的《貨幣戰爭》告訴我們一個令人吃驚的事實：

> 當國際媒體成天炒作身價500億美元的比爾・蓋茨蟬聯世界首富寶座
> 的時候，如果你信以為真，你就上當了。因為在人們耳熟能詳的所謂富
> 豪排行榜上，你根本找不到「大道無形」的超級富豪們的身影，因為他
> 們早已嚴密地控制了西方主要的媒體。
>
> 　所謂「大隱隱於朝」。如今，羅斯柴爾德家族仍在經營著銀行業
> 務，但是如果我們隨機在北京或上海的街頭問100個中國人，其中可能有
> 99個知道美國花旗銀行，而不見得有1個知道有羅斯柴爾德銀行。
>
> 　究竟誰是羅斯柴爾德？如果一個從事金融行業的人，從來沒有聽說
> 過「羅斯柴爾德」這個名字，就如同一個軍人不知道拿破崙，研究物理
> 學的人不知道愛因斯坦一樣不可思議。奇怪卻並不意外的是，這個名字
> 對絕大多數中國人來說是非常陌生的，但它對中國人民乃至世界人民的
> 過去、現在和未來的影響力是如此巨大，而其知名度是如此之低，其隱
> 身能力讓人歎為觀止。
>
> 　羅斯柴爾德家族究竟擁有多少財富？這是一個世界之謎，保守的估
> 計是50萬億美元。（第2頁）

請把500億美元的比爾・蓋茨跟50萬億美元的羅斯柴爾德家族比較一下，
相差何其巨大！比爾・蓋茨只是後者的千分之一。

聯合國開發計畫署發表的《民主治理與人類發展》說：「當前世界存在
兩個比較棘手的問題。一是收入低下。對於發展中國家來說，要想使每天只有
1美元生活費的人減少一半，那麼，人均收入增長最樂觀的估計應該是年增長
3.7％。但在過去十年間，只有24個國家達到了這個水平，其中包括中國和印度
這兩個人口最多的發展中國家。而占世界人口34％的127個國家卻沒有實現這

樣的增長率。事實上,許多國家在最近幾年都是負增長,其貧困人口數相應地也有所增加。二是兒童死亡率高。雖然85個國家正努力將五歲以下兒童死亡率從一九九〇年的水平減少2／3或者業已實現這一目標,但它們也只占不足1／4的世界人口。同時,超過世界人口60%的81個國家到二〇一五年將無法實現這個目標。」(《全球化與公民社會》第396—397頁)

　　貧富懸殊過大的問題,既發生在一個國家之內,也發生在各個國家之間。聯合國開發計畫署在前引報告中接著說:「最讓人煩擾的是,那些幾無可能實現這些目標的國家都是世界上最貧窮的、最不發達的國家。其中大多數位於撒哈拉以南地區:該地區44個國家中有23個正處於衰落之中,而另外21個國家如安哥拉和盧旺達等幾乎沒有什麼資料可以用來做出判斷。南非是該地區僅有的一個營養不良兒童低於10%的國家。在包括厄立特里亞、埃塞俄比亞和尼日爾在內的6個國家中,這個比例則高達40%。」(第397頁)

　　不公平、不公正、不平等和非正義現象的大量存在,加深了社會各階層之間的鴻溝和社會矛盾,不利於建立和諧有序的社會,是急需要加以克服的。

　　能不能做到公平、公正、正義、平等,關鍵在執政者,也是主要對執政者的要求。執政者只有帶頭,嚴格律己,放棄私利,憑公辦理,這幾樣東西才可以基本得到保障。如果只許州官放火,不許百姓點燈,那這一切,都將遭到破壞。在蘇聯時代,史達林就是只許州官放火、不許百姓點燈的一個大獨裁者。凡是持不同政見者,都遭到清洗;人們在生活理念上、社會理想上等等方面有不同要求、不同願望,本應該建立自己的政黨,可是蘇聯人決不允許,赫魯雪夫想把蘇共變成「全民黨」,其實質是把所有的人拉攏在自己身邊,扼殺人們建黨的自由。結果,蘇聯在一夜之間土崩瓦解。

§9.2　剷除人類肌體上的毒瘤

§9.2.1　「饕餮」的四大家族

中國古代傳說中有一種兇惡的野獸，既貪婪，又貪財。《莊子‧駢拇》：「不仁之人，決性命之情而饕富貴。」人們把它作為貪食、貪財者的象徵。古代銅器上多刻有饕餮的頭部形狀做裝飾，稱饕餮紋，起警示作用。《宣和博古圖》：「周饕餮尊，純緣與足皆無文飾，三面狀以饕餮，所以示戒也。」

人間也有饕餮，而且勢力不小，成員眾多，為害惡劣，是人肌體上的毒瘤，如不割去，會使人體腐爛。

貪婪是人性惡的一種表現。一九八七年，好萊塢拍出影片《華爾街》，有個人物叫高爾登‧蓋克，他有一段道白，是：「女士們，先生們，一切的道理就在於此，貪婪是好的！貪婪是萬能的！貪婪是正確的！！！……還有，我要說，貪婪不僅能夠拯救泰爾達爾公司，也能夠拯救另一個出了毛病的大公司，它的名字就叫做美利堅合眾國。」（據張正明《新美利堅帝國》譯文，見第144頁）這段道白活畫出了貪婪者的醜惡嘴臉。他們把他人的財物掠為己有，堂而皇之地裝入自己的口袋，反而強詞奪理地說，這一切是正確的，合理的。他們一個個不勞而獲，大腹便便，過著花天酒地的生活。

人間的饕餮，可分為四大家族，簡言之，一曰貪官，二曰奸商，三曰獵頭，四曰地鼠。

貪官是人們早已知道的，自古就有。它的另一個說法，是政治腐敗。貪官都出在各級官員中，做官是他們腐敗的必要條件。他們利用官職，人民為了辦事，必須使錢，就是行賄，他們才辦。「對於大多數肯雅人來說，要『kitu kidogo』（斯瓦西里語『小東西』）幾乎是家常便飯。他們說：不行賄就很難

辦成任何事。把孩子送入公立學校意味著要行賄；如果你生病了需要藥品或是醫院的床位，除非賄賂幾個關鍵的人物，否則就不會有好運；開出生或是死亡證明，辦理工作、營業執照，所有這些都涉及賄賂。」英國學者潔西嘉‧威廉姆斯在《大事件》中寫道，「清除腐敗對於任何社會來說都是緊迫的，但是對於發展中國家來說更加關鍵。肯雅曾被認為是非洲成功的範例。但是腐敗問題已經給它造成了損失。這個國家現在是世界上10個最腐敗的國家之一。世界銀行估計，肯雅的貧困率在二十世紀九十年代有了增長，當時全球的貧困率卻在下降。嬰兒死亡率上升，初等教育入學率下降。顯然，肯雅的發展正在倒退，這要部分歸咎於腐敗。」（第119—120頁）

　　腐敗是一個全球性問題。比較起來，兩類國家腐敗最為嚴重，一類是文化比較落後的發展中國家，一類是實行一黨制的國家。發展中國家貪污橫行一個最主要的原因是，這些國家過去大都是美、英等帝國主義國家的殖民地，人民受剝削、受壓迫，生活條件惡劣，人民文化水平不高，過去沒有享受過民主。近幾十年來，社會發展快，新事物撲面而來，國家的法律法規對掌權者限制不多，他們憑藉手中的權力胡作非為，老百姓沒有辦法，只得靠行賄打通關節。特別是非洲，許多人依然是原始的採集狩獵者和熱衷於耕種貧瘠的山地的農民，交通閉塞，文化落後。非洲又有個特點，過去在帝國主義管制之下，本土居民沒有使用權力的傳統，現在一下子手中有了權，自然會有一種「有權不用，過期作廢」的心態，而不是真心實意為老百姓服務。即使只是醫院的一名護士，他也有掌管病房床位的權力，他會使用這個權力。至於實行一黨制的國家，如一些社會主義國家，都正為腐敗氾濫而弄得焦頭爛額，總是想方設法防止腐敗，然而越防止，腐敗越厲害。有的訴諸於道德，但是道德只對老實人和老百姓有用，對貪官這類人物，道德是不起作用的。

　　以上所說行賄買病床之類，在當今官場，實在不算什麼。嚴重的是利用各種手法，化公為私，巧取豪奪。蘇聯解體以後，各加盟共和國獨立，實行私有化，

在一公一私之間，僅財產估算上的差額，就使受益者撈到無窮好處。世界銀行和國際金融機構在各地鼓吹私有化，為一些人「發財致富」創造了極好的機會。中國的紫禁城，是權力的象徵，是官場的象徵。一些國家出現的腐敗分子，可稱為「紫禁城竊賊」。許多「紫禁城竊賊」是靠「私有化」發家致富的。

　　有一種說法，是馬克思主義的兩位創始人沒有預料到他們的主義造成了腐敗的溫床。這個說法是筆者絕不同意的。馬克思和恩格斯生活的時代，只見資本家對工人的殘酷剝削，所以他們著重談的是反對資本家的剝削和壓迫，不可能多談腐敗問題。但他們制定的民主戰略，特別是體現在《共產黨宣言》中的民主精神，跟今天是基本相同的，在實行民主政治的地方，腐敗都得到比較有力的遏制，凡是腐敗盛行的地方，都是沒有貫徹馬克思主義兩位創始人在《共產黨宣言》中制定的路線。郎咸平在為他和楊瑞輝所著《資本主義精神和社會主義改革》所做《前言》說：「我們詳細分析了歐洲一千多年的歷史之後，替馬克思得出了一個驚人的結論，那就是──『現存所有社會的歷史都是通過提高民主和法治水平來遏制腐敗的歷史』。也就是說，資本主義之所以能夠存活至今就是因為在馬克思過世之後，歐洲透過了更進一步的民主和法治控制了腐敗，從而挽救了馬克思時代的資本主義。而蘇聯的解體並不是因為馬克思的思想理論有什麼錯誤，而是因為蘇聯沒有遏制腐敗，違反了馬克思的理論。」（第4頁）這是非常深刻和中肯的。

　　民主國家也有腐敗，但跟以上兩類國家比較，有兩個不同，一是相對較少，二是無論什麼人搞了腐敗，都可以無所顧忌地揭發、檢舉，追究責任，給他應有的懲罰。在跟大陸一峽之隔的臺灣，出了陳水扁這樣一個大貪，但是現在陳水扁被關在大牢，當年權勢薰天，現在身心俱廢，精神將要垮台。北歐實行社會民主主義，人民享有廣泛的民主，生活水平高，貪官相對來說是稀有動物。記得十多年前中國黨報發表文章，題為《北歐某國（按，國名忘記）三十年發現一例腐敗》。

　　奸商也是古已有之，而且手法多樣：抬高物價，囤積居奇，制作假帳，偷稅漏稅等等，不一而足。

　　奸商投機取巧的例子不勝枚舉。就在筆者寫到這一章這一節的時候，媒體爆出大新聞，美國最大投資公司高盛公司的一位高管，二〇一二年三月十四日在《紐約時報》發表辭職信，揭露這個公司的「道德黑幕」，震動美國，震驚世人。在辭職信中，高盛執行董事史密斯抨擊公司「道德敗壞」，說他親見5名董事總經理罵客戶「傻瓜」，說公司的大環境是把從客戶身上賺取最大利潤放在首位，「如果你為公司賺夠了錢，又不是持斧殺人犯，你就會升到有實權的位子」。高盛被揭露，這不是第一次。二〇〇九年，有家雜誌把高盛比作一隻巨大的吸血烏賊。二〇一一年四月，美國參議員列文公佈為期兩年的金融危機調查報告，將高盛描述為「充斥著貪婪、利益衝突、公司犯罪的金融蛇窟」。九月，美國興起「佔領華爾街」運動，運動參加者打扮成大烏賊的樣子，在高盛公司紐約總部門前遊行，他們舉著的牌子上就寫著「高盛吸血」幾個字。高盛公司欺詐客戶，唯利是圖，是典型的奸商。

　　「獵頭」是筆者的杜撰，指這樣一種人，他掌握著一個公司或一個部門、或一個單位的大權，給他自己的報酬沒有限制，而是由他自己或有關的人隨意支付的，想給多少就是多少。中國有句俗話，叫「近水樓臺先得月」。「獵頭」就屬於這種人。它跟上一類不同的是，「奸商」既指整個公司，也指許多一般企業家，而「獵頭」指的是大企業的掌權人。美國學者拉菲‧巴特拉在《影響全球進程的社會週期律》中寫到美國跨國公司頂級經理人（CEO）「拿著全世界最高的薪水」以後說：「美國企業的特權規定簡直就是荒誕離奇。有些CEO即便被解雇了，竟然還能獲得一大堆好處，這就是有名的『黃金降落傘』。事實上，他們是黃金寄生蟲，這種做法挫傷了公司士氣，營造了貪婪腐敗的溫床。CEO們獲得天價補償的故事比比皆是。一家著名企業對其CEO獎勵3億美元，這筆錢要等他死後支付。有些公司對在位僅一年的CEO發放的離職

補償金高達1000萬—5000萬美元。最離奇的報酬出現在二〇〇五年，對沖基金經理詹姆斯・西蒙斯一年就賺了15億美元。」（第126頁）

　　作者又說：「美國商界精英貪得無厭、冷酷無情，他們與封建地主毫無二致。即便他們把自己的企業折騰到破產，即便他們迫使工人讓步，從而大肆壓榨工人工資，他們還是會發給自己動輒幾百萬美元的工資獎勵。CEO這個詞現在已經成了『無恥之徒』的同義詞。金錢對美國政治的控制，達到了前所未有的程度。結果就是，稅負逐步從富人那裏轉嫁到窮人和中產階級的身上。一九五〇年到一九八〇年，高檔所得稅率在70%—90%的範圍內波動，而低端收入應徵社會保險稅率變化範圍是4%—9%。到二〇〇五年，高檔所得稅率降到35%，而社會保險稅率卻躍升到15.3%。這正是有錢的捐款人從政客們手中獲得的切實好處。」（第127頁）

　　這種現象，張西明《新美利堅帝國》也寫到了。張西明書中寫到一種「比恐怖分子更加可怕的CEO」：「從二〇〇一年底開始，一個又一個CEO被揭出謊報企業利潤、誇大收益，或用類似手段制作假帳，抬高股價，套現自己的股票期權，金額天文數字般巨大。布希總統對這種此起彼伏的醜聞曾發出如此感慨：『今天這裏爆出幾十億美元，明天那裏又是幾十億美元。』越來越多的美國企業因其CEO等高層主管的違法犯罪陷入危機。由於涉案企業均程度不同地與會計公司、證券公司有勾結，共同瞞天過海，欺詐投資者和雇員，故美國政界、工商界和輿論界將此類事件稱為『會計醜聞』。二〇〇二年過半的時候，一群曾被神化的CEO們又以神話中才可能出現的可怕貪婪，將曾經牛氣沖天的美國股市變成了熊市樂園。『九一一』事件都沒有能夠打垮的美國經濟，卻在自己豢養出來的CEO們的踐踏下墜入了衰退深淵。此真所謂堡壘最容易從內部攻破。」（第64—65頁）

　　張正明接著說：「會計醜聞掀倒了美國企業的多米諾骨牌，讓世界看到了一幅完全相反的畫面：這個市場中最好的機會和最大量的財富幾乎都在少數人

手中。原來那樣理想化的美國市場，竟是CEO們勾結證券分析師、會計事務所對投資大眾和自己的雇員巧取豪奪以自肥的百醜圖。市場一旦失去信用，大眾的信心與信任立即土崩瓦解⋯⋯」（第65—66頁）

還有「內線人物」，是見不得陽光的那些人，筆者把它稱為「地鼠」。「所謂『內線人物』，是這樣一種『政經雙棲動物』，一方面，他們大多現在是或者曾經是巨型企業的CEO或其高層主管人員；另一方面，他們今日經商，明天做官，官商合一，或者即使專職經商，也與政界有極為密切的關係⋯⋯」書中引用美國著名經濟學家、《紐約時報》經濟問題專欄主筆保羅·克魯格曼所作《內線人物的遊戲》中的話：「今天美國資本主義所面臨的危機，並不只是醜聞暴露出來的一些具體細節——欺騙性的會計手法、不公正的股票期權、企業大肆向高層管理人員貸款，等等等等，而是在於資本的遊戲完全被內線人物的利益所控制與主導了。⋯⋯迄今為止內線人物最典型的極端案例，就是湯瑪斯·懷特：在安龍公司任職期間，他所領導的部門虛報利潤達5億美元，而就在安龍申請破產前，懷特將自己手中的安龍股票全部賣出獲利1200萬美元。這種情況下，我們還能夠把他看作一個道德高尚的人嗎？！但此人至今仍是美國的陸軍部長。「（第150—151頁）

張正明在《新美利堅帝國》中說：

　　　　市場經濟的背後，有許許多多「看不見的手」在發揮作用，經過長期發展和經驗的總結，人類將這些市場因素漸次置於制度化的框架內，使其按照一定的規則運行。於是才有了市場經濟就是法治經濟的說法，在這方面，美國長期被認為走在了世界前列，它自己更以此自豪乃至往往有些自大。但對這一次美國的泡沫經濟從形成、發展到破滅的全過程進一步深入分析可以發現，越來越多的「看不見的手」走向了其規則與制度設計的反面：董事會是為監督企業管理而創設的，但最後由監督而

變為同流合污；會計公司、律師事務所、券商公司、企業表現等級的評定機構、投資公司、銀行等等，在為企業提供服務的同時，也都被設計者賦予了外部監督預警的功能和職責，結果卻大量出現與企業勾結欺詐、坐地分贓的情況；解除管制的政策導向與股票期權的手段設計，本意都是解放生產力、刺激經濟健康增長，但卻成為少數高層主管掠奪性地竊取公共財富的方便之門；即使很多源遠流長的法治設計，也在新的條件下被社會的強勢群體濫用，成為保護其作奸犯科的盾牌，完全與制度設計者的願望南轅北轍。另外，美國經濟的深層次衍生品——內線人物，也是這次新形態經濟危機的重要誘因。（第142—143頁）

　　作者寫到「另類內線人物」：監督者與被監督者串通一氣。作者舉「安信達」為例：「像安信達這樣曾經是美國最權威、規模最大、歷史最長的會計公司，卻長期夥同安龍、世界通訊等巨型企業製造假帳，竟成了全球會計業『醜聞』與『恥辱』的代名詞，不僅害得投資大眾血本無歸，也使整個市場信用制度陷於崩潰。二〇〇二年七月，美國證監會主席哈威・皮特將安龍破產、世界通訊巨額欺詐醜聞以及為這兩家公司作假帳的安達信被判刑事罪與『九一一』事件相提並論，稱為對美國金融市場的四大打擊。『四大』之中有三個與安達信直接有關，理想中外部監督的制度設計完全變成了裏應外合的城門洞開。」（第160—161頁）

　　這種「內線人物」在股市破壞力極大。通「內線」者，可以一夜暴富，而普通人是不可能得到「內線消息」的，所以普通股民常常吃虧。

　　本節所說饕餮的四大家族，只是筆者的分類。筆者既非「股民」，又是經濟學的門外漢，所說，可能不夠全面或準確。美國二〇一一年九月爆發的「佔領華爾街」運動，是老百姓向金錢權力挑戰的一個標誌性事件，表面看，是反對銀行高管，實際是對著金錢權力的。到十一月，這一佔領行動擴大到美國許

多城市，擴大到歐洲一些國家，但最終結果可能是不了了之。

如何遏止掌權者拿過高的薪資，是一個全球性問題。

人類社會在政治制度的設計上，有很大成就和豐富的經驗，民主和法治就是遏止腐敗的主要法寶，但是在企業的管理制度上，依然處在混亂之中。雖有董事會、監事會等的設立，大都不能真正起到互相監督、互相制衡的作用，一因構成那些機構的人員大都是熟悉的，多數情況下形成利益共同體，二因首席執行官的權力過大，很少有可以跟它相抗衡的力量。

問題暴露出來了，是一件好事。今後的任務，是針對存在的問題，找出解決問題的辦法，設計嚴密又細緻的規則、制度，切除歷史老人肌體上的這些毒瘤，保證社會安全、有序地前進。在民主體制下，加強民主和法治是切除這種毒瘤的最好辦法。腐敗是專制制度的孿生體，要剷除腐敗，只能從改變政治制度做起。實現多黨政治，可以最大限度地發揮監督作用。利用媒體暴露，是各國行之有效的另一條渠道，但其前提是媒體要充分非黨派化。割除人類肌理上的毒瘤，不能寄希望於道德說教的力量。道德只是對普通老百姓發生作用，對饕餮們，無論他屬於哪一個家族，道德說教都是白費勁。還要看到，當老百姓都在一心一意做好人好事的時候，往往會給饕餮們造成可乘之機。幾乎可以說，越是高倡道德說教的時候，腐敗會越加嚴重。

§9.2.2 處在陰暗角落裏的金融帝國

跟上一節所寫饕餮們的貪得無厭比較起來，金融帝國的權勢熏天，就更是值得人們注意了。

這是宋鴻兵根據國外已有的大量文獻編輯而成的，書名，前邊已經引用過，是《金融戰爭》。作者是從銀行大鱷、其財富可能是身價500億美元的比爾·蓋茨一千倍的羅斯柴爾德家族寫起的，有二百多年的歷史。我們不必追述過去，只從上世紀八十年代日本的「頓挫」說起。

日本，是二戰以後發展很快的一個國家，就在前不久，它還佔據著世界第二經濟強國的寶座。一九八七年，索羅斯說：「日本崛起為世界主導的金融強權是一件非常令人不安的事情。」這話是對日本的讚美，另一方面，可也是一個「令（日本）人不安」的信號。《金融戰爭》中寫道：

當日本舉國沉浸在一片「日本可以說不」的歡欣之時，一場對日本金融的絞殺戰已在國際銀行家的部署之中了。

一九八五年九月，國際銀行家終於開始出手了。美英日德法5國財長在紐約廣場賓館簽署了「廣場協定」，目的是讓美元對其他主要貨幣「有控制地」貶值，日本銀行在美國財政部長貝克的高壓之下，被迫同意日圓升值。在「廣場協定」簽訂後的幾個月之內，日圓對美元就由250日圓兌換1美元，升值到149日圓兌換1美元。

一九八七年十月，紐約股市崩盤。美國財政部長貝克向日本首相中曾根施加壓力，讓日本銀行繼續下調利率，使得美國股市看起來比日本股市更有吸引力一些，以吸引東京市場的資金流向美國。貝克威脅說如果民主黨上臺，將在美日貿易赤字問題上嚴厲對付日本，然後貝克又拿出「胡蘿蔔」，保證共和黨繼續執政，老布希定會大大地促進美日親善。中曾根低頭了，很快日圓利率跌到僅有2.5%，日本銀行系統開始出現流動性氾濫，大量廉價資本湧向股市和房地產，東京的股票年增長率高達40%，房地產甚至超過90%，一個巨大的金融泡沫開始成型。

在如此之短的時間內，貨幣兌換發生的這種劇烈變化，將日本的出口生產商打得元氣大傷……（第198—199頁）

這以後的情形不必說了。作者把索羅斯的話跟國際金融家的計畫稱為「金融核彈」，直接指向東京。

　　近年來由美國次貸危機引起的經濟危機也是由這些人煽起來的。美國學者迪利普・希羅著《看懂世界的方法》說：「從麻省理工學院畢業的數學天才們曾經玩過的金融把戲如今被人們不屑地視為『點石成金的巫術』。在今天這個全球化的世界中，這些『神童』在他們貪婪的老闆的支持下，正在給人們帶來災難……始於二〇〇七年八月的美國次貸危機就是一個鮮活的實例。起初，危機的蔓延是緩慢的，它逐漸地積累能量，直到二〇〇八年九月危機波及了全世界。這場危機導致了美國很多金融巨頭的垮臺、股市的暴跌和經濟的迅速崩潰——數百萬人失去了工作、零售貿易和耐用品（如汽車和個人電腦）交易驟減、旅遊活動被取消。」（第69—70頁）

　　這位作者又說：「在美國歷史上，這已經不是銀行家們第一次表現出貪婪和不負責任。二十世紀八十年代末的儲蓄危機就是儲蓄銀行為了吸引存款提高存款利率而導致的，結果747家儲蓄銀行破產。在用來挽救這場危機的1600億美元中，除了350億美元之外，所有其他的資金都是由美國政府提供的。由於危機引發資金不足，一九八六年至一九九一年，美國年均新住宅修建量比先前減少了一半，只有100萬套……」（第84頁）

　　在國際金融界存在著一些嚴密的極少的人參加的組織，它不僅掌握著全世界的金融大權，而且掌握著許多國家的政治走向，許多國家的「總統」、元首不是聽命於選民，而是聽命於這個嚴密的金融帝國。美國第十六任總統林肯說過：「我有兩個主要的敵人：我面前的南方軍隊，還有後面的金融機構。在這兩者之中，後者才是最大的威脅。我看見未來的一場令我顫抖的危機正在向我們靠近，讓我對我們國家的安危戰慄不已，金錢的力量將繼續統治並傷害著人民，直到財富最終積聚到少數人手裏，我們的共和國將被摧毀。我現在對這個國家安危的焦慮勝過以往任何時候，甚至比在戰爭中更為焦慮。」

　　林肯是美國歷史上最有名的總統之一。他後來被刺殺了。他的悲劇下場他自己有預感，德國當時的鐵血首相俾斯麥也有預言：「他（林肯）

從國會那裏得到授權，通過向人民出售國債來進行借債，這樣政府和國家就從外國金融家的圈套中跳了出來。當他們（國際金融家）明白過來美國將逃出他們的掌握時，林肯的死期就不遠了。」宋鴻兵在《貨幣戰爭》中寫道：

> 林肯在解放了黑奴、統一了南方以後，立即宣佈南方在戰爭中所負的債務全部一筆勾銷。在戰爭中一直為南方提供巨額金融支援的國際銀行家損失慘重。為了報復林肯，更是為了顛覆林肯的貨幣新政，他們糾集了對林肯總統不滿的各種勢力，嚴密策劃了刺殺行動。最後發現，指派幾個行刺的狂熱分子實在不是一件困難的事。
>
> 林肯遇刺後，在國際金融勢力的操縱下，國會宣佈廢除林肯的新幣政策，凍結林肯新幣的發行上限為不超過4億美元。
>
> 一九七二年，有人問美國財政部，林肯發行的4.5億美元的新幣到底節省了多少利息。經過認真計算，幾個星期之後財政部的回答是：因為林肯發行美國政府自己的貨幣，一共為美國政府節省了40億美元的利息。
>
> 美國的南北戰爭，從根本上看，是國際金融勢力及其代理人與美國政府激烈爭奪美國國家貨幣發行權和貨幣政策的利益之爭。在南北戰爭前後的100多年時間裏，雙方在美國中央銀行系統的建立這個金融制高點上進行反覆的殊死搏鬥，前後共有7位美國總統因此被刺殺，多位國會議員喪命。直到一九一三年，美國聯邦儲備銀行系統的成立，最終標誌著國際銀行家取得了決定性勝利。
>
> 誠如俾斯麥所言：
>
> 「林肯的死是基督徒世界的重大損失。美國可能沒人能夠沿著他偉大的足跡前行，而銀行家們將會重新掌握那些富有的人。我擔心外國銀

行家以他們高超和殘酷的手腕會最終取得美國的富饒，然後用它來系統
地腐蝕現代文明。」（第46—47頁）

這些銀行家的組織，從羅斯柴爾德時代就有了。過去的組織不說了，且從
國際清算銀行說起。宋鴻兵書中說：

　　除了八月和十月，每年有十次，來自倫敦、華盛頓和東京的一批衣
冠楚楚的神秘人士來到瑞士的巴塞爾，然後悄悄住進尤拉賓館（Euler
Hotel）。他們來參加的是世界上最秘密、最低調，但影響重大的定期
會議。這十幾個人每人都有自己的辦公室和秘密的專線電話通往各自的
國家。300多人的固定團隊為他們提供從司機、廚師、警衛、信差、翻
譯、速記、秘書到研究工作的全套服務，同時配備給他們的還有超級電
腦、全封閉的鄉村俱樂部，以及網球場、游泳池等設施。

　　能夠加入超級俱樂部的人有嚴格限制，只有那些掌控著各國每日利
率、信貸規模和貨幣供應的中央銀行家才有資格加入，其中包括美聯
儲、英格蘭銀行、日本銀行、瑞士國家銀行和德國中央銀行的董事們。
這個機構擁有400億美元的現金、各國政府債券，以及相當於世界外匯
儲備總量10％的黃金，其黃金擁有量僅次於美國國庫，僅出借黃金所帶
來的利潤就可以完全支付銀行的全部開銷。每年10次的秘密會議旨在協
調和控制所有工業國的貨幣活動。

　　……

　　戰後，國際清算銀行的活動更加隱秘。它是由被稱為「核心俱樂
部」的六七個中央銀行家組成，其中有美聯儲、瑞士國家銀行、德意志
聯邦銀行、義大利銀行、日本銀行、英格蘭銀行的董事們，法國銀行和
其他國家的中央銀行被排除在核心圈子之外。

「核心俱樂部」最重要的理念就是要把各國政府堅決排除在國際貨幣決策過程之外。瑞士國家銀行本來就是私有銀行，完全不受政府控制。德意志聯邦銀行幾乎和瑞士銀行一樣我行我素，在利率變動這樣重大的決策上也完全不和政府打招呼，它的總裁普爾甚至不願坐政府安排的飛機到巴塞爾開會，寧願坐自己的豪華轎車到瑞士。美聯儲雖然受政府一定程度的制約，但是在貨幣問題決策上白宮和國會完全無緣置喙。義大利銀行在理論上必須接受政府控制，但它的總裁從來就是和政府不咬弦，一九七九年政府甚至威脅要逮捕義大利銀行總裁帕羅·巴非（Paolo Baffi），在國際銀行家們的壓力之下，最終作罷。日本銀行的情況較為特殊，但在二十世紀八十年代日本房地產泡沫崩潰之後，大藏省對日本中央銀行的干預被形容為罪魁禍首，日本銀行趁此機會掙脫了政府的鉗制。英格蘭銀行被政府看得很緊，但它的總裁都是手眼通天的大人物，所以也被算作核心成員。法國銀行就沒有這樣幸運了，它被看成是政府的傀儡，被堅決排除在核心圈子之外。（第139—144頁）

至於國際貨幣基金組織和世界銀行，是人們常聽說的，它不是秘密組織。但這兩個機構實際都由美國控制。「國際貨幣基金組織是歐洲人坐頭把交椅，為了防止局面失控，美國財政部設計了諸多重大議題，贊成票必須達到85％以上才能實施的條款，相當於賦予了美國財政部（17％投票權）一票否決權。而在世界銀行，由於是美國財政部挑選行長，在完全掌握人事權的情況下，只有很少的情況才設置85％贊成票的門檻，以便提高『效率』。這就是玩『政策設計』和僅局限於『操作流程』二者之間層次的落差。」（第146頁）此外，還有彼爾德伯格俱樂部、三邊委員會等組織。

讀到這裏，我真的有些感到困惑了。在各國政府之外，竟然還有這麼多組織，在操縱著或影響著金融這個攸關全世界「國計民生」的東西。我想，萬一

那些在巴塞爾開會的人們反對全世界走向大同世界,他們秘密策劃於地下,只一封封電訊,就使全世界的金融交易發生紊亂,可怎麼辦?

這是人類肌體上更大的毒瘤。這些毒瘤如不切除,真的不知道以後會有什麼樣人為的災禍降臨到頭上。

如果說切除上一節所說毒瘤主要靠政治制度的革新和民主與法治的完善,那麼,切除這一種國際間的大毒瘤,就靠全世界人民的共同努力了。現在似乎還沒有一個有效的辦法,但隨著世界經濟一體化和各國政治民主化的發展,人類必將會制服這只金融魔獸。

§9.3　去私

要真正實現共產主義,有一個重要的道德問題必須提出來,就是去「私」。本書說到「私」,已有幾次,這次是把「私」放在道德法庭上審判。

我的故鄉小淮村是一個約有三百多戶人家(指過去)的大村子。是一個村子,卻分成兩個行政村,村名上分別冠以「前」「後」二字;當是因為在明清時代一部分居民屬於「鹽戶」,一部分居民屬於「農戶」,術業不同,需要區別,延續下來,到現在還是如此。我小的時候,兩個村子(實為一個村子)共有三所學校,兩所公立,一所私立。我十歲那年,即一九四五年春天,由跟我家一牆之隔的前小淮公立學校轉到名為育三學校的私立學校讀書。說是「私立」,並不是私人,而是屬於東社。全村有四個社,東社是其中之一。那學校的南牆上寫著一行大字:「青年的大敵:懶和私。」這兩個字概括了青年人的通病,也是人類的通病。兩相比較,私比懶更壞。懶,只要不妨礙他人的自由和幸福,人們一般不會計較。在面對眾人的勤奮時,懶漢會自慚形穢,即使有人做不到這一步,也沒有多大關係。而私,卻會影響到、妨礙到他人的自由和

幸福。私屬於道德規範。共產主義的本質特徵是大公無私，而私正好跟它相矛盾。要走向世界大同，必須「去私」。

　　凡動物，都有「私心」。因為動物都是個體，都要生存，都要活得好。如有一塊食物擺在面前，它不會讓給同類，總是「先下手為強」。人是高級動物，有道德，知善惡，但人同樣要生存，要活得好，所以人也會有「私心」。《荀子》說：「凡人有所一同：饑而欲食，寒而欲暖，勞而欲息，好利而惡害，是人之所生而有也，是無待而然者也，是禹桀之所同也……」（《榮辱篇》）。荀子跟孟子不同，孟子主張性善，荀子主張性惡。這裏不談他二人誰對誰錯，只就上引荀子的話看，它是有一定道理的。到王充時代，他來個中庸，說：「論人之性，定有善有惡。其善者，固自善也；其惡者，故可教告率勉，使之為善。」雖是中庸之論，仍無法否認人性存在「惡」的一面，這「惡」，一言以蔽之，就是「私」。

　　私的表現多種多樣，而且總是跟其身份，跟其所處的地位和環境有關。這不是筆者所關注的，因為太平常、太普遍、太常見了。筆者更注重相反的情況，就是具有高尚道德的的人。要看到，並不是所有的資本家都是自私的、唯利是圖的。許多大企業家並不是為了發財致富而從事經營活動或產品開發的，他們那樣做，是為了實現自我，是為了給人類創造財富。世界上許多大富翁都是大慈善家。著名富翁比爾・蓋茨說：「當你達到一定的富裕程度，金錢就不再真的有多重要了。它已不能使你吃得更好，旅行得更好，或者駕上一輛更豪華的車。我已經說過，有一天我要放慢我的工作節奏，我要把我所有的財富的95％捐給慈善事業，因為不管我日後會有幾個孩子，我都無意把全部財產留給我的家庭。無論我將來能積蓄多少財富，我到時候一定會找到一個最佳辦法，讓別人都能從中受益。但是，我們還沒到那一步。眼下我想，我個人對世界的最大貢獻就是做好我的工作。」（轉引自《全球五百強》序文）有些資本家為了給社會創造財富，自己省吃儉用，或者連明徹夜地苦幹，累彎了腰，磨破了

手上的繭。許多資本家是靠自己辛勤勞動掙到第一桶金的。不能一提資本家就認為是壞人，是自私鬼。

為著個人的自私不可怕，可怕的是為著集團的自私，為著職務的自私。當了總統，想著修改憲法，把總統任期延長，或增加什麼「赦免條款」。部會首長，大權在握，有利於自己的事情趕快辦，不利於自己的事「慢慢來」，所謂有權不用，過期作廢。選舉在即，一些政黨憑藉某種優勢，不顧道義和正義，把本黨成員塞進選舉委員會，而把別的黨派排斥在外。如此等等，都是極其要不得的。某國總統，在帝國主義面前有一股鬥爭精神，贏得人民的擁護，他幾次要修改憲法，規定自己為「終身總統」，卻就遠離人民了。這是專制主義的復活。真希望未來的民主之父，在制定憲法時，能夠完全不顧個人的利益，本黨本派的利益，而出以公心，使所制定的憲法和各項法律真正成為公平合理的準繩。

我想到美國開國的三位偉人，他們是佛蘭克林、華盛頓和傑弗遜。這三人有個共同的特點，是毫無自私自利之心，一切從公眾的利益出發，從國家和革命的需要出發。是他們建立了美利堅合眾國，是他們為美國制定了第一部《憲法》，是他們在《憲法》中把人民放在至高無上的地位，是他們——用中國的傳統話語說——打下了天下，卻沒有把天下據為己有，即當作私有財產，給兒孫後代留下，而是他們為之服務的機關。請看佛蘭克林的十三條修身條目，在「節制」、「沈默寡言」、「秩序」等之後，是「誠懇：不欺騙人，思想純潔公正，說話也應誠實」、「正直：不做不利他人之事，不要忘記做你應該做的對人有益的事」，等等。美國開國後，華盛頓擔任兩屆總統。他說：「一直以來，我都抱著這樣的信念走上政壇：我來這裏並不是為了我個人的思想意志得到貫徹，更不是為了個人的權利得到滿足，我的目的是讓公眾的利益得到滿足，是讓人民的正義得以伸張。」（《美利堅開國三傑書》第194頁）華盛頓在《第一任就職演說》中說：「退居林下，系我一心嚮往並已選定的歸宿。我

曾滿懷奢望，也曾下定決心，在退隱之地度過晚年……」，這樣的話，其實也是另二位的真實想法。他們令人敬仰的地方，既在於隨時回應公眾的召喚出來工作，更在於退隱之後，不再過問政事，而且不向人民要求別的，比如給兒孫後代「安排」工作等等。一些人是因為曾經「打過天下」而要「坐天下」的，這跟美國開國三傑比起來，是多麼不同！

　　我更想到兩千多年前希臘民主的主要設計者梭倫和伯里克利。梭倫是一位偉大的立法家。他看到雅典平民和貴族之間的鬥爭常發生流血慘劇，試圖用和平方式解決衝突。他提出了「平等不會產生戰爭」的口號。他耐心地勸告雙方，不要用激烈手段。他把強力和正義結合在一起。經過他的努力，得到雙方的信任和授權，對雅典城的政治進行了改革，被後人稱為「梭倫改革」。梭倫完全撇開一己之利，所以得到人們的擁護。他曾說過：

> 我給了一般人民以恰好足夠的權力，
> 也不使他們失掉尊嚴，也不給他們太多；
> 即使那些既有實力而又富豪的人們，
> 我也設法不使他們受到損害。
> 我手執一個有力的盾牌，站在兩個階級的前面，
> 不許他們任何一方不公平地占著優勢。

　　他稱他的做法是「中道」，用中國古人語言，就是「中庸」，不偏不倚。

　　此後，雅典城有一段時間為僭主統治。在跟波斯人的戰爭中取得勝利後，伯里克利執政達三十二年。他實行了一些列改革。他的措施使雅典民主成為千百年來受人尊奉的民主的樣本。公正的立法調動了人們積極參與政治生活的熱情，帶來了清晰的權利關係，體現著民主與法治的辯證。自由觀念在雅典人那裏，正是指一種進入公共領域、參與政治生活的自由。伯里克利在雅典陣亡將

士國葬典禮上發表了講話。他說：「我們的政治制度不是從我們鄰人的制度中
模仿得來的。我們的制度是別人的模範，而不是我們模仿任何其他人的。我們
的制度之所以被稱為民主政治，因為政權是在全體公民手中，而不是在少數人
手中。解決私人爭執的時候，每個人在法律上都是平等的；讓一個人負擔公職
優先於他人的時候，所考慮的不是某一個特殊階級的成員，而是他們有的真正
的才能。任何人，只要他能夠對國家有所貢獻，絕對不會因為貧窮而在政治上
湮沒無聞。正因為我們的政治生活是自由而公開的，我們彼此間的日常生活也
是這樣的……」（轉引自《圖說政治學》第19頁）

　　正是這些大公無私的制度設計者和立法者，才保證了他們治下民主與法治
的順利實施。

　　人性有種種，惡的人性同樣有種種。「私」是由人的個體性帶來的，但
人的理智卻使人分出「自私自利」、「損公肥私」或「大公無私」、「先公後
私」等種種不同的人性。在未來社會，任何個人的利益（即私利）都會得到照
顧，但是個人為著自己的私利而跟大眾形成對立，或者為著個人的自由發展而
妨礙其他人的自由發展，就不好了。對這種「私」，需要下大力氣去克服，就
是「去私」。

　　社會財富的多寡，是去私最根本的前提。當社會財富有限時，或僅僅可以
滿足人的最低生活需求時，私不僅會普遍存在，而且會無限膨脹，貪污盜竊，
假公濟私，都由此而來。階級也會由此產生。原始共產主義社會不能持續而進
入階級社會，最根本的原因，就在於社會財富的貧困。到共產主義社會，情形
大不相同。那時，社會財富極大豐富，人人不愁吃，不愁穿，不愁玩，不愁自
我之實現，「私」字便無由產生。所以關鍵在社會財富的積累。要走向世界大
同，發展生產，增加社會財富，是第一項的任務，也是硬任務。它是其他各項
任務的基礎。人口增長必然會帶來人均生產數字的不能同步增長。社會財富的
增長速度高於人口增長的速度，才可以保證「私」字不會產生出來。

　　法國著名歷史學家費爾南・布羅代爾在《文明史綱》中寫道：一六四五年九月十五日，笛卡爾寫信給詹姆斯一世的女兒伊莉莎白公主，答覆了這一問題：「儘管我們每一個人都是與別的東西有別的人，且因而被賦予在某些方面不同於世界上其他一切的利益，那麼我們必須總是想到，我們人不能孤獨地生存下去，我們實際上是宇宙中各部分中的一個，更特別的是還是這一地球各部分中的一個部分，是這一國家、這一社會、這一家庭各部分中的一個部分，他因居住地、因誓言和因出身而與它們連在一起。我們必須一直為我們構成其中一部分的那個整體的利益服務，這一利益優先於我們個人特別的利益。」（第305頁）每個人都能這樣想，就好了。

　　去私，必須是全面的，徹底的。一個環節被私破壞，則整個鏈條便運行不暢，甚至無法運行。

　　去私，不完全是個道德問題。在共產主義社會，去私，應該上升到法律層次。即以私損公，要受到法律制裁。

　　去私，必須配以戒懶。懶和私是一對親兄弟，有懶，必有私，懶本身，就是私的一種表現。戒懶，同樣不是一個純粹道德問題，應該上升到法律。康有為說，在大同世，「又有特別之律二條，一曰無業之罰，二曰墮胎之罰是也。」（《大同書》第頁）「墮胎之罰」不可，至少不能跟無業之罰相提並論。康氏這樣說，未免把不同性質的問題混在一起。但他提出無業之罰，是應該肯定的。

　　人的自私的社會根源，一在財富貧困，二在分配不公。到共產主義社會，這兩個問題都將會得到克服，所以存在去私的社會保證。私是人類的大敵。人類要徹底解放自己，只有向自己身上的私開戰。人類解放，真正「革命革到自己頭上來了」。革掉了私，大同世界就會來到，大同世界也不會變色。人類啊，對著自己身上的私，勇敢地開炮吧！

§9.4　發揚仁愛美德，建立普世倫理

要做到「……天下為公，選賢與能，講信修睦」和「人不獨親其親，不獨子其子，使老有所終，壯有所用，幼有所長……」，還必須加強倫理建設，使人們具有高尚的道德風貌。既然全世界將會成為一家，所要建設的道德就應該是普遍的，一致的，即建立普世倫理。

對建立普世倫理，有些人是不同意的。隨手翻出《跨文化交流》上一篇文章，就對建立普世倫理提出了質疑。作者說：「首先最明顯的就是，不同文化體系中的人也許對壞事有共識，對好事卻未必有那麼多的共識，所謂各有所好；其次，即使在好事上有些共識，然而在不同的文化語境裏，那些看似相同的準則在評價和實際闡釋中也許會處於不同的等級或優先次序。」「另外一個可能更能夠說明問題的例子是人權。對於通常主張的關於人權的條款，人們很少存在分歧，但總是會有大量永遠說不清楚的爭論。其原因何在？因為在更深層次上，人們有著關於人權的根本不同的邏各斯或者哲學語法，而且，他們各自不同的邏各斯很難進入彼此間的對話，因為互相不信任對方的解釋有效性。」（《跨文化對話》第9期第82──83頁）

這種說法是很勉強的。它拿一些在細小問題上的不同掩蓋、取代在高層次問題上的共同點。就以作者所舉「可以表明這種區別」的例子來說。用作者原話：「西方的個人主義傾向於強調個人權利的優先，而中國的人道理論則往往堅持相互責任的優先。通過邏輯分析可以發現，西方的個人主義暗示著：『個體的天賦權利必然要求別人有無條件尊重它的義務』……」（第83頁）這「暗示」著的一句是單方面的，而應該是所有人同樣如此。這裏就有一個如何平衡的問題。人人都「要求別人有無條件尊重它的義務」，那就大家都退後一步，每個人既堅持個人權利優先，也要尊重他人有同樣的優先權利，結果是互

相尊重。人和人相處，不能要求一方「無條件尊重」別人，而必須是互相尊重才行。人人強調「要求別人有無條件尊重它的義務」，那整個社會就成了刺蝟之家，大家都無法生活。可以拿《共產黨宣言》中「每個人的自由發展是一切人的自由發展的條件」一句，跟這裏的「個體的天賦權利必然要求別人有無條件尊重它的義務」相比較。這兩句話談的是同樣性質的問題，也屬於同樣的邏輯。「每個人的自由發展」是前提，但「每個人」同時又在「一切人」之中，「一切人」是「每個人」的集中、總括，「每個人」的「自由發展」得到了，意味著「一切人的自由發展」也得到了，這才符合理想，如果「每個人的自由發展」得到了，而「一切人的自由發展」卻失去了，你說，這個邏輯能成立嗎？因為「每個人」就在「一切人」之中，「一切人的自由發展」沒有得到，何來「每個人的自由發展」？同樣道理，「西方的個人主義暗示著：『個體的天賦權利必然要求別人有無條件尊重它的義務』」是對所有人說的，不是僅僅適用於某個天才。「個體的天賦權利」要得到充分保證，但絕不能妨礙、破壞其他人的「天賦權利」，其他人作為「個人」，也受到「無條件」的「尊重」。任何權利都是相對的，不是絕對的，不能只要求「別人」尊重自己，而自己忽視「別人」同樣的權利。即使「在更深層次上，人們有著關於人權的根本不同的邏各斯或者哲學語法」，那麼在「淺」層次上呢？建立普世倫理，是淺層次上的事，何必拿到「更深層次上」去要求？這樣的論述，是機械唯物主義的論述，缺乏辯證的觀點。

　　還要看到，社會在發展，人類的思想、人的性格、各不同民族的文化，既在互相接近，也會有更多的瞭解，瞭解而後自然會相容、相納。人類社會，是從分散走向集合、從差異走向趨同的過程。且不說古代社會各不同群體之間存在諸多相同或相近似之點，即使在進入文明社會以後，現在的東西方之間跟過去變化之大，也是令人驚奇的。二百年前，馬戛爾尼率領外交使團來中國朝覲乾隆皇帝，雙方之間在生活方式、宮廷禮儀等方面差距很大，幾乎可以說沒

有交集點，人們形容為「兩個世界的撞擊」。過了一百多年的清代末年，東西方之間的瞭解迅速多了起來，「西學東漸」，「東學」也在向西方傳播；「跨文化」的交流從來都是雙方面的，不可能是單方面的。又經過一百年左右的時間，到了改革開放的新時期，近年來的情況如何，前邊已經說到，是從思想觀念到生活用品等等，都在趨同之中。即從倫理道德層面說，人們對壞事有共識，對好事同樣會有共識。即以「孝」說，在過去，這種家庭倫理一向被當作東方國家所特有，西方國家不太講究，但並不等於西方國家主張不「孝」，只不過重視程度不同而已。西方許多著名學者都說過對養育了自己的父母要忠心侍奉、要知恩圖報一類的話，比如亞里斯多德就說：「以食物奉養雙親比供養其他人更重要，因為他們對我們有養育之恩；奉養我們的生身之親人超過對自己的照顧，是更值得讚揚的事。」（《西方思想寶庫》第234頁）這就是孝順父母之意。二十年前，一九八二年九月聯合國大會通過題為《老齡問題維也納國際行動計畫》，明確說「尊敬和照顧年長者是全世界任何地方人類文化中少數不變的價值因素之一」，更是把孝作為普世倫理，要「全世界」的人都來遵守。在歷史上，兩個過去從來沒有接觸過的民族，乍一接觸，把對方妖魔化是常有的。但是在互相有了接觸、有了初步瞭解之後，這種現象就不會再發生了。再進一步接觸，還可以變得互相融洽。這位作者自己處在「跨文化交流」之中，卻對不同文化的接近持如此悲觀的態度，是難以解釋的。

　　作者為了申述他的觀點，用了許多偽命題來論述。即以「……對好事卻未必有那麼多的共識，所謂各有所好」而言，前者說的是倫理觀念，後者說的是人的興趣愛好，怎麼能把兩者拿來互證呢？這兩個「好」就不是同一回事，「各有所好」的也許是壞事，如賭博之類。從興趣愛好說，全世界有幾十億人，是否就有幾十億種各不相同的「所好」？在一個組織或團體中，幾個人的「所好」可能很不相同，有幾個人就有幾種「所好」，但人多了，就有相同的「所好」，即使他們互不相識，卻並不妨礙他們有共同的「所好」，正是這種

相同的「所好」，使許多不相識者走到了一起，成立政黨，建立各種自助組織，就都出於這種「所好」。建立普世倫理是在更高層次上「求同」，也就是它的概括性更強，更容易成為人們的「共識」。作者問：「我們確實理解他者了嗎？」這個問題確實存在。凡不是「我思」，都可以說是「他者」，「他者」心裏想的，「我們確實」無法理解。在藝術欣賞上，同一個文本，尚且有多種解釋，即可以產生多種作品，所謂「一百個讀者就有一百個莎士比亞」，誰也不能保證他真正理解所讀作品。但這跟建立普世價值有什麼關係？至少像前引亞里斯多德的話，前引聯合國所做的決定，「我們」可以理解，「他者」也可以理解，全世界的人大都可以理解。

筆者的意思是，全世界的人對壞事可能「有共識」，對好事同樣有「共識」，而且可能有更多「共識」，這就是建立普世倫理的必要性和可能性。

本世紀之初，聯合國於二〇〇一年發表《文明對話宣言》，其第二章為學者杜維明撰寫。中說：

> 正在出現的世界共同體喚起我們對全球境況尋求一種全新的理解，這在歷史上尚無先例。一個令人歎為觀止的文化多樣性蘊涵著這樣一個核心觀念：我們是一個具有共同命運的人類大家庭。隨著世界相互依存程度的提高，我們不僅認同於整個全球共同體，也認同於我們的本土共同體。我們既是自己所屬國家的控股人，也是那個將地方、國家、地區和全球緊密鏈結起來的整體世界的股票持有人。我們分有的共同價值的視野將為文明對話提供和保持一種倫理基礎。我們意識到，當代生活的複雜性或許會造成一些重要價值的對立。實現多樣性與統一體和諧的任務過於沉重；私利和公善之間的衝突似乎不可解決；在眼前實惠與長遠利益之間作出選擇也往往不是一件輕而易舉的事。但我們相信，一種全

新含義的全球相互依存觀念對於我們通過合作在世界範圍內燃起希望之
光是至關重要的。

……

我們從一開始就申明，我們贊成捍衛個人自由，保護基本權利以及
對任何人類同等價值的承認和尊重。這些都是近代西方啟蒙運動所確認
的價值，它們是市場經濟、民主政治和公民社會的基礎。如果說它們在
任何現存社會中都沒有得到充分實現，那至少也代表了一種普遍的願
望。的確，自由、權利和個人尊嚴具有普遍的感召力，但同樣重要的價
值還包括義務、人類責任和共同體的利益。由此，我們便獲得了一張內
容超載的議程以供反思。培育義務感與保護個人自由可以相得益彰，這
會使我們在張揚個性精神的同時免遭社會解體的危險。鼓勵人的責任意
識與保障基本權利可以互為補充，這會在為人的思想和行動提供一個安
全空間的同時不致威脅社會凝聚力的基礎。在要求每一個行為為他人
（共同體）負責的同時，承認並尊重每個人的同等價值，這會使我們在
自我與社會的關係中找到平衡點。

……

——《全球化與文明對話》第88—89頁

沒有必要再引下去。建立普世倫理是這段文字的核心思想。那麼，普世倫
理應該有哪些具體內容呢？就是說，普世倫理具體有哪些德目呢？聯合國這份
《文明對話宣言》羅列了許多條目，筆者看來，中國古人所概括的「仁義禮智
信」五個字，可以包羅無遺。這五個字，就是五種美德，就是我們所應該建立
的普世倫理。

仁，就是人人懷著一顆仁愛之心。把這種仁愛之心用之於工作，就是「以
人為本」，全心全意為老百姓辦事；用之於他人，就是以愛相加（即「仁者愛

人」），就是關懷人，愛護人，尊重人；用之於家庭，就是孝；用之於整個社會，就是反對戰爭，保衛和平，跟一切殘害人類、「反人類」、有損於人類的現象做鬥爭。中國古代把施政分作王道和霸道兩種，施行仁政，就是王道，具有民主精神；以力壓人，就是霸道，也就是專制。仁者對人從不做強求之事，即所謂「己所不欲，勿施於人」。《文明對話宣言》說：「無論東方還是西方，學習仁愛之道（或者更直接地說，『成人之道』——learning to be human）都是所有古典教育的確定特徵。當我們走過人類歷史上或許是最野蠻的一個世紀後，學習仁愛之道就成為當代世界中富於深刻意義的挑戰。無論從分析的角度還是從整體論的高度看，人性觀念都可適用於在任何情況下的任何個人。我們已經在超越種族、語言、性別、地域、階層、年齡和信仰的平臺上昭示了這樣的信念：個人尊嚴是一種不可回避的價值，但這還不夠，我們還需要學習如何以仁愛的方式來對待人，無論他／她是一個貧窮老弱的白人、一個中國商人、一個猶太教的拉比，一個穆斯林的阿訇、一個年輕富有的黑人婦女還是其他什麼人。這就要求我們具備一種能力，即不僅把差異視為威脅，還將它視為一個豐富人性的機遇。」（第91頁）

　　仁，不僅是中國儒家所提倡，也是許多宗教和文化名人所提倡的，而它的對立面，比如對人施行殘酷手段，虐待人，打罵人，殘害人等等，無不受到人們的厭棄和痛斥。佛教主張行善，善就是仁。佛教所說的輪回，就是引導信眾行善，佛教教義認為，行善是獲得真理的必要準備和基本條件，人若行為不端或品行低下，就不可能獲得人生或事物的真理，就可能轉入壞的生存狀態。有人說，宗教情懷，也鼓勵了孝道，發揚了賑災精神，讓許多年輕人不會把家中的老齡者視為「棄鞋」，也不會對周邊國家發生的地震、海嘯、水災漠不關心而慷慨解囊。同時，信仰團體輔導了決裂的家庭關係，不會動輒把家庭暴力、瞻仰費、婚姻問題輕易帶上法庭。《舊約全書‧利未記》：「要愛人如己」。《新約全書‧約翰一書》：「親愛的弟兄啊，我們應當彼此相愛……」這跟儒

家「仁者愛人」如出一轍。「仁」雖然跟西方文化中常被強調的個人主義不相
一致，但兩者並不是對立的，而是有重合之處。跟西方倫理學精神之一的人道
主義則更多相合之處。實際上，「仁」早已成為普世倫理。恐怖主義為世界上
所有正義人士所一概反對、譴責，就因為它行的是不仁之事。美國搞霸權主
義，同樣是不仁之舉，形同霸道，應該受到譴責。

　　義，用中國著名哲學家馮友蘭的話說是：「義是事之『宜』，即『應
該』。它是絕對的命令。社會中的每個人都有一定的應該做的事，必須為做而
做，因為做這些事在道理上是對的。如果做這些事只出於非道德的考慮，即使
做了應該做的事，這種行為也不是義的行為，用一個常常受孔子和後來儒家的
人蔑視的詞來說，那就是為『利』。在儒家思想中，義和利是直接對立的。孔
子本人就說過：『君子喻於義，小人喻於利。』」（《中國哲學簡史》第37—
38頁）人們常把仁義連用。臺灣女記者張平宜十年前到大陸四川省一個麻風村
採訪，看到受麻風病之害的一群孩子，心生憐憫，放棄工作，在那裏住了下來
支教，改變了那個村子的面貌，使許多人為之感動。另有一台商，在大陸山東
扶植151個窮困孩子上學，有的讀到博士，有的成了企業家。這都表現了大仁
大義，大智大勇。

　　禮，是有禮貌、遵守秩序，對人和藹。《鏡花緣》裏有君子國，就是人
人有禮貌，或說具有「紳士風度」。這樣，打架鬥毆、無長無幼、衣冠不整、
隨地吐痰等不良惡習，都會改變。過去人們說中國是「禮儀之邦」，是否準
確，且作為罷論，但是，把這種「禮儀之邦」推向全世界，不是一件好事嗎？
智，是注重提高自己的文化素質，愛學習，好思考，有聰明的頭腦，有健康的
思維方式。智是思想文化和科學技術發展的基礎和必要條件。信，是講信用，
遵守諾言，凡承擔的責任，無不完成，絕不推諉或敷衍。杜維明說：「禮義是
對法治的補充。它為法律提供了一種道德基礎。它是與其他公民打交道的恰當
方式。如果積極的全球化趨勢（它在促進交流和相互聯繫的同時，並沒有帶來

霸權主義）有助於形成一個不斷擴展的關聯統一體，禮義就是維持這個過程的關鍵。沒有禮義，真正的對話無從談起。在跨文化交流中，禮義也是不可或缺的。擱置我們的判斷，批評性地審視我們的預設，充分欣賞對方的敘述而不急於得出不成熟的結論，深入探究相關問題以及對交流的含義進行反省，所有這些意願都蘊涵著一種公民倫理。」（第99頁）

杜維明在《智慧》一節強調了「智」的重要性：

　　人性和信任是共同價值的基礎。沒有它們，自由／正義，理性／同情，法律／禮義以及權力／責任等就不可能獲得一個可以充分實現自己的、健康的倫理環境。然而，共同價值的獲得要求一種個人的理智。自人類黎明開始，這一直就是哲學的核心話題。在蘇格拉底那裏，「認識你自己」的觀念蘊涵著精神練習、道德的自我培養，以及旨在成為一個完滿的人的人道主義學習方式。如果說理智意味著來自經驗的學習能力、獲得和保持知識的能力以及通過推理解決問題的能力，那麼正是憑藉作為智慧的人類理智，人類才倖存並繁榮起來。考慮到那些嚴重威脅我們作為物種的生存的重大危險，我們對智慧的需求就愈加迫切。

　　智慧意味著整體性的理解力，深刻的自我認識，長遠的視角，良好的常識感和判斷力。一次靈感發動固然可以對世界境況的某一側面作出精闢說明，但要完整地把握人類狀況，非通過連續性的教育不可。片斷的學習是不夠的。個人知識，即那種基於體驗的自我意識，只有通過不懈的努力才可能培育起來。以犧牲長遠利益而贏得短期實惠，這種做法可以說是聰明的，卻決不是智慧的。儘管「從長遠觀點思考」聽起來很像一種先知的想像和智慧，但它決不是故弄玄虛，而是總會帶來一些具體結果。在形成判斷時綜合考慮各種因素能力是智慧的標誌。健康的對話要求暫時擱置一些先入為主的成見，這種非判斷態度便不意味著良好判斷的缺位。智慧的判斷是慎重的和

公正的。它是超越於各種極端見解的中道。（第102—103頁）

這些話作為聯合國文件散發，表明它已成為許多人共同的呼聲和共同的認識。

美國著名文化人類學家露絲‧本尼迪克特在對四對各不相同的文化做了對比研究以後做出結論，其中四種文化造成的社會是和諧的，人們能夠相親相愛，另四種文化造成的社會是不和諧的，那個社會人們粗野，相互仇恨，動輒欺負他人。「本尼迪克特對馬斯洛（引著按，馬斯洛是著名心理學家，他是本尼迪克特的學生，本尼迪克特把她許多講稿給了馬斯洛，本尼迪克特死後，馬斯洛發現那些講稿都沒有發表過，此處的引文，即出於那些講稿）說，高協和社會與低協和社會在財富分配方式方面似乎有著區別。一個優等社會無論其富裕程度如何，財富的分配往往更加均勻；而在劣等社會裏，富者愈富，貧者愈貧……」（《第三思潮：馬斯洛心理學》第121頁）

我們生活的世界，曾經有過殘殺，有過戰亂，但是那種情形正在遠去，當今的人們，更需要和平，需要安定，需要和諧，需要理智地對待各種矛盾和衝突。同時人類生活的環境提出了更加嚴峻的挑戰，人們不僅要相互間和諧，還應該加強人跟環境的和諧，人跟大自然的和諧。在此情況下，發揚此處所說幾種美德，就顯得更為重要了。

§9.5　美國人啊，你要節制

《世界又熱又平又擠》說：

全世界的城市都得了美國流感——人類已知的最屬害的傳染病之一。伯克（Tom Burke）是E3G（第三代環境保護論）的創始人之一，

這是一個非營利的綠色顧問組織，他有個說法是：可以把美國當作能源的計量單位。按伯克的說法，「1『Americum』就代表了一個3500萬人的群體，這一群體的人均收入超過15000美元，並消費著越來越多的商品和服務」。伯克說，多少年來世界上只有2單位Americum，一個在北美洲，一個在歐洲，此外還有少量的美國式生活分佈在亞洲、拉丁美洲和中東地區。

　　「如今」，他寫道，「全球正在形成數個單位Americum。」中國已經產出了1單位Americum，還在醞釀著下一個，預計到二〇三〇年形成。印度現在已經有1單位Americum，同樣預計到二〇三〇年產出下一個。新加坡、馬來群島、越南、泰國、印尼、中國臺灣、澳大利亞、新西蘭、中國香港、朝鮮和日本組成了另外1單位Americum。俄羅斯和中歐正在孕育著1單位Americum，南美和中東的部分地區也有1單位Americum。伯克說，到二〇三〇年，我們將從一個只有2單位Americum的世界發展到一個有8-9單位Americum的世界。（第51頁）

該書寫道：

　　喬治‧布希上臺後似乎決心不在能源問題上讓美國人民犯難。二〇〇一年五月七日，白宮發言人弗萊徹（Aei Fleischer）在記者招待會上被問及：「考慮到美國人均消耗的能源和世界上任何一個地區任何一個人的能源消費之間的差距，總統是否覺得我們應該改變現有的生活方式並正視能源問題？」

　　弗萊徹回答說：「當然不。總統認為這是美國人的生活方式。保護美國人的生活方式應該成為決策者的目標。美國人的生活方式應該被祝福。」

　　弗萊徹繼續說，當然總統也鼓勵提高能源使用效率和節約能源，不過他反覆提到總統認為「美國人使用能源的方式是我們經濟實力的表現，我們當然應該享受這樣的生活。」這將不會被改變。（第19頁）

　　美國人就是這樣高傲，這樣不講道理，這樣霸道！

　　在二〇〇二年初的一次有關環境保護的國際會議上，一個環保主義者質問：「上帝賜予的財富屬於地球上所有的人類，為什麼美國人卻可以佔有得如此之多？他們有什麼權力這樣做？這是憑什麼？」因《大國的興衰》等著作而名滿天下的歷史學教授保羅・甘迺迪不由感慨：「天哪，這個問題真夠尖銳，但是它很大程度上揭示了一個事實。」這個事實就是：「我們占世界總人口的5％還差一點，但我們用去世界每年原油產量的27％，消費掉全世界生產總值的30％。而且，請注意這一點，我們的國防開支占全世界所有國家軍費開支的40％。據我自己的匡算，五角大樓現在的國防預算是排在美國之後的9個或者10個強國軍費開支的總和，這種情況歷史上從來沒有出現過。……我們確實佔用了地球上太多的財富。」（據張西明《新美利堅帝國》第11—12頁）

　　我們不能不高呼：美國人啊，你要節制！

　　不僅僅是美國人，所有的人，包括發展中國家的人，也都應該注意。地球上的財富是有限的，我們人類的消費是無限的，這構成一個極大的矛盾，這個矛盾導致的結果，只能是我們人類吃虧。固然，我們身邊有大海，大海的水資源取之不盡；我們的頭上有太陽光，我們的四周充滿空氣，太陽光和空氣用之不竭。但是其他的資源就不是這樣可以任你揮霍了。一棵樹木，百年才能長成，而消費，往往只要一個小時足夠。這是令人擔憂的。

　　隨著消費的增長，垃圾也在增長。據估算，在發達國家，每人每年扔掉的垃圾重量約為500公斤，英國每小時產生的生活垃圾可以填滿皇家歌劇院。美國

的情況更令人吃驚。廢棄物的1／3是由產品的包裝物構成，美國每年生產的塑膠可以把德克薩斯州包起來，就像用薄膜包裝食品那樣。每個耶誕節都會額外產生500萬噸垃圾，其中有400萬噸包裝紙和商品袋。辦公室每年所用的紙張可以在洛杉磯和紐約之間建一道4米高的圍牆。每隔三個月，美國扔掉的易開罐中所含的鋁，與重建全國所有的商用飛機所需的鋁相當。發展中國家在資源的消耗和浪費上亦很驚人。中國每年扔掉450億雙一次性筷子，相當於砍了2500萬棵樹。在孟加拉首都達卡，每天扔掉的塑膠袋超過1000萬個，有些堵塞了下水道，當洪水侵襲時，因水道不暢而造成水災。（據《大事件》第241頁）

我們批判美國人的奢華，批判美國人的浪費，擴大開來，真正應該批判的是我們人類自己。自從人類產生以來，這地球之上，就是人類中心主義。地球是人類的，地球上所有的一切都是人類的。人類的智慧使他高高居於一切生物之上。所有的生物，既處在「吃與被吃」這個生物鏈條不可避免的環節上，更處在隨時被人這個最偉大的「造物主」消滅的厄運裏，他們受到的摧殘是雙重的。在生物鏈條上，「吃與被吃」是固定的，唯獨人，天上飛的，水裏遊的，地上走的，無一不可以「消費」，所有生物的「生存權」全不顧及。這使人和地球上的所有生物乃至地球本身處在敵對之中。由於人口的增長，現在，地球已感到難以承受之重。

杜維明在《儒家傳統與文明對話》中說：「值得注意的是，儒家中有一種為千秋萬世考慮的意識，比如張載所謂的『為萬世開太平』，也就是說我們人類在考慮問題的時候，不能只考慮我們這一代人，我們要為我們的子孫考慮問題。非洲有一個諺語，說地球不是我們的祖先所付給我們的財產，地球是我們千秋萬代的子孫委託我們保護的資源。我們考慮倫理的問題，不能只考慮我們這一代，不能只考慮過去，要考慮未來。」（第19頁）

中國人素有節儉的美德。幸福不必一定從奢華中來，更不必從「攀比」中來。康有為所設想的大同世界，是一個祇知消費而忽略了勤奮、忽略了生產的

社會，這樣的社會，最後倒楣的是人類自己。有人想著移民到其他星球上去，這不是辦法，因為能夠移民出去的，畢竟只是少數人。地球是我們的家園，是我們的母親，愛護我們的家園，保護我們的母親，是人類的天職。讓我們學會勤奮和節儉地過日子的本領吧！

§9.6　不同的文化、文明：學會包容、理解

我們生活在經濟一體化、階級模糊化、生活趨同化、交往密切化的時代。原來各不相同的文化，想不接觸，也是不可能的。面對這種現實，人們往往會呈現出兩種態度，一種是拒斥別的文化，一種是無原則地吸取別的文化。筆者的意見，在本《三部曲》第一本《文化圈層論》裏有明確的表述，就是以我為主，積極吸取，保持民族特色。在《文化圈層論》裏，筆者把所有文化分為制度文化、工具文化和習俗文化三大類，並認為民族文化主要由工具文化和習俗文化構成，一些積澱很深的傳統——包括制度文化上的傳統——亦應在民族文化之內，如中國的君主專制。針對梁漱溟和羅素等人提出的中西文化調和的問題，筆者認為，各種不同文化不是調和的問題，而是在制度文化上趨同，在工具文化上互相發明，共同提高，在習俗文化上堅持本民族特色，有交流和移植，但不會改變它的民族性質。筆者特別強調，「民族文化是每個人賴以生存的根本，也是人類文化豐富多彩的具體表現。人類文化，從時間的維度說，要有時代精神；從空間的維度說，要有地方色彩，而地方色彩正是、也只能由民族文化所構成。沒有了民族文化，就失去了地方色彩，那人類生活將是多麼單調和枯燥！從各個國家和民族說，如果不能使自己的民族文化鮮活地保持下來，讓它在整個人類文化中顯示自己的存在，顯示自己的特色，那無異於把自己從人類中開除，失去了自我。」文化有姓氏，無界限，立足本民族文化，讓各種文化交流、融合，

只會使未來的社會呈現出多樣性。這些，依然是本書所堅持的思想，無須贅述。

現在世界上有兩股思潮。一股思潮是煽動仇恨，製造敵人。邁克爾・迪布丁的長篇小說《死亡環礁湖》中有一個人物，是威尼斯民族主義煽動者，他有一句名言：「如果沒有真正的敵人，也就沒有真正的朋友。除非我們憎恨非我族類，我們便不可能愛我族類。」寫《文明的衝突與世界秩序的重建》的撒母耳・亨廷頓很喜歡這句話，他把這句話引用在他的書裏，他整本書實際上就是按這個思想寫的，所以把文明的衝突提高到世界主要矛盾的地位。另一股是呼籲合作，消弭分歧。這是廣大有正義感的人士和發展中國家知識份子的普遍呼聲，聯合國近年做了許多事情，體現著這一思潮。如確定二〇〇一年為「文明對話年」，即是根據伊朗前總統哈泰咪一九九八年在聯合國大會上的講話中的提議而確定的。

我們既要看到矛盾的普遍存在和各不同文明之間存在的差異，更要用一顆閃亮的心看待和處理相互之間的關係。胡適提出的容忍是人們都知道的。杜維明在他的《儒家傳統與文明對話》中提出發揚儒家的「恕道」精神。他說：「這個『恕道』，不僅是儒家倫理，也是猶太教的倫理，和基督教的『己所欲施於人』不大一樣，但也是可以配合的，也和伊斯蘭教價值有密切的關係。也就是說，我以『恕道』待人，對我來講很好的東西，對我的親友就不一定很好，設身處地想一想其他人的情形是如何，這就是推己及人的基本價值。這個價值後面還要有一個價值：『己欲立而立人，己欲達而達人。』『己欲立而立人，己欲達而達人』（是說）我如果要發展自己，就一定要發展我周圍的人，和我有關係的人，圓圈逐漸要擴大。」（第19頁）

有人說，在走向世界大同的過程中，中國古人說的「和而不同」和「中庸」很可以作為人們主要的思維方式和生活方式。這兩個詞的意思相近。中庸，就是不走極端，不搞絕對化，在採取一種模式時總會吸取與之相對立的另

一種模式的一些長處，以作為互補。當然不會改變基本精神。如實行市場經濟，要吸取計劃經濟的一些做法；實行民主，要吸取非民主的一些不違背民主精神的做法。西方人的思維方式是精確思維，東方人的思維方式是模糊思維，只有把這兩種思維方式混合起來，才便於在不同文化背景下成長起來的人交融與合作。西方和一些國家的人，過於刻板，一就是一，二就是二，這不便於通融，不便於人們和諧相處。人要自由發展，也要和諧相處，或者說，更要和諧相處。人的自由發展和和諧發展要結合起來。

撒母耳・亨廷頓雖然強調「文明的衝突」，但他也看到各不同文明和文化之間正在接近的這一事實。他說：

> 過去，新加坡政府在人民中倡導「儒教價值觀」的同時，堅持所有人必須接受英語教育並能夠講流利的英語。一九八九年一月，黃金輝總統在議會開場演講中指出，270萬新加坡人對來自西方的外部文化影響是極為開放的，這使得他們「與國外的新思想、新技術有著密切的接觸」，但也使他們向「外國的生活方式和價值觀」開放。他指出：「以往支撐我們發展的傳統的亞洲道德、責任和社會觀念，正讓位於更為西方化的、個人主義的和自我中心的生活觀」。他認為有必要確立新加坡各民族和宗教群體所共有的核心價值觀，「它們應該體現作為一個新加坡人的最基本點」。
>
> 黃金輝總統提出了四個基本的價值觀：「將社會置於個人至上，將家庭作為社會的基石，通過共識而不是鬥爭來解決重大爭議問題，強調種族和宗教的相互容忍與和諧。」他的講話引起了關於新加坡價值觀的廣泛討論。兩年後，一本白皮書提出了政府的立場。白皮書贊同總統提出的是有四個價值觀，但又補充了一條，即尊重個人，目的在於強調個人價值在新加坡社會中的優先地位。白皮書將新加坡人的「共同價值

觀」確定為：

　　國家先於（民族）群體，社會高於個人；

　　家庭是社會的基礎單位；

　　個人應受到重視和得到群體的支持；

　　重視共識而不是鬥爭；

　　種族和宗教和諧。

　　在列舉新加坡人對議會民主的信奉和政府美德之時，《共同價值觀》聲明卻隻字不提政治價值觀。政府強調新加坡「在關鍵方面是一個亞洲社會」，並且仍將如此。「儘管我們講英語、穿西裝，但新加坡人不是美國人或盎格魯-撒克遜人。如果在更長的時間裏新加坡人變得與美國人、英國人和澳大利亞人難以區別，或者更壞，成為他們可憐的仿製品（即一個無所適從的國家），那我們就喪失了與西方社會的區別，而正是這些區別使我們能夠在國際上保持自我。」

　　……

　　這樣的努力不僅有助於減少各文明的衝突，而且有助於加強單一的全球文明。這樣的文明可能是更高層次的道德、宗教、知識、藝術、哲學、物質福祉等等的混合體。顯然，這一切並不一定要同時改變……

　　（第369—371頁）

　　宗教如何發展，它跟人類走向世界大同將是一種什麼樣的關係，是我們不能不談的一個問題。在筆者看來，百年之後無宗教。這是相對而言的，不能絕對化地去理解。「無宗教」，是說原來的宗教已經不再存在，或者發生了「異化」，或者勢力大不如前。從人數來說，也許還會有很大的增加，但不是虔誠的信徒，而是「從業人員」。亨廷頓的「文明的衝突」所說「文明」，主要以宗教為劃分標準。宗教的畛域分得很清楚。「文明的衝突」主要表現在宗教

上，就因為宗教的門戶之見幾乎是水火不相容。也因此，別的文化「趨同」易，唯宗教難。但宗教分別走向衰落，卻是可以預期的。

其所以如此，就在於宗教是反科學的，而未來人類將生活在科學中，將被科學包圍。

中文版《馬克思恩格斯選集》開宗明義第一篇文章，是馬克思《〈黑格爾法哲學批判〉導言》，文章一開頭提出了「對宗教的批判是其他一切批判的前提」這樣一個重要命題，可見馬克思主義創始人對宗教問題是多麼關注！宗教是在天國，而人卻生活在大地之上，要研究人的問題，要人生活得好，只能求助於大地。文章中說：

> 反宗教的批判的根據就是：**人創造了宗教**，而不是宗教創造了人。就是說，宗教是那些還沒有獲得自己或是再度喪失了自己的人的自我意識和自我感覺。但人並不是抽象的棲息在世界以外的東西。人就是**人的世界**，就是國家、社會。國家、社會產生了宗教即**顛倒了的世界觀**，因為它們本身就是**顛倒了的世界**。宗教是這個世界的總的理論，是它的包羅萬象的綱領，它的通俗邏輯，它的唯靈論的榮譽問題，它的熱情，它的道德上的核准，它的莊嚴補充，它藉以安慰和辯護的普遍根據。宗教把人的本質變成了**幻想的現實性**，因為人的本質沒有真實的現實性。因此，反宗教的鬥爭間接地也就是反對以宗教為精神慰藉的**那個世界**的鬥爭。
>
> **宗教裏的苦難既是現實的苦難的表現**，又是對這種現實的苦難的**抗議**。宗教是被壓迫生靈的歎息，是無情世界的感情，正像它是沒有精神的制度的精神一樣。宗教是人民的**鴉片**。
>
> 廢除作為人民**幻想**的幸福的宗教，也就是要求實現人民的**現實**的幸福。要求拋棄關於自己處境的幻想，也就是要求**拋棄那需要幻想的處**

境。因此對宗教的批判就是對**苦難世界**——宗教是它的靈光圈——的**批判的胚胎**。（第1卷第1—2頁）

　　事實上，自工業革命開始以來，宗教一直處在衰落之中。有時候，在某些國家或地區，宗教一時顯得熱火，信徒增加很多，但那是一種假像。人們在某種情況下失卻了精神的寄託，常常會向飄渺的天國尋求慰藉，當現實的處境得到改善之後，他們又會回到大地之上。

　　中國近代著名學人、一八九八年戊戌變法的頭領之一梁啟超，在《保教非所以尊孔論》中說：「彼宗教者，與人群進化第二期之文明，不能相容者也。科學之力日盛，則迷信之力日衰；自由之界日張，則神權之界日縮。今日耶穌教勢力之在歐洲，其視數百年前，不過十之一二耳。昔者各國君主，皆仰教皇之加冕以為尊榮，今則帝制自為也；昔者教皇擁羅馬之天府，指揮全歐，今則作寓公於義大利也；昔者牧師神父，皆有特權，今則不許參與政治也。此其在政界既有然也。其在學界，昔者教育之事，全權屬於教會，今則改歸國家也。哥白尼等之天文學興，而教會多一敵國，達爾文等進化論興，而教會又多一敵國；雖竭全力以排擠之，終不可得，而至今不得不遷就其說，變其面目，以彌縫一時也。若是乎耶穌教之前途可以知矣。彼其取精多，用物宏，誠有所謂百足之蟲，至死不僵者，以千數百年之勢力，必非遽消磨於一旦，固無待言。」（《梁啟超哲學思想論文選》第97—98頁）

　　面對科學日新月異的發展，宗教不得不低下它反科學的頭顱來。前引梁啟超話中提到的科學大發現，曾經受到教會的迫害，現在它主動給平反了。義大利人伽利略，最偉大的貢獻是提出地球環繞太陽旋轉，而否定了「地心說」，這一發現有力地捍衛了哥白尼的地動說。十七世紀初，他在天文學上有一系列新的科學發現，一六三二年寫成《關於兩種世界體系的對話》一書。第二年，羅馬教廷宗教裁判所判他八年軟禁，他不屈服，繼續從事科學研究。他的學說

成為全人類最寶貴的精神財富。就在筆者寫這本小冊子的二十五年以前，一九八三年，羅馬教廷正式宣佈，三百五十年前對伽利略的審判和判決是錯誤的。雖然是遲到的認同，終究被認同了。無獨有偶，據英國《星期日電訊報》網站二〇〇八年九月十四日報導，在進化論首創者達爾文發表其最著名的理論近一百五十年之後，英國聖公會發表聲明，為最初反對進化論的學說表示道歉。聲明如下：「查理斯‧達爾文：在你誕辰二百年後，英國聖公會承認過去誤解了你，並且由於首先作出錯誤的反應促使別人又對你產生了誤解，對此向你表示歉意。我們設法弘揚『信仰尋求理解』等由來已久的美德，希望以此彌補一些過失。」道歉聲明由英國聖公會傳教和公共事務負責人馬爾科姆‧布朗起草。敢於承認錯誤，對人類文化說，是必要的價值肯定；對認知主體說，是一次偉大的進步。

近年出版的一些宗教冊子，開頭差不多都是問：「到底有沒有神？」「天地是自然來的嗎？」有的甚至問：「怎麼能說耶穌不是神呢？」提出這樣的問題就是值得深思的。上帝是教徒的靈魂，是他們的生命。沒有了上帝，宗教大廈便會頃刻瓦解。小冊子發出這樣無可奈何、想為自己辯解卻又顯得軟弱無力的口氣，敲響了宗教的喪鐘，至少說明，信徒們對「上帝」的存在發生了根本的動搖。

馬克思談到路德的宗教改革：「**路德戰勝了信神**的奴役制，只是因為他用**信仰**的奴役制代替了它。他破除了對權威的信仰，卻恢復了信仰的權威。他把僧侶變成了俗人，但又把俗人變成了僧侶。他把人從外在宗教解放出來，但又把宗教變成了人的內在世界。他把肉體從鎖鏈中解放出來，但又給人的心靈套上了鎖鏈。」（《〈黑格爾法哲學批判〉導言》，同上第9頁）同一文中說：「對宗教的批判最後歸結為**人是人的最高本質**這樣一個學說，從而也歸結為這樣一條**絕對命令：必須推翻**那些使人成為受屈辱、被奴役、被遺棄和被蔑視的東西的**一切關係**……」

　　從制度的專制下解放出來，不是個人的事，從思想意識的專制下解放出來，則完全在於自己，可以辦到。筆者在《文化圈層論》中說人的自我解放有四部曲，對於宗教徒來說，在那四部曲之外，還有一部，就是從宗教的思想意識的專制下解放出來。這不是信仰自由的問題，這是在達到完全解放之前必須要走的一步。宗教徒不從宗教的專制下解放出來，人類的完全徹底的解放就是一句空話。

　　宗教信徒中會不會出現一種傾向，就是一邊把宗教當作一種精神寄託，一邊又按照自己的世界觀在選擇人生道路呢？

　　這種現象已經在各地出現。請到一些寺院去看吧。一邊是熙熙攘攘、來往不斷的旅遊者和看客，一邊是穿著和尚或其他教派的服裝、正表演著各種儀式的宗教信徒。這是一種什麼場景呢？當那種儀式是表演給人們看的時候，它的真正宗教含義、宗教成分還有多少呢？如果說到麥加朝聖的信徒是虔誠的，那麼對那些正在「表演」的宗教徒說，就只能當作一種職業看待了。顯然，宗教正向一種產業的方向前進。一方面，宗教場所，各種神聖的建築物，人們要去瞻仰、遊覽，另一方面，宗教是個什麼樣子，信徒們是個什麼樣的人物，人們要去看看。人們的這種心理動機，在促使宗教變成一種旅遊資源。宗教成了產業，是旅遊業發展的要求，是文化傳播的需要。不是傳播宗教，是傳播這種文化。信仰已不是人們的主要考慮。無疑，這種現象，這種趨勢，必將會迅速發展，並將淹沒許多宗教聖地。其結果，是宗教的異化。

　　美國蘭德爾‧柯林斯和邁克爾‧馬科夫斯基在《發現社會之旅》的《導論》裏說到馬克思的名言：「宗教是人民的鴉片」。又說：「……由馬克思所開啟的這個初始問題從來就沒有退出過。」接著說：

　　　　我們現在知道，在特定的社會群體內部，人們是以慣例的形式持有某些觀念的，而且群體趨向於採納能夠提高其地位和利益的觀念。我們知道，人總是和與自己觀念相近的人聯繫密切，而個人則會修正自己的

觀點以使契合於他所加入的群體的觀念。而且，我們也知道，通過將觀念競爭制度化，尤其是在那些其利益是建立在他們在科學和學術的集體事業中所取得的成就中的人們中進行這種制度化，那麼，人們就有可能在一定程度上擺脫意識形態的偏見。

馬克思對於社會觀念中的意識形態偏見的認識並不是一個絕望的告白。這種偏見不會僅因為我們希望它消失就消失，而是需要我們在解釋社會的多方面事實中，不懈地努力去充分審查我們自己和他人的觀念，從而使這種偏見逐步消退。這並不是說在現代社會科學中不存在這些偏見。它們是深嵌於其中的，尤其是在政治、偏常（deviance）和分層領域中。但是，我們多少有這個信心，即我們對最有力的解釋理論的追尋將引導我們遠離意識形態的歪曲，不管其是來自左派、右派，還是中間派。（第7頁）

馬克‧佩恩在《小趨勢》中說到另一種情況：「宗教正在分化，而且那種能把很多人聚集在單一宗教旗幟下的能力正在減退。伊斯蘭教在許多西方人看來似乎具有相當大的凝聚力，但現在它卻分成了很多相互爭鬥的派別。不過，所有宗教都是如此。有組織的宗教正在興起，但只是通過組織的倍增才能發展。宗教曾是福特經濟的一個穩定的部分，但現在，為了適應我們所能提出來的很多個人偏好，它正在轉向星巴克經濟。現在，你可以選擇你的信仰，也可以選擇和你一起做祈禱的人，實際上，你的選擇和你早上喝咖啡的選擇一樣多。雖然這意味著教友會越來越少，但可以想像，剩下的都是一些令你感到高興的教友。」（第329頁）

隨著宗教界人士宗教意識的淡化，各宗教之間的壁壘必將削弱、融化，這樣，撒母耳‧亨廷頓所擔心的「文明的衝突」也會消融在相互的理解和包容中。

§ 9.7 「我是世界公民」

將近一百年前，一九一四年十一月二十五日，在美國留學的胡適，在他的日記上寫下了《大同主義之先哲名言》。他先用英語，又翻譯為漢語。漢語譯文是：

> 亞里斯提卜說過智者的祖國就是世界。——第歐根尼·拉爾修《亞裏斯提蔔》第十三章
>
> 當有人問及他是何國之人時，第歐根尼回答道：「我是世界之公民。」——第歐根尼·拉爾修《亞裏斯提蔔》第十三章
>
> 蘇格拉底說愛她既不是一個雅典人也不是一個希臘人，只不過是一個世界公民。——普盧塔：《流放論》
>
> 我的祖國是世界，我的宗教是行善。——T·潘恩：《人類的權利》第五章世界是我的祖國，人類是我的同胞。W·L·加里森（1805—1879）：《解放者簡介》（1830）
>
> ——《胡適日記》第1卷第542—543頁

「我是世界公民」，是這幾位名人共同的心聲。並且不止以上幾位名人，比如，前邊已經說到，中國的鄧小平就曾以「世界公民」自稱。

世界公民，多好的字眼！人人都做世界公民，意味著大家有一個共同目標，意味著人們相親相愛，不要戰爭，也不要這樣那樣的區隔。

資本家是為眼下而活，馬克思主義者是為了未來，為了全人類。不說別人，至少我相信，馬克思、恩格斯兩位革命導師，他們在思考問題時，他們在展望人類的未來時，是有「我是世界公民」這樣一種胸懷的，他們是站在這樣

立場上說話。在他們說到「解放全人類」時，在他們提出「全世界無產者聯合起來」時，他們那一種「世界公民」的身份，表露得多麼清楚，多麼強烈！馬克思和恩格斯是從科學的歷史唯物主義的高度寫出他們的共產主義理想的，能不能實現，科學說，應該能；歷史唯物主義說，一定能。

同樣，孔子在提出世界大同的理想時，是把自己當作「世界公民」（天下人）看待的。他不是為著一己之利提出這個理想的，他看得很遠。同樣，孫中山提出大同主義，也不是僅僅看到中國，想著中國。在他提出三民主義的時候，他把三民主義跟大同主義緊密聯繫了起來，他知道，在中國實現了三民主義，就是走在了實現世界大同的路上。

只有具有偉大理想的人，才具有世界公民的資格；只有具有廣闊胸懷的人，才可以成為世界公民。

2011年7月1日寫起

2012年3月22日寫畢，三閒居

引用書目

（中國古籍從略）

丁季華、龔若棟、章義和、黃愛梅等編著，《中國古代文明起源》（李學勤主編
　　之《中國古代歷史與文明》之一），上海科學技術文獻出版社，2007年4月

中共中央馬恩列斯著作編譯局編，《列寧選集》，人民出版社，1960年4月

中國社會科學雜誌社編，《民主的再思考》（國際社會科學論叢），社會科學文
　　獻出版社，2000年12月

朱熹，《四書章句集注》（新編諸子集成），中華書局，1983年10月

江宜樺，《自由民主的理路》，新星出版社，2006年3月

李石岑，《中國哲學十講》，中國致公出版社，2009年1月

李華興，《近代思潮縱橫》（百家文庫），香港中華書局，1992年4月

李澤平、伍恆山、袁華編著，《民國野史大觀》，江蘇文藝出版社，1996年1月年
　　11月

李惠斌、李朝暉主編，《後資本主義》（後經典文叢），中央編譯出版社，2007年
　　8月

李惠斌主編，《全球化與公民社會》（國際學術前沿報告），廣西師範大學出版
　　社，2003年4月

李惠斌主編，《全球化與現代性批判》（國際學術前沿報告），廣西師範大學出
　　版社，2003年4月

宋鴻兵編著，《貨幣戰爭》，中信出版社，2011年10月（第2版）

宋國濤、金歌，《中國國際形勢問題報告》，中國社會科學出版社，2002年5月

貝嶺，《哈威爾——一個簡單的複雜人》，臺灣秀威資訊，2011年8月

汪康懋，《資本戰——在華外資的資本博弈》，廣東省出版集團·廣東經濟出版

社，2010年8月

汝信、陸學藝、李培林主編，《2010年中國社會形勢分析與預測（B社會藍皮書）》，社會科學文獻出版社，2009年12月

余英時，《歷史人物與文化危機》，臺灣三民書局，2008年3月

吳黎平，《社會主義史》（新中國大學叢書），三聯書店，1950年5月

俞可平主編，《全球化時代的馬克思主義》（全球化論叢），中央編譯出版社，1998年11月

郎咸平、楊瑞輝，《資本主義精神和社會主義改革》，東方出版社，2012年1月

孫中山，《三民主義》，九州出版社，2011年6月

孫劍鋒、張偉編，《全球500強》，中國對外翻譯出版公司，1999年10月

姜春明、佟家棟主編，《世界經濟概論》（第六版），天津人民出版社，2009年8月

哈佛燕京學社主編，《全球化與文明對話》，江蘇教育出版社，2004年9月

袁行霈，《陶淵明集箋注》（中華國學文庫），中華書局，2011年3月

夏曉紅編，《追憶梁啟超》（學者追憶叢書，增訂本），三聯書店，2009年4月

夏曉紅編，《追憶康有為》（學者追憶叢書，增訂本），三聯書店，2009年4月

曹伯言編，《胡適日記》（共八冊），安徽教育出版社，2001年10月

曹義恆、曹榮湘主編，《後帝國主義》（後經典文叢），中央編譯出版社，2007年8月

許征帆主編，《馬克思主義辭典》，吉林大學出版社，1987年6月

許倬雲口述，李懷宇撰寫，《許倬雲談話錄》，廣西師範大學出版社，2010年1月

許倬雲，《觀世變》，廣西師範大學出版社，2008年9月

梁啟超著，夏曉紅點校，《清代學術概論》（共收四部論著），中國人民大學出版社，2009年11月

郭沫若，《奴隸制時代》，中國人民大學出版社，2009年11月

康有為，《大同書》（影響中國近代史的名著），羅炳良主編，華夏出版社，2002年10月

康有為著，姜義華、張榮華編校，《大同書》（國學基本文庫）中國人民大學出

版社，2010年5月

康有為著，姜義華、張榮華編校，《孔子改制考》（國學基本文庫），中國人民
　　大學出版社，2010年6月

戚其章，《晚清史治要》，中華書局，2007年4月

張鳴，《歷史的碎片——側擊辛亥》，當代中國出版社，2011年6月

張隆溪，《中西文化研究十論》，復旦大學出版社，2005年11月

張西明，《新美利堅帝國》，中國社會科學出版社，2003年1月

陳錫祺主編，《孫中山年譜》（上下冊），中華書局，1991年8月

陳晉，《哈佛經濟學筆記》，鳳凰出版傳媒集團‧江蘇文藝出版社，2010年7月

陳偉、孔新峰著，《圖說政治學》，華文出版社，2009年7月

湯志鈞，《康有為與戊戌變法》，中華書局，1984年10月

詹子慶，《夏史與夏代文明》（李學勤主編之《中國古代歷史與文明》之一），
　　上海科學技術文獻出版社，2007年4月

馮友蘭，《中國哲學簡史》（北大名家名著文叢），北京大學出版社，1996年9月

董大中，《文化圈層論》（「人類」系列之一），臺灣秀威資訊科技，2011年9月

楊向奎，《大一統與儒家思想》（大家小書），北京出版社，2011年6月

楊敘，《北歐社區》（學者眼中之國外社區），中國社會出版社，2005年11月

劉瑜著，《民主的細節》，上海三聯書店，2010年6月

歐陽景根選編，《背叛的政治——第三條大樓理論研究》（論文集），上海三聯
　　書店，2002年12月

錢理群，《周作人傳》（中國現代作家傳記叢書），北京十月文藝出版社，1990年
　　9月

鍾叔河編，《周作人文類編》（共十卷），湖南文藝出版社，1998年9月

蘇秉琦，《中國文明起源新探》，三聯書店，1999年6月

蘇輿，《春秋繁露義證》（新編諸子集成），中華書局，2002年8月

《梁啟超哲學思想論文選》，北京大學出版社，1984年4月

《李大釗選集》，人民出版社，1959年5月

《劉少奇選集》（兩卷本），人民出版社，1985年12月

《孫中山全集》，中華書局，1981年8月

《分類飲冰室文集》（四冊），大達圖書供應社，1935年10月

《王瑤文集》（八卷本），北嶽文藝出版社，1995年12月

《馬恩列斯語錄》，1967年版

《天朝田畝制度》

《毛澤東早期文稿》

《跨文明對話》（期刊）中國文化書院跨文化研究院與歐洲跨文化研究院共同主
　　辦，上海文化出版社，第9輯於2002年7月出版，第11輯於2003年3月出版

譯書

〔古希臘〕亞里斯多德著，《政治學》（世界法學經典名著），袁嶽編譯，中國
　　長安出版社，2010年10月

〔日〕大沼保昭著，《人權‧國家與文明》，王志安譯，三聯書店，2003年1月

〔法〕巴扎爾、安凡丹、羅德里格著，《聖西門學說釋義》（漢譯世界學術名著
　　叢書），王永江、黃鴻森、李昭時譯，商務印書館，2011年1月

〔法〕讓‧雅克‧盧梭著，《社會契約論》（英漢對照‧西方學術經典文庫），
　　徐強譯，九州出版社，2007年1月

〔法〕夏爾‧阿列克西‧德‧托克維爾著，《論美國的民主》（漢譯世界學術名
　　著叢書，兩卷本），董果良譯，商務印書館，2004年11月

〔法〕讓‧雅克‧盧梭著，《社會契約論》（西方學術經典文庫），許強譯，九
　　州出版社，2007年1月

〔法〕費爾南‧布羅代爾著，《文明史綱》，肖昶、馮棠、張文英、王明毅譯，
　　廣西師範大學出版社，2003年12月

〔英〕伯特蘭‧羅素著，《西方的智慧》，亞北譯，中國婦女出版社，2004年1月

〔英〕威廉‧莫爾斯著，《烏有鄉消息》（漢譯世界學術名著叢書），黃嘉德譯
　　（附《夢見約翰‧鮑爾》，包玉珂譯），商務印書館，2007年10月

〔英〕威爾‧赫頓、安東尼‧吉登斯編，《在邊緣：全球資本主義生活》（論文

集），達巍、潘劍、劉勇、時光譯，三聯書店，2003年8月

〔英〕馬丁・雅克（Mautin）著，《當中國統治世界》，張莉、劉曲譯，中信出版社，2010年1月

〔英〕湯瑪斯・莫爾著，《烏托邦》（漢譯世界學術名著叢書），戴鎦齡譯，商務印書館，2008年7月

〔英〕潔西嘉・威廉姆斯（Jessica Williams）著，《大事件──決定人類未來的50件事》，王晶、成芬、包特日格勒譯，中央編譯出版社，2008年9月

〔美〕莫蒂默・艾德勒、查理斯・范多倫編，《西方思想寶庫》，《西方思想寶庫》編委會譯，吉林人民出版社，1988年8月

〔美〕路易士・亨利・摩爾根著，《古代社會》（漢譯世界學術名著叢書，上下冊），楊東蓴、馬雍、馬巨譯，商務印書館，1997年2月

〔美〕N・帕斯著，《柏拉圖與〈理想國〉》（勞特里奇哲學指南叢書），朱清華譯，廣西師範大學出版社，2007年4月

〔美〕喬・薩托利著，《民主新論》，馮克利、閻克文譯，東方出版社，1998年12月

〔美〕阿爾文・托夫勒著，《第三次浪潮》，黃明堅譯，中信出版社，2006年6月〕伊曼努爾・華勒斯坦等著，《自由主義的終結》（社會理論譯叢），郝名瑋、張凡譯，社會科學文獻出版社，2002年1月（按：此書收著作三部，另一部為他人所作）。

〔美〕法里德・扎卡利亞著，《後美國世界──大國崛起的經濟新秩序時代》，趙廣成、林民旺譯，中信出版社，2009年7月

〔美〕約翰・奈斯比特著，《正確觀察世界的十一個思維模式》（中文版正書名標為《世界大趨勢》），魏平譯，中信出版社，2010年1月

〔美〕南森・羅森堡、L・E・小伯澤爾著，《西方現代社會的經濟變遷》，曾剛譯，中信出版社，2009年5月

〔美〕彼得・F・德魯克著，《後資本主義社會》，傅振焜譯，東方出版社，2009年8月

〔美〕克萊德・普雷斯托維茨著，《經濟繁榮的代價》，何正雲譯，中信出版

社，2011年9月

〔美〕拉菲・巴特拉著，《影響全球進程的社會週期律》（中文版正書名標為
《世界大趨勢2》），劉純毅譯，中信出版社，2010年5月

〔美〕撒母耳・亨廷頓著，《第三波——二十世紀後期民主化浪潮》，劉軍寧
譯，上海三聯書店，1998年10月

〔美〕伊恩・夏比洛著，《民主理論現況》，陳毓麟譯，臺灣商周出版，2005年

〔美〕羅百特・道爾著，《論民主》（現代名著譯叢），李柏光、林猛譯，馮克
利校訂，臺灣聯經出版公司，2004年10月

〔美〕撒母耳・亨廷頓著，《文明的衝突與世界秩序的重建》，周琪、劉緋、張
立平、王圓譯，新華出版社，2002年1月

〔美〕馬克・佩恩、E・金尼・扎萊納著，《小趨勢——決定未來大變革的潛藏力
量》，劉庸安、賀和風、周豔輝譯，中央編譯出版社，2008年10月

〔美〕馬克・佩恩（MarK J. Penn）、E・金尼・扎萊納（E.Kinney Zalesne）著，《小
趨勢——決定未來大變革的潛藏力量》，劉庸安、賀和鳳、周豔輝譯，中央
編譯出版社，2008年10月

〔美〕丹尼爾・布林斯廷著，《美國人民主歷程》（美國文化叢書），中國對外
翻譯出版公司譯，三聯書店，1993年4月

〔美〕湯瑪斯・雅諾斯基著，《公民與文明社會》（自由主義政體、傳統政體和社
會民主政體下的權利與義務框架），柯雄譯，遼寧教育出版社，2000年10月

〔美〕科斯塔斯・杜茲納，《人權的終結》，郭春發譯，江蘇人民出版社，2002年
5月

〔美〕杜維明著，《儒家傳統與文明對話》（人民・聯盟文庫），彭國翔編譯，
河北人民出版社、人民出版社，2010年1月

〔美〕布里辛斯基（布熱津斯基）著，《大棋盤》（全球戰略大思考），林添貴
譯，臺灣立緒文化事業公司，1998年4月

〔美〕迪利普・希羅著，《看懂世界的方法》（中文版正題《世界大趨勢》），
李飛譯，中信出版社，2011年1月

〔美〕佛蘭克林、華盛頓、傑弗遜著，《美利堅開國三傑書》（自傳），新世界

出版社

〔美〕蘭德爾・柯林斯、邁克爾・馬科夫斯基著，《發現社會之旅——西方社會
　　學思想書評》，中華書局，2006年4月

〔美〕美國《人文》雜誌社編，歐文・白璧德等著，《人文主義：全盤反思》，
　　多人翻譯，2006年6月

〔美〕弗蘭克・戈布林著，《第三思潮：馬斯洛心理學》（當代學術思潮譯
　　叢），呂明、陳紅雯譯，上海譯文出版社，1987年2月

〔荷蘭〕斯賓諾莎著，《斯賓諾莎讀本》，洪漢鼎編，中央編譯出版社，2007年1月

〔意〕馬基雅維利著，《君主論》，張志偉、梁辰、李秋零譯，陝西人民出版
　　社，2001年1月

〔意〕尼科洛・馬基雅弗利著，《君主論》（英漢對照，西方學術經典文庫），
　　李修建譯，九州出版社，2007年1月

〔蘇〕羅森塔爾、尤金編，《簡明哲學辭典》，中共中央馬恩列斯著作編譯局
　　譯，三聯書店，1973年6月

〔蘇〕維・彼・沃爾金著，《法國空想共產主義》，郭益民編譯，商務印書館，
　　1980年4月

〔蘇〕史達林著，《列寧主義問題》，莫斯科外國文書籍出版局印行，1950年

Frank著，《希臘哲學》，羅忠恕譯，商務印書館，1944年2月

《馬克思恩格斯全集》，蘇共中央馬克思列寧主義研究院編，中共中央馬恩列斯
　　著作編譯局譯，人民出版社1965年10月

《馬克思恩格斯選集》（四卷本），中共中央馬恩列斯著作編譯局編，人民出版
　　社，1972年5月

《柏拉圖對話錄》，王太慶譯，商務印書館，2011年4月

《聖西門選集》（漢譯世界學術名著叢書，三冊），王燕生、徐仲年、徐基恩等
　　譯第一卷，董果良譯第二卷，董果良、趙鳴遠譯第三卷，商務印書館，2010
　　年12月

《資本論》（第一個版本第一卷），中共中央馬恩列斯編譯局譯，經濟科學出版
　　社，1987年9月《列寧全集》

Viewpoint 13　AA0023

人類三部曲之三
──走向大同

作　　者 / 董大中
責任編輯 / 王奕文
圖文排版 / 彭君如
封面設計 / 秦禎翊

發 行 人 / 宋政坤
法律顧問 / 毛國樑　律師
印製出版 / 秀威資訊科技股份有限公司
　　　　　114台北市內湖區瑞光路76巷65號1樓
　　　　　電話：+886-2-2796-3638　傳真：+886-2-2796-1377
　　　　　http://www.showwe.com.tw
劃撥帳號 / 19563868　戶名：秀威資訊科技股份有限公司
　　　　　讀者服務信箱：service@showwe.com.tw
展售門市 / 國家書店（松江門市）
　　　　　104台北市中山區松江路209號1樓
　　　　　電話：+886-2-2518-0207　傳真：+886-2-2518-0778
網路訂購 / 秀威網路書店：http://www.bodbooks.com.tw
　　　　　國家網路書店：http://www.govbooks.com.tw
圖書經銷 / 紅螞蟻圖書有限公司
　　　　　114台北市內湖區舊宗路二段121巷28、32號4樓
　　　　　電話：+886-2-2795-3656　傳真：+886-2-2795-4100

2013年3月BOD一版
定價：530元
版權所有　翻印必究
本書如有缺頁、破損或裝訂錯誤，請寄回更換

國家圖書館出版品預行編目

人類三部曲之三：走向大同 / 董大中著 . -- 初版. -- 臺北
市：秀威資訊科技, 2013.03
　　面；　公分
　ISBN 978-986-326-063-9(平裝)

　1. 馬克斯主義　2. 共產主義

549.3　　　　　　　　　　　　　　102001424

讀者回函卡

感謝您購買本書，為提升服務品質，請填妥以下資料，將讀者回函卡直接寄回或傳真本公司，收到您的寶貴意見後，我們會收藏記錄及檢討，謝謝！
如您需要了解本公司最新出版書目、購書優惠或企劃活動，歡迎您上網查詢或下載相關資料：http:// www.showwe.com.tw

您購買的書名：＿＿＿＿＿＿＿＿＿＿＿＿＿＿＿＿＿＿＿＿＿＿＿＿＿

出生日期：＿＿＿＿＿年＿＿＿＿＿月＿＿＿＿＿日

學歷：□高中 (含) 以下　　□大專　　□研究所 (含) 以上

職業：□製造業　□金融業　□資訊業　□軍警　□傳播業　□自由業
　　　□服務業　□公務員　□教職　　□學生　□家管　　□其它＿＿＿

購書地點：□網路書店　□實體書店　□書展　□郵購　□贈閱　□其他

您從何得知本書的消息？

　□網路書店　□實體書店　□網路搜尋　□電子報　□書訊　□雜誌

　□傳播媒體　□親友推薦　□網站推薦　□部落格　□其他＿＿＿＿＿＿

您對本書的評價：(請填代號　1.非常滿意　2.滿意　3.尚可　4.再改進)

　封面設計＿＿＿　版面編排＿＿＿　內容＿＿＿　文／譯筆＿＿＿　價格＿＿＿

讀完書後您覺得：

　□很有收穫　□有收穫　□收穫不多　□沒收穫

對我們的建議：＿＿＿＿＿＿＿＿＿＿＿＿＿＿＿＿＿＿＿＿＿＿＿＿＿

＿＿＿＿＿＿＿＿＿＿＿＿＿＿＿＿＿＿＿＿＿＿＿＿＿＿＿＿＿＿＿＿＿

＿＿＿＿＿＿＿＿＿＿＿＿＿＿＿＿＿＿＿＿＿＿＿＿＿＿＿＿＿＿＿＿＿

＿＿＿＿＿＿＿＿＿＿＿＿＿＿＿＿＿＿＿＿＿＿＿＿＿＿＿＿＿＿＿＿＿

11466
台北市內湖區瑞光路 76 巷 65 號 1 樓

秀威資訊科技股份有限公司 收

BOD 數位出版事業部

⋯⋯⋯

（請沿線對折寄回，謝謝！）

姓　　名：＿＿＿＿＿＿＿＿＿＿　年齡：＿＿＿＿＿　性別：□女　□男

郵遞區號：□□□□□

地　　址：＿＿＿＿＿＿＿＿＿＿＿＿＿＿＿＿＿＿＿＿＿＿＿＿＿＿＿＿

聯絡電話：(日) ＿＿＿＿＿＿＿＿＿＿＿＿　(夜) ＿＿＿＿＿＿＿＿＿＿＿＿

E-mail：＿＿＿＿＿＿＿＿＿＿＿＿＿＿＿＿＿＿＿＿＿＿＿＿＿＿＿＿＿